역주 일본판 삼강행실도 1
- 효자 -

이 저서는 인하대학교의 지원에 의하여 연구되었음.
This work was supported by INHA UNIVERSITY Research Grant.

역주 일본판 삼강행실도 1
- 효자 -

| 머리말 |

이 책은 출간된 시기를 단정하기는 어렵지만 일본인 아사이 료이(浅井了意, 1612~1691)가 일본어로 번역한 『삼강행실도(三綱行實圖)』 가운데 효자(孝子) 上·中·下를 한국어로 옮기고 그 원문 텍스트를 일본어 고전문법의 틀 속에서 상세히 풀이한 전문도서다.

현재 한국에서 이루어지고 있는 일본어 교육은 현대일본어의 의사소통능력 향상에 초점을 맞추고 있으며 '일본어문법' '일본어강독' '일본어작문' 등 각종 학습서에 등장하는 '일본어'는 당연히 모두 현대일본어를 가리키는 것으로 이해하고 학습한다. 또한 '일본문화'가 관심의 대상이 되는 경우에도 여기에서의 '일본' 역시 '지금의 일본'을 뜻하는 경우가 대부분인데, 한편으로는 일본의 전통문화나 역사에 대한 관심 역시 적잖이 존재하는 것으로 보인다.

요사이 서점에 나가보면 가히 일본도서의 홍수라고 할 만하다. 베스트셀러 서가에는 일본인 저자의 책들이 즐비하다. 모두 한국어로 번역된 책이기는 하지만, 사실 이건 영미도서의 경우도 마찬가지다.

일본어 학습자라면, 소위 중급 이상의 능력을 갖춘 학습자라면 일본어 원서에 도전해보기 마련이다. 사전을 옆에 끼고, 아니 스마트폰으로 단어를 검색하며 나름의 방식으로 원서를 읽어나간다. 이때 미리 갖추어야 할 능력이 바로 현대일본어에 대한 문법 지식이다. 어디에서 끊어야 하는지 정도는 알아야 할 테니. 시간과 수고는 들지만 이만한 학습법도 없을 듯싶다.

고전(古典)문법이 한국에서나 일본에서나 대학 수험생들에게 기피대상인 것은 매한가지인 모양이다. 분명 자국어인데 생소하고 복잡하고 귀찮고 쓸데없는 것 같고, 해서 다가가지 않는다. 수능 끝 고전 끝이다. '홍길동전'을 옛글로 모두 읽어본 사람이 몇이나 되겠는가. 그럼에도 이러한 문헌 하나를 골라서 처음부터 끝까지 완독하는 것만큼 '옛글'에 대한 지식을 향상시킬 수 있는 방법은 흔치 않을 것이다.

사실 한국인 학습자를 대상으로 저술된 일본어 고전문법 교재는 많지 않다. 또 있다 해도 면대면 강의 없이 교재만으로 독학하기란 불가능에 가깝다. 그만큼 문법에 관한 또는 그 주변 사항에 대한 다양한 기초지식이 전제가 되기 때문이다. 현대일본어 학습 과정이 그러하듯이 일본어 옛글 역시 '원서'와 직접 마주하고 앉아서 한걸음씩 나아가는 것이 지름길일 터라고 적잖은 시간 동안 일본어고전문법을 강의해온 필자는 생각해왔다.

그렇다면 무엇을 읽을 것인가? 사실 일본에서 옛글은 언문일치 여부를 기준으로 둘 수도 있겠지만, 1946년 즉 일제강점 종료 직후 현대가나표기법(現代かなづかい)이 일본 내각(內閣)훈령(訓令)으로 제정되기 이전 역사적가나표기법(歷史的仮名遣)에 준하여 작성된 글들을 가리키는 것으로 보는 것이 간단하다. 그렇다면 대략 천 년에 이르고 선택지도 물론 다양하다. 필자는 그 가운데 비록 이것을 정독한 사람이 얼마나 될지는 모르겠지만 그래도 왠지 우리에게 친숙한 『삼강행실도』를 선택했다.

주지하는 바와 같이 세종대왕의 명으로 1434년 처음 간행된 『삼강행실도』는 〈한문본〉과 〈언해본〉이 있고 이후 여러 차례 모습을 달리하여 간행되었다. 그런데 이 책이 경로는 확실치 않지만 일본인에 의해 같은 제목으로 17세기에 일본어로 옮겨져 간행되었고, 이를 순수하게 언어자료 그것도 일본어 고전문법 학습서로 활용하기에 적절하겠다는 판단을 필자는 내렸다.

이 책에서는 료이(了意)가 저술한 『三綱行實圖』의 '효자(孝子)' '충신(忠臣)' '열녀(烈女)' 가운데 첫 번째로 '효자'편을 골라서 한국어로 옮기고 풀이하고자 하는데, 이를 통해 일본 고전에 흥미를 갖고 있는 학습자에게 조금이나마 보탬이 되기를 바란다.

2017년 12월
민병찬 씀

목 차

1. 閔(びん)単(たん)衣(い) ·· 10
   민손단의
2. 子(し)路(ろ)負(をふ)ㄴ米(べいを) ·································· 15
   자로가 쌀을 짊어지다
3. 楊(やう)香(きやう)搤(とらふ)ㄴ虎(とらを) ····················· 22
   양향이 호랑이를 잡다
4. 皐(かう)魚(ぎよ)哭(こくす)ㄴ道(みちに) ························ 25
   고어가 길에서 울부짖다
5. 陳(ちん)氏(し)養(やしなふ)ㄴ姑(しうとめを) ················· 30
   진씨가 시어머니를 봉양하다
6. 江(かう)革(かく)巨(きよ)孝(かう) ··································· 38
   강혁거효
7. 薛(せつ)包(はう)洒(さ)掃(さう) ······································ 46
   설포쇄소
8. 孝(かう)娥(が)抱(いだく)ㄴ屍(かバねを) ························ 53
   효아가 주검을 안다
9. 黃(くわう)香(きやう)扇(あふく)ㄴ枕(まくらを) ············· 59
   황향이 베개를 부채질하다
10. 丁(てい)蘭(らん)刻(きさむ)ㄴ木(きを) ·························· 63
    정란이 나무를 새기다
11. 董(とう)泳(えい)貸(かる)ㄴ錢(ぜにを) ························· 71
    동영이 돈을 꾸다
12. 郭(くわつ)巨(きよ)埋(うづむ)ㄴ子(こを) ····················· 80
    곽거가 아이를 묻다
13. 元(げん)覺(かく)警(いましむ)ㄴ父(ちゝを) ·················· 85
    원각이 아버지를 깨우치다
14. 孟(まう)熙(き)得(う)ㄴ金(きんを) ·································· 91
    맹희가 금을 얻다
15. 王(わう)裒(ほう)廢(はいす)ㄴ詩(しを) ·························· 97
    왕부가 시를 폐하다

16. 孟(まう)宗(そう)泣(なく)ㇾ竹(たけに) ······················· 104
    맹종이 대나무밭에서 울다
17. 王(わう)祥(しやう)剖(さく)ㇾ氷(こほりを) ··············· 109
    왕상이 얼음을 가르다
18. 許(きよ)孜(じ)埋(うづむ)ㇾ獣(けものを) ··················· 118
    허자가 짐승을 묻다
19. 王(わう)延(えん)躍(てき)魚(ぎよ) ····························· 126
    왕연약어
20. 潘(はん)綜(そう)救(すくふ)ㇾ父(ちゝを) ··················· 135
    반종이 아버지를 구하다
21. 黔(きん)婁(ろう)嘗(なむ)ㇾ糞(ふんを) ······················· 145
    검루가 똥을 핥다
22. 叔(しゆく)謙(けん)訪(とふらふ)ㇾ薬(くすりを) ········· 153
    숙겸이 약을 찾다
23. 吉(きつ)翂(ふん)代(かハる)ㇾ父(ちゝに) ··················· 160
    길분이 아버지에 대신하다
24. 不(ふ)害(がい)捧(さゝぐ)ㇾ屍(かバねを) ··················· 171
    불해가 주검을 받들다
25. 王(わう)崇(そう)止(とゞむ)ㇾ雹(ハうを)とどむ ········· 182
    왕숭이 우박을 막다
26. 孝(かう)粛(しゆく)図(とす)ㇾ像(しやうを) ··············· 190
    효숙이 상을 그리다
27. 盧(りよ)操(さう)順(したかふ)ㇾ母(はゝに) ··············· 196
    노조가 어머니에 따르다
28. 徐(じよ)積(せき)篤(とく)行(かう) ····························· 207
    서적독행
29. 呉(ご)二(に)免(まぬかる)ㇾ禍(わざハひを) ··············· 214
    오이가 화를 면하다

30. 王(わう)薦(せん)益(ます)ㄴ壽(ことぶきを) ……………………… 224
    왕천이 생명을 늘리다
31. 劉(りう)氏(し)孝(かうあり)ㄴ姑(しうとめに) ……………………… 235
    유씨가 시어머니에게 효가 있다
32. 婁(ろう)伯(はく)捕(とる)ㄴ虎(とらを) ……………………… 247
    누백이 호랑이를 잡다
33. 自(じ)强(きやう)伏(ふす)ㄴ塚(つかに) ……………………… 255
    자강이 무덤에 엎드리다
34. 石(せき)珎(ちん)斷(たつ)ㄴ指(ゆびを) ……………………… 260
    석진이 손가락을 자르다
35. 殷(いん)保(ほう)感(かんず)ㄴ烏(からすを) ……………………… 266
    은보가 까마귀를 감복시키다

■ 참고문헌 / 278

일러두기

1. 본서는 에도(江戸)시대 승려로서 가나조시(仮名草子 ; 무로마치[室町]시대에서 에도시대 전기에 걸쳐 일본 仮名로 작성된 이야기나 소설)의 작가로 알려진 아사이 료이(浅井了意, 1612-1691)가 일본어로 번역 출간한 『三綱行實圖』를 다시 한국어로 옮기고 주석을 붙인 책이다.
2. 기본 텍스트는 朝倉治彦編(1980)『假名草子集成』第32巻에 실려 있는 『三綱行實図』이다. 이하 '원문'이라 함은 이를 가리킨다.
3. 가나표기법이나 한자는 모두 원문에 따른다.
4. 원문에는 読点(、)은 있으나 句点(。)이 찍혀있지 않은데, 読点은 원문에 따르고 句点은 적의 기입한다.
5. 한자 읽기는 원문에 있는 경우에는 ( ) 안에 넣어 표시하고, 원문에 없는 경우 적의 [ ]에 기입한다.
6. 본문 중의 회화문은 원문과 같이 줄을 바꾸지 않고 「 」안에 넣어 표시한다.
7. 일본어를 한국어로 번역할 때는 가급적 모든 문법형식을 반영하며, 다소 어색한 부분이 있어도 축어역을 지향한다.
8. 주석에서는 단어의 뜻을 사전적 방식으로 기술하며 조동사 등 문법형식을 상세히 분석하여 제시한다.
9. 단어의 뜻풀이는 주로 『広辞苑』(제6판)과 『日本国語大辞典』(제2판)을 참조한다.
10. 단어의 품사는 [名] [副]와 같이 [ ] 안에 넣어 제시한다.
11. 일본어에서 助詞로 분류되는 「て」는 이를 [助詞로 명기하지 않고 단지 「て」로만 기술한다.
12. 일본어의 활용형은 학교문법의 용어를 차용하여 「未然形・連用形・終止形・連体形・已然形・命令形」으로 기술한다.
13. 본래 濁点이 있는 말인데 이를 표시하지 않은 경우 「無濁点표기」로 기술한다.
14. 「歷史的仮名遣」에 위배되는 표기의 경우 「정서법에 어긋남」으로 기술한다.
15. 『三綱行實圖』의 한문 원문을 언급할 때는 〈김정수 역주(2010)『역주 삼강행실도』세종대왕기념사업회〉를 가리키며 〈한문본〉으로 기술한다. 또한 〈언해본〉도 이에 따른다.

1. 閔(びん)損(そん)単(たん)衣(い)
민손단의

❏ 魯国(ろこく)の閔損(びんそん)ハ、孔子(こうし)の弟子(でし)なり1)。
   ⇨ 노나라의 민 손은 공자의 제자다.

❏ はやく2)、母(はは)をうしなへり3)。
   ⇨ 일찍이 어머니를 잃었다.

❏ 父(ちち)また、後(あと)の妻(つま)を、まうけて4)、二人(ふたり)の子(こ)を、うめり5)。
   ⇨ 아버지는 다시 후처를 두고 두 아이를 낳았다.

❏ 継母(けいぼ)、ふかく6)閔損(びんそん)を、ねたみ7)、にくむ8)。

---

1) 체언에 〈단정·지정〉의 의미를 나타내는 조동사 「なり」가 접속한 것으로 「~(이)다」의 뜻. 「なり」가 활용어에 이어지는 경우에는 連体形에 접속한다. 「なり」를 한자로 쓰면 「也」.

2) 「はやし[形ク]→はやい【早い·速い】[形]이르다. 빠르다. 짧다」의 連用形. 형용사의 連用形은 부사적으로 쓰이기도 한다. [形ク]는 〈ク활용 형용사〉를 뜻한다.

3) 「うしなふ[4]→うしなう【失う】[5]잃다. 잃어버리다. 사별(死別)하다. 놓치다」에 〈존재·계속〉이나 〈완료〉의 의미를 나타내는 조동사 「り」가 접속한 것. 「り」는 4단동사의 命令形, サ変동사의 未然形에 접속한다. 「うしなへ」는 命令形. [4]와 [5]는 각각 〈4단활용동사〉〈5단활용동사〉를 뜻한다. 또한 「→」는 과거에는 「うしなふ」였는데 현재는 「うしなう」로 바뀌었다는 뜻을 나타낸다.

4) 「まうく[下2]→もうける【設ける·儲ける】[下1]①미리 준비해두다. 마련하다 ②만들다. 연을 맺다」의 連用形 「まうけ」+「て」. [下2]와 [下1]는 각각 〈下2단활용동사〉〈下1단활용동사〉를 뜻한다.

5) うむ【産む·生む】[4]낳다. 출산하다. 만들어내다. 「うむ」의 命令形 「うめ」에 〈완료〉의 조동사 「り」가 접속한 것.

6) 「ふかし[形ク]→ふかい【深い】[形]깊다. 무겁다」의 連用形.

7) 「ねたむ【妬む】[4]질투하다. 시기하다. 시샘하다. 미워하다」의 連用形.

8) にくむ【憎む】[4]미워하다. 싫어하다. 증오하다.

⇨ 계모는 깊이 민 손을 시샘하고 미워한다.

❑ しかれども9)、閔損(びんそん)、さらに10)、うらミ11)を思[おも]ハず12)、つかへ13)、うやまふ事[こと]14)、まこと15)の母[はは]のことし16)。

⇨ 그렇지만 민 손은 전혀 원망을 품지 않고 받들고 공경하는 것이 진짜 어머니와 같다.

❑ 継母(けいぼ)、わが17)子[こ]を、いとおしミて18)、冬[ふゆ]の天[そら]19)に、衣(きぬ)を、かさぬるとき20)も、をのれ21)が、むめる22)ところ23)

---

9) 「しかれども【然れども】[接]그렇기는 하지만. 그렇다고는 해도. 하지만」. 「しかれども」는 「しかり【然】[ラ変]그러하다」의 已然形「しかれ」+「ども[助詞]역접. ~지만」으로 분석할 수도 있다.

10) 「さらに」는 '또한' '거듭' '더욱' 등의 뜻인데, 강한 부정을 나타내는 경우도 있다. 「절대로 (~가 아니다)」「전혀 (~지 않다)」 등의 뜻.

11) うらみ【恨·怨·憾】[名]미움. 원한. 원망. 유감. 불만족.

12) 「おもふ[4]→おもう【思う】[5]생각하다. 마음에 품다」의 未然形「おもは」+「ず[助動]부정」. 조동사는 [助動]으로 표시하고 대표적인 쓰임을 제시한다.

13) つかふ[下2]→つかえる【仕える】[下1]①윗사람 가까이에서 섬기다. 모시다. ②관직을 수행하다. 「つかへ」는 連用形.

14) 「うやまふ[4]→うやまう【敬う】[5]상대를 높여 예를 다하다. 존경하다」의 連体形「うやまふ」+「こと【事】것. 일」.

15) まこと【真·実·誠】[名]①사실 그대로인 것. 거짓이 아닌 것. 진실. 정말 ②꾸밈없는 정. 친절하고 속이지 않는 것. 성의.

16) 「ことし」는「ごとし」에서 濁点이 표기되지 않은 것.「ごとし【如し】[助動]①다른 것과 동일함. ~와 같다. ~대로다 ②다른 것과 유사함. ~와 닮아있다. ~같다」.

17) わが【我が·吾が】[連体]나의. 자신의.

18) 「いとおしむ[4]①불쌍히 여기다 ②귀여워하다. 소중히 여기다. 감싸다」의 連用形「いとおしみ」+「て」.

19) 「天」은「あま」「あめ」「てん」으로 읽는 것이 보통인데 본문의 문맥상 '날씨'를 나타내므로 적당하지 않다. 「天」을「そら」로 읽는 것은 사전의 표제어로 등재되어 있지는 않으나『日本国語大辞典』에 의하면 小栗風葉(おぐりふうよう, 1875-1926)의『青春』(1905-1906)에「天(ソラ)は能く晴れて居ても風があるので」로 읽은 경우도 있어서, 필자는 이를 채택하고자 한다. 참고로「そら【空】[名]①지상에 펼쳐진 공간. 하늘 ②날씨. 계절」.

20) 「かさぬ[下2]→かさねる【重ねる】[下1]①겹치다. 쌓다 ②더하다. 반복하다. 거듭하다」의 連体形「かさぬる」+「とき【時】때」.

21) 「おのれ【己】〈1〉[名]자기 자신. 〈2〉[代]①(1인칭)나. 저 ②(2인칭)손아랫사람 또는 다른 사람을 낮잡아 부르는 말. 너. 자네」.「を」는 정서법에 어긋남.

の子[こ]にハ、綿[わた]²⁴⁾をきせて²⁵⁾、まゝ子[こ]²⁶⁾の閔損(びんそん)にハ、蘆(あし)の絮(ほ)²⁷⁾をきせ侍[は]べり²⁸⁾。

⇨ 계모는 자기 자식을 소중히 여겨 겨울 날씨에 옷을 덧입을 때에도 자기가 낳은 바인 자식에게는 목화솜을 입히고, 의붓자식인 민 손에게는 갈목을 입혔다.

❑ あるとき²⁹⁾冬[ふゆ]のころ、父[ちち]、車(くるま)にのりて³⁰⁾閔損(びんそん)に、これを御(ぎよ)せしむるに³¹⁾、閔損(びんそん)、はなハだ³²⁾、こゞえて³³⁾、車(くるま)の靷(なは)³⁴⁾を、おとせり³⁵⁾。

⇨ 어느 때 겨울 무렵 아버지가 수레에 타서 민 손에게 이를 다루게 시켰는데 민 손이

---

22) 「むむ」는 「うむ【生む・産む】」[5]①낳다. 분만하다. 출산하다 ②생산하다. 새로 만들어 내다」와 같은 뜻. 여기에〈완료・존속〉조동사 「り」가 접속한 말. 「むめる」에서 「むめ」는 命令形이며, 「る」는 「り」의 連体形.

23) ところ【所・処】곳. 장소, 상황. 찰나.

24) わた【綿】솜. 목화.

25) 「きす[下2]→きせる【着せる】[下1]①옷 따위를 입히다 ②덮다. 씌우다 ③지우다. 받도록 하다」의 連用形 「きせ」+「て」.

26) ままこ【継子】[名]핏줄이 이어지지 않은 자식. 의붓자식.

27) 「蘆(あし)の絮(ほ)」는 현대일본어에서는 「葦の穂」로 표기한다. 「蘆(葦)」는 갈대, 「絮(穗)」는 이삭의 뜻.

28) 「きす【着す】[下2]입히다」의 連用形 「きせ」+조동사 「侍(はべ)り」. 「はべり」는 격식을 차린 품위 있는 문장임을 나타내는 기능을 하며, 14세기 이전까지는 듣는 이에 대한 정중의 뜻을 나타내는 용법이 있었다.

29) 「ある【或る】[連体]어느. 모(某)」+「とき【時】때」.

30) 「のる【乗る・載る】[4]타다. 오르다」의 連用形 「のり」+「て」.

31) 「ぎょす【御す】[サ変]→ぎょする【御する】[サ変]①말을 능숙하게 다루다 ②통제하다. 통치하다」의 未然形 「御せ」+「しむ[助動사역. ~시키다」의 連体形 「しむる」+「に[助詞]~하니. ~하는데」.

32) はなはだ【甚だ】[副]정도가 현저한 것. 매우. 몹시. 대단히.

33) 「こごゆ[下2]→こごえる【凍える】[下1]추위로 인해 몸의 감각을 잃다」의 連用形 「こごえ」+「て」.

34) 한자 「靷(인)」은 말 따위에 걸어 잡아당기는 끈이나 그 동작을 가리키는데, 일본어에서는 音으로는 「いん」, 訓으로는 「ひきづな」로 읽는다. 단 「ひきづな」는 대개 「引綱」로 쓴다. 아울러 본서에서는 여기에 「なは」라는 訓을 붙였는데 이는 「縄(なわ)」를 가리키는 것으로 보이며 「縄(なわ)」는 물건을 묶는 끈을 가리킨다.

35) 「おとす【落とす】[4]떨어뜨리다. 놓치다」의 命令形 「おとせ」+「り[助動완료・존속]」.

몹시 얼어붙어서 수레의 가슴걸이를 떨어뜨렸다.

□ 父[ちち]、これをしりて36)、大[おおい]に37)いかり38)、継母(けいぼ)を、さらんとす39)。

　⇨ 아버지가 이를 알고 크게 노하여 계모를 내치려 한다.

□ 閔損(びんそん)、父[ちち]に、わびことして40)、いはく41)、「すでに42)、兄弟(きやうだい)三人[さんにん]あり、母[はは]、今[いま]、家(いへ)にまします43)ときは、只[ただ]、我[われ]44)一[いっ]子(し)のミ45)、さむし46)、母[はは]、すでに47)、さり給[たま]ハゞ48)、三[さん]子(し)ミな、さむからん49)、まげて50)、ゆるし給[たまふ]べし51)。」と、申[もうし]けるほど

---

36) 「しる【知る】[4]알다」의 連用形「しり」+「て」.

37) おおいに【大いに】[副]매우. 몹시. 많이.

38) 「いかる【怒る】[4]화내다. 성내다」의 連用形.

39) 「さる【去る・避る】[4]①멀리하다. 떼어놓다 ②피하다 ③연을 끊다 ④거절하다. 거부하다」의 未然形「さら」+〈추량・의지 등〉조동사「む」가「ん」으로 변화+「と[助詞]」+「す[サ変]→する[サ変]하다」.

40) 「わびごと【詫び言】(예전에는 わびこと) 사죄의 말. 사과하는 말」+「す[サ変]→する[サ変]하다」의 連用形「し」+「て」.

41) いはく→いわく【曰く】말하길. 이르길. 가로되.

42) すでに【既に・已に】[副]①이미. 벌써 ②모두. 남김없이 ③이제 ④틀림없이.

43) まします【在す・坐す】[4]'在(ま)す'의 존경어. 계시다.

44) われ【我・吾】[代]①(1인칭)자기 자신. 나. 저 ②(2인칭)너.

45) のみ[助詞]~뿐. ~만.

46) さむし[形ク]→さむい【寒い】[形]①춥다. 쌀쌀하다 ②가난하다. 볼품없다.

47) すでに【既に・已に】[副]①이미. 벌써 ②모두. 남김없이 ③이제 ④틀림없이.

48) 「さる【去る】[4]떠나다. 멀어지다」의 連用形「さり」+동사나 조동사의 連用形에 접속하여〈존경〉의 뜻을 나타내는 조동사「たまふ【給ふ】」의 未然形「たまは」+「ば」. 未然形에 접속하는「ば」는〈가정조건〉의 뜻.

49) 「さむし【寒し】[形ク]춥다」의 未然形「さむから」+〈추량・의지 등〉조동사「む」가「ん」으로 변화.

50) まげて【枉げて】[副]간원할 때 쓰는 말. 부디. 무리하게. 아무래도.

51) 「ゆるす【許す・赦す・聽す】[4]①경계심을 풀다 ②허용하다. 허락하다. 승낙하다 ③인정하다 ④용서하다. 사면하다」의 連用形「ゆるし」+「たまふ【給ふ】[助動]존경」의 終止

に52)、父[ちち]、なだめて53)、継母(けいぼ)を、さらさりけり54)。

⇨ 민 손이 아버지에게 잘못했다 하고 이르길 "이미 형제가 셋 있습니다. 어머니가 이제 집에 계실 때에는 단지 저 한 자식만 춥습니다. 어머니가 이제 떠나시면 세 자식이 모두 추울 겁니다. 부디 용서하셔야 마땅합니다."라고 아뢰었더니, 아버지가 가라앉아서 계모를 내치지 않았다.

❑ 継母(けいぼ)も、この事[こと]を、かんじて55)、むかしを、くやミ56)、それより57)、閔損(びんそん)を、わが58)、まこと59)の子[こ]のごとく60)、いつくしみ61)はごくめり62)、とぞ63)。

⇨ 계모도 이 일을 감복하여 옛날을 후회하고 그로부터 민 손을 자기 진짜 자식같이 소중히 키웠다고 한다.

形「たまふ」+「べし[助動]의무・당연・추량・가능・명령 등」.

52) 「まうす[4]→もうす【申す】[5]'말하다' '고하다'의 겸양어. 부탁드리다」의 連用形「まうし(읽을 때는 '모―시')」+「けり[助動]회상・과거」의 連体形「ける」+「ほどに」. 「ほどに【程に】」는 〈①~하면. ~하는 사이에 ②원인・이유. ~하므로 ③~함에 따라 더욱〉의 뜻.

53) 「なだむ[下2]→なだめる【宥める】[下1]①관대하게 처다 ②부드러워지다 ③가라앉다」의 連用形「なだめ」+「て」.

54) 「さる【去る・避る】[4]멀리하다. 연을 끊다」의 未然形「さら」+「ざり[助動]부정」의 連用形「ざり」(여기에서는 濁点이 표기되지 않음. 無濁点표기)」+「けり[助動]회상・과거」.

55) 「かんず[サ変]→かんずる【感ずる】[サ変]①자극을 받다. 느끼다 ②마음에 생각하다 ③마음이 움직이다. 감동하다」의 連用形「かんじ」+「て」.

56) 「むかし【昔】옛날. 예전」+「を[助詞]」+「くやむ【悔やむ】[4]후회하다. 유감으로 여기다」의 連用形「くやみ」.

57) 「それ【其・夫】[代공간, 시간, 심리적으로 상대방에 가까운 것을 가리킴」+「より[助詞]동작이나 일의 기점을 나타냄. ~부터」.

58) わが【我が・吾が】[連体]나의. 자신의.

59) まこと【真・実・誠】[名]진짜.

60) 「こ【子】아이. 자식」+「の[助詞]」+「ごとし【如し】[助動]~와 같다」의 連用形「ごとく」.

61) 「いつくしむ【慈しむ】[4]사랑하다. 귀여워하다. 소중히 여기다」의 連用形.

62) 「はぐくむ」의 命令形「はごくめ」+「り[助動]완료・존속」. 「はごくむ」는「はぐくむ【育む】[4]키우다. 보살피다. 지키다」와 같은 말이다.

63) 助詞「と」와 助詞「ぞ」가 결합한 형태로 문장 끝에 사용하여 '전해 들었다'는 뜻을 나타낸다. ~라고 한다. ~라는 것이다.

2. 子(し)路(ろ)負(をふ)ㄴ米(べいを)
   자로가 쌀을 짊어지다

❏ 子路(しろ)ハ、またこれ、孔子(こうし)の弟子(でし)なり[1]。
　⇨ 자로는 또한 이는 공자의 제자다.

❏ 姓(しやう)ハ仲(ちう)、名(な)ハ由(ゆう)と云(いう)。
　⇨ 성은 중, 이름은 유라고 한다.

❏ 親(おや)につかへて[2]、いたりて[3]、孝(かう)あり[4]。
　⇨ 부모를 섬기는데 지극히 효가 있다.

❏ その家(いえ)、はなハだ[5]、まづしくして[6]、つねに[7]藜藿(れいくわく)の羹(あつもの)[8]をのミ[9]食(しょく)として[10]、さらに[11]宍(にく)[12]のあ

---

1) 「でし【弟子】제자」+「なり[助動]단정·지정」.
2) 「おや【親】부모」+「に[助詞]」+「つかふ【仕ふ】[下2]윗사람 가까이에서 섬기다. 모시다」의 連用形「つかへ」+「て」.
3) いたりて→いたって【至って】[副]매우. 대단히. 극히.
4) 「かう→こう【孝】효」+「あり【有り】[ラ変]있다」.
5) はなはだ【甚だ】[副]매우. 몹시. 대단히. 현저히.
6) 「まづし[形シク]→まずしい【貧しい】[形]가난하다. 적다. 부족하다」의 連用形「まづしく」+「して[助詞]連用形에 접속하여 '~인 상태로'의 뜻」.
7) つねに【常に】[副]항상. 늘. 언제나. 영구히. 변함없이.
8) 이 부분은 〈한문본〉에「食藜藿之食」으로 기술되어 있다. 「藜(려)」는 '명아주' 藿(곽)은 '콩잎'의 뜻이다. 이를 료이(了意)는「藜藿の羹」로 옮기고 있는데, 『広辞苑』에서는「れいかく【藜藿】」는「アカザと豆の葉。転じて、粗末な食物。(명아주와 콩잎. 바뀌어 보잘것 없는 음식)」라고 풀이하고 있다. 또한 「あかざのあつもの【藜の羹】」도 표제어로 등재되어 있는데 이는 「アカザの若葉を具とした吸物。粗末な食物のたとえ。(명아주 어린잎을 재료로 만든 국. 보잘것없는 음식에 대한 비유)」라는 풀이가 있다.
9) のみ[助詞]그 하나에 한한다는 뜻. ~만. ~뿐.

ぢハひ13)に、ともしかりけり14)。

⇨ 그 집이 매우 가난하여 늘 명아주와 콩잎으로 끓인 죽만을 음식으로 삼아서 전혀 고기 맛에 못했다.

❏ 人[ひと]に、やとハれてハ15)、米(こめ)を百[ひゃく]里(り)の外[そと]に負(をふ)て16)、その賃(ちん)17)を、とりて18)、世[よ]をわたる19)、わざとせり20)。

⇨ 남에게 고용되어서는 쌀을 백 리 밖에 지고 가서 그 삯을 받아 생계를 꾸리는 업으로 삼았다.

❏ 親(おや)むなしく成なり]てのち21)、ミなみのかた22)楚(そ)といふ国[くに]に、ゆきて23)奉公(ほうこう)しけるほどに24)、大[だい]名(ミやう)25)

---

10) 「しよく【食】음식」+「と[助詞]」+「す[サ変]하다」의 連用形 「し」+「て」.
11) 「さらに」는 '또한' '거듭' '더욱' 등의 뜻인데 강한 부정을 나타내는 경우도 있다. 「절대로 (~가 아니다)」 「전혀 (~지 않다)」 등의 뜻.
12) 「宍(육)」은 「肉」과 같이 쓰이는 한자로 「しし」로 읽는다. 다만 「肉」을 「にく」로 읽으므로 이렇게 읽은 듯싶다. 「しし [肉・宍] 고기. 특히 식용 짐승고기」.
13) あぢはひ→あじわい【味わい】음식의 맛.
14) 「ともし【乏し・羨し】[形シク]①부럽다 ②만족스럽지 않다. 모자라다. 부족하다. 가난하다」의 連用形 「ともしかり」+「けり[助動]회상・과거」.
15) 「やとふ[4]→やとう【雇う・傭う】[5]고용하다. 부리다. 이용하다」의 未然形 「やとは」+「る[助動수동]」의 連用形 「れ」+「て」+「は[助詞]」.
16) 「おふ[4]→おう【負う】[5]짊어지다. 등에 지다. 받아들다」('を-'는 정서법에 어긋남)+「て」. 「ふ」로 끝나는 동사의 경우 「て」에 접속할 때 連用形 「-ひ」가 아니라 終止形이 쓰이기도 한다. 「おふて」는 「オーテ」로 읽는다.
17) ちん【賃】사용료. 보수. 대금.
18) 「とる【取る】[4]손에 넣다. 취하다」의 連用形 「とり」+「て」.
19) 「世(よ)を渡(わた)る」는 '생계를 유지하다' '살아가다'의 뜻.
20) 「わざ【業・技】하는 일. 행위. 직업. 일. 기술」+「と[助詞]~로」+「す[サ変]→する[サ変]하다」의 命令形 「せ」+「り[助動]완료・존속」.
21) 「むなし[形シク]→むなしい【空しい・虚しい】[形](안이)비어있다. 내용이 없다. 흔적이 없다. 덧없다. 죽었다. 소용이 없다」의 連用形 「むなしく」+「なる【成る】[4]되다」의 連用形 「なり」+「て」+「のち【後】시간적으로 뒤. 미래」.
22) 「みなみ【南】남」+「の」+「かた【方】쪽. 방향. 장소. 수단. 방법. 분」.
23) 「ゆく【行く・往く】[4]가다. 나아가다」의 連用形 「ゆき」+「て」.

になされて26)、すでに27)、時[とき]をえたり28)。

⇨ 부모가 운명한 후에 남쪽 초라는 나라로 가서 봉공했었는데 고위관직으로 쓰임을 받아 이제 영화를 누렸다.

☐ 道[みち]におもむく時[とき]29)も、車[くるま]にのれば30)、めしつるゝもの31)も、又[また]、車[くるま]にのりて32)、供(とも)する人[ひと]33)、百[ひゃく]にミてり34)。

⇨ 길에 나설 때도 수레를 타므로 데리고 가는 사람도 역시 수레를 타고 수행하는 사람이 백 명에 이르렀다.

☐ 家[いえ]のうちハ、つねに35)、粟(あは)36)万[まん]石(ごく)37)を、つみた

---

24) 「ほうこう【奉公】 조정이나 국가사회를 위해 진력하는 것」+「す[サ変]→する[サ変]하다」의 連用形「し」+「けり[助動]회상・과거」의 連体形「ける」+「ほどに【程に】①~하면. ~하는 사이에 ②(원인・이유) ~하므로 ③~함에 따라 더욱」.

25) 「だいみょう【大名】」는 '고위관직'을 뜻한다. 〈한문본〉에는 이러한 구체적 사항에 관한 기술은 없다.

26) 「なす【成す・為す】[4]하다. 행하다. 만들다」의 未然形「なさ」+「る[助動]수동」의 連用形「れ」+「て」.

27) すでに【既に・已に】[副]①이미. 벌써 ②모두. 남김없이 ③이제 ④틀림없이.

28) 「時(とき)を得(え)る」는 '좋은 때를 만나 번영하다'는 뜻. 여기에 〈완료・존속〉조동사「たり」가 접속한 것.

29) 「みち【道】길」+「に[助詞]」+「おもむく【赴く・趣く】[4]그쪽을 향해 가다. 나아가다. 따르다」의 連体形「おもむく」+「とき【時】때」.

30) 「のる【乗る・載る】[4]올라타다」의 已然形「のれ」+「ば」. 已然形에 접속하는「ば」는 '확정조건'이나 '원인・이유' 등의 뜻을 나타낸다.

31) 「めしつる[下2]→めしつれる【召し連れる】[下1]아랫사람을 데리고 가다. 이끌고 가다」의 連体形「めしつるる」+「もの【者】자. 사람」.

32) 「のる【乗る・載る】[4]올라타다」의 連用形「のり」+「て」.

33) 「とも【供】따라가는 사람. 종자. 하인으로 따르는 것」+「す[サ変]하다」의 連体形「する」+「ひと【人】사람」.

34) 「みつ【満つ・充つ】[4]가득하다. 꽉 차다. 일정 기준에 도달하다」의 命令形「みて」+「り[助動]완료・존속」.

35) つねに【常に】[副]항상. 늘. 언제나.

36) あは→あわ【粟】조.

37) こく【石】주로 쌀의 부피를 재는 단위. 1石은 10말(斗). 약 180리터.

くハへ38)、座(ざ)する時[とき]39)ハ、しとね40)を、かざりて座(ざ)し41)、会[かい]するとき42)ハ、さま〴〵43)の珍物(ちんぶつ)44)を、と〻のへて45)膳(ぜん)46)をかざれり47)。

⇨ 집 안에는 항상 조 만 석을 쌓아놓고 자리에 앉을 때는 깔개를 꾸며 앉고, 모임 할 때는 갖가지 진귀한 음식을 갖추어 상을 꾸몄다.

❑ しかれども48)、子路(しろ)、さらに49)、これを、よろこバず50)、涙[なみだ]をながして51)、なげきて52)、いはく53)、「われ54)、むかしのことく55)、おやにつかへて56)、つねに57)藜(あかざ)の食(しよく)58)をくら

---

38) 「つむ【積む】[4]쌓다. 겹치다. 싣다」의 連用形 「つみ」+「たくはふ[下2]→たくわえる【蓄える·貯える】[下1]저장해두다. 챙겨두다」의 連用形 「たくはへ」.
39) 「坐(ざ)す[サ変]→ざする【座する·坐する】[サ変]앉다. 있다」의 連体形 「ざする」+「とき【時】때」.
40) しとね【茵·褥】앉거나 눕거나 할 때 아래에 까는 물건. 방석. 깔개.
41) 「かざる【飾る】[4]장식하다. 겉을 꾸미다. 마련하다. 진열하다」의 連用形 「かざり」+「て」+「坐(ざ)す[サ変]앉다」의 連用形 「ざし」.
42) 「会(かい)す[サ変]→かいする【会する】[サ変]회합하다. 모이다. 만나다. 면회하다」의 連体形 「かいする」+「とき【時】때」.
43) さまざま【様様】여러 가지. 다양함.
44) ちんぶつ【珍物】진귀(희귀)한 물품. 진품(珍品). 희귀한 음식.
45) 「ととのふ[下2]→ととのえる【調える·整える·斉える】[下1]정돈하다. 맞추다. 갖추다. 준비하다」의 連用形 「ととのへ」+「て」.
46) ぜん【膳】완성된 요리. 음식을 올려놓는 상.
47) 「かざる【飾る】[4]장식하다」의 命令形 「かざれ」+「り[助動]완료·존속」.
48) しかれども【然れども】[接]그렇기는 하지만. 그렇다고는 해도. 하지만.
49) 「さらに」가 「절대로 (~가 아니다)」「전혀 (~지 않다)」와 같이 강한 부정을 나타내는 용례.
50) 「よろこぶ【喜ぶ·悦ぶ】[4]기뻐하다. 즐거워하다」의 未然形 「よろこば」+「ず[助動]부정」.
51) 「なみだ【涙】눈물」+「を[助詞]」+「ながす【流す】[4]흘리다」의 連用形 「ながし」+「て」.
52) 「なげく【嘆く·歎く】[4]한숨짓다. 탄식하다. 슬퍼하다. 절망하다. 애원하다. 호소하다」의 連用形 「なげき」+「て」.
53) いはく→いわく【曰く】말하길. 이르길. 가로되.
54) われ【我·吾】[代]①(1인칭)자기 자신. 나. 저 ②(2인칭)너.
55) 「むかし【昔】과거. 옛날」+「の」+「ごとし【如し】[助動]~와 같다. ~대로다. ~와 비슷하

ひ⁵⁹⁾、親(おや)のために⁶⁰⁾、米(こめ)を百里[ひゃくり]の外[そと]に、はこび⁶¹⁾、質(ちん)⁶²⁾をとりて⁶³⁾、世[よ]をわたるとも⁶⁴⁾、

⇨ 하지만 자로는 전혀 이를 기뻐하지 않고 눈물을 흘리고 슬퍼하며 이르길 "나는 옛날처럼 부모를 섬기며 항상 변변치 않은 음식을 먹고 부모를 위해 쌀을 백 리 밖으로 옮기고 삯을 받아 생계를 꾸리더라도.

❏ 親[おや]に、つかふるがため⁶⁵⁾とだに⁶⁶⁾思[おも]ハゞ⁶⁷⁾、すこしも⁶⁸⁾辛苦(しんく)⁶⁹⁾にハ、なかるべきを⁷⁰⁾、今[いま]、かやうに⁷¹⁾大[だい]名

다」의 連用形「ごとく」('こ-'는 無濁点표기).

56) 「おや【親】부모」+「に[助詞]」+「つかふ【仕ふ】[下2]섬기다. 모시다」의 連用形「つかへ」+「て」.

57) つねに【常に】[副]항상. 늘. 언제나.

58) 앞에는 「藜藿(れいくわく)の羹(あつもの)」로 돼있다. '보잘것없는 음식'을 가리킨다.

59) 「くらふ[4]→くらう【食らう】[5]①'먹다' '마시다'의 속된 표현 ②생활하다 ③당하다」의 連用形「くらひ」.

60) 「おや【親】부모」+「の[助詞]」+「ため【為】」+「に[助詞]」.「ため」는 助詞인「の」「が」또는 用言의 連体形에 接続하여 '이익' '이유' '목적'의 뜻. ~때문에. ~위해.

61) 「はこぶ【運ぶ】[4]운반하다. 운송하다. 가져가다」의 連用形「はこび」. 앞에는「おふ[4]→おう【負う】[5]짊어지다」가 쓰였다.

62) 앞에는「賃(ちん)보수」이 쓰였는데 한자를「質」을 쓰고「ちん」으로 읽은 것은 잘못임.『假名草子集成』에는 이 부분에「ママ」즉 원문에 잘못이 있으나 그대로 옮긴다는 주기가 붙어 있다.

63) 「とる【取る・採る・捕る・執る・撮る】[4]취하다」의 連用形「とり」+「て」.

64) 「世(よ)を渡(わた)る:살아가다」+「とも」.「とも」는 助詞로서 逆接의 가정조건을 나타낸다. 비록 ~하더라도. ~지만. 動詞의 終止形에 接続한다.

65) 「つかふ【仕ふ】[下2]섬기다. 모시다」의 連体形「つかふる」+「が」+「ため」. 여기에서「が」는 格助詞로 쓰인 것으로서「の」와 같은 용법이다. 활용하는 말의 連体形에 接続한다. 아울러「ため」는 助詞인「の」「が」또는 用言의 連体形에 接続하는데 '이익' '목적'의 뜻. ~ 때문에. ~위해.

66) 「と[助詞]」+「だに[助詞]~만이라도. ~조차. ~까지도」.

67) 「おもふ【思ふ】[4]생각하다」의 未然形「おもは」+「ば」. 未然形에 接続하는「ば」는 仮定条件을 나타낸다.

68) すこしも【少しも】[副]조금이라도. 조금도.

69) しんく【辛苦】시달려 괴로워하는 것. 고통.

70) 「なし[形ク]→ない【無い・亡い】[形]없다. 아니다」의 連体形「なかる」+「べし[助動]의무・

(ミやう)になりて72)、よろづ73)、心[こころ]のま〉74)なれども75)、おなじくハ76)、むかしの有[あり]さまにて77)、親(おや)に二[ふた]たび78)、つかへたてまつらまほし79)、と、これのミ、心[こころ]にかなハす80)。」と、いふて、朝(あした)ゆふべ81)に、なげき82)、かなしミ侍[はべ]りけり83)。

⇨ 부모를 섬기기 위함이라고만 생각하면 조금도 고생이 아니었는데, 지금 그처럼 높은

당연·추량·가능·명령 등」의 連体形 「べき」+「を[助詞]」. 여기에서 「を[助詞]」는 逆接의 確定條件의 뜻. ~지만. ~인데.

71) 「か【彼】[代]그. 저」+「やうだ→ようだ【様だ】[助動]~와 같다. ~와 닮다」의 連用形 「やうに(~처럼. ~같이)」.

72) 「なる【成る·爲る】[4]되다」의 連用形 「なり」+「て」.

73) よろづ→よろず【万】①숫자가 많은 것. 여러 가지 ②모든 일. 만사. 모두.

74) まま【儘·任·随】그대로 맡겨두는 모양. ~대로. 생각대로. 「心(こころ)のまま」는 '마음 먹는 대로' '마음대로'의 뜻.

75) 「なり[助動]단정·지정」의 已然形 「なれ」+「ども」. 「ども」는 助詞로서 已然形에 접속하며 逆接의 既定條件을 나타낸다. ~지만.

76) おなじくは【同じくは】[副]마찬가지라면. 기왕이면.

77) 「むかし【昔】옛날. 이전」+「の」+「ありさま【有様】모습. 상태. 처지」+「にて」. 「にて」는 助詞로서 현대일본어의 「で」와 같은 의미용법을 가진다. ①때·장소 ②수단·재료 ③원인·이유.

78) ふたたび【二度·再び】두 번. 다시. 거듭.

79) 「つかふ【仕ふ】[下2]모시다」의 連用形 「つかへ」+「たてまつる」의 未然形 「たてまつら」+「まほし[助動]」. 「たてまつる【奉る】[4]」는 '드리다' '바치다'의 뜻. 그런데 「たてまつる」가 동사의 連用形에 접속하면 그 동작을 행하는 주체를 낮추는 謙讓語로서의 역할을 한다. 이러한 용법과 관련하여 이를 〈補助動詞〉로 보기도 하고 〈助動詞〉로 취급하기도 한다. ~해 드리다. ~해 올리다. 또한 助動詞 「まほし」는 동사의 未然形에 접속하여 동작주체의 희망·바람을 나타낸다. ~하고 싶다.

80) 「かなふ→かなう【適う·叶う】[4]적합하다. 생각대로 되다. 바람대로 되다」의 未然形 「かなは」+「ず[助動]부정」. 원문에는 「す」와 같이 無濁点표기.

81) 「あした【朝·明日】①아침. 어떤 일이 있은 다음날 아침 ②이튿날. 내일」+「ゆふべ→ゆうべ【夕べ】저녁. 밤. 어젯밤」.

82) 「なげく【嘆く·歎く】[4]한숨짓다」의 連用形 「なげき」.

83) 「かなしむ【愛しむ·悲しむ·哀しむ】[4]슬퍼하다. 가여워하다. 그리워하다. 감동하다」의 連用形 「かなしみ」+「侍(はべ)り[助動]격식 차린 말임을 나타냄」의 連用形 「はべり」+「けり[助動]회상·과거」.

관직에 올라 모든 일이 마음대로지만, 차라리 옛날 모양으로 부모를 다시 모셔드리고 싶다. 하지만 이것만은 마음대로 되지 않는다."라고 하며 아침저녁으로 탄식하며 슬퍼했습니다.

❏ 孔子(こうし)、これを聞[きき]て、の給[たま]ハく[84]、「由(ゆう)也(や)、いひつべし[85]、生事(せいし)にハ、ちからを、つくし[86]、死事(しゐし)[87]にハ、思[おも]ひを、つくすものなり[88]。」と、ほめ給[たま]ひける[89]、となり[90]。

⇨ 공자가 이를 듣고 말씀하시길 "유라고 해야 할 것이다. 살아서는 힘을 다하고 죽어서는 마음을 다하는 자다."라고 칭송하셨다고 한다.

---

84) 「のたまふ【宣ふ】[4]①윗사람이 아랫사람에게 말하여 들려주다 ②'말하다'의 尊敬語」. 「のたまはく」는 「いはく(曰く)」의 존경어로서 '말씀하시길'의 뜻. 본문과 같이 「の給ふ」로 표기하는 경우도 많다.

85) 「いふ(言う)말하다」의 連用形 「いひ」+「つべし」. 「つべし」는 〈완료〉助動詞 「つ」에 〈의무・당연・추량 등〉助動詞 「べし」가 접속한 형태임. 따라서 앞에 활용어가 놓일 경우 連用形. 뜻은 ①다분히 가능성이 있을 것 같다는 뜻. 분명 ~할 것 같다 ②당연. ~임에 틀림없다. 분명 ~일 것이다 ③타당. ~하면 좋다.

86) 「ちから【力】힘」+「を[助詞]」+「つくす【尽くす】[4]노력하다. 힘쓰다. 다하다. 끝까지 하다」의 連用形 「つくし」.

87) 『日本国語大辞典』에 「生事(せいし)」 및 「死事(しゐし)」는 모두 등재되어 있지 않다. 無濁点표기 가능성을 포함하여 글의 문맥을 고려하면 각각 「生時(せいじ)①생일 ②살아있을 때」와 「死時(しじ)①임종 ②기일」을 가리키는 것으로 볼 수 있을 듯싶다. 다만 이 경우에도 「死時(しじ)」에는 '죽은 이후'라는 풀이가 없으므로 주의가 필요하다.

88) 「おもひ【思ひ】마음. 정성」+「を[助詞]」+「つくす【尽くす】[4]다하다」+「もの【者】사람」+「なり[助動]단정・지정」.

89) 「ほむ[下2]→ほめる【誉める・褒める】[下1]축복하다. 칭찬하다」의 連用形 「ほめ」+「たまふ【給ふ】[助動]존경」의 連用形 「たまひ」+「けり[助動]회상・과거」의 連体形 「ける」(이처럼 호응하는 係助詞가 없거나 体言에 접속하지 않음에도 連体形으로 끝나는 것을〈連体止め〉라고 함). 「たまふ【給ふ・賜ふ】」가 助動詞(補助動詞로 보기도 함)로 쓰이면 連用形에 접속하여 그 동작을 행하는 사람을 높이는 존경의 뜻을 나타낸다. ~하시다.

90) 「と[助詞]~라고」+「なり」. 여기에 사용된 「なり」는 자신이 직접 들었거나 남을 통해 들은 사항을 나타낼 때 쓰이는 助動詞. ~라고 한다. ~라고 들었다.

3. 楊(やう)香(きやう)搤(とらふ)ㇽ虎(とらを)
양향이 호랑이를 잡다

☐ 魯[ろ]の楊香(やうきやう)ハ、南郷縣(なんけいけん)1)と云[いう]ところに、楊豊(やうほう)と云[いう]人[ひと]の、むすめなり2)。
  ⇨ 노나라 양 향은 남향현이라는 곳의 양 풍이라는 사람의 딸이다.

☐ 年[とし]わづか3)に十四[じゅうよん]のとき、父(ちゝ)に、したがひて4)、田(た)を見[み]まひに5)、ゆきけるに6)、たちまち7)に、おそろしき虎(とら)8)きたりて9)、父(ちゝ)の楊豊(やうほう)を、くらハんとす10)。

---

1) 『假名草子集成』에는 「南郷縣」의 「郷」에 「ママ」 즉 원문에 잘못이 있으나 그대로 옮긴다는 설명이 붙어있다. 이는 본문 후반부에 「南卿縣」이 있고, 또한 「郷」은 일본어의 音으로는 「きょう(キヤウ)」나 「ごう(ガウ)」이고 「卿」은 일본어의 音으로 「きょう(キヤウ)」나 「けい」이므로 「なんけいけん」이라는 읽기가 붙어있다는 점도 참조한 것으로 보인다. 그런데 『삼강행실도』의 〈한문본〉은 「南郷縣」으로 되어 있어서 『假名草子集成』의 설명에 대한 재음미가 필요할 듯싶다.
2) 「むすめ【娘】 딸」+「なり[助動]단정·지정」.
3) わづか→わずか【僅か·纔か】[名·副]아주 적은. 겨우. 간신히.
4) 「したがふ[4]→したがう【從う·随う·順う】[5]뒤따르다. 수행하다」의 連用形 「したがひ」+「て」.
5) 「た【田】논. 밭」+「を[助詞]」+「みまふ[4]→みまう【見舞う】[5]둘러보다. 순시하다. 방문하다」의 連用形 「みまひ」+「に[助詞]~하러」.
6) 「ゆく【行く】[4]가다」의 連用形 「ゆき」+「けり[助動]회상·과거」의 連體形 「ける」+「に[助詞]」. 여기에서 「に」는 接續助詞로 쓰인 것으로 이 경우 활용하는 말의 連體形에 접속한다. 그 뜻은 역접·순접·가정·예상·당연·첨가 등 다양하다. 「~하니」「~하는데」로 풀이됨.
7) 「たちまち【忽ち】[名·副]갑자기. 느닷없이. 금세. 얼른」. 대개 뒤에 「に」를 수반한다.
8) 「おそろし[形]シク→おそろしい【恐ろしい】[形]무섭다. 놀랍다. 엄청나다. 신기하다」의 連體形 「おそろしき」+「とら【虎】호랑이」.
9) 「きたる【来る】(4)오다. 찾아오다」의 連用形 「きたり」+「て」.
10) 「くらふ[4]→くらう【食らう】[5]'먹다' '마시다'의 속된 말」의 未然形 「くらは」+「む[助動]추량·의지 등」가 「ん」으로 변화+「と[助詞]」+「す[サ変]→する[サ変]하다」.

⇨ 나이 불과 열넷일 때 아버지를 따라서 논을 둘러보러 갔는데 느닷없이 무서운 호랑이가 와서 아버지인 양 풍을 잡아먹으려 한다.

❏ 楊香(やうきやう)、これを見(み)て、大[おおい]に11)おそれ12)、なけきけれとも13)、すべきやうなし14)。

⇨ 양 향이 이를 보고 몹시 겁내하며 소리쳤지만 할 수 있는 방도가 없다.

❏ ミづから15)虎(とら)の首(くび)を、とらへて16)引(ひき)のけゝるに17)、心[こころ]ざしの18)孝(かう)なるところ19)、天[てん]にや通(つう)じけん20)、この虎(とら)、大[おおい]におそれたる躰(てい)にて21)、耳(ミゝ)をすべ22)、尾(を)をたれて23)にけうせけれハ24)、父[ちち]も、からき命

---

11) おおいに【大いに】[副]매우. 몹시. 많이.

12) 「おそる[下2] → おそれる【恐れる・畏れる・怖れる・懼れる】[下1]두려워하다. 무서워하다. 우려하다」의 連用形.

13) 「なげく【嘆く・歎く】[4]한숨짓다. 탄식하다. 슬퍼하다. 절망하다. 애원하다. 호소하다」의 連用形「なげき」('-け-'는 無濁点표기)+「けり[助動]회상・과거」의 已然形「けれ」+「ども[助詞]역접」('と-'는 無濁点표기).

14) 「す[サ変] → する[サ変]하다」의 終止形「す」+「べし[助動]의무・당연・추량・가능 등」의 連体形「べき」+「やう → よう【様】[名]모습. 방법」+「なし【無し】[形ク] → ない【無い】[形]없다」.

15) みづから → みずから【自ら】[副]스스로. 친히.

16) 「とらふ[下2] → とらえる【捕える・捉える】[下1]손으로 꽉 붙들다. 꽉 쥐다. 동물을 붙잡다」의 連用形「とらへ」+「て」.

17) 「ひきのく[下2 → ひきのける【引き退ける】[下1]잡아당겨서 물리치다. 떼어놓다」의 連用形「ひきのけ」+「けり[助動]회상・과거」의 連体形「ける」+「に[接続助詞]~하니. ~하는데」.

18) 「こころざし【志】마음이 향하는 바. 뜻」+「の[助詞]」(여기에서는 현대일본어〈が〉와 같은 쓰임)」.

19) 「かう → こう【孝】효」+「なり[助動]단정・지정」의 連体形「なる」+「ところ【所・処】바. 곳. 부분」.

20) 「てん【天】하늘」+「に[助詞]~에」+「や[係助詞]의문・반어」+「つうず[サ変] → つうずる【通ずる】[サ変]닿다. 연결되다. 통하다」의 連用形「通(つう)じ」+「けむ[助動]의문을 나타내는 말과 함께 쓰여서 과거 사실에 대해 원인・이유를 의심하거나 상상하는 뜻을 나타냄」가「けん」으로 변화. 「~や~けむ」의 형태로「~했던 것인가?」의 뜻을 나타냄.

21) 「おおいに【大いに】[副]매우」+「おそる【恐る】[下2]두려워하다」의 連用形「おそれ」+「たり[助動]완료・존속(현대일본어의 'ている'나 'た'와 같은 쓰임)」의 連体形「たる」+「てい【躰】'体'와 같음.〈てい【体】겉으로 본 모습. 모양〉」+「にて[助詞]현대일본어의 'で'와 같은 쓰임. ~로」.

(いのち)25)たすかりて26)、おや子[こ]もろともに27)、つゝがなく28)、家[いえ]にかへりぬ29)。

⇨ 자기가 호랑이 목을 붙들어 당겨 떼어내는데 마음가짐이 효인바 하늘에 통했는지 이 호랑이가 크게 두려워하는 꼴로 귀를 오그라뜨리고 꼬리를 늘어뜨리고 도망쳐 숨으니 아버지도 위험한 목숨을 건져 부모 자식 함께 별 탈 없이 집에 돌아갔다.

❏ 南卿縣(なんけいけん)の太守(たいしゅ)、孟肇之(まうでうし)と云[いう]人[ひと]、この事[こと]を聞[きき]て、奇特(きどく)30)の事[こと]に、おもひ31)、すなハち32)、楊香(やうきやう)に米(こめ)を、つかハし33)、あたへて34)、其[その]名[な]を、ほめあらハせり35)。

⇨ 남경현의 태수인 맹 조지라는 사람이 이 일을 듣고서 장한 일이라 생각하여 곧 양향에게 쌀을 내리셔서 주고 그 이름을 칭송하여 널리 알렸다.

---

22) 「みみ【耳】귀」+「を[助詞]」+「すぶ【窄ぶ】[下2]오므라들다. 작아지다. 움츠러들다. 오그라들다」의 連用形「すべ」.

23) 「を→お【尾】꼬리」+「を[助詞]」+「たる[下2]→たれる【垂れる】[下1]늘어뜨리다. 수그리다」의 連用形「たれ」+「て」.

24) 「にげうす[下2]→にげうせる【逃げ失せる】[下1]도망쳐서 모습을 감추다」의 連用形「にげうせ」('-け-'는 無濁点표기)+「けり[助動]회상·과거」의 已然形「けれ」+「ば[助詞]」('ば는 無濁点표기)」. 已然形에 접속하는「ば」는 '확정조건' '원인·이유'의 뜻.

25) 「からし[形ク]→からい【辛い】[形]맵다. 가혹하다. 괴롭다. 위험하다」의 連体形「からき」+「いのち【命】생명. 목숨」.

26) 「たすかる【助かる】[4]죽음·벌 따위를 면함을 받다. 살다」의 連用形「たすかり」+「て」.

27) 「おや【親】부모」+「こ【子】아이. 자식」+「もろとも【諸共】함께. 동시」+「に[助詞]」.

28) 「つつがなし[形ク]→つつがない【恙無い】[形]무탈하다. 무사하다」의 連用形.

29) 「かへる[4]→かえる【帰る·還る】[5]돌아가다」의 連用形「かへり」+「ぬ[助動]완료」.

30) 「奇特」은「きとく」(清音)로도「きどく」(濁音)로도 읽는다. '특히 뛰어나 흔치 않은 것' 또는 '마음가짐이나 행동이 뛰어나 칭송할 만한 것'을 나타낸다.

31) 「おもふ【思ふ】[4]생각하다」의 連用形.

32) すなはち→すなわち【即ち·則ち】[副]곧바로. 즉시. 그래서. 즉.

33) 「つかはす[4]→つかわす【使わす·遣わす】[5]심부름 보내시다. 파견하시다. 하사하시다. 주시다」의 連用形.

34) 「あたふ[下2]→あたえる【与える】[下1]주다. 수여하다」의 連用形「あたへ」+「て」.

35) 「ほむ[下2]→ほめる【誉める·褒める】[下1]축복하다. 칭찬하다」의 連用形「ほめ」+「あらはす[4]→あらわす【表す·現す·顕す·著す】[5]드러내다. 표현하다. 알리다」의 命令形「あらはせ」+「り[助動]완료·존속」.

4. 皐(かう)魚(ぎょ)哭(こくす)ル道(ミちに)[1]
고어가 길에서 울부짖다

☐ むかし[2]、孔子(こうし)聖人(せいじん)、楚(そ)と云[いう]国[くに]に、おはしましけるとき[3]、出[いで]て[4]、道[みち]をゆき給[たま]ふに[5]、かたハらに[6]、なきさけぶこゑ[7]、はなハだ[8]、あはれなるを[9]聞[きき]給[たま]ふ[10]。

⇨ 옛날에 공자 성인이 초라 하는 곳에 계셨을 때, 나아가 길을 가시는데 곁에서 울부짖는 소리가 몹시 애처로운 것을 들으신다.

☐ ちかつきて[11]見[み]給[たま]ふに[12]、皐魚(かうぎょ)と、いふ人[ひと]也

---

1) 〈한문본〉에는 「皐魚道哭」으로 되어 있다.
2) むかし【昔】옛날. 이전.
3) 「おはします[4] → おわします【御座します】[5]〈おはす[サ変] → おわす【御座す・在す】[サ変] '있다. 가다. 오다'의 尊敬語〉에〈ます〉를 덧붙여서 존경의 뜻을 더욱 강하게 한 말」의 連用形「おはしまし」+〈「けり[助動]회상・과거」의 連体形「ける」+「とき【時】때」.
4) 「いづ【出づ】[下2]나가다」의 連用形「いで」+「て」.
5) 「みち【道】길」+「を[助詞]」+「ゆく【行く・往く】[4]가다」의 連用形「ゆき」+「たまふ【給ふ・賜ふ】[助動]조동사로 쓰이는 경우 앞선 동사에 존경의 뜻을 덧붙임」+「に[助詞]~하니. ~하는데」.
6) 「かたはら → かたわら【傍ら】옆. 곁」+「に[助詞]」.
7) 「なきさけぶ【泣き叫ぶ】[4]큰 소리로 울다. 울며 외치다」의 連体形「なきさけぶ」+「こゑ → こえ【声】목소리」.
8) はなはだ【甚だ】[副]매우. 몹시. 대단히. 현저히.
9) 「あはれ → あわれ【哀れ】[形動ナリ]절절한. 불쌍한」의 連体形「あはれなる」+「を[助詞]」.
10) 「きく【聞く】[4]듣다」의 連用形「きき」+「たまふ【給ふ】[助動]존경」.
11) 「ちかづく【近付く】[4]다가가다. 가까이 가다」의 連用形「ちかづき」('-つ-'는 無濁点표기)+「て」.
12) 「みる【見る】[上1]보다」의 連用形「み」+「たまふ【給ふ】[助動]존경」의 連体形「たまふ」+「に[助詞]~하니. ~하는데」.

[なり]けり13)。
⇨ 다가가서 보시니 고 어라 하는 사람이었다.

☐ 身[み]に短褐(たんかつ)14)の衣[きぬ]を着(ちゃく)し15)、手[て]に劍(けん)をにぎりて16)啼哭(ていこく)したり17)。
⇨ 몸에 짧은 베옷을 입고 손에 칼을 쥐고 목 놓아 울고 있다.

☐ 孔子(こうし)、すなハち18)、車(くるま)より19)、をりて20)、その故[ゆえ]21)を、たつね給[たま]ふに22)、こたへて、いはく23)、「我[われ]24)、わかゝりし時[とき]より25)、学文(がくもん)をこのミて26)、あまねく27)諸

---

13) 「ひと【人】사람」+「なり[助動]단정・지정」의 連用形「なり」+「けり[助動]회상・과거」.

14) 료이(了意)는 「短褐」로 쓰고 있으나 일본어에서 「たんかつ」는 「短褐」로 쓰며 솜을 넣은 기장이 짧은 옷을 가리킨다. 〈한문본〉 역시 「褐」이다. 한자의 오용으로 보인다.

15) 「きぬ【衣】옷」+「を[助詞]」+「ちゃくす[サ変]→ちゃくする【着する】[サ変]입다. 착용하다. 걸치다」의 連用形「ちゃくし」.

16) 「けん【剣・劍】」+「を[助詞]」+「にぎる【握る】[4]붙잡다. 쥐다」의 連用形「にぎり」+「て」.

17) 「ていこく【啼哭】제곡. 큰 소리로 우는 것」+「す[サ変]하다」의 連用形「し」+「たり[助動]완료・존속」.

18) すなはち→すなわち【即ち・則ち】[副]곧바로. 즉시. 그래서. 즉.

19) 「くるま【車】수레」+「より[助詞]동작・장소・시간의 起點을 나타냄」.

20) 「おる[上2]→おりる【下りる・降りる】[上1]내리다」의 連用形「おり」('を-'는 정서법에 어긋남)+「て」.

21) ゆゑ→ゆえ【故】이유. 원인.

22) 「たづぬ[下2]→たずねる【尋ねる】[下1]묻다. 질문하다」의 連用形「たづね」('-つ 는 無濁点 표기')+「たまふ【給ふ】[助動]존경」의 連体形「たまふ」+「に[助詞]~하니. ~하는데」.

23) 「こたふ[下2]→こたえる【答える・応える】[下1]대답하다. 반응하다」의 連用形「こたへ」+「て」+「いはく→いわく【曰く】말하길. 이르길. 가로되」.

24) われ【我・吾】[代]①(1인칭)자기 자신. 나. 저 ②(2인칭)너.

25) 「わかし[形ク]→わかい【若い・稚い】[形]어리다. 미숙하다. 젊다」의 連用形「わかかり」+「き[助動]회상・과거」의 連体形「し」+「とき【時】」+「より[助詞]~부터」.

26) 「がくもん【学問・学文】학문」+「を[助詞]~을」+「このむ【好む】[4]흥미를 갖다. 즐기다. 좋아하다」의 連用形「このみ」+「て」. 이 부분은 〈한문본〉에는 없는데 비해 〈언해본〉에는 있어서 〈언해본〉과의 관련성에 관한 논의가 필요해 보인다.

27) あまねく【遍く・普く】[副]널리. 빠짐없이.

国[しょこく]を、めぐれり28)。
  ⇨ 공자가 이내 수레에서 내려서 그 연유를 물으시니 대답하여 이르길 "나는 어려서부터 학문을 좋아하여 두루 여러 나라를 돌아다녔다."

❏ 今[いま]われ29)、すでに30)学文(がくもん)をきハめて31)、家[いえ]にかへり32)、親[おや]をやしなハん、と、するに33)、おや、すでに、むなしくなれり34)。
  ⇨ 지금 나는 이제 학문을 다 하여 집에 돌아가 부모를 봉양하려 하는데 부모는 이미 돌아가셨다.

❏ それ35)樹(うへき)36)、静(しづ)かならん、と、すれども37)、風[かぜ]とゞまらず38)、子[こ]やしなハん、と、すれども39)、親(おや)また

---

28) 「めぐる【回る・廻る・巡る】[4]돌아다니다. 일순하다」의 命令形「めぐれ」+「り[助動]완료・존속」.
29) われ【我・吾】[代]①자기 자신. 나. 저 ②너.
30) すでに【既に・已に】[副]①이미. 벌써 ②모두. 남김없이 ③이제 ④틀림없이.
31) 「がくもん【学問・学文】학문」+「を[助詞]」+「きはむ[下2]→きわめる【極める・窮める・究める】[下1]극한에 도달시키다. 끝내다」의 連用形「きはめ」+「て」.
32) 「かへる[4]→かえる【帰る・還る】[5]돌아가다」의 連用形.
33) 「おや【親】부모」+「を[助詞]」+「やしなふ[4]→やしなう【養う】[5]양육하다. 부양하다. 키우다」의 未然形「やしなは」+「む[助動]의지・추량」→「ん」+「と[助詞]」+「す[サ変]하다」의 連体形「する」+「に[助詞]~하니. ~하는데」.
34) 「むなし[形シク]→むなしい【空しい・虚しい】[形](안이)비어있다. 덧없다. 죽었다」의 連用形「むなしく」+「なる【成る】되다」의 命令形「なれ」+「り[助動]완료・존속」.
35) それ【其・夫】[感](한문의〈夫〉에 대한 訓読에서)격식을 차린 자세로 글을 시작할 때 쓰는 말.
36) 「樹」를「うへき」로 읽는 것에는 두 가지 문제가 있다. 하나는「樹」는「き(訓読)」나「じゅ(音読)」로 읽는다는 점이고, 또 하나는「うへき」와 뜻이 통하는「うえき【植木】①살아 있는 나무 ②정원이나 화분에 심어놓은 나무」역시 歴史的仮名遣로는「うゑき」로 읽는다는 점이다.
37) 「しづか[形動ナリ]→しずか【静か】[形動]움직이지 않는 모습」의 未然形「しずかなら」+「む[助動]의지・추량」→「ん」+「と[助詞]」+「す[サ変]하다」의 已然形「すれ」+「ども[助詞]已然形에 접속하여 逆接의 뜻을 나타냄」.
38) 「かぜ【風】바람」+「とどまる【止まる・留まる・停まる】[4]멈추다. 머물다」의 未然形「とどまら」+「ず[助動]부정」.
39) 「こ【子】자식」+「やしなふ【養ふ】」+「む[助動]추량・의지」→「ん」+「と[助詞]」+「す[サ変]

ず40)、ゆきて41)、かへるべからざるものハ42)、年[とし]なり43)、ゆきて追(をふ)べからざるものは44)、おやなり45)。

⇨ 무릇 나무가 가만히 있으려 하지만 바람이 잠잠해지지 않는다. 자식이 봉양하려 하지만 부모는 기다리지 않는다. 가서 돌아올 수 없는 것은 세월이다. 가서 따를 수 없는 것은 부모다.

❏ われ46)、いま命(いのち)ながらへて47)、又[また]、なにのためにかせん48)。」と云[いい]て、立[たつ]ところに49)、なげき50)死(し)にけり51)。

⇨ "내 이제 목숨을 이어서 또한 무엇 하겠는가?"라고 하며 선 곳에서 한탄하며 죽었다.

❏ 爰[ここ]にをひて52)、孔子(こうし)の弟子(でし)、家(いへ)に帰(かへ)り

하다」의 已然形「すれ」+「ども[助詞]역접」.

40)「まつ【待つ・俟つ】[4]기다리다」의 未然形「また」+「ず[助動]부정」.

41)「ゆく【行く・往く・逝く】[4]가다」의 連用形「ゆき」+「て」.

42)「かへる[4]→かえる【帰る・還る】[5]돌아가다」의 終止形「かへる」+「べかり[助動]추량・가능」의 未然形「べから」+「ざり[助動]부정」의 連体形「ざる」+「もの【物・者】[名]것」+「は[助詞]」.

43)「とし【年】해. 나이. 세월」+「なり[助動]단정・지정」.

44)「ゆく【行く・逝く】[4]가다」의 連用形「ゆき」+「て」+「おふ[4]→おう【追う・逐う】[5]뒤쫓다」의 終止形「おふ」('を-'는 정서법에 어긋남)+「べかり[助動]추량・가능」의 未然形「べから」+「ざり[助動]부정」의 連体形「ざる」+「もの【物・者】[名]것」+「は[助詞]」.

45)「おや【親】부모」+「なり[助動]단정・지정」.

46) われ【我・吾】[代]①자기 자신. 나. 저 ②너.

47)「いのち【命】목숨」+「ながらふ[下2]→ながらえる【存える・永らえる】[下1]오래 살다」의 連用形「ながらへ」+「て」.

48)「なに【何】[代]어떤. 무슨」+「の[助詞]」+「ため【為】위해. 때문」+「に[助詞]」+「か[係助詞]의문(문말은 連体形)」+「す[サ変]하다」의 未然形「せ」+「む[助動]추량・의지」의 連体形「む」(앞선〈か〉에 호응)→「ん」. 文中에 쓰인 係助詞「か」는 문말에 형태 제한이 있으며 '의문'의 뜻을 뒤에 붙여서 해석한다.

49)「たつ【立つ・起つ・建つ】[4]서다」+「ところ【所・処】곳. 장소」+「に[助詞]」. 현대일본어라면 「立っているところ」와 같이 「ている」가 들어가는 형태를 취할 것으로 보인다.

50)「なげく【嘆く・歎く】[4]한숨짓다. 탄식하다. 슬퍼하다. 절망하다. 애원하다. 호소하다」의 連用形.

51)「しぬ【死ぬ】[ナ変]죽다」의 連用形「しに」+「けり[助動]회상・과거」.

52)「ここ【爰】[代]여기. 이 일. 이때」+「に[助詞]」+「おいて【於いて】[連語]~에 있어서」로 보는 것이 타당할 듯싶다.「をひて」로 표기한 것은 미상.

て、おやをやしなふもの、十三人[じゅうさんにん]なりき53)。

⇨ 이에 공자의 제자로 집에 돌아가서 부모를 봉양하는 사람이 열 셋이었다.

---

53)「なり[助動]단정・지정」의 連用形「なり」+「き[助動]회상・과거」.

5. 陳(ちん)氏(し)養(やしなふ)ㄴ姑(しうとめを)
진씨가 시어머니를 봉양하다

❏ 陳(ちん)孝婦(かうふ)ハ、漢(かん)の世(よ)の人[ひと]なり[1]。
　⇨ 진 효부는 한나라 시절 사람이다.

❏ 年(とし)十六[じゅうろく]にして[2]、夫(おつと)を、まうく[3]。
　⇨ 나이 열여섯에 남편을 맞이한다.

❏ そのころ、戎(えびす)[4]の国(くに)、王命(わうめい)に、そむくこと有[あり]て[5]、みかどより[6]、国中(こくちう)[7]のつハもの[8]を、もよほして[9]、せめに[10]、つかハし給[たま]ふ[11]。
　⇨ 그 무렵 변경에 왕명에 거역하는 일이 있어서 천자가 온 나라의 병사를 모아 공격하

---

1) 「よ【世】시절. 세상」+「の[助詞]」+「ひと【人】사람」+「なり[助動]단정・지정」.
2) 「にして」는 「に[助詞]」+「す[サ変]하다」+「て」의 형태로 현대일본어 「で」와 같은 쓰임이다.
3) 「をつと → おっと【夫】지아비」('お'는 정서법에 어긋남)+「を[助詞]」+「まうく[下2] → もうける【設ける・儲ける】[下1]준비하다. 마련하다. 만들다. 얻다」.
4) えびす【夷・戎】시골사람. 외국인을 낮잡아 부르는 말.
5) 「そむく【背く・叛く】[4]등지다. 위반하다. 모반하다. 대들다」의 連体形「そむく」+「こと【事】것. 일」+「あり【有り】[ラ変]있다」의 連用形「あり」+「て」.
6) 「みかど【御門・帝】황제. 천자. 조정. 덴노(天皇)」+「より[助詞]~로부터. 여기에서는 현대일본어 〈が〉와 같은 쓰임」.
7) 「こくちう」는 「コクチュー」와 같이 읽는다. こくちゅう【国中】는 한 나라의 영역 안, 국내, 온 나라의 뜻.
8) つはもの → つわもの【兵】무기. 병사. 용사.
9) 「もよほす[4] → もよおす【催す】[5]재촉하다. 불러일으키다. 준비하다. 소집하다. 부과하다」의 連用形「もよほし」+「て」.
10) 「せむ[下2] → せめる【攻める】[下1]공격하다」의 連用形「せめ」+「に[助詞]~하러」.
11) 「つかはす[4] → つかわす【使わす・遣わす】[5]윗사람이 보내다. 파견하시다. 주시다」의 連用形「つかはし」+「たまふ【給ふ】[助動]존경」.

러 보내신다.

❑ 陳(ちん)孝婦(かうふ)が12)夫(おつと)も、官軍(くわんぐん)の人数(じんしゆ)13)として14)、戎(えびす)の国[くに]に、むかふ15)。
  ⇨ 진 효부의 남편도 관군의 일원으로 변경으로 향한다.

❑ そのとき、妻(つま)の陳氏(ちんし)に、かたりけるハ16)、「われ、すでに17)、いくさ18)に、むかハゞ19)、さだめて20)、うち死(しに)すべし21)。
  ⇨ 그때 아내인 진 씨에게 말했던 것은 "나는 이제 전쟁에 가면 필시 전사할 것이오.

❑ さいはひに22)、わが母(はゝ)23)、とし老(おひ)て24)、しかも25)、われに兄弟(きやうだい)26)なし27)。

---

12) 「が」는 현대일본어 「の」의 쓰임.

13) 「人数」는 「にんじゅ」「にんずう」「ひとかず」로 읽는다. 사람의 숫자, 수많은 사람들의 뜻이며 「じんしゆ」로 읽은 것은 미상.

14) として[助詞]~의 자격으로. ~인 상태로.

15) むかふ[4]→むかう【向かう・対う】[5]향하다. 나아가다. 상대하다.

16) 「かたる【語る】[4]들려주다. 말하다」의 連用形 「かたり」+「けり[助動]회상・과거」의 連体形 「ける」+「は[助詞]. 현대일본어라면 「けり」와 「は」 사이에 형식명사 따위가 놓인다.

17) すでに【既に・已に】[副]①이미. 벌써 ②모두. 남김없이 ③이제 ④틀림없이.

18) いくさ【軍・戦】병사. 군대. 전쟁.

19) 「むかふ[4]→むかう【向かう】[5]향하다. 나아가다」의 未然形 「むかは」+「ば[助詞]」(未然形에 접속하여 가정조건을 나타냄).

20) さだめて【定めて】[副]아마도. 필시. 분명.

21) 「うちじに【討死】싸움터에서 적과 싸우다 죽는 것(원문의 「しに」는 無濁点표기)」+「す[サ変]하다」의 終止形 「す」+「べし[助動]추량・당연」.

22) 「さいはひ→さいわい【幸い】[副詞]」는 본래 '운 좋게' '다행히'의 뜻인데 내용 상 통하지 않는다. 그런데 「さいわい」에 「に」를 붙여서 '부디'와 같이 〈그렇게 해주면 내가 행복하다〉는 뜻으로 남에게 부탁하는 용법도 있어서 이쪽을 채용한다. 다만 이 문장만을 잘라 보면 여전히 어색한데, 아래에 이어지는 「ねがはくは」와 호응하는 것으로 이해할 수 있겠다.

23) 「わが【我が・吾が】[連体]나의. 자신의」+「はは【母】어머니」.

24) 「とし【年・歳】나이」+「おゆ[上2]→おいる【老いる】[上1]늙다」의 連用形 「おい」('-ひ'는 정서법에 어긋남)+「て」.

25) しかも【然も・而も】[接続]게다가. 그래도. 하지만.

⇨ 부디 (바라기는) 우리 어머니가 나이 늙어 게다가 나에게 형제가 없소.

☐ われ、若(もし)、かへらずハ28)、わが母[はは]、さらに29)、やしなふもの30)なからん31)。

⇨ 내가 만일 돌아오지 않으면 우리 어머니는 이제 봉양할 사람이 없을 것이오.

☐ ねがハくハ32)、たとひ33)、われ、うたるゝとも34)、君(きミ)、わが母[はは]を、やしなふべきや35)。」と。

⇨ 원컨대 설령 내가 죽임을 당하더라도 당신이 우리 어머니를 봉양해야 할 것이오." 라고.

☐ 妻[つま]こたへて、いはく36)、「ミづから37)、この家[いえ]に、きたれるよりハ38)、きみの母(はゝ)ハ、また、ミづからが39)母[はは]なり40)、い

---

26) 「きやうだい」는 「キョーダイ」로 읽는다.

27) 「なし[形ク]→ない【無い・亡い】[形]없다.

28) 「かへる[4]→かえる【帰る・還る】[5]돌아오다」의 未然形 「かへら」+「ずは(助動詞〈ず〉+〈は〉의 형태)①~하지 않고 ②가정조건. 만일 ~가 아니라면」.

29) さらに【更に】[副]①또한. 거듭. 더욱 ②강한 부정. 절대로 ~가 아니다. 전혀 ~지 않다.

30) 「やしなふ[4]→やしなう【養う】[5]양육하다. 부양하다. 키우다」의 連体形 「やしなふ」+「もの【者】사람」.

31) 「なし[形ク]→ない【無い・亡い】[形]없다」의 未然形 「なから」+「む[助動]추량」→「ん」.

32) ねがはくは→ねがわくは【願わくは】[副]바라기는. 원하기는.

33) たとひ→たとい【縦い・仮令・縦令】[副]①만일. 만약에 ②만일 그렇다 해도. 비록.

34) 「うつ【打つ・討つ・撃つ】[4]때리다. 치다. 죽이다」의 未然形 「うた」+「る[助動수동」의 連体形 「るる」+「とも[助詞]역접의 가정조건. ~해도」.

35) 「やしなふ」+「べし[助動]의무・당연」의 連体形「べき」+「や[助詞]」. 終助詞로 쓰인 「や」는 감동을 나타내거나 부드러운 느낌으로 희망이나 명령, 권유 등을 나타낸다.

36) 「こたふ[下2]→こたえる【答える・応える】[下1]대답하다. 반응하다」의 連用形 「こたへ」+「て」+「いはく→いわく【曰く】말하길. 이르길. 가로되」.

37) みづから→みずから【自ら】[名]자기 자신. 나. [副]스스로. 친히.

38) 「きたる【来る】[4]오다」의 命令形 「きたれ」+「り[助動]완료・존속」의 連体形 「る」+「より[助詞]~로부터」+「は[助詞]」.

39) 「が」는 현대일본어 「の」의 쓰임.

40) 「はは【母】어머니」+「なり[助動]단정・지정」.

かでかすて侍[はべ]らん⁴¹)。」とて⁴²)、かたく⁴³)、うけがひけり⁴⁴)。

⇨ 아내가 답해 이르길 "제가 이 집에 왔을 때부터 당신의 어머니는 또한 저의 어머니입니다. 어찌 버리겠습니까?"라며 굳게 받아들였다.

❏ 夫(おつと)ハ、大[おおい]に⁴⁵)、よろこびつゝ⁴⁶)、「今[いま]ハ、心[こころ]やすし⁴⁷)。」と云[いい]て、軍立(いくさだち)しけるが⁴⁸)、案(あん)のことく⁴⁹)、夫(おつと)は、うたれて⁵⁰)、帰[かえ]らざりけり⁵¹)。

⇨ 남편은 크게 기뻐하며 "이젠 안심이다." 라 하고 싸움에 나섰는데 예상대로 남편은 죽임을 당해 돌아오지 않았다.

❏ しかれとも⁵²)、妻(つま)の陳氏(ちんし)、ふかく⁵³)姑(しうとめ)⁵⁴)に、かうゝ⁵⁵)を、つくして⁵⁶)、やしなひ、つかふる事[こと]⁵⁷)、わが⁵⁸)、

---

41) 「いかでか【如何でか・争でか】[副詞]①어째서 ②반어. 어찌~하겠는가」+「すつ[下2]→すてる【捨てる・棄てる】[下1]버리다」의 連用形 「すて」+「はべり【侍り】[助動]격식・정중」의 未然形 「はべら」+「む[助動]추량・의지」→「ん」.

42) とて[助詞]인용. ~라 해서. ~라는 것으로. ~라는 이름으로.

43) 「かたし[形ク]→かたい【堅い・固い・硬い・難い】[形]튼튼하다. 견고하다」의 連用形.

44) 「うけがふ【肯ふ】[4]승낙하다. 이해하다」의 連用形 「うけがひ」+「けり[助動]회상・과거」.

45) おおいに【大いに】[副]매우. 몹시. 많이.

46) 「よろこぶ【喜ぶ・悦ぶ】[4]기뻐하다」의 連用形 「よろこび」+「つつ[助詞]같은 동작의 반복. ~하면서」

47) こころやすし[形ク]→こころやすい【心安い】[形]안심이다. 걱정이 없다.

48) 「いくさだち【軍立ち】[名]전장으로 출발하는 것」+「すサ変하다」의 連用形 「し」+「けり[助動]회상・과거」의 連体形 「ける」+「が[助詞]역접」.

49) 案(あん)の如(ごと)く:생각했던 대로. 「こ」는 無濁点표기.

50) 「うつ【打つ・討つ・撃つ】[4]치다. 죽이다」의 未然形 「うた」+「る[助動]수동」의 連用形 「れ」+「て」.

51) 「かへる[4]→かえる【帰る・還る】[5]돌아오다」의 未然形 「かへら」+「ざり[助動]부정」의 連用形 「ざり」+「けり[助動]회상・과거」.

52) しかれども【然れども】[接続]그렇기는 하지만. 그렇다고는 해도. 「と」는 無濁点표기.

53) 「ふかし[形ク]→ふかい【深い】[形]깊다. 무겁다」의 連用形.

54) 「しうとめ」는 「シュートメ」와 같이 읽는다. 「姑(しゅうとめ)」는 '장모' 또는 '시어머니'의 뜻.

55) かうかう→こうこう【孝行】효행.

56) 「つくす【尽くす】[4]노력하다. 힘쓰다」의 連用形 「つくし」+「て」.

まこと59)の母[はは]のごとくせり60)。

⇨ 하지만 아내인 진 씨는 깊이 시어머니에게 효행을 다하여 봉양하고 섬기기를 제 진짜 어머니처럼 했다.

❏ 陳氏(ちんし)が61)父母(ちゝはゝ)、わがむすめの、年[とし]62)いまだ63)、わかくして64)、ひとり、すむこと65)を、あはれミ66)、又[また]、いかならん人[ひと]67)にも、あたへて68)、心[こころ]やすく69)、すましめん70)、と、はからひけれども71)、

⇨ 진 씨의 부모는 우리 딸의 나이 아직 어린데 홀로 사는 것을 가엾게 여겨서 다시 어떠한 사람에게라도 보내어 마음 편안하게 살게 하고자 꾀하였지만,

---

57) 「つかふ【仕ふ】[下2]윗사람 가까이에서 섬기다. 모시다」의 連体形 「つかふる」+「こと【事】것. 일」.

58) わが【我が·吾が】[連体]나의. 자신의.

59) まこと【真·実·誠】[名]진짜. 정말.

60) 「はは【母】어머니」+「の[助詞]」+「ごとし【如し】[助動]~와 같다」의 連用形 「ごとく」+「す[サ変]하다」의 命令形 「せ」+「り[助動]완료·존속」.

61) 「が」는 현대일본어 「の」의 쓰임.

62) 「わが【我が·吾が】[連体]나의. 자신의」+「むすめ【娘】딸」+「の[助詞]」+「とし【年·歳】나이」.

63) いまだ【未だ】[副]아직. 여전히.

64) 「わかし[形ク]→わかい【若い·稚い】[形]어리다. 젊다」의 連用形 「わかく」+「して[助詞]連用形에 접속하여 '~인 상태로'의 뜻」.

65) 「ひとり【一人·独り】한 사람. 혼자」+「すむ【住む·棲む·栖む】[4]살다. 생활하다」의 連体形 「すむ」+「こと【事】것. 일」.

66) 「あはれむ[4]→あわれむ【哀れむ·憐れむ】[5]①사랑하다 ②불쌍히 여기다. 동정하다」의 連用形.

67) 「いかなり【如何なり】[ラ変]어떠하다」의 未然形+「む[助動]추량」의 連体形 「む」→「ん」+「ひと【人】사람」.

68) 「あたふ[下2]→あたえる【与える】[下1]주다. 수여하다」의 連用形 「あたへ」+「て」.

69) 「こころやすし[形ク]→こころやすい【心安い】[形]안심이다. 걱정이 없다」의 連用形.

70) 「すむ【住む·棲む·栖む】[4]살다」의 未然形 「すま」+「しむ[助動]사역. ~시키다」의 未然形 「しめ」+「む[助動]추량·의지」→「ん」.

71) 「はからふ[4]→はからう【計らう】[5]의논하다. 꾀하다. 처리하다」의 連用形 「はからひ」+「けり[助動]회상·과거」의 已然形 「けれ」+「ども[助詞]역접」.

❏ 陳氏(ちんし)、さらに72)、うけがハずして73)、親(おや)に、かたりて、いはく74)、「わが夫(おつと)、家[いえ]を出[で]て、いくさに、むかひし時[とき]75)、われ76)に、老母(らうぼ)を、あづけ侍[はべ]り77)、われ、かたく78)、うけがひ侍[はべ]り79)」。

⇨ 진 씨는 전혀 받아들이지 않고 부모에게 말하여 이르길 "우리 남편이 집을 나서 싸움터로 향했을 때 나에게 노모를 맡기셔서 나는 굳게 받아들였습니다."

❏ 人[ひと]の親(おや)を、あづかり80)、やしなふて81)、その親(おや)、いまだ命(いのち)あるうちに82)、我身[わがみ]を、人[ひと]にゆるして83)、この老母(らうぼ)を、すつる、と、ならバ84)、信(しん)あるものに、あらず85)。

---

72) さらに【更に】[副]①또한. 거듭. 더욱 ②강한 부정. 절대로 ~가 아니다. 전혀 ~지 않다.
73) 「うけがふ【肯ふ】[4]승낙하다. 이해하다」의 未然形 「うけがは」+「ず[助動]부정」의 連用形 「ず」+「して[助詞](連用形에 접속)~인 상태로」.
74) 「かたる【語る】이야기하다」의 連用形 「かたり」+「て」+「いはく→いわく【曰く】말하길」.
75) 「いくさ【軍・戦】전쟁」+「に[助詞]」+「むかふ【4】→むかう【向かう】[5]나아가다」의 連用形 「むかひ」+「き[助動]회상・과거」의 連体形 「し」+「とき【時】때」.
76) われ【我・吾】[代]①자기 자신. 나. 저 ②너.
77) 「あづく[下2]→あずける【預ける】[下1]맡기다」의 連用形 「あづけ」+「侍(はべ)り[助動]청자에 대한 정중. 격식」.
78) 「かたし[形ク]→かたい【堅い・固い・硬い・難い】[形]튼튼하다. 견고하다」의 連用形.
79) 「うけがふ【肯ふ】[4]승낙하다」의 連用形 「うけがひ」+「侍(はべ)り[助動]격식・정중」.
80) 「あづかる[4]→あずかる【預かる】[5]맡다. 보관하다」의 連用形.
81) 「やしなふ【養ふ】[4]키우다. 양육하다」+「て」. 「ヤシノーテ」로 읽는다.
82) 「いまだ【未だ】[副]아직」+「いのち【命】목숨」+「あり[ラ変]→ある【有る・在る】[4]있다」의 連体形 「ある」+「うち【内】안. 사이」+「に[助詞]」.
83) 「ひと【人】사람. 다른 사람」+「に[助詞]」+「ゆるす【許す・赦す・聴す】[4]맡기다. 허락하다. 사면하다」의 連用形 「ゆるし」+「て」.
84) 「すつ[下2]→すてる【捨てる・棄てる】[下1]버리다」의 連体形 「すつる」+「と[助詞]」+「なる【成る・為る】[4]되다」의 未然形 「なら」+「ば[助詞](未然形에 접속하여)가정조건」.
85) 「しん【信】신. 믿음」+「あり[ラ変]→ある【有る・在る】[4]있다」의 連体形 「ある」+「もの【者】사람」+「に[助詞]」+「あり[ラ変]」의 未然形 「あら」+「ず[助動]부정」. 「~にあり」는 현대일본어의 「~である」의 쓰임. 또한 현대일본어에서는 「いる」의 부정은 「いない」, 「ある」의 부정은 「ない」인데 옛글에서는 「ない」 대신 「あらず」가 쓰인다.

⇨ 남의 부모를 맡아 봉양하여 그 부모가 아직 목숨 있을 때에 내 몸을 다른 사람에게 맡기고 이 노모를 버린다고 하면 믿음이 있는 자가 아니다.

❏ やくそくを、たがへてハ86)、なにをもつてか87)、世[よ]にたてらんや88)。」と云[いひ]て、すぐに89)、じがいせんとす90)。
　⇨ 약속을 어기고서는 무엇으로써 세상에 서 있겠는가?"라 하며 이내 자해하려 한다.

❏ 父母(ぶも)91)おそれて92)、かさねて93)、いふことなし94)。
　⇨ 부모가 두려워하여 거듭 말하는 일이 없다.

❏ かくて95)、姑(しうとめ)を、やしなふこと96)、すべて97)二十八[にじゅうはち]年[ねん]をへて98)、姑(しうとめ)つゐに99)、むなしくなれり100)。
　⇨ 이러하여 시어머니를 봉양하는 일에 모두 28년을 지나 시어머니가 끝내 돌아가셨다.

---

86) 「やくそく【約束】약속」＋「を[助詞]」＋「たがふ[下2]→たがえる【違える】[下1]일치시키지 않다. 배신하다. (약속)깨다」의 連用形「たがへ」＋「てば:가정. ~한다면」.

87) 「なに【何】[代]어떤. 무슨」＋「を[助詞]」＋「もつて【以て】(助詞「を」에 이어져서)수단이나 원인 등을 나타냄. ~로써. ~때문에」＋「か[係助詞]의문〈문말은 連体形〉」.

88) 「よ【世】세상」＋「に[助詞]」＋「たつ【立つ】[4]서다」의 命令形「たて」＋「り[助動完了・存속]」의 未然形「ら」＋「む[助動추량]→「ん」＋「や[助詞]추량에 이어지고 앞선 係助詞 'か'와 호응하여 의문·반어의 뜻」.

89) すぐに【直ぐに】[副]곧바로. 직접.

90) 「じがい【自害】자해. 자살」＋「す[サ変]하다」의 未然形「せ」＋「む[助動]의지」→「ん」＋「と[助詞]」＋「す[サ変]하다」.

91) 「父母」는 통상「ふぼ」로 읽지만「ぶも」로 읽는 방법도 있다. 이 경우「も」는 呉音.

92) 「おそる[下2]→おそれる【恐れる・畏れる・怖れる・懼れる】[下1]두려워하다」의 連用形「おそれ」＋「て」.

93) かさねて【重ねて】[副]다시. 재차.

94) 「いふ【言ふ・云ふ】[4]말하다」의 連体形「いふ」＋「こと【事】일」＋「なし【無し】[形ク]없다」.

95) かくて【斯くて】[副・接続]이렇게 해서.

96) 「やしなふ[4]→やしなう【養う】[5]부양하다」의 連体形「やしなふ」＋「こと【事】것. 일」.

97) すべて【総て・全て・凡て・渾て】[名・副]모두. 전부. 총(總).

98) 「ふ[下2]→へる【経る・歴る】[下1]경과하다. 세월을 보내다」의 連用形「へ」＋「て」.

99) つひに→ついに【終に・遂に】[副]결국. 마지막에.「-ゐ」는 정서법에 어긋남.

100) 「むなし[形シク]→むない【空しい・虚しい】[形]덧없다. 무상하다. 죽었다」의 連用形「むなしく」＋「なる【成る・為る】[4]되다」의 命令形「なれ」＋「り[助動완료・존속]」.

❏ 田畠(たはた)¹⁰¹)家(いへ)まで、ことゞく売(うり)て¹⁰²)、葬礼(さうれい)のいとなミ¹⁰³)、ねんごろに、いたしけり¹⁰⁴)。
⇨ 논밭과 집까지 죄다 팔아서 장례 절차를 정성스럽게 했다.

❏ 世[よ]の人[ひと]、これを聞[きき]つたへて¹⁰⁵)、陳(ちん)孝婦(かうふ)と、名[な]つけ侍[はべ]り¹⁰⁶)。
⇨ 세상 사람들이 이를 전해 듣고 진 효부라 이름 붙였습니다.

---

101) たはた【田畑・田畠】논과 밭.
102) 「ことごとく【悉く・尽く】[副]모두. 남김없이」+「うる【売る】[4]팔다」의 連用形「うり」+「て」.
103) 「さうれい → そうれい【葬礼・喪礼】장례」+「の[助詞]」+「いとなみ【営み】[名]일. 운영」.
104) 「ねんごろ【懇ろ】[形動ナリ]진심을 다해. 열심히」의 連用形「ねんごろに」+「いたす【致す】[4]하다. 힘쓰다」의 連用形「いたし」+「けり[助動]회상・과거」.
105) 「ききつたふ[下2] → ききつたえる【聞き伝える】[下1]남에게 전해 듣다」의 連用形「ききつたへ」+「て」.
106) 「なづく[下2] → なづける【名付ける】[下1]이름을 붙이다. 명명하다. 칭하다」의 連用形「なづけ」('-つ'는 無濁点표기)+「侍(はべ)り[助動]격식・정중」.

6. 江(かう)革(かく)巨(きよ)孝(かう)
강혁거효

❏ 漢(かん)の江革(かうかく)ハ、臨淄(りんし)[1]と、いふところの人[ひと]なり[2]。
  ⇨ 한나라의 강 혁은 임치라고 하는 곳의 사람이다.

❏ とし、いまだ[3]、わかくして[4]、父[ちち]に、をくれたり[5]。
  ⇨ 나이 아직 어려서 아버지를 여위었다.

❏ 天下[てんか]、折(をり)ふし[6]、みだれて[7]、民(たミ)[8]さらに[9]、心[こころ]を、やすくせず[10]。
  ⇨ 천하가 마침 어지러워 백성들은 전혀 마음을 편하게 하지 못한다.

❏ さるほどに[11]、江革(かうかく)、わが母[はは][12]を、をふて[13]、国[くに]

---

1) 〈한문본〉에는 「臨緇(임치)」로 되어 있다.
2) 「ひと【人】사람」+「なり[助動]단정・지정」.
3) 「とし【年・歳】나이」+「いまだ【未だ】[副]아직. 여전히」.
4) 「わかし[形ク]→わかい【若い・稚い】[形]어리다. 젊다」의 連用形「わかく」+「して[助詞]連用形에 접속하여 '~인 상태로'의 뜻」.
5) 「おくる[下2]→おくれる【後れる・遅れる】[下1]늦다. 다른 사람에게 먼저 죽음을 당하다. 살아남다」의 連用形「おくれ」('を-'는 정서법에 어긋남)+「たり[助動]완료・존속」.
6) をりふし→おりふし【折節】[副]딱 그때. 때마침. 가끔.
7) 「みだる[下2]→みだれる【乱れる・紊れる】[下1]흐트러지다. 혼란하다」의 連用形「みだれ」+「て」.
8) たみ【民】신민(臣民). 인민.
9) さらに【更に】[副]①또한. 거듭. 더욱 ②강한 부정. 절대로 ~가 아니다. 전혀 ~지 않다.
10) 「こころ【心】마음」+「を[助詞]」+「やすし[形ク]→やすい【安い・易い】[形]걱정이 없다. 안심이다」의 連用形「やすく」+「す[サ変]하다」의 未然形「せ」+「ず[助動]부정」.
11) さるほどに【然る程に】[接続]그러는 사이에. 그건 그렇고. 그런데.

をにげ出[だし]14)、ふかき山[やま]のうちに15)、かくれて16)、難(なん)をのがれ17)、つねにハ18)、菓(このミ)19)をひろひて20)、親(おや)を、はごくめり21)。

⇨ 그 사이에 강 혁은 자기 어머니를 업고서 그곳을 도망쳐나가 깊은 산속에 숨어 난을 피하고 평소에는 나무열매를 주워서 어머니를 보살폈다.

❏ 敵国(てきこく)の、つハもの22)に、ゆきあふとき23)ハ、すでに24)、ころされん25)、と、する事[こと]26)たび〲27)に、をよぶ28)、と、いへども29)、わがいのち30)を、うしなハん31)事[こと]ハ、さらに32)物(もの)の

12) 「わが【我が・吾が】[連体]나의. 자신의」+「はは【母】어머니」.
13) 「おふ[4]→おう【負う】[5]등에 지다. 업다」('を-'는 정서법에 어긋남)+「て」. 「ふ」로 끝나는 동사의 경우「て」앞에서 終止形이 쓰이는 경우가 있다.
14) 「にげだす【逃げ出す】[4]도망쳐 그곳을 나가다」의 連用形.
15) 「ふかし[形ク]→ふかい【深い】[形]깊다」의 連体形「ふかき」+「やま【山】산」+「の[助詞]」+「うち【内】안」+「に[助詞]」.
16) 「かくる[下2]→かくれる【隠れる】[下1]숨다. 은둔하다」의 連用形「かくれ」+「て」.
17) 「なん【難】어려움. 재난」+「を[助詞]」+「のがる[下2]→のがれる【逃れる・遁れる】[下1]피하다. 면하다」의 連用形「のがれ」.
18) 「つね【常】항상. 평소」+「に[助詞]」+「は[助詞]」.
19) 「菓」는 「くわ(→か)」로 읽는데 그 뜻이 「木(こ)の実(み)」이다. 「木の実」는 나무열매나 과일을 가리킨다.
20) 「ひろふ[4]→ひろう【拾う】[5]떨어져있는 것을 들어 올리다」의 連用形「ひろひ」+「て」.
21) はごくむ【育む】[4]는 「はぐくむ」와 같은 말이다. はぐくむ【育む】양육하다. 보살피다. 「はごくむ」의 命令形「はごくめ」+「り[助動완료·존속]」.
22) つはもの→つわもの【兵】무기. 병사. 용사.
23) 「ゆきあふ[4]→ゆきあう【行き合う・行き逢う】[5]우연히 마주치다」의 連体形「ゆきあふ」+「とき【時】때」.
24) すでに【既に・已に】[副]①이미. 벌써 ②모두. 남김없이 ③이제 ④틀림없이.
25) 「ころす【殺す】[4]죽이다」의 未然形「ころさ」+「る[助動수동]」의 未然形「れ」+「む[助動추량]」→「ん」.
26) 「す[サ変]하다」의 連体形「する」+「こと【事】것. 일」.
27) たびたび【度度】같은 일의 반복. 매번. 자주.
28) およぶ【及ぶ】[4]어떤 때나 장소 등에 다다르다. 도달하다. 「を-」는 정서법에 어긋남.
29) いへども→いえども【雖も】[連語]~하지만. ~해도.

数(かず)ならず33)、と、いへども、

⇨ 적국의 병사와 맞닥뜨리는 때에는 이제 죽임을 당할 뻔한 일이 여러 차례에 이르지만, 내 목숨을 잃는 것은 전혀 대수롭지 않다고 해도,

❏ 「われ34)に、一人[ひとり]の老母(らうぼ)あり35)、我(われ)を、うしなふとき36)ハ、又[また]、やしなふもの、なし37)。ねがハくは38)、母(はゝ)がために39)、命(いのち)を、たすけ給[たま]へ40)。」と、まことに41)、いつハりなく42)、なげき43)、かなしミけるほどに44)、

⇨ "나에게 한 노모가 있다. 나를 잃을 때는 또 봉양할 사람이 없다. 원컨대 어머니를 위하여 목숨을 살려주십시오."라고 정말로 거짓 없이 울며 슬퍼하기에,

❏ たけき、ものゝふも45)、理(ことハり)に、をれ46)、あはれミを、たれ

---

30) 「わが【我が・吾が】[連体]나의. 자신의」+「いのち【命】목숨」.
31) 「うしなふ[4]→うしなう【失う】[5]잃다」의 未然形「うしなは」+「む[助動]추량」→「ん」.
32) さらに【更に】[副]①또한. 거듭. 더욱 ②강한 부정. 절대로 ~가 아니다. 전혀 ~지 않다.
33) 「もののかず【物の数】[名]손에 꼽을 정도의 일. 열거할 일」+「なり[助動]단정·지정」의 未然形「なら」+「ず[助動]부정」.
34) われ【我・吾】[代]①자기 자신. 나. 저 ②너.
35) 「らうぼ→ろうぼ【老母】노모」+「あり【有り】[ラ変]있다」.
36) 「われ【我・吾】[代]자기 자신. 나」+「を[助詞]」+「うしなふ【失ふ】[4]잃다」의 連体形「うしなふ」+「とき【時】때」.
37) 「やしなふ【養ふ】[4]양육하다. 부양하다」의 連体形「やしなふ」+「もの【者】사람」+「なし【無し】[形ク]없다」.
38) ねがはくは→ねがわくは【願わくは】[副]바라기는. 원하기는.
39) 「はは【母】어머니」+「が」+「ため」+「に」.「ため【為】」는 助詞인「の」「が」또는 用言의 連体形에 접속하여 '이익' '이유' '목적'의 뜻. ~때문에. ~위해.
40) 「たすく[下2]→たすける【助ける・輔ける・扶ける】[下1]돕다. 구조하다」의 連用形「たすけ」+「たまふ【給ふ】[助動]존경」의 命令形「たまへ」.
41) まことに【真に・実に・誠に】[副]거짓 없이. 진짜로. 정말로. 매우.
42) 「いつはり→いつわり【偽り・詐り】사실이 아닌 것. 속이는 것」+「なし【無し】[形ク]없다」의 連用形「なく」.
43) 「なげく【嘆く・歎く】[4]한숨짓다. 탄식하다. 슬퍼하다. 절망하다. 애원하다. 호소하다」의 連用形.
44) 「かなしむ【愛しむ・悲しむ・哀しむ】[4]슬퍼하다」의 連用形「かなしみ」+「けり[助動]회상·과거」의 連体形「ける」+「ほどに【程に】①~하면. ~하는 사이에 ②원인·이유. ~이므로」.

て47)、ころす事[こと]を、えず48)、敵(てき)のなきかた49)を、をしへ
　　て50)、難(なん)をまぬかれしむる事[こと]51)も、おほかりけり52)。
　⇨ 거친 병사도 도의에 꺾여 동정심을 보여 죽이는 것을 하지 못하고, 적이 없는 쪽을
　　가르쳐주어 난을 모면하게 하는 일도 많았다.

❏ もとより53)、まづしければ54)、やぶれたる55)、うづら衣(ころも)56)
　を、かたすそに、むすび57)、沓(くつ)をも58)、はかず59)、はだしに
　て60)、このミを、ひろひ61)、せりをつミ62)、たき木(ぎ)をこり63)、水

---

45) 「たけし【猛】」[形ク]용맹하다. 거칠다」의 連体形「たけき」+「もののふ【武士】」무사. 병
　　사」+「も[助詞]~도」.
46) 「ことわり【理】」도리. 조리. 이치」+「に[助詞]」+「をる[下2] → おれる【折れる】[上1]꺾이다.
　　마음이 약해지다. 양보하다」의 連用形「をれ」.
47) 「あはれみ → あわれみ【哀れみ・憐れみ・憫れみ】[名]불쌍해함. 동정함. 자비를 베풂」+
　　「を[助詞]」+「たる[下2] → たれる【垂れる】[下1]늘어뜨리다. 나타내다」의 連用形「たれ」+
　　「て」.
48) 「ころす【殺す】[4]죽이다」의 連体形「ころす」+「こと【事】것. 일」+「う[下2] → える【得
　　る・獲る】[下1]얻다. 가능하게 하다」의 未然形「え」+「ず[助動부정]」.
49) 「てき【敵】」적」+「の[助詞]현대일본어〈が〉의 쓰임」+「なし【無し】[形ク]없다」의 連体
　　形「なき」+「かた【方】」방향. 곳」.
50) 「をしふ[下2] → おしえる【教える】[下1]가르치다. 알려주다」의 連用形「をしへ」+「て」.
51) 「なん【難】」난」+「を[助詞]」+「まぬかる[下2] → まぬかれる【免れる】[下1]면하다. 피하다」
　　의 未然形「まぬかれ」+「しむ[助動사역]. ~하게 하다」의 連体形「しむる」+「こと【事】」일」.
52) 「おほし[形ク] → おおい【多い】[形]많다」의 連用形「おほかり」+「けり[助動회상・과거]」.
53) もとより【元より・固より・素より】[副]처음부터. 이전부터. 본래.
54) 「まづし[形シク] → まずしい【貧しい】[形]가난하다. 빈약하다」의 已然形「まづしけれ」+
　　「ば[助詞]已然形에 접속하여 이유・원인 등을 나타냄」.
55) 「やぶる[下2] → やぶれる【破れる】[下1]부서지다. 찢어지다」의 連用形「やぶれ」+「たり
　　[助動완료・존속]」의 連体形「たる」.
56) うづらごろも → うずらごろも【鶉衣】누더기 옷. 「-こ-」는 無濁点표기.
57) 「かたすそ【肩裾】」는 어깨와 하반신의 뜻. 「肩裾(かたすそ)結(むす)ぶ」의 형태로 '넝
　　마를 입다''볼품없는 차림을 하다'의 뜻을 나타낸다.
58) 「くつ【沓・靴・履】」신」+「を[助詞]」+「も[助詞]」. 「をも」는 「~까지도」「~조차도」의 뜻.
59) 「はく【履く】[4]신다」의 未然形「はか」+「ず[助動부정]」의 連用形「ず」.
60) 「はだし【跣・裸足】」맨발」+「にて[助詞]현대일본어의 'で'와 같은 쓰임」.

[みず]をくミて(64)、母[はは]につかふる事[こと](65)、更(さら)に(66)、をこたりなし(67)。

⇨ 애당초 가난하여 찢어진 누더기 옷을 입고 신발도 신지 않고 맨발로 나무열매를 줍고, 미나리를 따고 나무를 하고 물을 떠서 어머니 섬기는 일에 전혀 게으름이 없다.

❏ 又[また]、あるときハ、人[ひと]にやとハれ(68)、おもき(69)を、になひ(70)、くるしきを忍[しの]び(71)、質(ちん)(72)をとりて(73)、親(おや)にたてまつりけり(74)。

⇨ 또 어떤 때는 다른 이에게 고용되어 무거운 것을 짊어지고 괴로움을 견뎌 삯을 받아 어머니에게 바쳤다.

❏ 建武(けんぶ)(75)年中(ねんぢう)(76)に、いたりて(77)、天下[てんか]やう

---

61) 「このみ【木の実】나무열매」+「を[助詞]」+「ひろふ[4]→ひろう【拾】줍다」의 連用形「ひろひ」.

62) 「せり【芹・芹子・水芹】미나리」+「を[助詞]」+「つむ【摘む・抓む】[4]따다. 베다」의 連用形「つみ」.

63) 「たきぎ【薪】장작. 땔나무」+「を[助詞]」+「こる【樵る】[4]나무를 베다」의 連用形「こり」.

64) 「みづ→みず【水】물」+「を[助詞]」+「くむ【汲む】[4]뜨다」의 連用形「くみ」+「て」.

65) 「つかふ【仕ふ】[下2]모시다」의 連體形「つかふる」+「こと【事】일」.

66) さらに【更に】[副]절대로 ~가 아니다. 전혀 ~지 않다.

67) 「おこたり【怠り】[名]나태. 태만」+「なし【無し】[形ク]없다」. 「を-」는 정서법에 어긋남.

68) 「やとふ[4]→やとう【雇う・傭う】[5]고용하다. 이용하다」의 未然形「やとは」+「る[助動]수동」의 連用形「れ」.

69) 「おもき」에는 두 가지 해석이 가능하다. 첫째는 「重(おも)し」의 連體形으로 名詞化한 것으로 보는 것이고, 둘째는 「重木(おもき)」로 보는 것인데 이는 일본 전통 선박의 재료가 되는 부분을 뜻한다. 문맥상 전자로 해석한다.

70) 「にはふ[4]→になう【担う・荷う】[5]짊어지다. 메다」의 連用形.

71) 「くるし[形シク]→くるしい【苦しい】[形]괴롭다. 고통스럽다」의 連體形「くるしき(명사화한 것으로 봐서 '고통')」+「を[助詞]」+「しのぶ【忍ぶ】[上2]견디다」의 連用形「しのび」.

72) 「質」을 「ちん」으로 읽은 것은 잘못. 『假名草子集成』에는 이 부분에 「ママ」(원문에 잘못이 있으나 그대로 옮긴다는 뜻)가 붙어 있음. 「ちん」이면 「賃」을 써서 '보수'의 뜻.

73) 「とる【取る】[4]손에 넣다. 취하다」의 連用形「とり」+「て」.

74) 「おや【親】부모」+「に[助詞]」+「たてまつる【奉る】[4]드리다. 바치다」의 連用形「たてまつり」+「けり[助動]회상・과거」.

75) 이 이야기의 첫머리에 보이는 한(漢)을 진(秦)을 잇는 중국의 통일왕조(BC 202~AD

＼／78)、おさまり79)、国[くに]のうちも、静(しづ)かに成[なり]にけれハ80)、母[はは]もろともに81)、故郷(こきやう)に帰[かえ]り、母[はは]をば82)車(くるま)にのせて83)、ミづから84)、これをひく85)。

⇨ 건무 연간에 이르러 천하가 마침내 안정되고 나라 안도 조용해졌기에 어머니와 함께 고향으로 돌아와 어머니를 수레에 태우고 자신이 이를 끈다.

❏ 母[はは]つゐに86)、むなしく成[なり]けれバ87)、塚(つか)のほとりに88)、いほりを、むすびて89)、喪(も)にをりつゝ90)、昼夜(ちうや)91)なきかな

---

220)로 보면 여기에 쓰인 「건무(建武)」라는 연호는 AD 25~56년에 사용된 것으로 볼 수 있겠다〈네이버지식백과 참조〉. 일본에서도 1334년에서 1336년에 걸쳐 사용된 연호이기는 하지만 이에는 해당하지 않는다고 봐야겠다.

76) 「ネンヂュウ」로 읽으며 연간(年間)의 뜻.

77) 「いたる【至る·到る】[4]도착하다. 도달하다」의 連用形「いたり」+「て」.

78) 「ヨーヨー」로 읽는다. やうやう→ようよう【漸う】[副]점점. 겨우. 이윽고.

79) 「をさまる[4]→おさまる【治まる·収まる】[4]평화가 되다. 가라앉다」의 連用形「をさまり」('お'는 정서법에 어긋남)+「て」.

80) 「しづか[形動ナリ]→しずか【静か·閑か】[形動]조용하다」의 連用形「しづかに」+「なる【成る】[4]되다」의 連用形「なり」+「ぬ[助動]완료·존속」의 連用形「に」+「けり[助動]회상·과거」의 已然形「けれ」+「ば[助詞]확정조건. 원인·이유」('ば'는 無濁点표기).

81) もろとも【諸共】함께. 동시.「もろともに」의 형태로 부사적으로 쓰이는 경우도 있다.

82) をば：(格助詞「を」에 係助詞「は」가 붙어 濁音化한 것) 'を'의 뜻을 강하게 함.

83) 「のす[下2]→のせる【乗せる·載せる】[下1]태우다. 싣다」의 連用形「のせ」+「て」.

84) みづから→みずから【自ら】[名]자기 자신. 나. [副]스스로. 친히.

85) ひく【引く·曳く·牽く】[4]끌다. 잡아당기다.

86) つひに→ついに【終に·遂に】[副]결국. 마침내.「-ゐ」는 정서법에 어긋남.

87) 「むなし[形シク]→むなしい【空しい·虚しい】[形]덧없다. 무상하다. 죽었다」의 連用形「むなしく」+「なる【成る】[4]되다」의 連用形「なり」+「けり[助動]회상·과거」의 已然形「けれ」+「ば[助詞]확정조건. 원인·이유」.

88) 「つか【塚·冢】무덤」+「の[助詞]」+「ほとり【辺】주변. 근처」+「に[助詞]」.

89) 「いほり→いおり【庵·廬】풀이나 나무 따위로 만든 허름한 집. 오두막집」+「を[助詞]」+「むすぶ【結ぶ】[4]매다. 묶다. 잇다. 매듭을 짓다」의 連用形「むすび」+「て」.「いほりをむすぶ」는 '풀로 엮어 집을 짓다'는 뜻으로 풀이된다.

90) 「も【喪】장례」+「に[助詞]」+「をり[ラ変]→おる【居る】[4]있다. 계속 앉아있다」의 連用形「をり」+「つつ[助詞]같은 동작의 반복·계속. ~하면서」

しミけり92)。

⇨ 어머니가 끝내 운명하니 무덤가에 초막을 짓고 거상하면서 밤낮으로 울며 슬퍼했다.

❏ かくて93)、三年[さんねん]をすぎけれども94)、なげき95)のいろ96)、ます＼／97)ふかくして98)、つゐに99)服(ふく)を、とかざりけるを100)、郡主(ぐんしゆ)101)、これを聞[きき]つたへて102)、使(つかひ)を、つかハして103)、服(ふく)を、とかしめらる104)。

⇨ 이렇게 3년을 지났지만 슬픔의 기색을 더욱 깊이 하여 기어코 상복을 벗지 않는 것을 군주가 이를 전해 듣고 사람을 보내 상을 끝내게 하신다.

---

91) ちうや → ちゅうや【昼夜】주야. 낮과 밤.

92) 「なく【泣く・啼く】[4]울다」의 連用形「なき」+「かなしむ【悲しむ・哀しむ】[4]슬퍼하다. 가여워하다. 그리워하다」의 連用形「かなしみ」+「けり[助動]회상・과거」.

93) かくて【斯くて】[副・接続]이렇게 해서.

94) 「すぐ[上2] → すぎる【過ぎる】[上1]지나다. 경과하다」의 連用形「すぎ」+「けり[助動]회상・과거」의 已然形「けれ」+「ども[助詞]역접」.

95) 「なげく【嘆く・歎く】[4]한숨짓다. 탄식하다. 슬퍼하다. 절망하다. 애원하다. 호소하다」의 連用形으로 名詞化.

96) いろ【色】색깔. 기색. 안색. 낯빛.

97) ますます【益】[副]전보다 더욱. 가일층.

98) 「ふかし[形ク] → ふかい【深い】[形]깊다. 무겁다」의 連用形「ふかく」+「す[サ変]하다」의 連用形「し」+「て」.

99) つひに → つゐに【終に・遂に】[副]결국. 마침내. 「ゐ」는 정서법에 어긋남.

100) 「ふく【服】옷」+「を[助詞]」+「とく【解く】[4]풀다」의 未然形「とか」+「ざり[助動]부정」의 連用形「ざり」+「けり[助動]회상・과거」의 連体形「ける」+「を[助詞]」. 다만「服」는「ぶく」로도 읽히는데 이 경우는 상복(喪服)이나 상중(喪中)의 뜻이다. 후자라면「とく」는 '풀다' '해소하다' '끝마치다'의 뜻을 가지므로 의미가 통한다.

101) 〈한문본〉에는「郡守」.

102) 「ききつたふ[下2] → ききつたえる【聞き伝える】[下1]남에게 전해 듣다」의 連用形「ききつたへ」+「て」.

103) 「つかひ → つかい【使い・遣い】심부름꾼. 사자(使者)」+「を[助詞]」+「つかはす[4] → つかわす【使わす・遣わす】[5]보내시다. 파견하시다」의 連用形「つかはし」+「て」.

104) 「とく【解く】[4]풀다」의 未然形「とか」+「しむ[助動]使役. ~시키다」의 未然形「しめ」+「らる[助動]수동・존경」의 終止形「らる」.

❏元和(げんくわ)105)年中(ねんぢう)に、みかどより106)、米(こめ)千[せん]石(ごく)を給[たま]ハりて107)、知行(ちぎやう)せしむ108)、と、なり109)。

⇨ 원화 연간에 천자가 쌀 천 석을 내리시고 땅을 다스리게 했다고 한다.

---

105) 이야기의 흐름 상 「원화(元和)」는 AD 84년에서 87년까지 사용된 연호로 봐야겠다 〈네이버지식백과 참조〉. 다만 「元和」는 일본어로 「げんな」나 「げんわ」로 읽어서 「げんくわ」는 미상.

106) 「みかど【御門・帝】 황제. 천자. 조정. 덴노(天皇)」+「より[助詞]~로부터. 여기에서는 현대일본어의 〈が〉와 같은 쓰임」.

107) 「たまはる[4]→たまわる【賜る・給わる】[5]주시다. 하사하다」의 連用形 「たまはり」+「て」.

108) 「ちぎやう→ちぎょう【知行】①직무를 집행하는 것. ②땅을 지배하는 것」+「す[サ変]하다」의 未然形 「せ」+「しむ[助動使役. ~시키다」.

109) 문맥상 伝聞을 나타내는 助動詞 「なり」로 보아야 할 듯싶다. 다만 伝聞의 「なり」는 활용어의 終止形에 접속하므로 확정하기 어렵다.

7. 薛(せつ)包(ハウ)洒(さ)掃(さう)
설포쇄소

❏ 漢(かん)の薛包(せつハう)ハ、汝南(によなん)と云[いう]ところの人[ひと]なり1)。
　⇨ 한나라 설 포는 여남이라 하는 곳의 사람이다.

❏ いとけなくして2)、母[はは]に、をくれたり3)。
　⇨ 어려서 어머니를 여위었다.

❏ 父[ちち]、また、妻(つま)を、むかへたり4)。
　⇨ 아버지는 다시 아내를 맞아들였다.

❏ 父(ちゝ)、いか成なる]ゆへにや5)、薛包(せつハう)をにくミて6)、家[いえ]を、をひいだすに7)、薛包(せつハう)ふかく、かなしミ、なげきて8)、又[また]、他所(たしよ)にも、ゆかず9)。

---

1) 「ひと【人】사람」+「なり[助動]단정・지정」.
2) 「いとけなし[形ク] → いとけない【幼い・稚い】[形]나이 어리다. 철없다」의 連用形「いとけなく」+「して[助詞]連用形에 접속하여 '~인 상태로'의 뜻」.
3) 「おくる[下2] → おくれる【後れる・遅れる】[下1]다른 사람에게 먼저 죽음을 당하다」의 連用形「おくれ」('を-'는 정서법에 어긋남)+「たり[助動]완료・존속」.
4) 「むかふ[下2] → むかえる【迎える】[下1]불러들이다. 맞아들이다」의 連用形「むかへ」+「たり[助動]완료・존속」.
5) 「いかなる【如何なる】[連体]어떤. 어찌된」+「ゆゑ → ゆえ【故】이유. 원인('-へ'는 정서법에 어긋남)」+「にや〈〈なり[助動]단정〉의 連用形〈に〉+〈や[係助詞]의문・질문〉의 형태〉~인 것인가」.
6) 「にくむ【憎む】[4]미워하다. 싫어하다. 증오하다」의 連用形「にくみ」+「て」.
7) 「おひいだす → おいいだす【追い出す】[4]밖으로 몰아내다」의 連体形「おひいだす」('を-'는 정서법에 어긋남)+「に[助詞]~하니. ~하는데」.
8) 「ふかし[形ク] → ふかい【深い】[形]깊다. 무겁다」의 連用形「ふかく」+「かなしむ【悲しむ・

⇨ 아버지는 어찌된 연유인지 설 포를 미워하여 집을 쫓아내니 설 포가 깊이 슬퍼하며 한탄하여 또 다른 곳에도 가지 않는다.

❏ 父(ちゝ)、いよ＼／にくみ10)、いかりて11)、つえ12)をもつて13)、これをうつ14)。

⇨ 아버지는 더욱 미워하여 성내고 지팡이를 가지고 이를 친다.

❏ 薛包(せつハう)ちからなく15)、かたハら16)に、ちゐさき17)庵(いほ)りを、つくりて18)、すミ侍はべりけり19)。

⇨ 설 포는 어쩔 도리 없이 곁에 작은 오두막집을 짓고 살았습니다.

❏ されども20)、父(ちゝ)のめいに、かなハざる事[こと]21)を、かなしミて22)、夜[よ]あくれば23)、父[ちち]の家[いえ]にいりて24)、庭(にハ)に、

哀しむ】[4]슬퍼하다」의 連用形「かなしみ」+「なげく【嘆く・歎く】[4]한숨짓다. 탄식하다」의 連用形「なげき」+「て」.

9)「たしょ【他所】다른 곳」+「に[助詞]」+「も[助詞]」+「ゆく【行く・往く】[4]가다」의 未然形「ゆか」+「ず[助動]부정」.

10)「いよいよ[副]더욱. 한층 더」+「にくむ【憎む】[4]미워하다」의 連用形「にくみ」.

11)「いかる【怒る】[4]화내다. 노하다」의 連用形「いかり」+「て」.

12)「つゑ→つえ【杖】지팡이(본서에서는 모두「つえ」로 표기된다)」.

13)「もつて」는 두 가지 해석이 가능하다. 하나는「以(もっ)て」로 보는 것인데「以て」는 助詞「を」에 이어져서 수단이나 방법 등을 나타낸다(~에 의해. ~로). 다른 하나는「もつ【持つ】가지다」+「て」로 보는 것이다. 결과적으로 뜻은 서로 통한다.

14)「これ【此・是】[代]이것」+「を[助詞]」+「うつ【打つ・討つ・撃つ】[4]치다. 때리다」.

15)「ちからなし[形ク]→ちからない【力無い】[形]어쩔 수 없다. 기운이 없다」의 連用形.

16) かたはら→かたわら【傍ら】옆.

17)「ちひさし[形ク]→ちいさい【小さい】[形]작다」의 連体形「ちひさき」('-ゐ'는 정서법에 어긋남).

18)「いほり→いおり【庵・廬】풀이나 나무 따위로 만든 허름한 집. 오두막집」+「を[助詞]」+「つくる【作る・造る】만들다」의 連用形「つくり」+「て」.

19)「すむ【住む・棲む】[4]살다. 생활하다」의 連用形「すみ」+「侍(はべ)り[助動]격식・정중」의 連用形「はべり」+「けり[助動]회상・과거」.

20)「さり【然り】[ラ変]그러하다」의 已然形「され」+「ども[助詞]역접」.

21)「めい【命】명령」+「に[助詞]」+「かなふ[4]→かなう【適う・叶う】[5]적합하다. 들어맞다. 생각대로 되다」의 未然形「かなは」+「ざり[助動]부정」의 連体形「ざる」+「こと【事】일」.

水[みづ]をそゝき25)、箒(はゝき)をとりて26)、塵(ちり)をはらふ27)。

⇨ 그렇지만 아버지의 명에 따르지 못하는 것을 슬퍼하여 밤이 새자 아버지 집에 들어가서 뜰에 물을 뿌리고 빗자루를 가지고 먼지를 치운다.

☐ 日[ひ]すでに28)、くれなん、と、するときも29)、又[また]、きたりて30)、かくのごとくせり31)。

⇨ 날이 이제 저물려 할 때에도 다시 와서 이와 같이 했다.

☐ 父(ちゝ)、なを32)、これをいかり33)、はぢしむ34)、と、いへども35)、さらに36)、やまず37)。

⇨ 아버지는 여전히 이를 성내 타이른다 해도 전혀 그만두지 않는다.

---

22) 「かなしむ【悲しむ・哀しむ】[4]슬퍼하다」의 連用形「かなしみ」+「て」.

23) 「よ【夜】 밤」+「あく[下2] → あける【明ける】[下1]밝아지다. 아침이 되다」의 已然形「あくれ」+「ば[助詞](已然形에 접속하여)이유·확정조건(~했으니) 등을 나타냄」.

24) 「いる【入る】[4]들어가다」의 連用形「いり」+「て」.

25) 「みづ → みず【水】물」+「を[助詞]」+「そそぐ【注ぐ·灌ぐ】[4](과거에는 'そそぎ')액체를 붓다. 뿌리다」의 連用形「そそぎ」('-ぎ'는 無濁点표기로도 볼 수 있다).

26) 「ははき【帚·箒】비」+「を[助詞]」+「とる【取る】[4]잡다. 손에 넣다」의 連用形「とり」+「て」.

27) 「ちり【塵】먼지. 쓰레기」+「を[助詞]」+「はらふ[4] → はらう【払う·掃う】[5]청소하다」.

28) 「ひ【日】날」+「すでに【既に·已に】[副]①이미. 벌써 ②모두. 남김없이 ③이제」.

29) 「くる[下2] → くれる【暮れる】[下1]해가 저물고 밤이 되다」의 連用形「くれ」+「ぬ[助動完료·존속」의 未然形「な」+「む[助動추량」 → 「ん」+「と[助詞]」+「す[サ変]하다」의 連体形「する」+「とき【時】때」+「も[助詞]」.

30) 「きたる【来る】[4]오다」의 連用形「きたり」+「て」.

31) 「かく【斯く】[副]이렇게」+「の[助詞]」+「ごとし【如し】[助動]~와 같다」의 連用形「ごとく」+「す[サ変]하다」의 命令形「せ」+「り[助動]완료·존속」.「かくのごとく【斯くの如く】」의 형태로 '이처럼' '그처럼'의 뜻.

32) 「なお【猶·尚】[副]아직. 역시. 그래도. 다시. 원래대로」인 것으로 보인다. 다만 이 말은 歷史的仮名遣로는「なほ」이므로 정서법에 어긋난다.

33) 「いかる【怒る】[4]화내다. 노하다」의 連用形.

34) はぢしむ【恥ぢしむ】[下2]창피주다. 훈계하다. 주의주다.

35) いへども → いえども【雖も】[連語]~하지만. ~해도.

36) さらに【更に】[副]강한 부정. 절대로 ~가 아니다. 전혀 ~지 않다.

37) 「やむ【止む·已む·罷む】[4]중지하다. 끝내다」의 未然形「やま」+「ず[助動부정」.

❏ かくのことく38)、する事[こと]39)一[いち]年(ねん)あまりに、をよべり40)。

⇨ 이처럼 하는 것이 1년여에 이르렀다.

❏ 父母(ぶも)41)、つゐに42)、まことの心[こころ]ざし43)、ある事[こと]をしり44)、日[ひ]ごろ45)、つらきめを、ミセたりけること46)を愧(はぢ)て47)、家[いえ]のうちに、よびかへし侍[はべ]りけり48)。

⇨ 부모가 마침내 진심어린 마음가짐이 있는 것을 알고 한동안 험한 꼴을 당하게 한 것을 부끄럽게 여겨 집 안에 다시 불러들였습니다.

❏ かくて49)、いくほどなく50)、父母(ちゝはゝ)ともに51)、むなしく成[なり]侍[はべ]り52)。

---

38) かくのごとく【斯くの如く】이처럼. 그처럼.「こ」는 無濁点표기.

39)「す[サ変]하다」의 連体形「する」+「こと【事】것. 일」.

40)「いちねん【一年】일년」+「あまり【余り】여. 남짓」+「に[助詞]」+「およぶ【及ぶ】[4]도달하다. 다다르다」의 命令形「およべ」(「を-」는 정서법에 어긋남)+「り[助動]완료・존속」.

41)「父母」는 일반적으로「ふぼ」로 읽지만「ぶも」로 읽는 방법도 있다.「も」는 呉音.

42) つひに→つゐに【終に・遂に】[副]결국. 마침내.「-ゐ」는 정서법에 어긋남.

43)「まこと【真・実・誠】[名]진짜」+「の[助詞]」+「こころざし【志】의향. 뜻. 호의」.

44)「あり【有り】[ラ変]있다」의 連体形「ある」+「こと【事】것. 일」+「を[助詞]」+「しる【知る】[4]알다」의 連用形「しり」.

45) ひごろ【日頃】평소. 오랫동안.

46)「つらし[形ク]→つらい【辛い】[形]심하다. 고통스럽다」의 連体形「つらき」+「め【目】눈. 모습. 경우」+「を[助詞]」+「みす[下2]→みせる【見せる】[下1]보여주다. 받게 하다」의 連用形「みせ」+「たり[助動]완료・존속」의 連用形「たり」+「けり[助動]회상・과거」의 連体形「ける」+「こと【事】일」. 현대일본어에서「目[め]に会[あ]う」는 '어떤 체험을 하다'의 뜻.

47)「はづ[上2]→はじる【恥じる・愧じる】[上1]창피해하다」의 連用形「はぢ」+「て」.

48)「よびかへす[4]→よびかえす【呼び返す】[5]불러서 되돌아오게 하다」의 連用形「よびかへし」+「侍(はべ)り[助動]격식・정중」의 連用形「はべり」+「けり[助動]회상・과거」.

49) かくて【斯くて】[副・接続]이렇게 해서.

50)「いくほど【幾程】어느 정도. 얼마나」+「なし【無し】[形ク]없다」의 連用形「なく」.

51) ともに【共に・倶に】[連語]하나가 돼서. 함께. 동시에.

52)「むなし[形シク]→むなしい【空しい・虚しい】[形]덧없다. 무상하다. 죽었다」의 連用形「むなしく」+「なる【成る】[4]되다」의 連用形「なり」+「侍(はべ)り[助動]격식・정중」.

⇨ 이리하여 얼마 지나지 않아 부모가 모두 운명했습니다.

❑ 薛包(せつハう)が53) 腹(はら)がハり54)の弟(おとゝ)あり55)、家(いへ)をも財宝(ざいほう)をも56)、別(べち)に、わかちて57)、とらん、と、いひけり58)。

⇨ 설 포의 이복동생이 있는데 집이며 재산이며 따로 나누어 가지자고 말했다.

❑ 薛包(せつハう)、ちからなく59)、普代被官(ふだいひくわん)60)のもの共[ども]61)をも、とし老(おひ)たるをば62)、わがかたへ、とりて63)、わかく、すこやかなる64)ものどもをバ、弟(おとゝ)のかたへ、つけたり65)。

⇨ 설 포는 하는 수 없이 하인들까지도 나이 늙은 사람은 제 편에 두고, 젊고 튼튼한 하인을 동생 쪽에 붙였다.

---

53) 「が」는 현대일본어 「の」의 쓰임.
54) 「はらがはり→はらがわり【腹変り】〈はらちがい〉와 같음」. 「はらちがい【腹違い】배다른 형제자매」.
55) 「おとと【弟】동생(〈おとうと〉의 준말)」+「あり【有り】[ラ変]있다」.
56) 「ざいほう【財宝】재화와 보물. 보물」+「を[助詞]」+「も[助詞]」. 「をも」는 「~까지도」.
57) 「べち【別】따로」+「に[助詞]」+「わかつ【分かつ・別つ】[4]떼다. 구별하다. 나누다」의 連用形 「わかち」+「て」.
58) 「とる【取る・執る】[4]잡다. 가지다」의 未然形 「とら」+「む[助動추량・의지]→「ん」+「と[助詞]」+「いふ【言ふ・云ふ】[4]말하다」의 連用形 「いひ」+「けり[助動회상・과거]」.
59) 「ちからなし[形ク]→ちからない【力無い】[形어쩔 수 없다. 기운이 없다」의 連用形.
60) 「普代」는 읽기와 문맥 상 「譜代」의 잘못으로 보인다. 「ふだい【譜代・譜第】대대로 주인집을 섬기는 사람」. 「被官」은 「被官百姓」의 준말. 「ひかんびゃくしょう【被官百姓】에도(江戸)시대 소작농민」.
61) ものども【者共】[代]하인이나 신분이 낮은 사람을 부를 때 쓰는 말.
62) 「とし【年】나이」+「おゆ[上2]늙다」의 連用形 「おい」('-び'는 정서법에 어긋남)+「たり[助動완료・존속]의 連体形 「たる」+「をば: (格助詞「を」에 係助詞「は」가 붙어 濁音化한 것) '을'의 뜻을 강하게 함」.
63) 「わが【我が・吾が】[連体]나의」+「かた【方】쪽. 편」+「へ[助詞]~에」+「とる【取る】[4]손에 넣다. 취하다」의 連用形 「とり」+「て」.
64) 「わかし[形ク]→わかい【若い・稚い】[形어리다. 젊다」의 連用形 「わかく」+「すこやか【健やか】[形動ナリ]건강한. 튼튼한」의 連体形 「すこやかなる」.
65) 「つく[下2]→つける【付ける・就ける】[下1]붙이다. 따르게 하다」의 連用形 「つけ」+「たり[助動완료・존속]」.

❏ 家(いへ)もふるく、かたふきたるをハ⁽⁶⁶⁾、わかすむ、ところとし⁽⁶⁷⁾、あたらしき家(いへ)をハ⁽⁶⁸⁾、弟(おとゝ)に、ゆづり⁽⁶⁹⁾、そのほか、うつハもの⁽⁷⁰⁾をも、やぶれ損(そん)じたるハ⁽⁷¹⁾、ミづから⁽⁷²⁾、とりて⁽⁷³⁾、よきをバ⁽⁷⁴⁾、弟[おとうと]にあたへ、わたしたり⁽⁷⁵⁾。

⇨ 집도 낡고 쓰러져가는 것을 제 살 곳으로 삼고, 새집은 동생에게 양보하며, 그밖에 그릇도 파손된 것은 제가 가지고 좋은 것을 동생에게 넘겨줬다.

❏ 弟(おとゝ)、たび＼／⁽⁷⁶⁾身躰(しんだい)⁽⁷⁷⁾を、もちくづせバ⁽⁷⁸⁾、薛包(せつハう)たび＼／、合力(かうりよく)して⁽⁷⁹⁾、とりたてけり⁽⁸⁰⁾。

---

66) 「いへ→いえ【家】집」+「も[助詞]」+「ふるし[形ク]→ふるい【古い・旧い】[形]오래되다. 낡다」의 連用形「ふるく」+「かたぶく【傾く】[4]기울어지다」의 連用形「かたぶき」+「たり[助動完了・存続]」의 連体形「たる」+「をば:〈を〉의 뜻을 강하게 함」('-ばは 無濁点표기).

67) 「わが【我が・吾が】[連体나의]」('-が는 無濁点표기)+「すむ【住む】[4]살다」의 連体形「すむ」+「ところ【所・処】곳」+「と[助詞]」+「す[サ変]하다」의 連用形「し」.

68) 「あたらし[形シク]→あたらしい【新しい】[形새롭다. 신선하다」의 連体形「あたらしき」+「いへ→いえ【家】집」+「をば:〈を〉의 뜻을 강하게 함」('-ばは 無濁点표기).

69) 「ゆづる[4]→ゆずる【譲る】[5]양도하다. 양보하다」의 連用形.

70) うつはもの→うつわもの【器物】그릇. 용기.

71) 「やぶる[下2]→やぶれる【破れる】[下1]부서지다. 깨지다」의 連用形「やぶれ」+「そんず[サ変]→そんずる【損ずる】[サ変]상하다. 깨지다」의 連用形「そんじ」+「たり[助動완료・존속]」의 連体形「たる」+「は[助詞]」.

72) みづから→みずから【自ら】[名]자기 자신. 나. [副]스스로. 친히.

73) 「とる【取る】[4]손에 넣다. 취하다」의 連用形「とり」+「て」.

74) 「よし[形ク]→よい【良い・善い】[形좋다」의 連体形「よき」+「をば:〈を〉의 強意」.

75) 「あたふ[下2]→あたえる【与える】[下1]수여하다」의 連用形「あたへ」+「わたす【渡す】[4]건네다」의 連用形「わたし」+「たり[助動완료・존속]」.

76) たびたび【度度】같은 일의 반복. 매번. 자주.

77) 「躰」는 「体」와 같은 자로 「身体」는 「しんたい」로 읽으며 '신체'의 뜻이다. 다만 이래서는 문맥상 통하지 않으므로 「しんだい」와 같은 읽기에 주목하면 「身代(しんだい)」의 오자로 보는 것이 타당할 듯싶다.

78) 「しんだい【身代】재산. 가산. 생계」+「を[助詞]」+「もちくづす[4]→もちくずす【持ち崩す】[5]행실을 나쁘게 하다. 재산을 탕진하다」의 已然形「もちくづせ」+「ば[助詞]已然形에 접속하여 이유나 확정조건을 나타냄」.

79) 「かふりよく→こうりよく【合力】힘을 보태 돕는 것. 금품을 베푸는 것」+「す[サ変]하다」의 連用形「し」+「て」.

⇨ 동생이 번번이 가산을 탕진하여 설 포가 번번이 힘을 보태서 보살폈다.

❏ 安帝(あうてい)81)、この事[こと]を聞[きこ]しめしをよひて82)、「親(おや)に孝(かう)あり83)、弟(おとゝ)に、いつくしミあり84)、君(きミ)に忠節(ちうせつ)有[ある]へきもの85)ハ、此人(このひと)也(なり)86)。」と、の給[たま]ひ87)、めして88)、侍中(ぢちう)89)の官(くわん)に拝(はい)せらる90)。

⇨ 안제가 이 일을 들으심에 이르러 "부모에게 효가 있고 동생에게 자애가 있다. 군주에게 충절 있다 할 자는 이 사람이다."라고 말씀하시고 불러들이셔서 시중 관직에 오르게 하신다.

---

80) 「とりたつ[下2]→とりたてる【取り立てる】[下1]끌어주다. 편들다. 돌보다」의 連用形「とりたて」+「けり[助動]회상·과거」.

81) 중국 후한(後漢)의 제6대 왕(재위 106~125)〈네이버지식백과 참조〉으로 봐야겠다.

82) 「きこしめす【聞し召す】[4]'듣다'의 존경어」의 連用形「きこしめし」+「およぶ【及ぶ】[4]도달하다. 다다르다」의 連用形「および」+「て」.「を-」는 정서법에 어긋나고「-ひ」는 無濁点표기.「およぶ」는 동사의 連用形에 접속하여 그 뜻을 강하게 하고 그것이 충분히 이루어진 후에 행해진다는 뜻을 나타낸다.

83) 「かう→こう【孝】효」+「あり【有り】[ラ変]있다」의 連用形「あり」.

84) 「いつくしみ【慈しみ】자애. 자비」+「あり【有り】[ラ変]있다」의 連用形「あり」.

85) 「きみ【君】주군. 임금」+「に[助詞]」+「ちうせつ→ちゅうせつ【忠節】충절」+「あり【有り】[ラ変]있다」의 連体形「ある」+「べし[助動]의무·당연·추량·가능 등」('へ-'는 無濁点표기)의 連体形「べき」+「もの【者】사람」.

86) 「この【此の·斯の】[連体]이」+「ひと【人】사람」+「なり[助動]단정·지정」.

87) 「のたまふ【宣ふ】[4]①윗사람이 아랫사람에게 말하여 들려주다 ②'말하다'의 尊敬語」의 連用形.「の給ふ」와 같이 표기하기도 함.

88) 「めす【召す】[4]'불러들이다'의 존경어. 명(命)하시다」의 連用形「めし」+「て」.

89) じちゅう【侍中】중국의 관직명.

90) 「くわん→かん【官】관. 관청. 관직」+「を[助詞]」+「はいす[サ変]→はいする【拝する】[サ変]①경례하다 ②관직을 수여하다」의 未然形「はいせ」+「らる[助動]수동·존경」.

8. 孝(かう)娥(が)抱(いだく)ㄴ屍(かバね)
효아가 주검을 안다

☐ 孝女(かうぢよ)曹娥(さうが)ハ、會稽(くわいけい)と云[いう]ところの人[ひと]なり¹⁾。
　⇨ 효녀 조 아는 회계라고 하는 곳의 사람이다.

☐ ちゝをば²⁾、盱(う)³⁾と名[な]づく⁴⁾、巫祝(かんなぎ)⁵⁾の職(しよく)によりて⁶⁾、鬼神(きしん)⁷⁾を、まつるをもつて⁸⁾、身(ミ)のわざ⁹⁾と、せり¹⁰⁾。
　⇨ 아버지는 우라고 한다. 박수 직으로 귀신을 제사함으로써 업으로 삼았다.

☐ 漢安(かんあん)¹¹⁾二[に]年(ねん)五月[ごがつ]五日[いつか]に、婆娑神(ば

---

1) 「ひと【人】사람」+「なり[助動]단정·지정」.
2) 「ちち【父】아버지」+「をば :〈を〉의 뜻을 강하게 함」.
3) 〈한문본〉에는 「盱(우)」로 되어있다.
4) 「なづく[下2]→なづける【名付ける】[下1]①명명하다 ②칭하다」의 終止形. 본문에서는 뒤에 読点(、)이 쓰여서 連用形「なづけ」가 와야 하지만, 문맥상 句点(。)으로 보는 것이 타당할 듯싶다.
5) 「巫祝」는 「ふしゅく」로 읽으며 '신관(神官)'의 뜻이다. 한편 「かんなぎ」는 「巫」나 「覡」을 읽는 말로 '무격(巫覡)' 즉 무당(女)과 박수(男)를 가리킨다. 일본어에서는 박수를 「おかんなぎ(覡)」, 무당을 「めかんなぎ(巫)」로 나누어 부르기도 한다.
6) 「しょく【職】담당 업무. 지위. 일」+「に[助詞]」+「よる【因る·由る·拠る·依る】[4]기인하다. 의거하다. ~에 따르다」의 連用形「より」+「て」.
7) 「鬼神」은 「きしん」이나 「きじん」으로 읽으며 죽은 사람의 영혼이나 천지의 신령(神霊), 초인적 존재 등을 가리켜 뜻이 한국어의 '귀신'과 크게 다르지 않다.
8) 「まつる【祭る·祀る】[4]공물을 바치거나 하여 신령에 기원하다. 기도하다」의 連体形「まつる」+「を以(もつて) : ~에 의해. ~로써」.
9) 「み【身】몸. 자신」+「の[助詞]」+「わざ【業】업. 행위. 일. 직업」.
10) 「す[サ変]하다」의 命令形「せ」+「り[助動]완료·존속」.
11) 후한(後漢) 대의 연호로 142년~144년.〈네이버지식백과 참조〉.

しやじん)¹²)と云[いう]水神(すいじん)¹³)を、まつらんがために¹⁴)、ふねにのりて¹⁵)、江(え)¹⁶)にうかひ¹⁷)、浪(なミ)にしたがひて¹⁸)、さかのぼるところに¹⁹)、風[かぜ]あらく吹[ふき]おこり²⁰)、浪(なミ)たかく、わきあがり²¹)、しきりに²²)、ふねを、もみにけり²³)。

⇨ 한안 2년 5월 5일에 파사신이라 하는 물의 신을 제사하기 위하여 배를 타고 강물에 떠서 물결에 따라 거슬러 올라가고 있는데 바람이 거세게 불기 시작하여 파도가 높게 일어 연신 배를 몰아쳤다.

☐ 岸(きし)によるべき²⁴)、たよりも、なく²⁵)、つるに²⁶)、其[その]ふね、

---

12) 「婆娑神」은 일본의 사전에 등재되어 있지 않다. 〈한문본〉의 단어를 그대로 사용한 것이다. 다만 이를 물의 신으로 설명한 것은 〈한문본〉 및 〈언해본〉에는 없다.

13) すいじん【水神】물(특히 식용이나 관개용)을 관장하는 신.

14) 「まつる【祭る・祀る】[4]제사하다. 기도하다」의 未然形「まつら」+「む[助動]추량・의지」→「ん」+「が」+「ため」+「に」.「ため【為】」는 助詞인「の」「が」또는 用言의 連体形에 접속하여 '이익' '이유' '목적'의 뜻. ~때문에. ~위해.

15) 「ふね【船・舟】배」+「に[助詞]」+「のる【乗る】[4]타다」의 連用形「のり」+「て」.

16) 「江」는 일본어로「え」나「こう」로 읽는다.「え【江】」는 〈바다나 호수의 일부분이 육지로 파고들어 와 있는 곳. 만(灣)〉의 뜻이고「こう【江】」는 〈큰 강〉의 뜻이다. 〈한문본〉의「江」을 그대로 받아들인 듯싶다.

17) 「うかぶ【浮かぶ】[4]뜨다」의 連用形「うかび」(-ひ는 無濁点표기).

18) 「なみ【波・浪】파도. 물결」+「に[助詞]」+「したがふ[4]→したがう【従う・随う・順う】[5]따르다」의 連用形「したがひ」+「て」.

19) 「さかのぼる【遡る・溯る・泝る】[4]거슬러 올라가다」+「ところに【所に】[助詞]~하고 있는데. ~하고 있었는데」.

20) 「かぜ【風】바람」+「あらし[形ク]→あらい【荒い・粗い】[形]거칠다. 거세다」의 連用形「あらく」+ふく【吹く】불다」의 連用形「ふき」+「おこる【起こる・興る】[4]시작하다. 왕성해지다」의 連用形「おこり」.

21) 「なみ【波・浪】파도. 물결」+「たかし[形ク]→たかい【高い】[形]높다」의 連用形「たかく」+「わきあがる【沸き上がる】[4]끓어오르다. 거세게 일어나다」의 連用形「わきあがり」.

22) しきりに【頻りに】[副]계속해서. 심하게.

23) 「ふね【船・舟】배」+「を[助詞]」+「もむ【揉む】[4]거세게 몰아붙이다」의 連用形「もみ」+「ぬ[助動]완료・존속」의 連用形「に」+「けり[助動]회상・과거]」.

24) 「きし【岸】벼랑. 물가」+「に[助詞]」+「よる【寄る】[4]접근하다」의 終止形「よる」+「べし[助動]의무・당연・추량・가능 등」의 連体形「べき」.

25) 「たより【便り・頼り】수단. 방편」+「も[助詞]」+「なし【無し】[形]없다」의 連用形「なく」.

くつがへり27)、曺盱(さうう)ハ、いたづらに28)、水(みづ)におぼれて29)、うせにけり30)。

⇨ 강가에 가까이 갈 도리도 없이 기어코 그 배가 뒤집혀 조 우는 허무하게 물에 빠져 죽었다.

❑ 人〻[ひとびと]、これを、あはれがりて31)、其(その)死骸(しがい)32)を、たづぬるに33)、さらに34)、ゆきがたなし35)。

⇨ 사람들이 이를 딱하게 여겨 그 주검을 찾는데 전혀 간 곳 없다.

❑ むすめの曺娥(さうが)、とし、すてに36)二十四[にじゅうよん]なり37)。

⇨ 딸인 조 아는 나이가 이제 스물넷이다.

❑ 父[ちち]の38)、おぼれたる39)、ところに、いたりて40)、舟[ふね]にうか

---

26) つひに→ついに【終に・遂に】[副]결국. 마침내. 「-ゐ」는 정서법에 어긋남.
27) 「くつがへる[4]→くつがえる【覆る】[5]뒤집어지다」의 連用形.
28) いたづらに→いたずらに【徒に】[副]쓸모없이. 무의미하게. 덧없이.
29) 「みづ→みず【水】물」+「に[助詞]」+「おぼる[下2]→おぼれる【溺れる】[下1]물에 빠지다. 익사하다」의 連用形「おぼれ」+「て」.
30) 「うす[下2]→うせる【失せる】[下1]사라지다. 죽다」의 連用形「うせ」+「ぬ[助動完了・존속]」의 連用形「に」+「けり[助動회상・과거]」.
31) 「あはれがる[4]→あわれがる【哀れがる】[5]감탄하다. 슬퍼하다. 동정하다」의 連用形「あはれがり」+「て」.
32) しがい【死骸・屍骸】시체. 주검.
33) 「たづぬ[下2]→たずねる【尋ねる】[下1]찾다. 묻다」의 連体形「たづぬる」+「に[助詞]~하니. ~하는데」.
34) さらに【更に】[副]①또한. 거듭. 더욱 ②강한 부정. 절대로 ~가 아니다. 전혀 ~지 않다.
35) 「ゆきがた【行方】갈 곳. 간 곳. 행방」+「なし【無し】[形ク]없다」.
36) 「とし【年・歳】나이」+「すでに【既に・已に】[副]①이미. 벌써 ②모두. 남김없이 ③이제 ④틀림없이」('-て-'는 無濁点표기).
37) なり【也】[助動]단정・지정.〈~である〉의 뜻.
38) 「の」는 현대일본어「が」의 쓰임.
39) 「おぼる[下2]→おぼれる【溺れる】[下1]익사하다」의 連用形「おぼれ」+「たり[助動완료・존속]」의 連体形「たる」+「ところ【所・処】곳. 장소」.
40) 「いたる【至る・到る】[4]도착하다. 도달하다」의 連用形「いたり」+「て」.

ひ41)、こゑを、あげて42)、なきかなしミ43)、日夜(にちや)を、いはずして44)、江(え)のうちを、めぐりて45)、十七日[じゅうしちにち]を、へたり46)。

⇨ 아버지가 물에 빠진 곳에 다다라서 배에 올라 목 놓아 울부짖고 밤낮을 가리지 않고 강물 안을 오가며 17일을 지났다.

❏ つゐに47)、父[ちち]が、しづミしところ48)に、身[み]をなげて49)、むなしくなりつゝ50)、父(ちゝ)のかハね51)を、いだきて52)、水[みず]のおもて53)に、うかひあかれり54)。

---

41) 「ふね【船・舟】 배」+「に[助詞]」+「うかぶ【浮かぶ】 [4]뜨다. 물위로 나오다」의 連用形 「うかび」('-ひ'는 無濁点표기).

42) 「こゑ→こえ【声】 목소리」+「を[助詞]」+「あぐ[下2]→あげる【上げる・挙げる・揚げる】[下1]올리다. 높이다」의 連用形 「あげ」+「て」. 「声を上げる」의 형태로 '큰 목소리를 내다'의 뜻.

43) 「なく【泣く・啼く】 [4]울다」의 連用形 「なき」+「かなしむ【悲しむ・哀しむ】 [4]슬퍼하다」의 連用形 「かなしみ」.

44) 「にちや【日夜】 낮과 밤. 매일」+「を[助詞]」+「いふ【言ふ・云ふ】 [4]말하다」의 未然形 「いは」+「ず[助動부정]」의 連用形 「ず」+「して[助詞]連用形에 접속하여 '~인 상태로'의 뜻」. 「いはずして」의 형태로 '불문하고'의 뜻.

45) 「うち【内】 안」+「を[助詞]」+「めぐる【回る・廻る・巡る】[4]순회하다. 돌아다니다」의 連用形 「めぐり」+「て」.

46) 「ふ[下2]→へる【経る・歴る】[下1]경과하다. 시간을 보내다」의 連用形 「へ」+「たり[助動완료・존속]」.

47) つひに→ついに【終に・遂に】[副]결국. 마침내. 「-ゐ」는 정서법에 어긋남.

48) 「しづむ[4]→しずむ【沈む】[5]물속에 들어가다. 가라앉다」의 連用形 「しづみ」+「き[助動회상・과거]」의 連体形 「し」+「ところ【所・処】 곳」.

49) 「み【身】 몸」+「を[助詞]」+「なぐ[下2]→なげる【投げる】[下1]던지다」의 連用形 「なげ」+「て」.

50) 「むなし[形シク]→むなしい【空しい・虚しい】[形]덧없다. 무상하다. 죽었다」의 連用形 「むなしく」+「なる【成る】[4]되다」의 連用形 「なり」+「つつ[助詞]같은 동작의 반복. ~하면서」.

51) かばね【屍・尸】 시체. 「-は-」는 無濁点표기.

52) 「いだく【抱く・懐く】[4]품다. 안다」의 連用形 「いだき」+「て」.

53) 「みづ→みず【水】 물」+「の[助詞]」+「おもて【表】 표면. 외부」.

54) 「うかびあがる【浮かび上がる】[4]바닥에서 떠오르다」의 命令形 「うかびあがれ」('-ひか'는 無濁点표기)+「り[助動완료・존속]」.

⇨ 마침내 아버지가 가라앉은 곳에 몸을 던져 죽으면서 아버지 주검을 안고 물 밖으로 떠올랐다.

❏ 孝行(かう＼／)の心[こころ]ざし55)、死(し)して後[のち]56)までも、なを57)、親(おや)のかバねを、たづねて58)、おなじ莓路(こけぢ)59)のしたに60)、うづもれける人[ひと]ミな61)、あはれを、もよほして62)、厚(あつ)く63)、はうふりて64)、碑(ひ)を、たてたり65)。

⇨ 효행의 마음가짐이 죽은 이후까지도 여전히 부모의 주검을 찾아서, 같은 곳에 묻혀 있던 사람들이 모두 애처롭게 여겨 후하게 장사 지내고 비를 세웠다.

❏ 往来(わうらい)66)の人[ひと]、この碑(ひ)の文(もん)を、よみてハ67)、なミだを、おとさず68)と云[いう]事[こと]なし69)。

---

55) 「かうかう→こうこう【孝行】효행」+「の[助詞]」+「こころざし【志】마음이 향하는 바. 뜻」.

56) 「しす【死す】[サ変]죽다」의 連用形「しし」+「て」+「のち【後】이후」.

57) 「なお【猶・尚】[副]아직. 역시. 그래도. 다시. 원래대로」. 歷史的仮名遣로는「なほ」이므로 정서법에 어긋난다.

58) 「おや【親】부모」+「の[助詞]」+「かばね【屍・尸】시체」+「を[助詞]」+「たづぬ[下2]→たずねる【尋ねる】[下1]찾다. 묻다」의 連用形「たづね」+「て」.

59) こけぢ→こけじ【苔路】이끼가 낀 길. 이는〈한문본〉에 없고 한자도 통상과 다르다.

60) 「おなじ【同じ】[連体]동일한」+「こけぢ【苔路】」+「の[助詞]」+「した【下】아래」+「に[助詞]」.

61) 「うづもる[下2]→うずもれる【埋もれる】[下1]덮여서 보이지 않게 되다」의 連用形「うづもれ」+「けり[助動]회상・과거」의 連体形「ける」+「ひと【人】사람」+「みな【皆】전부. 모두」.

62) 「あはれ【哀れ】[名]존귀함. 절절함. 가여움」+「を[助詞]」+「もよほす[4]→もよおす【催す】[5]불러일으키다」의 連用形「もよほし」+「て」.

63) 「あつし[形ク]→あつい【厚い】[形]두껍다. 두텁다. 후하다」의 連用形.

64) 「はうぶる→ほうぶる【葬る】[4]매장하다」의 連用形「はうぶり」('-ふ'는 無濁点표기)+「て」.

65) 「ひ【碑】비」+「を[助詞]」+「たつ[下2]→たてる【立てる】[下1]세우다」의 連用形「たて」+「たり[助動]완료・존속」.

66) わうらい→おうらい【往来】왕래. 오감.

67) 「もん【文】문. 글. 글자」+「を[助詞]」+「よむ【読む・詠む】[4]읽다」의 連用形「よみ」+「て」+「は[助詞]」.

68) 「なみだ【涙・涕】눈물」+「を[助詞]」+「おとす【落とす・墜す】[4]떨어뜨리다」의 未然形「おとさ」+「ず[助動]부정」.

69) なし[形ク]→ない【無い・亡い】[形]없다.

⇨ 오가는 사람들이 이 비의 글을 읽고서는 눈물을 떨구지 않는 경우가 없다.

☐ このゆへ70)に、名[な]づけて71)、堕涙(だるい)の碑(ひ)と、いふとかや72)。

⇨ 이 때문에 이름 붙여 타루의 비라고 한다더라.

---

70) ゆゑ→ゆえ【故】이유. 원인. 「ゆへ」는 정서법에 어긋남.

71) 「なづく下2」→なづける【名付ける】[下1]①명명하다 ②칭하다」의 連用形 「なづけ」+「て」.

72) 「いふ【言ふ・云ふ】[4]말하다」+「とかや(助詞〈と〉에 係助詞〈か〉, 助詞〈や〉가 붙은 말)① 전해들은 이야기라는 뜻을 나타냄. ~라는 것이다 ②영탄(詠嘆)」.

9. 黄(くわう)香(きやう)扇(あふく)ル枕(まくらを)
황향이 베개를 부채질하다

□ 漢(かん)の黄香(くわうきやう)ハ、九[きゅう]さいにして[1]、母[はは]をうしなひ[2]、かなしミ[3]、おもひ[4]、なげき[5]、したふて[6]、宍(しゝ)[7]をとろへ[8]、はだえ[9]かしけて[10]、命[いのち]すでに[11]、あやうし[12]。

⇨ 한나라의 황 향은 아홉 살에 어머니를 잃고 슬퍼 생각하고 탄식하며 그리워하여 살이 마르고 살갗이 까칠해져서 목숨이 이제 위태롭다.

□ 里人[さとびと]みな[13]、是[これ]を、あはれミ[14]、そのいとけなくし

---

1) 「さい【歲】세」+「に[助詞]」+「す[サ變]하다」의 連用形 「し」+「て」. 「~にして」의 꼴로 현대일본어의 「~で」와 같은 쓰임.
2) 「うしなふ[4]→うしなう【失う】[5]잃다」의 連用形.
3) 「かなしむ【悲しむ·哀しむ】[4]슬퍼하다」의 連用形.
4) 「おもふ[4]→おもう【思う·想う·憶う】[4]생각하다. 기억하다」의 連用形.
5) 「なげく【嘆く·歎く】[4]한숨짓다. 슬퍼하다」의 連用形.
6) 「したふ[4]→したう【慕う】[5]뒤를 좇다. 그리워하다」+「て」. 「ふ」로 끝나는 동사는 「て」앞에서 連用形이 아니라 終止形이 쓰이는 경우가 있다. 「したふて」는 「シトーテ」로 읽음.
7) 「しし【肉·宍】고기. 특히 식용 짐승고기」. 다만 「ししが付(つ)く」는 〈점점 살이 찌다〉의 뜻이므로 「しし」는 '살'로도 해석이 가능할 듯싶다.
8) 「おとろふ[下2]→おとろえる【衰える】[下1]약한 상태가 되다. 쇠약하다. 수척해지다」의 連用形. 「を-」는 정서법에 어긋남.
9) はだへ→はだえ【肌·膚】피부.
10) 「かじく[下2]→かじける【悴ける】[下1](옛날에는 〈かしく〉로 쓰이기도 함)생기를 잃다. 손발이 얼어서 생각대로 움직이지 않게 되다」의 連用形 「かじけ」('-し-'는 無濁点표기로 볼 수도 있다)+「て」.
11) 「いのち【命】목숨」+「すでに【既に·已に】[副]①이미. 벌써 ②모두. 남김없이 ③이제 ④틀림없이」.
12) あやふし[形ク]→あやうい【危うい】[形]위험하다. 걱정이다.

て15)、孝(かう)ある事[こと]16)を感[かん]じ侍[はべ]りけり17)。

⇨ 마을사람은 모두 이를 가엾게 여겨 그 어려서 효가 있는 것을 감복했습니다.

☐ 独(ひと)りの父[ちち]18)を、やしなひて19)、ミづから20)、つかふる事[こと]21)、さらに22)、つかれを、かへりミず23)。

⇨ 홀아버지를 봉양하고 스스로 섬기는 일에 전혀 고단함을 돌아보지 않는다.

☐ 夏(なつ)にいたれば24)、すなハち25)、床(ゆか)をあふぎて26)涼[すず]しめ27)、冬(ふゆ)は又[また]、わか身[み]28)をもつて29)、ふすまを、あたゝめ30)、わづか31)の事[こと]をも、父[ちち]の心[こころ]に、たがふ事[こと]

---

13) 「さとびと【里人】 마을사람」+「みな【皆】 모두」.

14) 「あはれむ[4]→あわれむ【哀れむ・憐れむ】 [5]불쌍히 여기다. 동정하다」의 連用形.

15) 「いとけなし[形ク]→いとけない【幼い・稚い】[形]나이 어리다. 철없다」의 連用形 「いとけなく」+「して[助詞]連用形에 접속하여 '~인 상태로'의 뜻」.

16) 「かう→こう【孝】 효」+「あり【有り】[ラ変]있다」의 連体形 「ある」+「こと【事】 것. 일」.

17) 「かんず[サ変]→かんずる【感ずる】[サ変]느끼다. 감동하다. 감탄하다」의 連用形 「かんじ」+「侍(はべ)り[助動]격식・정중」의 連用形 「はべり」+「けり[助動]회상・과거」.

18) 「ひとり【一人・独り】 한사람. 독신」+「の[助詞]」+「ちち【父】 아버지」.

19) 「やしなふ[4]→やしなう【養う】 [5]양육하다. 부양하다. 키우다」의 連用形 「やしなひ」+「て」.

20) みづから→みずから【自ら】 [名]자기 자신. 나. [副]스스로. 친히.

21) 「つかふ【仕ふ】[下2]윗사람 가까이에서 섬기다. 모시다」의 連体形 「つかふる」+「こと【事】 것. 일」.

22) さらに【更に】 [副]①또한. 거듭. 더욱 ②강한 부정. 절대로 ~가 아니다. 전혀 ~지 않다.

23) 「つかれ【疲れ】[名]피로」+「を[助詞]」+「かへりみる→かえりみる【顧みる・省みる】[上1]회상하다. 반성하다. 걱정하다. 돌아보다」의 未然形 「かへりみ」+「ず[助動]부정」.

24) 「いたる【至る・到る】 [4]도착하다. 도달하다」의 已然形 「いたれ」+「ば[助詞]已然形에 접속하여 확정조건이나 원인・이유를 나타냄」.

25) すなはち→すなわち【即ち・則ち】[副]곧바로. 즉시. 그래서. 즉.

26) 「ゆか【床・牀】 마루. 침실」+「を[助詞]」+「あふぐ[4]→あおぐ【扇ぐ・煽ぐ】 [5]부채 따위로 바람을 일으키다」의 連用形 「あふぎ」+「て」.

27) 「すずしむ【涼しむ・清しむ】[下2]서늘하게 하다. 깨끗하게 하다」의 連用形.

28) 「わが【我が・吾が】[連体]나의. 자신의」('-が는 無濁点표기)+「み【身】 몸」.

29) 「以(もつ)て : 助詞 「を」에 이어져서 수단이나 방법 등을 나타낸다(~에 의해. ~로).

30) 「ふすま【衾・被】 이불」+「を[助詞]」+「あたたむ[下2]→あたためる【暖める・温める】[下1]따

なし32)。
⇨ 여름에 이르니 곧 침소를 부채질하여 서늘하게 하고 겨울에는 또 자신의 몸으로써 이불을 덥히며, 사소한 일조차도 아버지의 뜻에 어긋나는 일이 없다.

☐ 国(くに)の太守(たいしゆ)33)劉護(りゆご)と云[いう]人[ひと]、札(ふだ)を かきて34)、そのかう〲35)を、ほめあげけり36)。
⇨ 지역의 태수인 유 호라는 사람이 글을 적어서 그 효행을 칭송했다.

☐ これより37)黃香(くわうきやう)が38)名[な]、天下[てんか]に、かくれな く39)、官職(くわんしよく)しきりに40)、すゝみて41)、尚書令(しやうし よれい)の官(くわん)に、いたれり42)。
⇨ 이로부터 황 향의 이름이 천하에 널리 알려져 관직이 계속 올라가 상서령의 자리에 이르렀다.

☐ かう〲43)を、つくせしところ44)、天[てん]道(たう)45)にかなひて46)、

───────────────

뜻하게 하다」의 連用形「あたため」.

31) わづか→わずか【僅か・纔か】[名・副]매우 적은. 겨우.
32) 「こころ【心】마음. 뜻」+「に[助詞]」+「たがふ[4]→たがう【違う】[5]상위하다. 어긋나다」 의 連体形「たがふ」+「こと【事】일」+「なし【無し】[形ク]없다」.
33) 「くに【国】국가. 지역」+「の[助詞]」+「たいしゅ【太守・大守】①한 지역의 영주 ②진(秦)・ 한(漢)에서 군(郡)의 장관(長官)」.
34) 「ふだ【札・簡】어떤 목적을 위해 필요한 사항을 기록한 작은 나뭇조각・종잇조각・금 속조각」+「を[助詞]」+「かく【書く】[4]쓰다」의 連用形「かき」+「て」.
35) かうかう→こうこう【孝行】효행.
36) 「ほめあぐ[下2]→ほめあげる【誉め上げる】[下1]크게 칭찬하다」의 連用形「ほめあげ」+「け り[助動]회상・과거」.
37) 「これ【此・是】[代]이것」+「より[助詞]~로부터」.
38) 「が」는 현대일본어「の」의 쓰임.
39) 「かくれなし【隠れ無し】[形ク]숨은 부분이 없다. 널리 알려져 있다」의 連用形.
40) しきりに【頻りに】[副]계속해서. 심하게.
41) 「すすむ【進む】[4]나아가다. 승진하다」의 連用形「すすみ」+「て」.
42) 「いたる【至る・到る】[4]도착하다. 도달하다」의 命令形「いたれ」+「り[助詞]완료・존속」.
43) かうかう→こうこう【孝行】효행.
44) 문맥상「つくす【尽くす】[4]노력하다. 힘쓰다」에「き[助動]회상・과거」의 連体形인「し」

黄香(くわうきやう)か⁴⁷⁾子[こ]黄瓊(くわうけい)、その子孫(しそん)ミな、くらゐたかく⁴⁸⁾、家[いえ]ゆたかなりき⁴⁹⁾。

➪ 효행을 극진히 했던바 하늘에 닿아 황 향의 아들 황 경과 그 자손이 모두 지위가 높고 집이 풍요로웠다.

가 접속하고, 여기에 「ところ」가 이어진 것으로 보이지만, 「き」는 連用形에 접속하므로 문법에 어긋난다. 만일 「つくす」를 'サ変동사'로 인식했다면 이야기는 달라지는데 「き」가 「すサ変하다」에 이어지는 경우 「せし」「しき」와 같은 꼴로 접속하므로 일단 설명은 가능해진다. 그러나 이 경우에도 문법에 어긋나는 것은 마찬가지다.

45) 「天道」는 「てんとう」와 「てんどう」 두 가지 읽기가 있다. 「てんたう→てんとう【天道】천지를 주재하는 신(神). 천제(天帝)」. 「てんだう→てんどう【天道】우주의 이치(조리)」. 후자라면 「-た-」는 無濁点표기.

46) 「かなふ[4]→かなう【適う・叶う】[5]들어맞다」의 連用形 「かなひ」+「て」.

47) 현대일본어 「の」의 쓰임을 가진 「が」. 「か」는 無濁点표기.

48) 「くらゐ→くらい【位】서열상의 위치」+「たかし【高し】[形ク]높다」의 連用形 「たかく」.

49) 「ゆたか【豊か】[形動ナリ]풍족하다. 재산이 많다」의 連用形 「ゆたかなり」+「き[助動]회상・과거」.

10. 丁(てい)蘭(らん)刻(きさむ)ㇾ木(きを)
정란이 나무를 새기다

❑ 丁蘭(ていらん)ハ、河内(かだい)と、いふところの人[ひと]なり1)。
  ⇨ 정 란은 하내라고 하는 곳의 사람이다.

❑ とし2)、いまだ3)、わかくして4)父母[ふぼ]を、うしなへり5)。
  ⇨ 나이 아직 어려서 부모를 잃었다.

❑ 丁蘭(ていらん)、ふかく6)、なげきて7)、おやの、かたち8)を木像(もくざう)に、つくりて9)、これに、つかへまつる事[こと]10)なを11)生(いけ)るとき12)の、ごとし13)。

---

1) 「ひと【人】사람」+「なり[助動]단정・지정」.
2) とし【年・歳】나이.
3) いまだ【未だ】[副]아직. 여전히.
4) 「わかし[形ク]→わかい【若い・稚い】[形]어리다. 젊다」의 連用形「わかく」+「して[助詞](連用形에 접속하여)~인 상태로」.
5) 「うしなふ[4]→うしなう【失う】[5]잃다」의 命令形「うしなへ」+「り[助動]완료・존속」.
6) 「ふかし[形ク]→ふかい【深い】[形]깊다. 무겁다」의 連用形.
7) 「なげく【嘆く・歎く】[4]한숨짓다. 탄식하다. 슬퍼하다. 절망하다. 애원하다. 호소하다」의 連用形「なげき」+「て」.
8) 「おや【親】부모」+「の[助詞]」+「かたち【形・容】모양. 모습. 용모」.
9) 「もくざう→もくぞう【木像】나무로 만든 상」+「に[助詞]」+「つくる【作る・造る】[4]만들다」의 連用形「つくり」+「て」.
10) 「つかへまつる【仕へ奉る】[4](つかふ【仕ふ】[4]의 겸양어)삼가 섬기다」의 連体形「つかへまつる」+「こと【事】것. 일」.
11) 「なお【猶・尚】[副]아직. 역시. 그래도. 다시. 원래대로」. 歴史的仮名遣로는「なほ」이므로 정서법에 어긋남.
12) 「いく【生く】[4]살다. 생존하다」의 命令形「いけ」+「り[助動]완료・존속」의 連体形「る」+「とき【時】때」로 보아야 할 듯.「いく[下2]→いける【生ける・活ける】[下1]살려두다. 되

⇨ 정 란이 깊이 슬퍼하여 부모의 형상을 목상으로 만들어 이에 섬기기가 여전히 살아 있을 때와 같다.

☐ なに事[ごと]にても14)、つとめ15)、おこなハん16)、と、おもふことをバ17)、まづ18)、もくざうのまへに、ゆきて19)、これを申[もう]すに20)、あしからん21)、と、おもふとき22)ハ、もくざうの顔(かほ)こゝろよからず23)、うれへたる、よそほひ24)、おもて25)に、あらハる26)。

⇨ 무슨 일이건 힘써 행하고자 생각하는 것은 우선 목상 앞에 가서 이를 아뢰니, 불길할 것으로 생각할 때는 목상의 얼굴이 기분 좋지 않고 걱정하는 기색이 겉으로 드러난다.

☐ 又[また]、よからん27)、と、おもへる事[こと]28)にハ、もくざうの、お

─────────

살리다」로 봐서는 그 連体形이 「いくる」가 되므로 문법적으로나 뜻으로나 통하지 않는다.

13) ごとし【如し】[助動]~와 같다. ~대로다. ~와 닮았다.
14) 「なにごと【何事】만사」+「にて[助詞]현대일본어의 "で와 같은 쓰임」+「も[助詞]」.
15) 「つとむ[下2] → つとめる【勤める・努める・務める・力める・勉める】[下1]힘을 다해 행하다. 노력하다. 삼가다」의 連用形.
16) 「おこなふ[4] → おこなう【行う】[5]행하다. 집행하다」의 未然形「おこなは」+「む[助動추량・의지] → 「ん」.
17) 「おもふ【思ふ】[4]생각하다」의 連体形「おもふ」+「こと【事】일」+「をば : 〈を〉의 強意」.
18) まづ → まず【先ず】[副]우선. 아무튼.
19) 「まへ → まえ【前】앞」+「に[助詞]」+「ゆく【行く】[4]가다」의 連用形「ゆき」+「て」.
20) 「まうす[4] → もうす【申す】[5]아뢰다. 간원하다」의 連体形+「に[助詞]~하니. ~하는데」.
21) 「あし【悪し】[形シク나쁘다. 불길하다」의 未然形「あしから」+「む[助動추량・의지] → 「ん」.
22) 「おもふ【思ふ】[4]생각하다」의 連体形「おもふ」+「とき【時】때」.
23) 「かほ → かお【顔・貌】얼굴」+「こころよし[形ク] → こころよい【快い】[形]기분이 좋다. 유쾌하다」의 未然形「こころよから」+「ず[助動]부정」의 連用形「ず」.
24) 「うれふ[下2] → うれえる【憂える・愁える・患える】[下1]한탄하다. 걱정하다」의 連用形「うれへ」+「たり[助動]완료・존속」의 連体形「たる」+「よそほひ → よそおい【装い】[名]차림새. 모습」.
25) ①おもて【表】표면. 외부. ②おもて【面】얼굴.
26) あらはる[下2] → あらわれる【現れる・顕れる・表れる】[下1]드러나다. 표출되다.
27) 「よし[形ク] → よい【良い・善い・好い・佳い】[形]좋다. 적당하다. 길하다」의 未然形「よから」+「む[助動]추량・의지」→「ん」.

もて29)、いかにも30)、うるハしく31)、よろこべる、いろ32)を、あらハせり33)。

⇨ 또한 길할 것으로 생각한 일에는 목상의 얼굴이 너무나도 환하고 기뻐하는 낯빛을 드러냈다.

❑ あるとき34)、丁蘭[ていらん]、よそ35)に、ゆきたる36)跡あと]37)に、家[いえ]のとなり38)に、張叔(ちやうしゆく)と云[いい]ける人の妻(つま)39)、日[ひ]ごろ40)、もくざうに、きとく41)有[ある]事[こと]を、聞[きき]つたへて42)、そのもくざうを、ミるべきよし43)、のぞみけり44)。

---

28) 「おもふ【思ふ】[4]생각하다」의 命令形 「おもへ」+「り[助動완료·존속]」의 連体形 「る」+「こと【事】 일」.

29) ①おもて【表】 표면. 외부. ②おもて【面】 얼굴.

30) いかにも【如何にも】[副]어떻게든. 정말로. 분명.

31) 「うるはし[形シク]→うるわしい【麗しい·美しい·愛しい】[形]단정하다. 기분이나 표정이 밝다」의 連用形 「うるはしく」.

32) 「よろこぶ【喜ぶ·悦ぶ】[4]기뻐하다」의 命令形 「よろこべ」+「り[助動완료·존속]」의 連体形 「る」+「いろ【色】 기색. 낯빛」.

33) 「あらはす[4]→あらわす【表す·現す·顕す·著す】[5]드러내다」의 命令形 「あらはせ」+「り[助動완료·존속]」.

34) 「ある【或る】[連体]어느. 모(某)」+「とき【時】 때」.

35) よそ【余所·他所】 다른 곳.

36) 「ゆく【行く】[4]가다」의 連用形 「ゆき」+「たり[助動완료·존속]」의 連体形 「たる」.

37) 일본어에서 「あと」로 읽는 말은 「跡」나 「後」에 해당한다. 「跡」은 '흔적' 「後」는 '시간적 후'이다. 문맥상 후자로 풀이하면 한자 사용이 잘못된 것으로 볼 수 있겠다.

38) となり【隣】 이웃. 옆.

39) 「いふ[4]→いう【言う·云う】[5]말하다」의 連用形 「いひ」+「けり[助動회상·과거]」의 連体形 「ける」+「ひと【人】 사람」+「の[助詞]」+「つま【妻】 아내」.

40) ひごろ【日頃】 평소. 항상.

41) 「奇特(きとく·きどく) : 특히 빼어남. 효험. 장함」+「あり【有り】[ラ変]있다」의 連体形 「ある」+「こと【事】 것. 일」.

42) 「ききつたふ[下2]→ききつたえる【聞き伝える】[下1]남에게 전해 듣다」의 連用形 「ききつたへ」+「て」.

43) 「みる【見る】[上1]보다」의 終止形 「みる」+「べし[助動의무·당연·추량·의지·가능 등]」의 連体形 「べき」+「よし【由·因·縁】 유래. 내용. 사정. 취지. 구실」.

⇨ 어느 날 정 란이 다른 곳에 갔을 때 집의 이웃에 장 숙이라 하는 사람의 아내가 평소 목상에 영험이 있음을 전해 듣고서 그 목상을 보고자 바랐다.

❏ 妻(つま)、もくざうに、むかひ⁴⁵⁾、ひざまづきて⁴⁶⁾、うかゞひける に⁴⁷⁾、木像(もくざう)、いかれる、いろあり⁴⁸⁾。

⇨ 아내가 목상을 향해 무릎 꿇고 살펴보니 목상이 성내는 기색이 있다.

❏ これによりて⁴⁹⁾、もくざうを、ミせざりけり⁵⁰⁾。

⇨ 이로 인해 목상을 보여주지 않았다.

❏ 張叔(ちゃうしゆく)、さけに酔(ゑひ)たる⁵¹⁾、まぎれ⁵²⁾に、この事[こ と]を聞[きき]て、さま〴〵⁵³⁾悪口(あつこう)して⁵⁴⁾、杖(つえ)をとり て⁵⁵⁾、丁蘭(ていらん)が⁵⁶⁾家[いえ]に、ゆきて⁵⁷⁾、もくざうのかうべ⁵⁸⁾

---

44) 「のぞむ【望む】[4]바라다. 기대하다」의 連用形「のぞみ」+「けり[助動]회상・과거」.

45) 「むかふ[4] → むかう【向かう・対う】[5]향하다. 나아가다」의 連用形.

46) 「ひざまづく[4] → ひざまずく【跪く】[5]무릎을 꿇다」의 連用形「ひざまづき」+「て」.

47) 「うかがふ[4] → うかがう【窺う・伺う】[5]모습을 살피다. 여쭙다」의 連用形「うかがひ」+「け り[助動]회상・과거」의 連體形「ける」+「に[助詞]~하니. ~하는데」.

48) 「いかる【怒る】[4]화내다」의 命令形「いかれ」+「り[助動]완료・존속」의 連體形「る」+「い ろ【色】기색. 안색」+「あり【有り】[ラ変]있다」.

49) 「これ【此】[代]이것」+「に[助詞]」+「よる【因る・由る・拠る・依る】[4]의거하다. ~에 기인하 다」의 連用形「より」+「て」.

50) 「みす[下2] → みせる【見せる】[下1]보여주다」의 連用形「みせ」+「ざり[助動]부정」의 連用 形「ざり」+「けり[助動]회상・과거」.

51) 「さけ【酒】술」+「に[助詞]」+「ゑふ【酔ふ】[4]취하다」의 連用形「ゑひ」+「たり[助動]완료・ 존속」의 連體形「たる」.

52) まぎれ【紛れ】[名]어수선함. 어긋남. 「~にまぎれ」의 꼴로 「~한 나머지 앞뒤 가리지 않고」와 같이 부사적으로 쓰인다.

53) さまざま【様様】여러 가지. 다양함.

54) 「あつこう【悪口】험담」+「す[サ変]하다」의 連用形「し」+「て」.

55) 「つゑ → つえ【杖】지팡이」(본서에서는 모두 〈つえ〉로 표기됨)+「とる【取る】[4]손에 넣다. 들다. 취하다」의 連用形「とり」+「て」.

56) 「が」는 현대일본어 「の」의 쓰임.

57) 「ゆく【行く】[4]가다」의 連用形「ゆき」+「て」.

58) かうべ → こうべ【首・頭】머리. 목.

を、うちたり59)。
⇨ 장 숙이 술에 취한 나머지 이 일을 듣고서 온갖 욕설을 하고 지팡이를 들고 정 란의 집에 가서 목상의 머리를 쳤다.

❑ 丁蘭(ていらん)、すでに60)、よそより61)、かへりて62)、まづ63)、もくざうのまへに、ゆきて64)、まミゆるに65)、もくざう、いかれる有様ありさま)66)、世よ]のつねならず67)。
⇨ 정 란이 이제 밖에서 돌아와 우선 목상 앞에 가서 뵈니 목상의 성난 모습이 여간이 아니다.

❑ 丁蘭(ていらん)、ふしぎに思[おも]ひて68)、妻[つま]に、たづぬるに69)、ありのまゝ70)に、かたる71)。
⇨ 정 란이 기이하게 여겨 아내에게 물으니 있는 그대로 이야기한다.

❑ 丁蘭(ていらん)、大[おお]きに腹立(はらだち)うらみて72)、張叔(ちやう

---

59) 「うつ【打つ・討つ・撃つ】[4]치다. 타격하다」의 連用形 「うち」+「たり[助動]완료・존속」.
60) すでに【既に・已に】[副]①이미. 벌써 ②모두. 남김없이 ③이제 ④틀림없이.
61) 「よそ【余所・他所】다른 곳」+「より[助詞]~로부터」.
62) 「かへる[4]→かえる【帰る・還る】[5]돌아오다」의 連用形 「かへり」+「て」.
63) まづ→まず【先ず】[副]우선. 아무튼.
64) 「まへ→まえ【前】앞」+「に[助詞]」+「ゆく【行く】[4]가다」의 連用形 「ゆき」+「て」.
65) 「まみゆ[下2]→まみえる【見える】[下1]뵙다. 알현하다. 대면하다」+「に[助詞]~하니. ~하는데」.
66) 「いかる【怒る】[4]화내다」의 命令形 「いかれ」+「り[助動]완료・존속」의 連体形 「る」+「ありさま【有様】모습. 상태」.
67) 「よのつね【世の常】보통. 예사」+「なり[助動]단정・지정」의 未然形 「なら」+「ず[助動]부정」.
68) 「ふしぎ【不思議】[形動ナリ]기괴하다. 이상하다」의 連用形 「ふしぎに」+「おもふ【思ふ】[4]생각하다」의 連用形 「おもひ」+「て」.
69) 「たづぬ[下2]→たずねる【尋ねる】[下1]찾다. 묻다」의 連体形 「たづぬる」+「に[助詞]~하니. ~하는데」.
70) ありのまま【有りの儘】있는 그대로. 사실 대로.
71) かたる【語る】[4]들려주다. 말하다.
72) 「おほき[形動ナリ]→おおき【大き】[形動]크다. 굉장하다」의 連用形 「おほきに」+「はらだつ【腹立つ】[4]화내다」의 連用形 「はらだち」+「うらむ【恨む・怨む・憾む】[4]불쾌하게 생각하다. 유감스러워하다」의 連用形 「うらみ」+「て」.

しゆく)をとらへて73)、打擲(ちやうちやく)する事[こと]74)、命(いのち)をたつに、ちかし75)。

⇨ 정 란이 크게 화를 내며 못마땅하여 장 숙을 붙들어서 후려치는데 목숨을 빼앗는 것에 가깝다.

☐ 張叔(ちやうしゆく)、これを公儀[こうぎ]76)に、ことハりけるほどに77)、丁蘭(ていらん)を、からめとりて78)、獄(ごく)79)に、つけんとす80)。

⇨ 장 숙이 이를 조정에 호소하니 정 란을 포박하여 옥에 넣으려 한다.

☐ 丁蘭(ていらん)、すなハち81)、もくざうのまへに、ゆきて、さいごの、いとまごひ82)を、せしかバ83)、木(もく)ざうのまなこより84)、涙(なみだ)のおつる事[こと]85)、雨[あめ]のことし86)。

---

73) 「とらふ[下2]→とらえる【捕らえる・捉える】[上1]붙들다. 붙잡다. 포박하다」의 連用形 「とらへ」+「て」.

74) 「ちやうちやく→ちょうちゃく【打擲】[名]타척. 주먹 따위로 때리는 것」+「す[サ変]하다」의 連体形 「する」+「こと【事】일」.

75) 「いのち【命】목숨」+「を[助詞]」+「たつ【絶つ・断つ】[4]끊다. 자르다. 끝내다」의 連体形 「たつ」+「に[助詞]~에」+「ちかし[形ク]→ちかい【近い】[形]가깝다」.

76) こうぎ【公儀】①공적인 일 ②정부. 조정 ③세상.

77) 「ことわる【断わる・判わる】[4]판단하다. 설명하다. 공적 기관에 신고하다. 호소하다. 해명하다」의 連用形 「ことわり」('-は-'는 정서법에 어긋남)+「けり[助動]회상・과거」의 連体形 「ける」+「ほどに【程に】①~하면. ~하는 사이에 ②원인・이유. ~이므로」.

78) 「からめとる【搦め捕】[4]붙잡아서 묶다」의 連用形 「からめとり」+「て」.

79) ごく【獄】옥. 감옥.

80) 「つく[下2]→つける【着ける・就ける・即ける】[下1]어떤 위치에 있도록 하다」의 連用形 「つけ」+「む[助動]추량・의지」→「ん」+「と[助詞]」+「す[サ変]하다」.

81) すなはち→すなわち【即ち・則ち】[副]곧바로. 즉시. 그래서. 즉.

82) 「さいご【最後】최후. 마지막」+「の[助詞]」+「いとまごひ→いとまごい【暇乞い】[名]이별을 고하는 것. 작별. 고별」.

83) 「す[サ変]하다」의 連用形 「せ」+「き[助動]회상・과거」의 已然形 「しか」+「ば[助詞]확정조건. 원인・이유」.

84) 「まなこ【眼】눈. 안구」+「より[助詞]~로부터」.

85) 「なみだ【涙】눈물」+「の[助詞]현대일본어〈が〉의 쓰임」+「おつ[上2]→おちる【落ちる】

⇨ 정 란이 곧바로 목상 앞에 가서 마지막 하직 인사를 했더니 목상의 눈에서 눈물이 떨어지기가 빗물과 같다.

❏ 此[この]よし87)、奉行(ふぎやう)88)の官人(くわんにん)89)、つぶさに90)、そうもん申[もうし]ければ91)、かう／＼の心[こころ]ざし92)、まことに93)神明(しんめい)に通(つう)じて94)、かゝる95)、きどく96)の侍[はべ]る事[こと]97)、ためしなき義(ぎ)なり98)、と、ふかく99)、えいかん有[あり]て100)、そのもくざうを、内裡(だいり)101)にも、うつしつくらしめ給[たま]ひ102)、丁蘭(ていらん)が103)科(とが)104)をも、ゆるされ

[上]떨어지다」의 連体形「おつる」+「こと【事】것. 일」.

86) 「あめ【雨】비」+「の[助詞]」+「ごとし【如】[助動]~와 같다. ~와 닮았다」('こ-'는 無濁点 표기).
87) 「この【此の】[連体]이」+「よし【由·因·縁】유래. 내용. 사정. 취지. 구실」.
88) ぶぎょう【奉行】[名]상명(上命)을 받들어 공사(公事)를 집행하는 것. 집행하는 담당자.
89) くわんにん→かんにん【官人】관리.
90) つぶさに【具に·悉に·備に】[副]죄다. 상세히.
91) 「そうもん【奏聞】천자(天子)에게 주상(奏上)하는 것」+「まうす[4]→もうす[申す][5]여기에 서는 보조동사로 쓰여서〈する〉의 겸양어」의 連用形「まうし」+「けり[助動회상·과거]」의 已然形「けれ」+「ば[助詞]확정조건. 원인·이유」.
92) 「かうかう→こうこう【孝行】효행」+「の[助詞]」+「こころざし【志】마음이 향하는 바. 뜻」.
93) まことに【真に·実に·誠に】[副]거짓 없이. 진짜로. 정말로. 매우.
94) 「神明(しんめい·しんみょう)신(神). 천지의 신령」+「に[助詞]」+「つうず[サ変]→つうずる【通ずる】[サ変]통하다」의 連用形「つうじ」+「て」.
95) かかる【斯かる】[連体]이와 같은. 이런.
96) 「奇特」은「きとく」(清音)로도「きどく」(濁音)로도 읽는다. '특히 뛰어나 흔치 않은 것' 또는 '마음가짐이나 행동이 뛰어나 칭송할 만한 것'을 나타낸다.
97) 「はべり【侍り】[ラ変]'있다'를 정중하게 나타냄」의 連体形「はべる」+「こと【事】것. 일」.
98) 「ためし【例·様】전례(前例)」+「なし【無し】[形ク]없다」의 連体形「なき」+「ぎ【儀】예식. 일」+「なり[助動]단정·지정」.
99) 「ふかし[形ク]→ふかい【深い】[形]깊다. 무겁다」의 連用形.
100) 「えいかん【叡感】천자(天子)가 감탄하시는 것. 천자의 칭찬」+「あり【有り】[ラ変]있다」의 連用形「あり」+「て」.
101) 「だいり【内裏】어전(御殿). 황거(皇居)」.「内裡」는 미상.
102) 「うつす【移す】[4]옮기다」의 連用形「うつし」+「つくる【作る·造る】[4]만들다」의 未然形

けり105)。

⇨ 이 사정을 담당관이 남김없이 아뢰니 효행하는 마음가짐이 진실로 신명에 통하여 이러한 신통함이 있는 것은 전례가 없는 일이라며 깊이 감탄하셔서 그 목상을 궁궐에도 옮겨 만들게 하시고 정 란의 죄과까지도 사하셨다.

「つくら」+「しむ」[助動]사역. ~시키다」의 連用形 「しめ」+「たまふ【給ふ】[助動]존경」의 連用形「たまひ」.

103) 「が」는 현대일본어 「の」의 쓰임.

104) とが【咎・科】죄.

105) 「ゆるす【許す・赦す】[4]허락하다. 용서하다」의 未然形 「ゆるさ」+「る[助動]수동・존경」의 連用形 「れ」+「けり[助動]회상・과거」.

11. 董(とう)泳(えい)貸(かる)ㄴ錢(ぜにを)
동영이 돈을 꾸다

☐ 漢(かん)の董泳(とうえい)ハ、千乗(せんせう)と云[いう]ところの人[ひと]なり1)。
　⇨ 한나라 동 영은 천승이라 하는 곳의 사람이다.

☐ 家[いえ]まづしくして2)、父[ちち]を、やしなへり3)。
　⇨ 집이 가난한데 아버지를 봉양했다.

☐ 父[ちち]すでに4)年(とし)きハまりて5)、むなしくなりけれとも6)、もとより7)、まづしければ8)、葬礼(さうれい)9)を、いとなむべき10)、ちからなし11)。

―――――――――――――――

1) 「ひと【人】사람」+「なり[助動]단정·지정」.
2) 「まづし[形シク]→まずしい【貧しい】[形]가난하다. 빈약하다」의 連用形「まづしく」+「して[助詞]連用形에 접속하여 '~인 상태로'의 뜻」.
3) 「やしなふ[4]→やしなう【養う】[5]양육하다. 부양하다. 키우다」의 命令形「やしなへ」+「り[助動]완료·존속」.
4) すでに【既に·已に】[副]①이미. 벌써 ②모두. 남김없이 ③이제 ④틀림없이.
5) 「とし【年·歳】나이」+「きはまる[4]→きわまる【極まる·窮まる】[5]한도에 도달하다. 끝에 이르다」의 連用形「きはまり」+「て」.
6) 「むなし[形シク]→むなしい【空しい·虚しい】[形]덧없다. 무상하다. 죽었다」의 連用形「むなしく」+「なる【成る·為る】[4]되다」의 連用形「なり」+「けり[助動]회상·과거」의 已然形「けれ」+「ども[助詞]역접」('ど'는 無濁点표기).
7) もとより【元より·固より·素より】[副]처음부터. 이전부터. 본래.
8) 「まづし[形シク]→まずしい【貧しい】[形]가난하다」의 已然形「まづしけれ」+「ば[助詞](已然形에 접속)확정조건. 이유·원인」.
9) さうれい→そうれい【葬礼】장례.
10) 「いとなむ【営む】[4]일하다. 준비하다. 행하다」의 終止形「いとなむ」+「べし[助動]의무·당연·추량·가능 등」의 連体形「べき」.

⇨ 아버지가 이제 나이가 다해 운명했지만 애당초 가난하기에 장례를 치를만한 힘이 없다.

❏ すなハチ[12]、富貴(ふうき)[13]の家[いえ]に、ゆきて[14]、身[み]を質物(しちもつ)にいれて[15]、銭(ぜに)[16]十[じゅう]貫文(くわんもん)[17]をかりて[18]、いはく[19]、

⇨ 곧 부귀한 집에 가서 몸을 담보로 잡히고 돈 열 관을 꾸고 말하길,

❏ 「もし[20]、この銭(ぜに)を、かへす[21]事[こと]あたハずは[22]、ながく[23]、この家(いへ)の被官(ひくわん)[24]と成なる]べし[25]。」とて[26]、

⇨ "만일 이 돈을 갚지 못하면 오랫동안 이 집의 노비가 되겠다." 하여,

❏ おもひのまゝ[27]に、さうれい[28]を、いとなみてのち[29]、銭(ぜに)ぬし[30]の家いえ]に、ゆかん、と、する[31]、ミちにして[32]、たちまち[33]に、ひ

---

11) 「ちから【力】힘」+「なし【無し】[形ク]없다」.
12) すなはち → すなわち【即ち・則ち】[副]곧바로. 즉시. 그래서. 즉.
13) ふうき【富貴】[名]부귀.
14) 「ゆく【行く】[4]가다」의 連用形「ゆき」+「て」.
15) 「み【身】몸」+「を[助詞]」+「しちもつ【質物】담보로 맡기는 물건」+「に[助詞]」+「いる[下2]→いれる【入れる】[下1]넣다」의 連用形「いれ」+「て」.
16) ぜに【銭】돈. 화폐.
17) くわんもん → かんもん【貫文】옛날 돈을 세는 단위.
18) 「かる[4] → かりる【借りる】[上1]빌리다」의 連用形「かり」+「て」.
19) いはく → いわく【曰く】말하길. 이르길. 가로되.
20) もし【若し】[副]만약. 만일.
21) 「かへす[4] → かえす【反す・返す】[5]되돌려주다. 반납하다」의 連体形「かへす」+「こと【事】것. 일」
22) 「あたふ[4] → あたう【能う・適う】[5]할 수 있다. 적합하다」의 未然形「あたは」+「ずは(助動詞〈ず〉+〈は〉①~하지 않고 ②가정조건. 만일 ~가 아니라면」.
23) 「ながし[形ク] → ながい【長い】[形]길다. 오래되다」의 連用形.
24) 「被官」은 「被官百姓(ひかんびゃくしょう)에도(江戸)시대 소작농민」의 준말.
25) 「なる【成る】[4]되다」의 終止形「なる」+「べし[助動]의무·당연·추량·가능 등」.
26) とて[助詞]인용. ~라 해서. ~라는 것으로. ~라는 이름으로.
27) おもひのまま【思ひの儘】마음에 생각한 대로. 마음껏.
28) 「ソーレー」로 읽는다. 장례(葬礼).

とりの、わかき女[おんな]34)に、あへり35)。

⇨ 생각대로 장례를 치르고 나서 전주(錢主)의 집에 가려 하는 길에서 홀연 한 젊은 여자를 만났다.

❏ みめかたち36)、世[よ]のつねならぬ37)有様[ありさま]にて38)、董泳(とうえい)に、むかひて39)、「妻(つま)にならん40)。」と云[いう]。

⇨ 용모와 차림새가 예사롭지 않은 모양인데 동 영에 대해 "아내가 되겠다."고 한다.

❏ とうえい、こたへて、いはく41)、「われ42)今[いま]、まづしき事[こと]43)かくのごとし44)、人[ひと]のために45)、銭(ぜに)を、をふて46)、これが

---

29) 「いとなむ【営む】[4]일하다. 준비하다. 행하다」의 連用形「いとなみ」+「て」+「のち【後】 후. 이후」.

30) 「ぜに【銭】돈」+「ぬし【主】주인」.

31) 「ゆく【行く】[4]가다」의 連用形「ゆか」+「む[助動]추량·의지」→「ん」+「と[助詞]+「す[サ変]하다」의 連体形「する」.

32) 「みち【道·路·途·径】길」+「にして[連語]현대일본어의 〈~で〉와 같은 쓰임. ~에서」.

33) たちまち【忽ち】[名·副]갑자기. 느닷없이.

34) 「わかし[形ク]→わかい【若い·稚い】[形]어리다. 젊다」의 連体形「わかき」+「をんな→おんな【女】여자」.

35) 「あふ[4]→あう【会う·逢う·遭う·遇う】[5]만나다. 마주치다」의 命令形「あへ」+「り[助動]완료·존속」.

36) みめかたち【見目形】얼굴 생김새와 모습.

37) 「よのつね【世の常】보통. 예사」+「なり[助動]단정·지정」의 未然形「なら」+「ず[助動]부정」의 連体形「ぬ」.

38) 「ありさま【有様】상태. 모습」+「にて[助詞]현대일본어의 〈で〉와 같은 쓰임. ~로」.

39) 「むかふ[4]→むかう【向かう·対う】[5]향하다. 나아가다」의 連用形「むかひ」+「て」.

40) 「つま【妻】아내」+「に[助詞]+「なる【成る】[4]되다」의 連用形「なら」+「む[助動]추량·의지」→「ん」.

41) 「こたふ[下2]→こたえる【答える·応える】[下1]대답하다. 반응하다」의 連用形「こたへ」+「て」+「いはく【曰く】말하길」.

42) われ【我·吾】[代]①자기 자신. 나. 저 ②너.

43) 「まづし[形シク]→まずしい【貧しい】[形]가난하다. 빈약하다」의 連体形「まづしき」+「こと【事】것. 일」.

44) 「かく【斯く·是く】[副]이렇게」+「の[助詞]+「ごとし【如し】[助動]~와 같다. ~와 닮았다」.

45) 「ひと【人】사람. 다른 사람」+「の[助詞]+「ため【為】」+「に[助詞]. 「ため【為】」는 助

ために47)被官(ひくわん)と成なり]て、ゆくなり48)。

⇨ 동 영이 대답해 이르길 "나는 지금 가난하기가 이와 같다. 다른 사람을 위해 돈을 꿔서 이 때문에 노비가 되어 가는 것이다.

❏ わか身[み]49)の、をきどころだに50)、これなし51)、いかでか52)、やごとなき人[ひと]53)を、かゝる身[み]として54)ハ、妻[つま]とハすべき55)。」と。

⇨ 내 몸을 편히 둘 곳조차 없다. 어찌 고귀한 사람을 이런 처지로는 아내로 삼을 수 있겠는가?"라고.

❏ そのとき、女[おんな]かたりて、いはく56)、「ねがハくは57)、君[きみ]58)が59)つまと、ならん60)。われ、さらに61)、まづしき62)事[こと]を、いと

詞인「の」「が」또는 用言의 連体形에 접속하여 '이익' '이유' '목적'의 뜻. ~때문에. ~위해.

46)「おふ[4] → おう【負う】[5]등에 지다. 채무를 지다. 돈을 빌리다」.「ふ」로 끝나는 동사의 경우「て」앞에서 終止形이 쓰이는 경우가 있다.「をふ」는 정서법에 어긋남.

47)「これ【此·是】[代]이것」+「が[助詞]」+「ため【為】때문. 위해」+「に[助詞]」.

48)「なる【成る·為る】[4]되다」의 連用形「なり」+「て」+「ゆく【行く】[4]가다」의 連体形「ゆく」+「なり[助動]단정·지정」.

49)「わが【我が·吾が】[連体]나의. 자신의」('-が'는 無濁点표기)+「み【身】몸」.

50)「おきどころ【置き所】둘 곳. 안식처」('を-'는 정서법에 어긋남)+「だに[助詞]~조차. ~만이라도」.

51)「これ【此·是·之·惟】[代]이것」+「なし【無し】[形ク]없다」.

52) いかでか【如何でか·争でか】[副]어찌. 문말에 호응하여 '어찌 ~하겠는가?'의 뜻. 문말에는 連体形이 쓰인다.

53)「やごとなし【止事無し】[形ク]중대하다. 신분이 높다. 황송하다」의「やごとなき」+「ひと【人】사람」.

54)「かかる【斯かる】[連体]이러한」+「み【身】몸. 신분. 입장」+「として[連語]자격. ~로서」.

55)「つま【妻】아내」+「と[助詞]」+「は[助詞]」+「す[サ変]하다」의 終止形「す」+「べし[助動]무·당연·추량·가능 등」의 連体形「べき」(앞의〈いかでか〉에 호응하여 '~할 수 있겠는가?'의 뜻).

56)「かたる【語る】[4]들려주다. 말하다」의 連用形「かたり」+「て」+「いはく【曰く】말하길」.

57) ねがHくは → ねがわくは【願わくは】[副]바라기는. 원하기는.

58) きみ【君】당신.

59)「が」는 현대일본어「の」의 쓰임.

ふべからず63)。つれて64)、銭(ぜに)ぬしのもと65)に、いたり給[たま]へ66)、もろともに67)、ほうこう68)を、つとめ侍[はべ]らん69)。」と、いふ。

⇨ 그때 여자가 말하여 이르길 "바라기는 당신의 아내가 되겠다. 나는 전혀 가난한 것을 꺼리지 않을 것이다. 데리고 전주(錢主)에게 가십시오. 함께 일을 하겠습니다."라고 한다.

❏ とうえい、ちからなく70)、夫婦(ふうふ)のかたらひ71)を、なして72)、妻(つま)とし、もろともに73)、うちつれて74)行[ゆき]けり75)。

⇨ 동 영은 하는 수 없이 부부의 연을 맺고 아내로 삼아 함께 동반하여 갔다.

❏ 銭(ぜに)ぬし、董泳(とうえい)が76)つまに、とふて、いはく77)、「なにを

---

60) 「なる【成る・為る】[4]되다」의 連用形「なら」+「む[助動]추량・의지」→「ん」.
61) さらに【更に】[副]①또한. 거듭. 더욱 ②강한 부정. 절대로 ~가 아니다. 전혀 ~지 않다.
62) 「まづし[形シク]→まずしい【貧しい】[形]가난하다. 빈약하다」의 連体形.
63) 「いとふ[4]→いとう【厭う】[5]피하다. 싫어하다」의 終止形「いとふ」+「べかり[助動]추량・가능 등」의 未然形「べから」+「ず[助動]부정」.
64) 「つる[下2]→つれる【連れる】[下1]동행하다」의 連用形「つれ」+「て」.
65) もと【下・許】아래. 부근. 곳.
66) 「いたる【至る・到る】[4]도착하다. 도달하다」의 連用形「いたり」+「たまふ【給ふ】[助動]존경」의 命令形「たまへ」.
67) もろとも【諸共】함께. 동시. 「もろともに」의 형태로 부사적으로 쓰이는 경우도 있다.
68) ほうこう【奉公】봉공. 봉직. 다른 집에 더부살이하며 집안일을 보는 것.
69) 「つとむ[下2]→つとめる【勤める・務める・力める】[下1]근무하다. 힘쓰다」의 連用形「つとめ」+「侍(はべ)り[助動]격식・정중」의 未然形「はべら」+「む[助動]추량・의지」→「ん」.
70) 「ちからなし[形ク]→ちからない【力無い】[形]어쩔 수 없다. 기운이 없다」의 連用形.
71) かたらひ→かたらい【語らい】[名]대화. 약속. 약조.
72) 「なす【生す・成す・為す】[4]만들어내다. 행하다」의 連用形「なし」+「て」. 「夫婦(ふうふ)のかたらいをなす」의 꼴로 '부부의 연을 맺다'의 뜻.
73) もろとも【諸共】함께. 동시.
74) 「うちつる[下2]→うちつれる【打ち連れる】[下1]데리고 가다」의 連用形「うちつれ」+「て」.
75) 「ゆく【行く】[4]가다」의 連用形「ゆき」+「けり[助動]회상・과거」.
76) 「が」는 현대일본어「の」의 쓰임.
77) 「とふ[4]→とう【問う】[5]묻다」+「て」+「いはく【曰く】말하길. 이르길」.

か能のう]とするや78)。」と。
　　⇨ 전주(錢主)가 동 영의 아내에게 물어 가로되 "무엇을 재주로 하는가?"라고.

❏ 妻(つま)こたへて、いはく79)、「ミづから80)、よく、かとりのきぬ81)を、をる也[なり]82)。」と。
　　⇨ 아내가 대답하여 이르길 "나는 곧잘 비단옷을 짠다."라고.

❏ あるじの、いはく83)、「しからば84)、きぬ85)三百[さんびゃく]疋(ひき)を、をりいだせよ86)。二人[ふたり]共[とも]に87)、ゆるすべし88)。」と。
　　⇨ 주인이 이르길 "그러면 비단 300필을 짜내라. 둘 다 풀어줄 것이다."라고.

❏ 妻[つま]、すなハち89)、これを、うけがひて90)、この日[ひ]より三十[さんじゅう]日[にち]の内[うち]に、かとりのきぬ三百[さんびゃく]ひきを、をりいだせり91)。

───────────────

78) 「なに【何】[代]무엇」+「を[助詞]」+「か[係助詞]문말에 호응하여 '의문'의 뜻」+「のう【能】할 수 있는 일. 장기」+「と[助詞]」+「す[サ変]하다」의 連体形「する」+「や[係助詞]의문」.

79) 「こたふ[下2]→こたえる【答える·応える】[下1]대답하다. 반응하다」의 連用形「こたへ」+「て」+「いはく【曰く】말하길. 이르길」.

80) みづから→みずから【自ら】[名]자기 자신. 나. [副]스스로. 친히.

81) かとりのきぬ【縑の衣】비단으로 지은 의복.

82) 「おる【織る】[4]짜다」의 連体形「おる」('を-'는 정서법에 어긋남)+「なり[助動]단정·지정」.

83) 「あるじ【主】주인」+「の[助詞]현대일본어〈が〉의 쓰임」+「いはく→いわく【曰】말하길」.

84) しからば【然らば】[接続]그렇다면. 그러면. 「しかり【然り】[ラ変]그러하다」의 未然形「しから」+「ば[助詞]가정조건」로 분석할 수도 있다.

85) 「きぬ」는 「きぬ【衣】옷」「きぬ【絹】비단」 두 가지 쓰임이 있다.

86) 「おる【織る】[4]짜다」의 連用形「おり」('を-'는 정서법에 어긋남)+「いだす【出す】[4]내보내다」의 命令形「いだせ」+「よ[終助詞]명령·권유」.

87) ともに【共に·俱に】하나가 되어. 함께. 같이.

88) 「ゆるす【許す·赦す】[4]용서하다. 사면하다. 면제하다」의 終止形「ゆるす」+「べし[助動]의무·당연·추량·가능 등」.

89) すなはち→すなわち【即ち·則ち】[副]곧바로. 즉시. 그래서. 즉.

90) 「うけがふ【肯ふ】[4]승낙하다」의 連用形「うけがひ」+「て」.

91) 「おる【織る】[4]짜다」의 連用形「おり」('を-'는 정서법에 어긋남)+「いだす【出す】[4]내

➪ 아내가 곧 이를 받아들여 이 날부터 30일 안에 비단옷 300필을 짜냈다.

❏ 世[よ]のつね92)の、きぬにハすぐれて93)、しかも94)、うるハしく95)、うつくしかりければ96)、あるじ、大[おほい]に、おどろきて、いはく97)、

➪ 여느 비단옷보다 월등하고 게다가 우아하고 아름다웠기에 주인이 크게 놀라 이르길,

❏ 「三十[さんじゅう]日[にち]の内[うち]に、かほど98)までに、をりいだす、きぬのかずさへ99)、おほきに100)、まして101)、うるハしく、うつくしかりける事[こと]102)、世[よ]に又[また]、たぐひなし103)、たゞ人[びと]104)とも、おぼえず105)。」と、いふて、

➪ "30일 안에 이렇게까지 짜내는 비단옷의 수량까지 많은데 하물며 우아하고 아름답기가 세상에 또 비할 바가 없다. 보통 사람으로도 느껴지지 않는다."고 하고,

❏ すなハち106)、質(しち)の札(ふだ)をけづり107)、銭[ぜに]をゆるし

보내다」의 命令形 「いだせ」+「り[助動]완료·존속」.

92) よのつね【世の常】보통. 예사.
93) 「すぐる[下2]→すぐれる【優れる·勝れる】[下1]빼어나다」의 連用形 「すぐれ」+「て」.
94) しかも【然も·而も】[接続]게다가. 그래도. 하지만.
95) 「うるはし[形シク]→うるわしい【麗しい·美しい·愛しい】[形]멋지다. 훌륭하다」의 連用形.
96) 「うつくし[形シク]→うつくしい【美しい·愛しい】[形]아름답다」의 連用形 「うつくしかり」+「けり[助動]회상·과거」의 已然形 「けれ」+「ば[助詞]확정조건. 원인·이유」.
97) 「あるじ【主】주인」+「おほいに【大いに】[副]매우. 몹시. 많이」+「おどろく【驚く·愕く】[4]놀라다」의 連用形 「おどろき」+「て」+「いはく【曰く】말하길. 이르길」.
98) かほど【斯程】이정도. 「と」는 無濁点표기.
99) 「かず【数】숫자」+「さへ→さえ[助詞]~까지도. ~만」.
100) 「おほし[形ク]→おおい【多い】[形]많다」의 連体形 「おほき」+「に[助詞]~하니. ~하는데」.
101) まして【況して】[副]더군다나. 게다가. 물론.
102) 「うつくし[形シク]→うつくしい【美しい·愛しい】[形]아름답다」의 連用形 「うつくしかり」+「けり[助動]회상·과거」의 連体形 「ける」+「こと【事】것」.
103) 「たぐひ→たぐい【類·比】[名]대등한 것. 동등한 것. 비슷한 종류」+「なし【無し】[形ク]없다」.
104) ただびと【徒人·只人·直人·常人】보통 인간. 신분이 낮은 사람.
105) 「おぼゆ[下2]→おぼえる【覚える】[下1]느끼다. 생각되다」의 未然形 「おぼえ」+「ず[助動]부정」.

❏ て108)、二人[ふたり]ながらに109)、いとま110)を、あたへたり111)。
   ⇨ 곧 담보 증서를 지우고 빚을 탕감하고 두 사람 다 떠나게 했다.

❏ とうえい、よろこびて112)、夫婦(ふうふ)うちつれて113)、わが家[いえ]に、かへらんと、するに114)、はじめ115)、つまに行[ゆき]あひたる116)、ところに、いたりて117)、その妻(つま)とうえいに、かたりけるハ118)、
   ⇨ 동 영이 기뻐하여 부부 동반하여 자기 집에 돌아가려 하는데, 처음 아내를 마주친 곳에 이르러 그 아내가 동 영에게 말했던 것은.

❏ 「我[われ]ハ、まことは119)にんげん120)に、あらず121)、天上[てんじょう]

---

106) すなはち → すなわち【即ち・則ち】[副]곧바로. 즉시. 그래서. 즉.
107) 「しち【質】담보」+「の[助詞]」+「ふだ【札・簡】어떤 목적을 위해 필요한 사항을 기록한 작은 나뭇조각·종잇조각」+「を[助詞]」+「けづる[4] → けずる【削る・梳る】[5]삭제하다」의 連用形「けづり」.
108) 「ゆるす【許す・赦す】[4]용서하다. 사면하다. 면제하다」의 連用形「ゆるし」+「て」.
109) 「ふたり【二人】두 사람」+「ながら【乍ら】[助詞]」+「に[助詞]」(〈ながらに〉의 형태로 '~모두' '~인 채로' '~라고는 해도'의 뜻).
110) いとま【暇・遑】휴가. 사직. 이별. 면제하여 떠나게 하는 일. 해고.
111) 「あたふ[下2] → あたえる【与える】[下1]주다. 베풀다」의 連用形「あたへ」+「たり[助動완료·존속」.
112) 「よろこぶ【喜ぶ・悦ぶ】[4]기뻐하다」의 連用形「よろこび」+「て」.
113) 「うちつる[下2] → うちつれる【打ち連れる】[下1]데리고 가다」의 連用形「うちつれ」+「て」.
114) 「かへる[4] → かえる【帰る・還る】[5]돌아오다」의 未然形「かへら」+「む[助動추량·의지」 → 「ん」+「と[助詞]」+「す[サ変]하다」의 連体形「する」+「に[助詞]~하니. ~하는데」.
115) はじめ【始め・初め】처음. 애초.
116) 「ゆきあふ[4] → ゆきあう【行き合う・行き逢う】[5]조우하다」의 連用形「ゆきあひ」+「たり[助動완료·존속」의 連体形「たる」.
117) 「いたる【至る・到る】[4]도착하다. 도달하다」의 連用形「いたり」+「て」.
118) 「かたる【語る】[4]들려주다. 말하다」의 連用形「かたり」+「ける[助動회상·과거」의 連体形「ける」+「は[助詞]」. 현대일본어라면「ける」와「は」사이에 형식명사 따위가 놓인다.
119) 「まこと【真・実・誠】[名]진짜」+「は[助詞]」.
120) にんげん【人間】인간.
121) 「~にあり」는 현대일본어의 「~である」에 해당한다. 「あり」의 未然形「あら」에「ず[助動」

の織女(をりひめ)なり122)。君[きみ]が123)、かう＼／の124)、いたれる125)事[こと]を、天[てん]これを、かんじて126)、われを、つかハして127)、君[きみ]が128)をひもの129)を、つくのハしむ130)。」と云[いう]て、雲くもに乗(のり)て、天[てん]にあがれり131)。

⇨ "나는 사실은 인간이 아니다. 천상의 직녀. 당신의 효행이 지극한 것을 하늘이 이를 감동하여 나를 보내셔서 당신의 빚을 갚게 하셨다."고 하며 구름을 타고 하늘로 올라갔다.

☐ 是[これ]より132)人[ひと]ミな、聞[きき]つたへて133)、とうえいが、かう＼／を、かんじけり134)。

⇨ 이로부터 사람들이 모두 전해 듣고 동 영의 효행을 감복했다.

부정」가 접속하면 「ない」와 같다. 따라서 「~にあらず」는 「~でない」.

122) 「おりひめ」는 「織姫」로 쓴다. 「織女」는 「おりめ」 또는 「しょくじょ」로 읽는다. 뜻은 통한다. 여기에 단정·지정을 나타내는 조동사 「なり」가 이어진다.
123) 「が」는 현대일본어 「の」의 쓰임.
124) 「かうかう→こうこう【孝行】효행」+「の[助詞]현대일본어〈が〉의 쓰임」.
125) 「いたる【至る·到る】[4]도달하다. 지극하다」의 命令形 「いたれ」+「り[助動]완료·존속」의 連体形 「る」.
126) 「かんず[サ変]→かんずる【感ずる】[サ変]①자극을 받다. 느끼다 ②마음에 생각하다 ③마음이 움직이다. 감동하다」의 連用形 「かんじ」+「て」.
127) 「われ【我·吾】나」+「を[助詞]」+「つかはす[4]→つかわす【使わす·遣わす】[5]보내시다. 파견하시다」의 連用形 「つかはし」+「て」.
128) 「が」는 현대일본어 「の」의 쓰임.
129) おひもの→おいもの【負い物】짐. 부채. 「を-」는 정서법에 어긋남.
130) 「つぐのふ[4]→つぐのう【償う】[5]재물을 내거나 노동하여 은혜를 갚거나 책임·죄과를 면하다. 배상하다」의 未然形 「つぐのは」('-く-'는 無濁点표기)+「しむ[助動]사역. ~시키다」.
131) 「あがる【上がる】[4]올라가다」의 命令形 「あがれ」+「り[助動]완료·존속」.
132) 「これ【此·是】[代]이것」+「より[助詞]~로부터」.
133) 「ききつたふ[下2]→ききつたえる【聞き伝える】[下1]남에게 전해 듣다」의 連用形 「ききつたへ」+「て」.
134) 「かうかう→こうこう【孝行】효행」+「を[助詞]」+「かんず[サ変]→かんずる【感ずる】[サ変]①자극을 받다. 느끼다 ②마음에 생각하다 ③마음이 움직이다. 감동하다」의 連用形 「かんじ」+「けり[助動]회상·과거」.

12. 郭(くわつ)巨(きよ)埋(うづむ)ㄴ子(こを)
곽거가 아이를 묻다

☐ 漢(かん)の郭巨(くわつきよ)ハ、家[いえ]まづしくして¹⁾、独[ひと]りの母[はは]を、やしなへり²⁾。
   ⇨ 한나라 곽 거는 집이 가난한데 홀어머니를 봉양했다.

☐ ミづから³⁾又[また]、一人[ひと]の子[こ]を、もてり⁴⁾、とし、すでに⁵⁾三[さん]ざい⁶⁾なり⁷⁾。
   ⇨ 자신 또한 한 아이를 가졌다. 나이가 이제 세 살이다.

☐ 母[はは]、つねに⁸⁾孫(まご)を、いとおしミて⁹⁾、すこし、たてまつる¹⁰⁾食物(しよくもつ)をも、わけて¹¹⁾孫[まご]に、あたへられけるほど

---

1) 「まづし[形シク]→まずしい【貧しい】[形]가난하다」의 連用形「まづしく」+「して[助詞]連用形에 접속하여 '~인 상태로'의 뜻」.
2) 「やしなふ[4]→やしなう【養う】[5]양육하다. 부양하다」의 命令形「やしなへ」+「り[助動]完了・존속」.
3) みづから→みずから【自ら】[名]자기 자신. 나. [副]스스로. 친히.
4) 「もつ【持つ】[4]가지다」의 命令形「もて」+「り[助動]完了・존속」.
5) 「とし【年・歳】나이」+「すでに【既に・已に】[副]①이미. 벌써 ②모두. 남김없이 ③이제 ④틀림없이」.
6) 문맥상 나이를 뜻하는데「歳」는「さい」로 읽는다.
7) 「さい【歳】세」+「なり[助動]단정・지정」.
8) つねに【常に】[副]항상. 늘. 언제나. 영구히. 변함없이.
9) 「いとおしむ[4]①불쌍히 여기다 ②귀여워하다. 소중히 여기다. 감싸다」의 連用形「おとおしみ」+「て」.
10) 「すこし【少し】[副]조금」+「たてまつる【奉る】[4]드리다. 바치다」의 連体形「たてまつる」+「しょくもつ【食物】음식」.
11) 「わく[下2]→わける【分ける・別ける】[下1]나누다. 분배하다」의 連用形「わけ」+「て」.

に12)、母[はは]の心[こころ]、まことに13)、ともしくして14)、腹(はら)にたれる事[こと]なし15)。

⇨ 어머니는 늘 손자를 사랑하여 조금 올리는 음식까지도 나누어 손자에게 주셨기에 어머니의 내심은 참으로 부족하여 배가 찼던 적이 없다.

❑ 郭巨(くわつきよ)、大[おお]きに16)、なげきおもひて17)、妻(つま)に、かたりて、いはく18)、「もとより19)、まづしき身[み]なれば20)、一人[ひとり]の母[はは]にだに21)、心[こころ]のまゝ22)に、食物(しよくぶつ)を、たてまつることなし23)。

⇨ 곽 거는 몹시 슬피 생각하여 아내에게 말하여 이르길 "애당초 가난한 처지이기에 한 어머니에게조차 마음껏 음식을 올리는 적이 없다.

❑ それ24)、なを25)、わが子[こ]の26)、ゆきて27)、これを、うばひくら

---

12) 「あたふ【下2】→あたえる【与える】[下1]주다. 베풀다」의 未然形 「あたへ」+「らる[助動 수동·존경]」의 連用形 「られ」+「けり[助動 회상·과거]」의 連体形 「ける」+「ほどに【程に】①~하면. ~하는 사이에 ②원인·이유. ~이므로」.

13) まことに【真に·実に·誠に】[副]거짓 없이. 진짜로. 정말로. 매우.

14) 「ともし【乏し·羨し】[形シク]만족스럽지 않다. 모자라다. 부족하다」의 連用形 「ともしく」+「して[助詞(連用形에 접속)~인 상태로」.

15) 「はら【腹】배」+「に[助詞]」+「たる【足る】[4]충분하다. 만족하다」의 命令形 「たれ」+「り[助動 완료·존속]」의 連体形 「る」+「こと【事】것. 일」+「なし【無し】[形ク]없다」.

16) おほきに→おおきに【大きに】[副]매우. 대단히.

17) 「なげく【嘆く·歎く】[4]탄식하다. 슬퍼하다. 절망하다」의 連用形 「なげき」+「おもふ【思ふ】[4]생각하다」의 連用形 「おもひ」+「て」.

18) 「かたる【語る】[4]들려주다. 말하다」의 連用形 「かたり」+「て」+「いはく→いわく【曰く】말하길. 이르길」.

19) もとより【元より·固より·素より】[副]처음부터. 이전부터. 본래.

20) 「まづし[形シク]→まずしい【貧しい】[形]가난하다. 빈약하다」의 連体形 「まづしき」+「み【身】몸. 처지」+「なり[助動 단정·지정]」의 已然形 「なれ」+「ば[助動(已然形에 접속)확정조건. 이유·원인」.

21) だに[助詞]~조차. ~까지. ~만이라도.

22) こころのまま【心の儘】생각대로. 마음껏.

23) 「たてまつる【奉る】[4]드리다. 바치다」의 連体形 「たてまつる」+「こと【事】일」+「なし【無し】[形ク]없다」.

24) それ【其·夫】[接続]그런데. 도무지. 도대체.

ふ28)、母[はは]の心[こころ]、つねに29)、ともしかるへき事[こと]30)さだ
めて31)、うたがひ、あるべからす32)。君[きみ]と我[われ]と、夫婦(ふう
ふ)たらば33)、子[こ]ハ又[また]あるべし34)、母[はは]ハ二[ふた]たび35)、
ましますべからず36)。

⇨ 그런데 여전히 우리 아이가 가서 이를 빼앗아 처먹는다. 어머니의 마음에 늘 부족할
  것에 틀림없이 의심이 있을 턱이 없다. 당신과 내가 부부면 아이는 다시 있을 것이
  다. 어머니는 다시 계실 수 없을 것이다.

❏ ねがハくは37)、この子[こ]を土(つち)にうづミて38)、母[はは]の心[ここ
  ろ]を、ゆるくすべし39)。」と、かたりければ40)、妻[つま]も、もろとも
  に41)、したがひて42)、すでに43)、うつまんとて44)、地[ち]をほる事[こ

---

25) なお【猶・尚】[副]아직. 역시. 그래도. 다시. 원래대로. 歷史的仮名遣로는「なほ」.
26) 「の」는 현대일본어「が」의 쓰임.
27) 「ゆく【行く】[4]가다」의 連用形「ゆき」+「て」.
28) 「うばふ→うばう【奪う】[5]빼앗다. 탈취하다」의 連用形「うばひ」+「くらふ[4]→くらう
    【食らう】[5]'먹다'의 속된 표현」.
29) つねに【常に】[副]항상. 늘. 언제나. 영구히. 변함없이.
30) 「ともし【乏し・羨し】[形シク]모자라다. 부족하다」의 連体形「ともしかる」+「べし[助動]의
    무・당연・추량・가능 등」의 連体形「べき」('へ'는 無濁点표기)+「こと【事】일」.
31) さだめて【定めて】[副]분명. 틀림없이.
32) 「うたがひ【疑ひ】[名]의심」+「あり【有り】[ラ変]」의 連体形「ある」+「べかり[助動]추량・가
    능 등」의 未然形「べから」+「ず[助動]부정」.
33) 「ふうふ【夫婦】부부」+「たり[助動]체언에 연결하여 단정・지정. ~이다」의 未然形「たら」
    +「ば[助詞]未然形에 접속하여 〈가정조건〉의 뜻.」
34) 「あり【有り】[ラ変]있다」의 連体形「ある」+「べし[助動]의무・당연・추량・가능 등」.
35) ふたたび【二度・再び】두 번. 거듭. 다시.
36) 「まします【在す・坐す】[4]계시다」의 終止形「まします」+「べかり[助動]추량・가능 등」의
    未然形「べから」+「ず[助動]부정」.
37) ねがはくは→ねがわくは【願わくは】[副]바라기는. 원하기는.
38) 「うづむ【埋む】[4]덮다. 파묻다」의 連用形「うづみ」+「て」.
39) 「ゆるし[形ク]→ゆるい【緩い】[形]완만하다. 관대하다」의 連用形「ゆるく」+「す[サ変]하다」
    의 終止形「す」+「べし[助動]의무・당연・추량・가능 등」.
40) 「かたる【語る】[4]들려주다. 말하다」의 連用形「かたり」+「けり[助動]회상・과거」의 已然
    形「けれ」+「ば[助詞]확정조건. 원인・이유」.

と]45)三[さん]尺[しゃく]なりき46)。

⇨ 바라기는 이 아이를 땅에 파묻어 어머니의 마음을 편안하게 해야겠다."라고 말했더니 아내도 함께 뒤따라가서 이제 파묻으려 하여 땅을 파는 게 3척이었다.

❏ しかるに47)、たちまち48)に、地[ち]のしたより49)黄金(わうごん)の釜(かま)50)ひとつを、ほりえたり51)。

⇨ 그런데 홀연히 땅 밑에서 황금 가마솥 하나를 파내 얻었다.

❏ 郭巨(くわつきよ)ふしぎに思[おも]ひて52)、これをミれば53)、上(うへ)に文字(もじ)ありて、いはく54)、「天[てん]、孝子(かうし)郭巨(くわつきよ)にたまふ55)、官(くわん)も、うはふことをえじ56)、人[ひと]も、とる

---

41) もろとも【諸共】함께. 동시.「もろともに」의 형태로 부사적으로 쓰이는 경우도 있다.
42) 「したがふ[4]→したがう【從う·隨う·順う】[5]수행하다. 말하는 대로 따르다」의 連用形「したがひ」+「て」.
43) すでに【既に·已に】[副]①이미. 벌써 ②모두. 남김없이 ③이제 ④틀림없이.
44) 「うづむ【埋む】[4]덮다. 파묻다」의 未然形「うづま」('-つ-'는 無濁点표기)+「む[助動]추량·의지」→「ん」+「とて[助詞]~라 해서. ~라는 것으로」.
45) 「ち【地】땅」+「を[助詞]」+「ほる【掘る·彫る】[4]구멍을 뚫다. 파다」의 連体形「ほる」+「こと【事】것. 일」
46) 「しゃく【尺】척. 1미터의 10/33」+「なり[助動]단정·지정」의 連用形「なり」+「き[助詞]회상·과거」.
47) しかるに【然るに】[接続]그런데. 하지만. 그건 그렇고.
48) たちまち【忽ち】[名·副]갑자기. 느닷없이.
49) 「ち【地】땅」+「の[助詞]」+「した【下】아래」+「より[助詞]~로부터」.
50) かま【竈·釜】솥.
51) 「ほる【掘る·彫る】[4]파다」의 連用形「ほり」+「う【得】[下2]얻다」의 連用形「え」+「たり[助動]완료·존속」.
52) 「ふしぎ【不思議】[形動ナリ]기괴하다. 이상하다」의 連用形「ふしぎに」+「おもふ【思ふ】[4]생각하다」의 連用形「おもひ」+「て」.
53) 「みる【見る】[上1]보다」의 已然形「みれ」+「ば[助詞]확정조건. 원인·이유」.
54) 「もじ【文字】문자」+「あり【有り】있다」의 連用形「あり」+「て」+「いはく【曰く】이르길」.
55) たまふ【賜ふ·給ふ】[4]주시다. 하사하시다.
56) 「くわん→かん【官】관. 관청. 관리」+「も[助詞]」+「うばふ[4]→うばう【奪う】[5]빼앗다. 탈취하다」의 連体形「うばふ」+「こと【事】일」+「を[助詞]」+「う【得】[下2]얻다. 가능하

事[こと]をえじ57)。」と、かきたりけり58)。

⇨ 곽 거가 기이하게 생각하여 이를 보니 위에 글이 있어 이르길 "하늘이 효자 곽 거에게 내리신다. 관에서도 빼앗을 수 없을 것이다. 남들도 가질 수 없을 것이다."라고 적혀있었다.

❑ これをとりて59)、家[いえ]にかへり60)、我子[わがこ]をも、うづまず61)、すでに62)、ふつきえいぐわ63)の身[み]となり64)、思[おも]ひのまゝ65)に母[はは]を、やしなひたてまつり66)、天下[てんか]に、かう／＼の名[な]をえたり67)。

⇨ 이를 가지고 집에 돌아가 자기 아이도 파묻지 않고 이제 부귀영화의 신분이 되어 마음껏 어머니를 봉양해 올려, 천하에 효행의 명성을 얻었다.

다」의 未然形「え」+「じ[助動]부정의 추량」.

57) 「とる【取る】[4]가지다. 취하다」의 連体形「とる」+「こと【事】일」+「を[助詞]」+「う【得】[下2]얻다. 가능하다」의 未然形「え」+「じ[助動]부정의 추량」.

58) 「かく【書く】[4]쓰다」의 連用形「かき」+「たり[助動]완료・존속」의 連用形「たり」+「けり[助動]회상・과거」.

59) 「とる【取る】손에 넣다. 취하다」의 連用形「とり」+「て」.

60) 「かへる[4] → かえる【帰る・還る】[5]돌아오다」의 連用形.

61) 「うづむ【埋む】[4]덮다. 파묻다」의 未然形「うづま」+「ず[助動]부정」.

62) すでに【既に・已に】[副]①이미. 벌써 ②모두. 남김없이 ③이제 ④틀림없이.

63) 「ふつき【富貴】부귀」+「えいぐわ → えいが【栄華・栄花】영화」.

64) 「み【身】몸. 처지. 신분」+「と[助詞]」+「なる【成る・為る】[4]되다」의 連用形「なり」.

65) おもひのまま【思ひの儘】생각하는 대로. 마음껏.

66) 「やしなふ[4] → やしなう【養う】[5]양육하다. 부양하다」의 連用形「やしなひ」+「たてまつる[助動](連用形에 접속하여)겸양. ~해드리다. ~해 올리다」의 連用形「たてまつり」.

67) 「かうかう → こうこう【孝行】효행」+「の[助詞]」+「な【名】이름. 명성」+「を[助詞]」+「う【得】[下2]얻다」의 連用形「え」+「たり[助動]완료・존속」.

13. 元(げん)覺(かく)警(いましむ)ㇾ父(ちゝを)
원각이 아버지를 깨우치다

☐ 元覺(げんかく)か[1)]父[ちち]の名[な]ハ、元悟(げんご)とぞ申[もうし]ける[2)]。

⇨ 원 각의 아버지 이름은 원 오라고 했다.

☐ 元悟(げんご)、其(その)むまれつき[3)]、きハめて[4)]、かたくなゝる人[ひと]なり[5)]、しかも[6)]、とし老(おひ)たる[7)]父[ちち]を、もてり[8)]。

⇨ 원 오는 그 천성이 지극히 비뚤어진 사람이다. 그런데 나이 늙은 아버지를 가지고 있다.

☐ 父[ちち]、つねに[9)]、やまひに、ふして[10)]、心[こころ]よからず[11)]。

---

1) 현대일본어「の」의 쓰임을 갖는「が」의 無濁点표기.
2) 「まうす[4]→もうす【申す】[5]'말하다'의 겸양표현」의 連用形「まうし」+「けり[助動]회상·과거」의 連体形「ける」. 앞에 사용된「ぞ[係助詞]뜻을 강하게 함」에 호응하여 終止形이 놓일 자리에 連体形이 쓰인다.
3) 「むまる【生る】[下2]」는「うまる」와 같다. 「うまる[下2]→うまれる【生まれる·産まれる】[下1]태어나다」. 「うまれつき【生れ付き】①갖고 태어난 것. 천성 ②(부사적으로)천성적으로」.
4) 「きはめて→きわめて【極めて】[副]더할 나위 없이. 몹시.
5) 「かたくな【頑】[形動ナリ]비뚤어지다. 우둔하다」의 連体形「かたくななる」+「ひと【人】사람」+「なり[助動]단정·지정」.
6) しかも【然も·而も】[接続]게다가. 그래도. 하지만.
7) 「とし【年·歳】나이」+「おゆ[上2]→おいる【老いる】[上1]늙다」의 連用形「おい」('-ひ'는 정서법에 어긋남)+「たり[助動]완료·존속」의 連体形「たる」.
8) 「もつ【持つ】[4]가지다」의 命令形「もて」+「り[助動]완료·존속」.
9) つねに【常に】[副]항상. 늘. 언제나. 영구히. 변함없이.
10) 「やまひ→やまい【病】병」+「に[助詞]」+「ふす【伏す·臥す】[4]눕다」의 連用形「ふし」+「て」.
11) 「こころよし[形ク]→こころよい【快い】[形]기분 좋다. 유쾌하다」의 未然形「こころよから」+「ず[助動]부정」. '즐겁지 않다'의 뜻으로 문맥상 '거슬린다'로 풀이할 수 있겠다.

⇨ 아버지는 늘 병들어 누워있어서 거슬린다.

❏ 元悟(げんご)、これを、やしなふに12)、さらに13)、かう＼／のおもひなく14)、やうやく15)、心[こころ]の内[うち]に、うとみあきたり16)。
　⇨ 원 오는 이를 봉양하는데 전혀 효행의 뜻이 없고 차츰 마음속에 멀리하여 넌더리가 났다.

❏ 元悟(げんご)、すなハち17)、わか18)子[こ]の元覺(げんかく)に、心[こころ]を合[あわ]せて19)、父[ちち]を、ふかき山[やま]のおくに20)、すてん、と、す21)。
　⇨ 원 오는 곧 자기 아들인 원 각과 뜻을 모아 아버지를 깊은 산속에 버리려 한다.

❏ 元覺(げんかく)、ふかく22)、これを、なげき23)、おもひけれ共[ども]24)、いさめて25)とゞむへき26)、ちからなく27)、やぶれたる28)輿(こ

---

12) 「やしなふ[4] → やしなう【養う】[5]양육하다. 부양하다」의 連体形「やしなふ」+「に[助詞]~하니. ~하는데」.

13) さらに【更に】[副]①또한. 거듭. 더욱 ②강한 부정. 절대로 ~가 아니다. 전혀 ~지 않다.

14) 「かうかう → こうこう【孝行】효행」+「の[助詞]」+「おもひ【思ひ】생각. 뜻」+「なし【無し】[形ク]없다」의 連用形「なく」.

15) やうやく → ようやく【漸く】[副]점점. 점차. 겨우.

16) 「うとむ【疎む】[4]멀리하다. 소홀히 하다」의 連用形「うとみ」+「あく【飽く・厭く・倦く】[4]싫어하다. 질리다. 지긋지긋해하다」의 連用形「あき」+「たり[助動]완료・존속」.

17) すなはち → すなわち【即ち・則ち】[副]곧바로. 즉시. 그래서. 즉.

18) 「わが【我が・吾が】[連体]나의. 자신의」.「-か」는 無濁点표기.

19) 「こころ【心】마음. 뜻」+「を[助詞]」+「あはす[下2] → あわせる【合わせる・併せる】[下1]합치다」의 連用形「あはせ」+「て」.「心(こころ)を合(あ)わせる」의 꼴로 '서로 협력하다' '공모(共謀)하다'의 뜻.

20) 「ふかし[形ク] → ふかい【深い】[形]깊다」의 連体形「ふかき」+「やま【山】산」+「の[助詞]」+「おく【奥】안으로 깊이 들어간 곳. 먼 곳」+「に[助詞]~에」.

21) 「すつ[下2] → すてる【捨てる・棄てる】[下1]버리다」의 未然形「すて」+「む[助動추량・의지]」→「ん」+「と[助詞]」+「す[サ変]하다」.

22) 「ふかし[形ク] → ふかい【深い】[形]깊다. 무겁다」의 連用形.

23) 「なげく【嘆く・歎く】[4]한숨짓다. 탄식하다. 슬퍼하다. 절망하다. 애원하다. 호소하다」의 連用形.

24) 「おもふ【思ふ】[4]생각하다」의 連用形「おもひ」+「けり[助動회상・과거]」의 已然形「けれ」+

し)29)に祖父(おうぢ)30)をのせて31)、元悟(げんご)と、われと二人[ふたり]して32)、これをかきて33)、山[やま]のうちに、いたり34)、祖父(おうぢ)をバ、岩(いは)かげ35)に、をろしすてゝ36)、輿(こし)をもちて37)、家[いえ]にかへらん、と、す38)。

⇨ 원 각이 깊이 이를 슬프게 생각했지만 간(諫)하여 막아설 수 있는 힘이 없어서, 부서진 가마에 할아버지를 태우고 원 오와 자신 둘이서 이를 짊어지고 산속에 다다라 할아버지를 바위 뒤에 내려놓아 버리고 가마를 가지고 집으로 돌아가려고 한다.

❏ 元悟(げんご)、これを見[み]て、いはく39)、「その、ふるき40)、こしを、家[いえ]に、もちかへりて41)、なにゝかせん42)。そのところに、うちす

「ども[助詞]역접」.

25) 「いさむ[下2]→いさめる【禁める・諫める】[下1]억지하다. 금지하다. 충고하다. 충언하다」의 連用形「いさめ」+「て」.

26) 「とどむ[下2]→とどめる【止める・留める・停める】[下1]가로막다. 제지하다」의 終止形「とどむ」+「べし[助動]의무・당연・추량・가능 등」의 連体形「べき」('-へ'는 無濁点표기).

27) 「ちから【力】힘」+「なし【無し】[形ク]없다」의 連用形「なく」.

28) 「やぶる[下2]→やぶれる【破れる】[下1]부서지다. 찢어지다」의 連用形「やぶれ」+「たり[助動]완료・존속」의 連体形「たる」.

29) こし【輿】지붕 모양 안에 사람을 태우고, 그 아래에 있는 막대를 어깨에 메고 옮기는 탈것.

30) 「おぢ→おじ【祖父】할아버지」. 「おぢ」는 「おほぢ」의 준말이라 한다. 「おうぢ」는 미상.

31) 「のす[下2]→のせる【乗せる・載せる】[下1]태우다」의 連用形「のせ」+「て」.

32) 「われ【我・吾】나」+「と[助詞]」+「ふたり【二人】두 사람」+「して[助詞]현대일본어〈で〉의 쓰임」.

33) 「かく【舁く】[4]어깨에 짊어지고 운반하다. 어깨에 메다」의 連用形「かき」+「て」.

34) 「いたる【至る・到る】[4]도착하다. 도달하다」의 連用形.

35) いはかげ→いわかげ【岩陰】바위에 가린 곳. 바위 뒤.

36) 「おろす【下ろす・降ろす】[4]내려놓다」의 連用形「おろし」('を-'는 정서법에 어긋남)+「すつ【捨つ・棄つ】[下2]버리다」의 連用形「すて」+「て」.

37) 「もつ【持つ】[4]가지다」의 連用形「もち」+「て」.

38) 「かへる[4]→かえる【帰る・還る】[5]돌아오다」의 未然形「かへら」+「む[助動]추량・의지」→「ん」+「と[助詞]」+「す[サ変]하다」.

39) いはく→いわく【曰く】말하길. 이르길. 가로되.

40) 「ふるし[形ク]→ふるい【古い・旧い】[形]오래되다. 낡다」의 連体形.

て〻43)、きたるへし44)。」と云[いう]。

⇨ 원 오가 이를 보고 이르길 "그 낡은 가마를 집에 가지고 돌아가 무엇 하겠는가? 그곳에 내버리고 와야 할 것이다."라고 한다.

❏ げんかく、こたへて、いハく45)、「たゞいま46)、祖父(おうぢ)をのせて47)、この山[やま]にすてたり48)。やがて49)、わが父[ちち]も年(とし)老(おひ)給[たま]ふべし50)、そのとき、又[また]、このこしに、のせて、この山[やま]に、すつべきためなり51)。」と、かたりければ52)、

⇨ 원 각이 대답하여 이르길 "지금 할아버지를 태워서 이 산에 버렸다. 언젠가 우리 아버지도 나이가 늙으실 것이다. 그때 다시 이 가마에 태워서 이 산에 버리려하기 때문이다."라고 이야기했더니.

❏ 元悟(げんご)、わが子(こ)の、いさめける、こと葉[ば]53)に、はぢ

---

41) 「もつ【持つ】[4]가지다」의 連用形「もち」+「かへる[4]→かえる【帰る·還る】[5]돌아오다」의 連用形「かへり」+「て」.

42) 「なに【何】[代]어떤. 무엇」+「に[助詞]」+「か[係助詞]의문(문말은 連体形)」+「す[サ変]하다」의 未然形「せ」+「む[助動]추량·의지」→「ん」.

43) 「うちすつ[下2]→うちすてる【打ち捨てる】[下1]'버리다'를 강하게 표현한 말」.「うち」는 接頭語로서 뜻을 강하게 함.

44) 「きたる【来る】[4]오다」의 終止形「きたる」+「べし[助動]의무·당연·추량·가능 등」('へ'는 無濁点표기).

45) 「こたふ[下2]→こたえる【答える·応える】[下1]대답하다. 반응하다」의 連用形「こたへ」+「て」+「いはく【曰く】말하길. 이르길」.

46) ただいま[只今·唯今]지금. 조금 전.

47) 「のす【乗す·載す】[下2]태우다」의 連用形「のせ」+「て」.

48) 「すつ【捨つ·棄つ】[下2]버리다」의 連用形「すて」+「たり[助動]완료·존속」.

49) やがて【軈て】[副]곧. 그대로. 금세. 언젠가.

50) 「とし【年·歳】나이」+「おゆ[上2]→おいる【老いる】[上1]늙다」의 連用形「おい」('-ひ'는 정서법에 어긋남)+「たまふ【給ふ】[助動존경]」의 終止形「たまふ」+「べし[助動]의무·당연·추량·가능 등」.

51) 「すつ【捨つ·棄つ】[下2]버리다」의 終止形「すつ」+「べし[助動]의무·당연·추량·가능 등」의 連体形「べき」+「ため【為】위함」+「なり[助動]단정·지정」.

52) 「かたる【語る】[4]들려주다. 말하다」의 連用形「かたり」+「けり[助動]회상·과거」의 已然形「けれ」+「ば[助詞]확정조건. 원인·이유」.

53) 「いさむ[下2]→いさめる【禁める·諫める】[下1]억지하다. 금지하다. 충고하다」의 連用形

て54)、祖父(おうぢ)を、むかへて55)、家[いえ]に、かへり56)、かう〲を、いたして57)、つかへたり58)。

⇨ 원 오는 자기 아들의 깨우치는 말에 부끄러워하여 할아버지를 받아들여 집에 돌아와 효행을 극진하게 하여 섬겼다.

❑ これ、ひとへに59)、元覺(げんかく)、もとより60)孝行(かうかう)の心[こころ]ざし61)、ふかし62)、わが父[ちち]の不孝(ふかう)をいさめて63)、かうかうの人[ひと]と、なしけり64)。

⇨ 이는 오직 원 각이 본디 효행의 마음가짐이 깊다. 자기 아버지의 불효를 깨우쳐 효행하는 사람으로 변화시켰다.

❑ 父[ちち]に、かう〲ふかきのミならず65)、そのめぐミ66)、祖父(おうぢ)にをよびて67)、山中(さんちう)の難(なん)をも、まぬかれしめたり68)。

「いさめ」+「けり[助動]회상·과거」의 連體形「ける」+「ことば【言葉】말」.

54) 「はづ[上2] → はじる【恥じる·愧じる·羞じる·慙じる】[上1]창피해하다」의 連用形「はぢ」+「て」.

55) 「むかふ[下2] → むかえる【迎える·邀える】[下1]기다리다. 맞이하다. 불러들이다. 받아들이다」의 連用形「むかへ」+「て」.

56) 「かへる[4] → かえる【帰る·還る】[5]돌아오다」의 連用形.

57) 「かうかう → こうこう【孝行】효행」+「を[助詞]」+「いたす【致す】[4]신명을 다 바치다. 하다」의 連用形「いたし」+「て」.

58) 「つかふ【仕ふ】[下2]윗사람 가까이에서 섬기다. 모시다」의 連用形「つかへ」+「たり[助動완료·존속].

59) ひとへに → ひとえに【偏に】[副]오로지. 한결같이.

60) もとより【元より·固より·素より】[副]처음부터. 이전부터. 본래.

61) 「かうかう → こうこう【孝行】효행」+「の[助詞]」+「こころざし【志】의향. 뜻」.

62) ふかし[形ク] → ふかい【深い】[形]깊다. 무겁다.

63) 「いさむ【禁む·諫む】[下2]충고하다. 충언하다」의 連用形「いさめ」+「て」.

64) 「かうかう【孝行】효행」+「の[助詞]」+「ひと【人】사람」+「と[助詞]」+「なす【生す·成す·為す】[4]만들어내다. 바꾸다. 행하다」의 連用形「なし」+「けり[助動]회상·과거」.

65) 「かうかう【孝行】효행」+「ふかし[形ク] → ふかい【深い】[形]깊다. 무겁다」의 連體形「ふかき」+「のみならず : ~뿐만 아니라」(「のみ[助詞]~뿐. ~만」+「なり[助動]단정·지정」의 未然形「なら」+「ず[助動]부정」으로 분석할 수도 있다).

66) めぐみ【恵み】[名]은혜. 자비. 동정.

⇨ 아버지에게 효행이 깊을 뿐만 아니라 그 자비가 할아버지에게 미쳐서 산 속의 난까지도 면하도록 했다.

❏ これより諸国(しよこく)ミな、けんかくが、かう＼／の心[こころ]ざし[69)浅[あさ]からぬ事[こと][70)を、しり侍[は]べり[71)。

⇨ 이로부터 제국(諸國) 모두 원 각의 효행의 마음가짐이 얕지 않은 것을 알았습니다.

---

67) 「およぶ【及ぶ】」[4]어떤 때나 장소 등에 다다르다. 도달하다. 영향을 미치다」의 連用形 「および」+「て」. 「を-」는 정서법에 어긋남.
68) 「まぬかる[下2]→「まぬかれる【免れる】」[下1]재난을 피하다. 모면하다」의 未然形 「まぬかれ」+「しむ[助動]사역. ~시키다」의 連用形 「しめ」+「たり[助動]완료・존속」.
69) 「かうかう【孝行】효행」+「の[助詞]」+「こころざし【志】의향. 뜻」.
70) 「あさし[形ク]→あさい【浅い】[形]얕다」의 未然形 「あさから」+「ず[助動]부정」의 連体形 「ぬ」+「こと【事】것」.
71) 「しる【知る】」[4]알다」의 連用形 「しり」+「侍(はべ)り[助動]격식・정중」.

14. 孟(まう)煕(き)得(う)ㄹ金(きんを)
맹희가 금을 얻다

☐ 孟煕[1](まうき)ハ、蜀(しよく)と云[いう]国[くに]の人[ひと]なり[2]。
  ➪ 맹 희는 촉이라고 하는 나라의 사람이다.

☐ 家[いえ]まづしくして[3]、田畠(でんばく)もなし[4]、ミづから[5]、つねに[6] 菓(くだもの)[7]をうりて[8]、わざとし[9]、とし老(おひ)たる[10]父[ちち]を、やしなふて[11]、朝[あさ]ゆふ[12]、そのこゝろを、うかゞひ[13]、わが身[み]のくるし[14]を、かへりミず[15]、露斗[つゆばかり][16]も、父[ちち]の

---

1) 〈한문본〉에는 「煕」.
2) 「ひと【人】사람」+「なり[助動]단정·지정」.
3) 「まづし[形シク→まずしい【貧しい】[形]가난하다」의 連用形「まづしく」+「て[助詞](連用形에 접속)~인 상태로」.
4) 「でんばく【田畠】논과 밭」+「も[助詞]」+「なし【無し】[形ク]없다」.
5) みづから→みずから【自ら】[名]자기 자신. 나. [副]스스로. 친히.
6) つねに【常に】[副]항상. 늘. 언제나. 영구히. 변함없이.
7) 菓는 音으로만 읽으며「くわ→か」인데 이는 '나무 열매'나 '과일'의 뜻이다. 「くだもの」는 「果物·菓物」로 쓰며 '과일'의 뜻이다.
8) 「うる【売る】[4]팔다」의 連用形「うり」+「て」.
9) 「わざ【業·技】일. 직업. 행위. 방법」+「と[助詞]」+「す[サ変]하다」의 連用形「し」.
10) 「とし【年·歳】나이」+「おゆ[上2]→おいる【老いる】[上1]늙다」의 連用形「おい」('-ひ)는 정서법에 어긋남」+「たり[助動]완료·존속」의 連体形「たる」.
11) 「やしなふ【養ふ】[4]양육하다. 부양하다」+「て」. 「ヤシノーテ」와 같이 읽는다.
12) あさゆふ→あさゆう【朝夕】아침과 저녁. 조석. 항상. 늘.
13) 「うかがふ[4]→うかがう【窺う】[5]넌지시 모습을 살피다」의 連用形.
14) 문맥상「くるし[形シク→くるしい【苦しい】[形]괴롭다. 고통스럽다」로 보인다. 다만「を」앞에서는 連体形이 쓰이므로「くるしを」는 문법적으로 잘못이다. 앞선「6. 江革巨孝」에는「くるしきを忍(しの)び」와 같은 표현이 있다. 또한『假名草子集成』에는 이 부분에

心[こころ]に、たがふことなし17)。
⇨ 집이 가난하여 논밭도 없다. 자신이 언제나 과실을 팔아 업으로 삼고 나이 늙은 아버지를 봉양하여 아침저녁으로 그 뜻을 살피고 자신의 고통을 돌아보지 않는다. 눈곱만큼도 아버지의 뜻에 어긋나는 적이 없다.

❑ 父[ちち]、つねに18)、人[ひと]にかたりて、いはく19)、「むかし、孔子(かうし)聖人(せいじん)の弟子(でし)、曽参(そうさん)といひし20)人[ひと]は、いたりて21)、おやに、かう＼／にして22)、むかし今[いま]に23)、ためし、すくなく24)、名[な]を、のちの世[よ]に25)、とゞめられたり26)、
⇨ 아버지는 항상 다른 이에게 말하여 이르길 "옛날에 공자 성인의 제자인 증삼이라 했던 사람은 지극히 부모에게 효행하여 예나 지금이나 전례가 적고 이름을 후세에 남기셨다.

❑ いまのわれ27)、家[いえ]はなハだ28)、まづしけれども29)、子[し]にハ、

「ママ」 즉 원문에 잘못이 있으나 그대로 옮긴다는 설명이 붙어 있다.

15) 「かへりみる【顧みる・省みる】[上1]되돌아보다. 회상하다. 반성하다. 걱정하다. 돌보다」의 未然形 「かへりみ」+「ず[助動]부정」.

16) 「つゆ【露】이슬」+「ばかり【許り・斗り】~만. ~정도」. 「つゆばかり【露許り】조금. 눈곱만큼」도 『広辞苑』에 단어로 등재되어 있다.

17) 「たがふ[4]→たがう【違う】[5]상위하다. 어긋나다」의 連体形 「たがふ」+「こと【事】일」+「なし【無し】[形ク]없다」.

18) つねに【常に】[副]항상. 늘. 언제나. 영구히. 변함없이.

19) 「ひと【人】다른 사람」+「に[助詞]」+「かたる【語る】[4]들려주다. 말하다」의 連用形 「かたり」+「て」+「いはく【曰く】말하길. 이르길」.

20) 「いふ【言ふ・云ふ】[4]말하다」의 連用形 「いひ」+「き[助動]회상・과거」의 連体形 「し」+「ひと【人】사람」.

21) いたりて→いたって【至って】[副]매우. 대단히. 극히.

22) 「かうかう【孝行】효행」+「にして[連語]현대일본어의 〈~で〉와 같은 쓰임」.

23) 「むかし【昔】옛날」+「いま【今】지금」+「に[助詞]」.

24) 「ためし【例・様】예. 전례」+「すくなし[形ク]→すくない【少ない】[形]적다」의 連用形 「すくなく」.

25) 「のち【後】이후」+「の[助詞]」+「よ【世】세상」+「に[助詞]」.

26) 「とどむ[下2]→とどめる【留める】[下1]뒤에 남겨두다. 남기다」의 未然形 「とどめ」+「らる[助動수동・존경]」의 連用形 「られ」+「たり[助動완료・존속]」.

27) 「いま【今】지금」+「の[助詞]」+「われ【我・吾】나」.

独(ひとり)の曽参(そうさん)を、やしなひえたり30)、又[また]、なにを か、うれへん31)。」と、人[ひと]にかたりて32)、よろこび侍[はべ]り33)。

⇨ 지금의 나는 집이 매우 가난하지만 나는 한 사람의 증삼을 키워낼 수 있었다. 또한 무엇을 근심하겠는가?"라고 다른 이에게 이야기하며 기뻐했습니다.

❏ 父[ちち]、すでに34)、むなしく、なれるに、をよびて35)、孟煕(まうき)、これを、なげく事[こと]36)、法(ほう)に過[すぎ]たり37)。

⇨ 아버지가 이제 운명하기에 이르러 맹희가 이를 슬퍼가기가 도에 지나친다.

❏ 湯(ゆ)水[みず]をも、のまずして38)、日夜[にちや]に、なきかなしミて39)、こゑを、たえさず40)、もだへ41)、こがれてハ42)、たえいりける

---

28) はなはだ【甚だ】[副]매우. 몹시. 대단히. 현저히.

29) 「まづし[形シク→まずしい【貧しい】[形]가난하다」의 已然形 「まづしけれ」+「ども[助詞]역접」.

30) 「やしなふ[4]→やしなう【養う】[5]양육하다. 부양하다. 키우다」의 連用形 「やしなひ」+ 「う【得】[上2]얻다. 가능하다」의 連用形 「え」+「たり[助動]완료・존속」.

31) 「なに【何】[代]어떤. 무엇」+「を[助詞]」+「か[係助詞]의문(문말은 連体形)」+「うれふ[下2]→うれえる【憂える・愁える・患える】[下1]한탄하다. 걱정하다」의 未然形 「うれへ」+「む[助動]추량・의지」→「ん」.

32) 「かたる【語る】[4]들려주다. 말하다」의 連用形 「かたり」+「て」.

33) 「よろこぶ【喜ぶ・悦ぶ】[4]기뻐하다」의 連用形 「よろこび」+「侍(はべ)り[助動]격식・정중」.

34) すでに【既に・已に】[副]①이미. 벌써 ②모두. 남김없이 ③이제 ④틀림없이.

35) 「むなし[形シク→むなしい【空しい・虚しい】[形]덧없다. 무상하다. 죽었다」의 連用形 「むなしく」+「なる【成る・為る】[4]되다」의 命令形 「なれ」+「り[助動]완료・존속」의 連体形 「る」+「に[助詞]~에」+「および【及ぶ】[4]어떤 때나 장소 등에 다다르다. 도달하다」의 連用形 「および」('を-'는 정서법에 어긋남)+「て」.

36) 「なげく【嘆く・歎く】[4]한숨짓다. 탄식하다. 슬퍼하다. 절망하다. 애원하다. 호소하다」의 連体形 「なげく」+「こと【事】것. 일」.

37) 「はふ→ほう【法】보편적인 모습. 규정. 법도. 규범」+「に[助詞]」+「すぐ[上2]→すぎる【過ぎる】[上1]지나치다. 과하다」의 連用形 「すぎ」+「たり[助動]완료・존속」.

38) 「ゆみづ→ゆみず【湯水】더운물과 찬물. 더운물 또는 물」+「を[助詞]」+「も[助詞]」+「のむ【飲む】[4]마시다」의 未然形 「のま」+「ず[助動]부정」의 連用形 「ず」+「して[助詞](連用形에 접속)~인 상태로」.

39) 「いちや【日夜】낮과 밤. 종일」+「に[助詞]」+「なく【泣く・啼く】[4]울다」의 連用形 「なき」+「かなしむ【悲しむ・哀しむ】[4]슬퍼하다. 가여워하다」의 連用形 「かなしみ」+「て」.

40) 「こゑ→こえ【声】목소리」+「を[助詞]」+「たえす【絶えす】[4]끊어지게 하다」의 未然形

を⁴³⁾、人〴〵[ひとびと]たすけおこして⁴⁴⁾、やう〳〵⁴⁵⁾に、よみがへりても⁴⁶⁾、なを⁴⁷⁾、なげく事[こと]⁴⁸⁾、もとのことし⁴⁹⁾。

⇨ 물도 마시지 않고 밤낮으로 울며 슬퍼하여 목소리를 끊이지 않고 몸부림치며 간절히 그리워하다가는 혼절한 것을 사람들이 도와 일으켜 간신히 정신을 차려도 여전히 한탄하기가 처음과 같다.

❏つかのほとり⁵⁰⁾に、菅薦(すがごも)をしきて⁵¹⁾、そのうへに、とゞまり⁵²⁾、三年[さんねん]まで、つゐに⁵³⁾肉味(にくミ)を食(しよく)せず⁵⁴⁾、塩しお]をたちて⁵⁵⁾、くらハず⁵⁶⁾。

「たえさ」＋「ず[助動]부정」의 連用形「ず」.

41)「もだゆ[下2]→もだえる【悶える】[下1]기절하다. 기절할 정도로 고통스러워하다」의 連用形「もだえ」(-ヘ'는 정서법에 어긋남).

42)「こがる[下2]→こがれる【焦がれる】[下1]타다. 절절히 그리워하다」의 連用形「こがれ」+「て」+「は[助詞]」.

43)「たえいる【絶え入る】[4]숨이 끊어지다. 기절하다」의 連用形「たえいり」+「けり[助動]회상·과거」의 連体形「ける」+「を[助詞]」.

44)「たすく[下2]→たすける【助ける】[下1]돕다」의 連用形「たすけ」+「おこす【起こす】[4]일으키다」의 連用形「おこし」+「て」.

45)「ヨーヨー」로 읽는다. やうやう→ようよう【漸う】[副]점점. 겨우. 간신히.

46)「よみがへる[4]→よみがえる【蘇る・甦る】[5]되살아나다. 소생하다」의 連用形「よみがへり」+「ても[助詞]~해도」.

47) なお【猶・尚】[副]아직. 역시. 그래도. 다시. 원래대로. 歴史的仮名遣로는「なほ」.

48)「なげく【嘆く・歎く】[4]한숨짓다. 탄식하다. 슬퍼하다. 절망하다. 애원하다. 호소하다」의 連体形「なげく」+「こと【事】것. 일」.

49)「もと【本・元】원래. 이전. 처음」+「の[助詞]」+「ごとし【如し】[助動]~와 같다. ~와 닮았다」(「ご-」는 無濁点표기).

50)「つか【塚・冢】무덤. 묘」+「の[助詞]」+「ほとり【辺】옆. 근처」.

51)「すがこも【菅薦】사초(沙草)로 짠 자리. 거적」('-ご-'는 미상)+「を[助詞]」+「しく【敷く・布く】[4]펼치다. 깔다」의 連用形「しき」+「て」.

52)「うへ→うえ【上】위」+「に[助詞]」+「とどまる【止まる・留まる】[4]멈추다. 머물다」의 連用形「とどまり」.

53) つひに→ついに【終に・遂に】[副]결국. 마침내. 이제껏.「-ゐ」는 정서법에 어긋남.

54)「にくみ【肉味】고기 맛. 맛 좋은 고기」+「を[助詞]」+「しよくす[サ変]→しよくする【食す る】[サ変]먹다」의 未然形「しよくせ」+「ず[助動]부정」의 連用形「ず」.

55)「しほ→しお【塩】소금」+「を[助詞]」+「たつ【絶つ・断つ】[4]끊다」의 連用形「たち」+「て」.

⇨ 무덤가에 멍석을 깔고 그 위에 머물며 3년까지 끝내 고기를 먹지 않고 소금을 끊어 먹지 않는다.

❏ 此[この]事[こと]を見[み]きく輩(ともがら)57)あはれを、もよほして58)、ともに59)、なみだを、おとしけり60)。

⇨ 이 일을 보고 듣는 사람들이 동정심을 불러일으켜 함께 눈물을 떨구었다.

❏ 孟凞(まうき)、あるとき61)、ねずミの、おほく、あつまりて62)、地[ち]をほりける63)を見[み]て、立[たち]よりて64)、これを、うかゞひければ65)、たちまち66)に黄金(わうごん)数(す)千[せん]両[りょう]を、ほり出[だ]して67)、ねずミハ、いつちともなく68)、うせにけり69)。

⇨ 맹 희가 어느 날 쥐가 많이 모여서 땅을 판 것을 보고 가까이 가서 이를 살피니 홀연

---

56) 「くらふ[4] → くらう【食らう】[5]'먹다'의 속된 표현」의 未然形 「くらは」+「ず[助動]부정」.

57) 「みる【見る】[上1]보다」의 連用形 「み」+「きく【聞く】[4]듣다」의 連体形 「きく」+「ともがら【輩・儕】동료. 동년배」.

58) 「あはれ【哀れ】[名]존귀함. 절절함. 가여움」+「を[助詞]」+「もよほす[4] → もよおす【催す】[5]불러일으키다」의 連用形 「もよほし」+「て」.

59) ともに【共に・俱に】하나가 되어. 함께. 같이.

60) 「なみだ【涙】눈물」+「を[助詞]」+「おとす【落とす】[4]떨어뜨리다」의 連用形 「おとし」+「けり[助動]회상・과거」.

61) 「ある【或る】[連体]어느. 모(某)」+「とき【時】때」.

62) 「ねずみ【鼠】쥐」+「の[助詞]현대일본어〈が〉의 쓰임」+「おほし[形ク] → おおい【多い】[形]많다」의 連用形 「おほく」+「あつまる【集まる】[4]모이다」의 連用形 「あつまり」+「て」.

63) 「ち【地】땅」+「を[助詞]」+「ほる【掘る・彫る】[4]파다」의 連用形 「ほり」+「けり[助動]회상・과거」의 連体形 「ける」+「を[助詞]」.

64) 「たちよる【立ち寄る】[4]다가가다. 방문하다」의 連用形 「たちより」+「て」.

65) 「うかがふ[4] → うかがう【窺う】[5]넌지시 모습을 살피다」의 連用形 「うかがひ」+「けり[助動]회상・과거」의 已然形 「けれ」+「ば[助詞]확정조건. 원인・이유」.

66) たちまち【忽ち】[名・副]갑자기. 느닷없이.

67) 「ほりだす【掘り出す】[4]파내다」의 連用形 「ほりだし」+「て」.

68) 「いづち → いずち【何方】[代]어느 방향. 어느 쪽('-つ')는 無濁点표기)+「と[助詞]」+「も[助詞]」+「なし【無し】[形ク]없다. 아니다」의 連用形 「なく」.

69) 「うす[下2] → うせる【失せる】[下1]사라지다. 죽다」의 連用形 「うせ」+「ぬ[助動]완료・존속」의 連用形 「に」+「けり[助動]회상・과거」. 「~にけり」의 형태로 현대일본어 「~てしまった: ~해버렸다」의 뜻.

히 황금 수천 냥을 파내고 쥐는 어디론가 사라져버렸다.

❏ まうき、此[この]わうごんをえて70)、つゐに71)徳(とく)つきて72)、福貴(ふつき)73)の身[み]と成[なり]にけり74)。
  ⇨ 맹 희가 이 황금을 얻어 마침내 부(富)가 쌓여서 부귀한 신분이 되었다.

❏ かう＼／のおもひ75)、いつハりなく76)、心[こころ]ざし77)、天[てん]たうに、とをりて78)、さいはひ79)を感(かん)じえたり80)。
  ⇨ 효행하는 뜻에 거짓이 없고 마음가짐이 하늘에 닿아 복을 느낄 수 있었다.

❏ まことに81)有[あり]かたき82)事[こと]ともなり83)。
  ⇨ 정말로 존귀한 일들이다.

---

70) 「わうごん→おうごん【黄金】황금」+「を[助詞]」+「う[下2]→える【得る・獲る】[下1]얻다. 가능하게 하다」의 連用形 「え」+「て」.

71) つひに→つゐに【終に・遂に】[副]결국. 마침내. 「-ゐ」는 정서법에 어긋남.

72) 「とくつく【得つく・徳つく】[4]이익이나 부(富)가 쌓이다. 부유해지다」의 連用形 「とくつき」+「て」.

73) 「ふっき=ふうき【富貴】부귀」. 「福貴」는 미상.

74) 「なる【成る・為る】[4]되다」의 連用形 「なり」+「ぬ[助動완료・존속]」의 連用形 「に」+「けり[助動회상・과거]」.

75) 「かうかう【孝行】효행」+「の[助詞]」+「おもひ【思ひ】생각. 뜻」.

76) 「いつはり→いつわり【偽り・詐り】거짓. 속임」+「なし【無し】[形ク]없다」의 連用形 「なく」.

77) こころざし【志】마음이 향하는 바. 의향. 뜻. 호의.

78) 「てんたう→てんとう【天道】천지를 주재하는 신(神). 천제(天帝)」+「に[助詞]」+「とほる[4]→とおる【通る】[5]통과하다. 도달하다」의 連用形 「とほり」('-を-'는 정서법에 어긋남) +「て」.

79) さいはひ→さいわい【幸い】[名]행복. 행운.

80) 「かんず[サ変]→かんずる【感ずる】[サ変]느끼다. 감동하다」의 連用形 「かんじ」+「う[下2]→える【得る】[下1]얻다. 가능하게 하다」의 連用形 「え」+「たり[助動완료・존속]」.

81) まことに【真に・実に・誠に】[副]거짓 없이. 진짜로. 정말로. 매우.

82) 「ありがたし[形ク]→ありがたい【有り難い】[形]드물다. 훌륭하다. 존귀하다. 감사하다」의 連体形. 「-か」는 無濁点표기.

83) 「こと【事】일」+「ども【共】[接尾]복수(複數)라는 뜻을 보탬」('ど'는 無濁点표기)+「なり[助動단정・지정]」.

15. 王(わう)裒(ほう)廃(はいす)ル詩(しを)
왕부가 시를 폐하다

☐ 魏(ぎ)の王裒(わうほう)ハ、字(あざな)¹⁾ハ偉亢(ゐかう)となつく²⁾、城陽(せいやう)と云[いう]所[ところ]の人[ひと]なり³⁾。
　⇨ 위나라의 왕 부는 자는 위항이라 한다. 성양이라 하는 곳의 사람이다.

☐ 父[ちち]の名[な]は、王儀(わうぎ)とぞいひける⁴⁾。
　⇨ 아버지의 이름은 왕 의라고 했다.

☐ この人[ひと]、器量(きりやう)ありて⁵⁾、魏(ぎ)の安東(あんとう)將軍(しやうぐん)司馬昭(しばせう)と云[いう]人[ひと]に、したがふて⁶⁾、司馬(しば)⁷⁾の職(しよく)を、つかさどれり⁸⁾。
　⇨ 이 사람이 역량이 있어서 위나라 안동장군 사마소라고 하는 사람에게 따라서 사마 자리를 맡았다.

☐ 其[その]ところ⁹⁾、東関(とうくわん)に、むほん¹⁰⁾の事[こと]有[あり]て、

---

1) あざな【字】중국에서 남자가 성인이 된 후에 붙이는 이름.
2) なづく[下2]→なづける【名付ける】[下1]이름 붙이다. 명명하다. 「-つ」는 無濁点표기.
3) 「ひと【人】사람」+「なり[助動]단정・지정」.
4) 「と[助詞]」+「ぞ[係助詞]뜻을 강하게 함. 문말은 連体形」+「いふ【言ふ・云ふ】[4]말하다」의 連用形「いひ」+「けり[助動]회상・과거」의 連体形「ける」('ぞ에 호응).
5) 「きりやう→きりょう【器量】재능. 인품. 역량. 빼어남」+「あり【有り】[ラ変]있다」의 連用形「あり」+「て」.
6) 「したがふ[4]→したがう【従う・随う・順う】[5]수행하다. 말하는 대로 따르다」+「て」. 「シタゴーテ」로 읽는다.
7) しば【司馬】중국 고대의 관명(官名).
8) 「つかさどる【掌る・司る】[4]담당하다. 관장하다. 통솔하다」의 命令形「つかさどれ」+「り[助動]완료・존속」.
9) 「その【其の】[連体ユ]+「ところ【所・処】곳. 상황. 찰나」.

いくさ11)、すでに12)、やぶれたり13)。
⇨ 그 무렵 등관에 모반하는 일이 있어서 전쟁에서 모두 패하였다.

☐ 司馬昭(しばせう)、とふて、いはく14)、「このいくさ15)ハ、いか成なる故[ゆえ]に16)、やぶれたるや17)。」と。
⇨ 사마소가 물어 가로되 "이 싸움은 어찌된 까닭에 패하였는가?"라고.

☐ 王儀(わうぎ)、こたへて、いはく18)、「そのとが19)を、あらためて20)責(せむ)べし21)、と、ならバ22)、元(げん)の軍兵(ぐんびやう)23)の、しわざなり24)。」と、申[もうし]けるを25)、
⇨ 왕 의가 대답하여 이르길 "그 죄과를 새삼 물어야 한다고 하면 우두머리 된 군사의 짓이다."라고 아뢴 것을,

---

10) むほん【謀叛・謀反】모반.
11) いくさ【軍・戦】전쟁. 싸움.
12) すでに【既に・已に】[副]①이미. 벌써 ②모두. 남김없이 ③이제 ④틀림없이.
13) 「やぶる[下2]→やぶれる【敗れる】[下1]지다」의 連用形「やぶれ」+「たり[助動완료・존속]」.
14) 「とふ[4]→とう【問う】[5]묻다」+「て」+「いはく【曰く】말하길」.
15) 「この【此の・斯の】[連体]이」+「いくさ【軍・戦】전쟁. 싸움」.
16) 「いかなる【如何なる】[連体]어떠한」+「ゆゑ→ゆえ【故】연고. 까닭」+「に[助詞]」.
17) 「やぶる【敗る】[下2]지다」의 連用形「やぶれ」+「たり[助動완료・존속]」의 連体形「たる」+「や[係助詞]의문」.
18) 「こたふ[下2]→こたえる【答える・応える】[下1]대답하다. 반응하다」의 連用形「こたへ」+「て」+「いはく【曰く】말하길. 이르길」.
19) とが【咎・科】잘못. 죄과. 처벌. 결점.
20) あらためて【改めて】[副]다른 기회에 다시. 새로이.
21) 「せむ[下2]→せめる【責める】[下1]책망하다. 탓하다. 고문하다」의 終止形「せむ」+「べし[助動]의무・당연・추량・가능 등」.
22) 「と[助詞]~라고」+「なり[助動]추량・전문(伝聞)」의 未然形「なら」+「ば[助詞]가정조건」.
23) 「げん【元】①기원. 처음 ②머리. 우두머리. 원수(元首)」+「の[助詞]」+「ぐんびやう→ぐんびょう【軍兵】병사. 군사」.
24) 「しわざ【為業・仕業】행위. 습관. 일」+「なり[助動]단정・지정」.
25) 「まうす[4]→もうす【申す】[5]아뢰다」의 連用形「まうし」+「けり[助動]회상・과거」의 連体形「ける」+「を[助詞]」.

❏ 司馬昭(しばせう)、大[おおい]に26)、いかりて27)、「かくのことくのこと葉[ば]28)を、いだす事[こと]29)ハ、罪(ツミ)を、わがともがら30)に、をよぼさん、と、するや31)。」と、いふて32)、すなハち33)、王儀(わうぎ)を、ひき出[だ]し34)、かうべを、はねて35)、ころしけり36)。

⇨ 사마소가 크게 성내며 "이러한 말을 꺼내는 것은 죄를 우리 편에게 들이대고자 하는가?"라 하며 곧장 왕 의를 끌어내 목을 쳐서 죽였다.

❏ 王裒(わうほう)、わが父[ちち]の非分(ひぶん)37)に、ころされたること38)を、ふかく39)、うらみ40)、奉公(ほうこう)をとゞめて41)、隠居(いんきよ)し侍[は]へり42)。

---

26) おおいに【大いに】[副]매우. 몹시. 많이.

27) 「いかる【怒る】[4]화내다. 노하다」의 連用形「いかり」+「て」.

28) 「かくのごとく【斯くの如く】이처럼. 이와 같은」('-こ-'는 無濁点표기)+「の[助詞]」+「ことば【言葉】말」.

29) 「いだす【出す】[4]내보내다. 말로 표현하다」의 連体形「いだす」+「こと【事】것. 일」.

30) 「わが【我が・吾が】[連体]나의. 자신의」+「ともがら【輩・儕】동료. 동년배」.

31) 「およぼす【及ぼす】[4](영향 등)미치게 하다. 닿게 하다」의 未然形「およぼさ」('を-'는 정서법에 어긋남)+「む[助動추량・의지]」→「ん」+「と[助詞]」+「す[サ変]하다」의 連体形「する」+「や[係助詞]의문」.

32) 「いふ【言ふ】[4]말하다」+「て」.「ユーテ」로 읽는다.

33) すなはち→すなわち【即ち・則ち】[副]곧바로. 즉시. 그래서. 즉.

34) 「ひきだす【引き出す】[4]끌어내다」의 連用形.

35) 「かうべ→こうべ【首・頭】머리. 목」+「を[助詞]」+「はぬ[下2]→はねる【撥ねる】[下1]날리다. 베다」의 連用形「はね」+「て」.

36) 「ころす【殺す】[4]죽이다」의 連用形「ころし」+「けり[助動회상・과거]」.

37) ひぶん【非分】①과분(過分) ②이치에 맞지 않는 것.

38) 「ころす【殺す】[4]죽이다」의 未然形「ころさ」+「る[助動수동]」의 連用形「れ」+「たり[助動완료・존속]」의 連体形「たる」+「こと【事】일. 것」.

39) 「ふかし[形ク]→ふかい【深い】[形]깊다. 무겁다」의 連用形.

40) 「うらむ【恨む・怨む・憾む】[上2]불쾌하게 생각하다. 유감스러워하다. 원망하다」의 連用形.

41) 「ほうこう【奉公】봉공. 봉직. 종사」+「を[助詞]」+「とどむ[下2]→とどめる【止める・留める・停める】[下1]제지하다. 정지시키다. 남기다」의 連用形「とどめ」+「て」.

⇨ 왕 부는 자기 아버지가 억울하게 죽임 당한 일을 깊이 원망하여 봉직을 그만두고 은거했습니다.

❏ たび＼／43)つかひを、たてゝ44)、よびいたせども45)、さらに46)、きたらず47)。

⇨ 몇 차례 사람을 보내 불러냈지만 절대로 오지 않는다.

❏ 一[いち]期(ご)のうち48)、父[ちち]の49)、ころされたりし所[ところ]50)を、うらみて51)、にしに、むかふて52)座(ざ)せず53)。

⇨ 평생 동안 아버지가 죽임을 당한 곳을 원망하여 서쪽을 향해 앉지 않는다.

❏ 父[ちち]の墓(はか)のほとりに54)、いほりを、むすびて55)、朝[あさ]ゆふ56)礼拝(らいはい)し57)、つかへたてまつるに58)、しるしのため

---

42) 「いんきょ【隱居】 은거」+「す[サ変]하다」의 連用形 「し」+「侍(はべ)り[助動]격식·정중」('-ヘ-'는 無濁点 표기).

43) たびたび【度度】 같은 일의 반복. 매번. 자주.

44) 「つかひ → つかい【使い·遣い】사자(使者). 심부름꾼」+「を[助詞]」+「たつ[下2] → たてる【立てる】 [下1]세우다. 파견하다」의 連用形 「たて」+「て」.

45) 「よびいだす【呼び出す】[4]불러내다. 호출하다」의 已然形 「よびいだせ」('-た-'는 無濁点 표기)+「ども[助詞]역접」.

46) さらに【更に】副①또한. 거듭. 더욱 ②강한 부정. 절대로 ~가 아니다. 전혀 ~지 않다.

47) 「きたる【来る】[4]오다. 찾아오다」의 未然形 「きたら」+「ず[助動]부정」.

48) 「いちご【一期】일생. 생애」+「の[助詞]」+「うち【内】안」.

49) 「の」는 현대일본어 「が」의 쓰임.

50) 「ころす【殺す】[4]죽이다」의 未然形 「ころさ」+「る[助動]수동」의 連用形 「れ」+「たり[助動] 완료·존속」의 連用形 「たり」+「き[助動]회상·과거」의 連体形 「し」+「ところ【所】곳」.

51) 「うらむ【恨む·怨む】[上2]유감스러워하다. 원망하다」의 連用形 「うらみ」+「て」.

52) 「にし【西】서쪽」+「に[助詞]」+「むかふ[4] → むかう【向かう·対う】[5]향하다」+「て」.

53) 「ざす[サ変] → ざする【座する·坐する】[サ変]앉다」의 未然形 「ざせ」+「ず[助動]부정」.

54) 「はか【墓】무덤. 묘」+「の[助詞]」+「ほとり【辺】옆. 근처」+「に[助詞]」.

55) 「いほり → いおり【庵·廬】풀이나 나무 따위로 만든 허름한 집. 오두막집」+「を[助詞]」+「むすぶ【結ぶ】[4]매다. 묶다. 잇다. 매듭을 짓다」의 連用形 「むすび」+「て」. 「いほりをむすぶ」의 형태로 '풀로 엮어 집을 짓다'의 뜻.

56) あさゆふ → あさゆう【朝夕】아침과 저녁. 조석. 항상. 늘.

に59)、うへたる栢(かしハ)の木[き]60)にとりつきて61)、なみたに、しづミて62)、なげきかなしミけるほどに63)、樹(き)も、これがために64)枯(かれ)たりけり65)。

⇨ 아버지 무덤가에 초막을 짓고 아침저녁으로 예배하고 받들어 섬기는데, 표시를 위해 심어둔 잣나무에 매달려 눈물에 잠겨 슬퍼하며 그리워했는데 나무도 이 때문에 말라 버렸다.

❏ 母[はは]ハ、もとより66)、かみなり67)を、おそれたる人[ひと]なりしが68)、むなしく成なり]てのち69)ハ、かミなりするごとに70)、まづ71)、

---

57) 「らいはい【礼拜】 신불(神佛) 앞에서 머리를 숙이고 합장하며 공경의 뜻을 나타내는 것. 예배」+「すﾞ[サ変]하다」의 連用形「し」.

58) 「つかふ【仕ふ】[下2]윗사람 가까이에서 섬기다. 모시다」의 連用形「つかへ」+「たてまつる[助動](連用形에 접속하여)겸양. ~해드리다. ~해 올리다」의 連体形「たてまつる」+「に[助詞]~하니. ~하는데」.

59) 「しるし【印・標・徴】[名]표시. 신호. 증거」+「の[助詞]」+「ため【為】~을 위해」+「に[助詞]」.

60) 「うう[下2]→うえる【植える】[下1]심다」의 連用形「うゑ」('-ヘ'는 정서법에 어긋남)+「たり[助動]완료・존속」의 連体形「たる」+「かしは→かしわ【槲・檞・栢】잣나무」+「の[助詞]」+「き【木・樹】나무」.

61) 「とりつく【取り付く】[4]달라붙다. 매달리다」의 連用形「とりつき」+「て」.

62) 「なみだ【涙】눈물」('-だ'는 無濁点표기)+「に[助詞]」+「しづむ[4]→しずむ【沈む】[5]가라앉다. 잠기다」의 連用形「しづみ」+「て」.

63) 「なげく【嘆く・歎く】[4]한숨짓다. 슬퍼하다」의 連用形「なげき」+「かなしむ【悲しむ・哀しむ】[4]슬퍼하다. 가여워하다. 그리워하다」의 連用形「かなしみ」+「けり[助動]회상・과거」의 連体形「ける」+「ほどに【程に】①~하면. ~하는 사이에 ②원인・이유. ~이므로」.

64) 「これ【此・是】[代]이것」+「が」+「ため」+「に」. 「ため【為】」는 助詞인「の」「が」또는 用言의 連体形에 접속하여 '이익' '이유' '목적'의 뜻. ~때문에. ~위해.

65) 「かる[下2]→かれる【涸れる・枯れる】[下1]수분이 없어지다. 수척해지다」의 連用形「かれ」+「たり[助動]완료・존속」의 連用形「たり」+「けり[助動]회상・과거」.

66) もとより【元より・固より・素より】[副]처음부터. 이전부터. 본래.

67) かみなり【雷】번개. 천둥.

68) 「おそる[下2]→おそれる【恐れる・怖れる】[下1]두려워하다」의 連用形「おそれ」+「たり[助動]완료・존속」의 連体形「たる」+「ひと【人】사람」+「なり[助動]단정・지정」의 連用形「なり」+「き[助動]회상・과거」의 連体形「し」+「が[助詞]~인데」.

69) 「むなし[形シク]→むなしい【空しい・虚しい】[形]덧없다. 무상하다. 죽었다」의 連用形「むなしく」+「なる【成る・為る】[4]되다」의 連用形「なり」+「て」+「のち【後】이후」.

よろづを、さしをきて⁷²⁾、ミづから⁷³⁾、母[はは]のはかところ⁷⁴⁾に、ゆきてハ⁷⁵⁾、「わうほう、こゝに、侍[は]べり⁷⁶⁾。」とて⁷⁷⁾、なき世[よ]のゝちまでも⁷⁸⁾、ちからを、そへたり⁷⁹⁾。

⇨ 어머니는 본디 천둥을 무서워하는 사람이었는데 운명한 후에는 천둥이 칠 때마다 우선 만사를 제쳐두고 스스로 어머니 묘소에 가서 "왕 부가 여기 있습니다."라 하며 사후까지도 힘을 보탰다.

❏ しかるに⁸⁰⁾、王(わう)ほう、学文(がくもん)⁸¹⁾すでに⁸²⁾、きハめたる人[ひと]にて⁸³⁾、弟子(でし)あまた⁸⁴⁾、したがへり⁸⁵⁾。

⇨ 그런데 왕 부는 이미 학문을 두루 섭렵한 사람으로 제자가 많이 따랐다.

---

70) 「かみなり【雷】천둥」+「すﾞ[サ変]하다」의 連体形「する」+「ごと【毎】[接尾]~할 때마다」+「に[助詞]」.

71) まづ→まず【先ず】[副]우선. 아무튼.

72) 「よろづ→よろず【万】만. 다수. 모든 일」+「を[助詞]」+「さしおく【差し置く】[4]내버려두다」의 連用形「さしおき」(본문의 '-を-'는 정서법에 어긋남)+「て」.

73) みづから→みずから【自ら】[名]자기 자신. 나. [副]스스로. 친히.

74) 「はかどころ【墓所】무덤이 있는 곳. 묘소」. '-と-'는 無濁点표기.

75) 「ゆく【行く】[4]가다」의 連用形「ゆき」+「て」+「は[助詞]」.

76) 「はべり【侍り】[ラ変]'있다'의 정중한 말. 있습니다.

77) とて[助詞]인용. ~라 해서. ~라는 것으로. ~라는 이름으로.

78) 「なきよ【無き世】죽은 후. 사후」+「の[助詞]」+「のち【後】이후」+「まで【迄】[助詞]~까지」+「も[助詞]~도」.

79) 「ちから【力】힘」+「を[助詞]」+「そふ[下2]→そえる【添える・副える】[下1]가하다. 보태다」의 連用形「そへ」+「たり[助動]완료・존속」.

80) しかるに【然るに】[接続]그런데. 하지만. 그건 그렇고.

81) がくもん【学問・学文】학문.

82) すでに【既に・已に】[副]①이미. 벌써 ②모두. 남김없이 ③이제 ④틀림없이.

83) 「きはむ[下2]→きわめる【極める・窮める・究める】[下1]극한에 도달시키다. 끝내다」의 連用形「きはめ」+「たり[助動]완료・존속」의 連体形「たる」+「ひと【人】사람」+「にて[助詞] 현대일본어의 'で와 같은 쓰임. ~로」.

84) あまた【数多】[名・副]많이. 대단히.

85) 「したがふ[4]→したがう【従う・随う・順う】[5]수행하다. 말하는 대로 따르다」의 命令形「したがへ」+「り[助動]완료・존속」.

❏ 詩経(しきやう)をよむことに86)、「哀ゝ(あい＼／)たる父母[ふぼ]87)、われを生[しょう]じて88)劬労(くらう)す89)。」と云[いう]詩(し)に、いたりてハ90)、かならず91)、涙[なみだ]をながして92)、三[み]たひづゝ93)、くりかへして、よみけり94)。

⇨ 시경을 읽을 때마다 "애처로운 부모님이 나를 낳고 고생한다."라 하는 시에 이르러서는 어김없이 눈물을 흘리며 세 차례 씩 거듭해서 읽었다.

❏ 弟子[でし]ミな、この有[あり]さまに、たへかねて95)、蓼莪(りくが)の篇[へん]を、のぞきて96)、よまざりける、と也[なり]97)。

⇨ 제자들은 모두 이 모습에 견디기 어려워서 육아 편을 빼고 읽지 않았다고 한다.

---

86) 「よむ【読む・詠む】[4]읽다」의 連体形 「よむ」+「ごと【毎】[接尾]~할 때마다」('こ-'는 無濁点표기)+「に[助詞]」.

87) 「あいあい【哀哀】[形動タリ]한탄하며 슬퍼해하는 모양. 슬피 가여워하는 모양」의 連体形 「あいあいたる」+「ふぼ【父母】부모」.

88) 「われ【我・吾】[代]나」+「を[助詞]」+「しやうず[サ変]→しょうずる【生ずる】[サ変]낳다」의 連用形 「しやうじ」+「て」.

89) 「くらう→くろう【劬労】고생」+「す[サ変]하다」.

90) 「いたる【至る・到る】[4]도착하다. 도달하다」의 連用形 「いたり」+「て」+「は[助詞]」.

91) かならず【必ず】[副]꼭. 반드시.

92) 「なみだ【涙】눈물」+「を[助詞]」+「ながす【流す】[4]흘리다」의 連用形 「ながし」+「て」.

93) 「み【三】3」+「たび【度】횟수. 번」('-び'는 無濁点표기)+「づつ→ずつ[助詞]~씩」.

94) 「くりかへす[4]→くりかえす【繰り返す】[5]반복하다」의 連用形 「くりかへし」+「て」+「よむ【読む・詠む】[4]읽다」의 連用形 「よみ」+「けり[助動]회상・과거」.

95) 「ありさま【有様】모습. 모양」+「に[助詞]」+「たふ[下2]→たえる【堪える・耐える】[下1]참다. 견디다」의 連用形 「たへ」+「かぬ[下2]→かねる【兼ねる】[下1]다른 동사의 連用形에 접속하여 〈주저・불가능・곤란〉의 뜻을 보탬」의 連用形 「かね」+「て」.

96) 「のぞく【除く】[4]제외하다」의 連用形 「のぞき」+「て」.

97) 「よむ【読む・詠む】[4]읽다」의 未然形 「よま」+「ざり[助動]부정」의 連用形 「ざり」+「けり[助動]회상・과거」의 連体形 「ける」+「と[助詞]」+「なり[助動]추량・전문(伝聞)」.

16. 孟(まう)宗(そう)泣(なく)ㇾ竹(たけに)
맹종이 대나무밭에서 울다

❑ 呉(ご)の孟宗(まうそう)は、いたりて¹⁾孝(かう)ある人[ひと]なり²⁾。
  ⇨ 오나라 맹 종은 극진히 효가 있는 사람이다.

❑ 母[はは]の年(とし)ふかく、たけて³⁾、やまひ⁴⁾又[また]、はなハだ⁵⁾、あつし⁶⁾。
  ⇨ 어머니의 나이가 많이 들어 병환이 또 심히 중하다.

❑ まうそう、これに、つかへて⁷⁾、心[こころ]をつくせども⁸⁾、さらに⁹⁾、そのものうきを¹⁰⁾、かへりミず¹¹⁾。
  ⇨ 맹 종이 이에 받들어 정성을 다했는데 전혀 그 고달픔을 돌아보지 않는다.

---

1) いたりて→いたって【至って】[副]매우. 대단히. 극히.
2) 「かう→こう【孝】효」+「あり【有り】[ラ変]있다」의 連体形「ある」+「ひと【人】사람」+「なり[助動단정·지정].
3) 「とし【年·歳】나이」+「ふかし【形ク】→ふかい【深い】[形]깊다. 무겁다」의 連用形「ふかく」+「たく[下2]→たける【長ける·闌ける】[下1]높아지다. 나이 들다」의 連用形「たけ」+「て」.
4) やまひ→やまい【病】병.
5) はなはだ【甚だ】[副]매우. 몹시. 대단히. 현저히.
6) あつし[形ク]→あつい【厚い·篤い】[形]두껍다. 중증이다. 위독하다.
7) 「つかふ【仕ふ】[下2]윗사람 가까이에서 섬기다. 모시다」의 連用形「つかへ」+「て」.
8) 「こころ【心】마음. 뜻. 정성」+「を[助詞]」+「つくす【尽くす】[4]노력하다. 힘쓰다」의 已然形「つくせ」+「ども[助詞역접. ~하지만].
9) さらに【更に】[副]①또한. 거듭. 더욱 ②강한 부정. 절대로 ~가 아니다. 전혀 ~지 않다.
10) 「その【其の】[連体]그」+「ものうし[形ク]→ものうい【物憂い·懶い】[形]내키지 않다. 괴롭다」의 連体形「ものうき」+「を[助詞]」.
11) 「かへりみる【顧みる·省みる】[上1]되돌아보다. 회상하다. 반성하다. 걱정하다. 돌보다」의 未然形「かへりみ」+「ず[助動부정].

❏ 衣[きぬ]つねに12)、紐(ひぼ)13)をとかず14)、日夜[にちや]15)に、をこたり侍[はべ]る事[こと]なし16)。

⇨ 옷은 항상 끈을 풀지 않고 밤낮으로 게을리 하는 법이 없다.

❏ 冬[ふゆ]のころ17)に、いたらんとする折[おり]から18)、その母[はは]、やまひおもし19)、食(しよく)のあぢハひ20)、心[こころ]にかなハず21)。

⇨ 겨울 무렵에 이르려 할 때부터 그 어머니의 병환이 위중하다. 음식 맛이 성에 차지 않는다.

❏ しかるに22)、母[はは]、いかにもして23)、筍(たかんな)のあつもの24)を食(しよく)せんこと25)を思[おも]へり26)。

⇨ 그런데 어머니가 어떻게든 해서 죽순 끓인 국을 먹고자 하는 일을 떠올렸다.

---

12) つねに【常に】[副]항상. 늘. 언제나. 영구히. 변함없이.
13) 「ひぼ【紐】는 「ひも【紐】 끈. 줄」에서 변화한 말.
14) 「とく【解く】[4]풀다」의 未然形+「とか」+「ず[助動]부정」의 連用形「ず」.
15) にちや【日夜】 낮과 밤. 밤낮. 종일.
16) 「おこたる【怠る・惰る】[4]해야 할 일을 하지 않다. 게을리 하다」의 連用形「おこたり」('を-'는 정서법에 어긋남)+「侍(はべ)り[助動]격식・정중」의 連体形「はべる」+「こと【事】 일」+「なし【無し】[形ク]없다」.
17) 「ふゆ【冬】 겨울」+「の[助詞]」+「ころ【頃】 경. 무렵」.
18) 「いたる【至る・到る】[4]도착하다. 도달하다」의 未然形「いたら」+「む[助動]추량・의지」→「ん」+「と[助詞]」+「す[サ変]하다」의 連体形「する」+「をり→おり【折】 시기. 계절」+「から[助詞]~부터. ~에」.
19) 「やまひ→やまい【病】 병」+「おもし[形ク]→おもい【重い】[形]무겁다」.
20) あぢはひ→あじわい【味わい】 맛.
21) 「こころ【心】 마음. 뜻」+「に[助詞]」+「かなふ[4]→かなう【適う・叶う】[5]적합하다. 들어맞다. 생각대로 되다」의 未然形「かなは」+「ず[助動]부정」.
22) しかるに【然るに】[接続]그런데. 하지만. 그건 그렇고.
23) 「いかにも【如何にも】[副]어떻게든. 정말로」+「す[サ変]하다」의 連用形「し」+「て」.
24) 「たかんな【筍】 죽순」+「の[助詞]」+「あつもの【羹】 채소나 고기 따위를 넣고 끓인 국」.
25) 「しよくす[サ変]→しょくする【食する】[サ変]먹다」의 未然形「しよくせ」+「む[助動]추량・의지」→「ん」+「こと【事】 일」.
26) 「おもふ【思ふ】[4]생각하다」의 命令形「おもへ」+「り[助動]완료・존속」.

❏ もとより27) 冬[ふゆ]の事[こと]なれば28)、天[そら]29)さむく地[ち]こほりて30)、さらに31)、もとむれども32)、これなし33)。
  ⇨ 애당초 겨울이기에 날씨가 춥고 땅이 얼어서 거듭 찾았지만 이것이 없다.

❏ まうそう、ミつから34)、竹[たけ]のはやしに、いりて35)、筍(たかんな)の36)なき事[こと]37)を、かなしミ38)、天[てん]にいのりて39)、なげきけるに40)、心[こころ]ざしの、まことなるところ41)、天[てん]たう42)も、あはれミ43)、地[ち]もなふじゆありけるにや44)、たちまち45)に、地[ち]

---

27) もとより【元より・固より・素より】[副]처음부터. 이전부터. 본래.

28) 「ふゆ【冬】겨울」+「の[助詞]」+「こと【事】일」+「なり[助動]단정・지정」의 已然形「なれ」+「ば[助詞]확정조건. 원인・이유」.

29) 「天」은 본서의 〈1. 閔損單衣(민손단의)〉에서 밝힌 이유로「そら」로 읽고, 뜻은 '날씨' '계절'로 파악한다.

30) 「さむし【寒し】[形ク]춥다」의 連用形「さむく」+「ち【地】땅」+「こほる[4]→こおる【氷る・凍る】[5]얼다」의 連用形「こほり」+「て」.

31) さらに【更に】[副]①또한. 거듭. 더욱 ②강한 부정. 절대로 ~가 아니다. 전혀 ~지 않다.

32) 「もとむ[下2]→もとめる【求める】[下1]구하다. 찾다」의 已然形「もとむれ」+「ども[助詞]역접」.

33) 「これ【此・是】[代]이것」+「なし【無し】[形ク]없다」.

34) 「みづから→みずから【自ら】[名]자기 자신. 나. [副]스스로. 친히」.「-つ」는 無濁点표기.

35) 「たけ【竹】대나무」+「の[助詞]」+「はやし【林】숲」+「に[助詞]」+「いる【入る】[4]들어가다」의 連用形「いり」+「て」.

36) 「の」는 현대일본어「が」의 쓰임.

37) 「なし【無し】[形ク]없다」의 連体形「なき」+「こと【事】일. 것」.

38) 「かなしむ【愛しむ・悲しむ・哀しむ】[4]슬퍼하다. 가여워하다. 그리워하다. 감동하다」의 連用形.

39) 「てん【天】하늘」+「に[助詞]」+「いのる【祈る・祷る】[4]기도하다」의 連用形「いのり」+「て」.

40) 「なげく【嘆く・歎く】[4]탄식하다. 슬퍼하다. 호소하다」의 連用形「なげき」+「けり[助動]회상・과거」의 連体形「ける」+「に[助詞]~하니. ~하는데」.

41) 「こころざし【志】마음이 향하는 바. 의향. 뜻」+「の[助詞]현대일본어〈が〉의 쓰임」+「まこと【真・実・誠】[名]진짜. 진실. 성의」+「なり[助動]단정・지정」의 連体形「なる」+「ところ【所・処】곳 부분」.

42) てんたう→てんとう【天道】천지를 주재하는 신(神). 천제(天帝).

43) 「あはれむ[4]→あわれむ【哀れむ・憐れむ】[5]①사랑하다 ②불쌍히 여기다. 동정하다」

より46)筍(たかんな)あまた47)生(おひ)出[いで]たり48)。

⇨ 맹 종이 스스로 대나무 숲에 들어가 죽순이 없는 것을 슬퍼하여 하늘에 빌어 애원했는데, 마음가짐이 진실인바 하늘도 딱하게 여기고 땅도 들어주었던 것인지 홀연히 땅에서 죽순이 많이 자라나왔다.

❏ まうそう、大[おお]きに49)、よろこび50)、とりて、かへり51)、すなハち52)、あつものに、したゝめて53)、母[はは]にたてまつる54)。

⇨ 맹 종이 크게 기뻐하며 가지고 돌아와 곧바로 국을 준비하여 어머니에게 바친다.

❏ 母[はは]、これを食(しよく)してより55)、そのやまひ56)、すミやかに癒(いへ)て57)、めでたき寿(ことぶき)58)を、たもてり59)。

의 連用形.

44) 「ち【地】땅」+「も[助詞]」+「なふじゆ→のうじゆ【納受】납수. 수납(受納). 신(神)이 기원을 들어주는 것」+「あり【有り】[ラ変]있다」의 連用形「あり」+「けり[助動]회상·과거」의 連体形「ける」+「にや(〈なり[助動]단정」의 連用形〈に〉+〈や[係助詞]의문·질문〉의 형태)~인 것인가」.

45) たちまち【忽ち】[名·副]갑자기. 느닷없이.

46) 「ち【地】땅」+「より[助詞]~로부터」.

47) あまた【数多】[名·副]많이. 대단히.

48) 「おひいづ【生ひ出づ】[下2]자라나다. 성장하다. 생육하다」의 連用形「おひいで」+「たり[助動]완료·존속」.

49) おほきに→おおきに【大きに】[副]매우. 크게.

50) 「よろこぶ【喜ぶ·悦ぶ】[4]기뻐하다」의 連用形.

51) 「とる【取る】[4]손에 넣다. 취하다」의 連用形「とり」+「て」+「かへる[4]→かえる【帰る·還る】[5]돌아오다」의 連用形「かへり」.

52) すなはち→すなわち【即ち·則ち】[副]곧바로. 즉시. 그래서. 즉.

53) 「あつもの【羹】국」+「に[助詞]」+「したたむ[下2]→したためる【認める】[下2]정리하다. 갖추다. 준비하다」의 連用形「したため」+「て」

54) たてまつる【奉る】[4]드리다. 바치다.

55) 「しよくす[サ変]→しよくする【食する】[サ変]먹다」의 連用形「しよくし」+「て」+「より[助詞]~로부터」.

56) やまひ→やまい【病】병.

57) 「すみやか【速やか】[形動ナリ]빠르다. 신속하다」의 連用形「すみやかに」+「いゆ[下2]→いえる【癒える】[下1]치유되다」의 連用形「いえ」('-へ'는 정서법에 어긋남)+「て」.

58) 「めでたし[形ク]→めでたい[形]훌륭하다. 경하할만하다. 기쁘다」의 連体形「めでたき」+

⇨ 어머니는 이를 먹고 나서 그 병이 금세 나아서 기꺼운 만수무강을 이어갔다.

❏ 人[ひと]ミな、これを聞[きき]つたへて⁽⁶⁰⁾、かう＼／の心[こころ]ざし⁽⁶¹⁾、天[てん]たうの、かんする故(ゆへ)に⁽⁶²⁾、時[とき]にも、あらず⁽⁶³⁾筍(たかんな)の⁽⁶⁴⁾生出[おいいで]たること⁽⁶⁵⁾を、えたり⁽⁶⁶⁾、と、天下[てんか]こぞりて⁽⁶⁷⁾、きどくのほどをぞ⁽⁶⁸⁾、かんじける⁽⁶⁹⁾。

⇨ 사람들이 모두 이를 전해 듣고 효행의 마음가짐에 하늘이 감동했기에 때도 아닌 죽순이 자라나온 것을 얻었다 하며 천하의 사람 모두 빠짐없이 신통함을 감복했다.

「ことぶき【寿】 축하의 말. 장수(長壽)」.

59) 「たもつ【たもつ】 [4]오래 계속되다. 유지하다. 지키다」의 命令形 「たもて」+「り[助動]완료·존속」.

60) 「ききつたふ[下2]→ききつたえる【聞き伝える】 [下1]남에게 전해 듣다」의 連用形 「ききつたへ」+「て」.

61) 「かうかう【孝行】 효행」+「の[助詞]」+「こころざし【志】 마음이 향하는 바. 의향. 뜻」.

62) 「てんたう【天道】 신(神). 천제(天帝)」+「の[助詞]현대일본어〈が〉의 쓰임」+「かんず[サ変]→かんずる【感ずる】 [サ変]감동하다. 감탄하다」의 連体形 「かんする」('-す-'는 無濁点표기)」+「ゆゑ→ゆえ【故】이유. 원인」('-へ'는 정서법에 어긋남」+「に[助詞]」.

63) 「とき【時】때」+「に[助詞]」+「も[助詞]」+「あり【有り】[ラ変]」의 未然形 「あら」+「ず[助動]부정」. 「あらず」는 현대일본어에서는 「ない」.

64) 「の」는 현대일본어 「が」의 쓰임.

65) 「おひいづ【生ひ出づ】[下2]자라나다」의 連用形 「おひいで」+「たり[助動]완료·존속」의 連体形 「たる」+「こと【事】일」.

66) 「う[下2]→える【得】[下1]」의 連用形 「え」+「たり[助動]완료·존속」.

67) こぞりて→こぞって【挙って】[副]한 사람 남김없이. 모두.

68) 「きどく【奇特】영험. 특히 뛰어나 흔치 않은 일」+「の[助詞]」+「ほど【程】정도」+「を[助詞]」+「ぞ[係助詞]뜻을 강하게 함(문말에는 連体形이 쓰임)」.

69) 「かんず【感ず】[サ変]감동하다」의 連用形 「かんじ」+「けり[助動]회상·과거」의 連体形 「ける」(앞선 係助詞〈ぞ〉에 호응).

17. 王(わう)祥(しやう)剖(さく)ル氷(こほりを)
왕상이 얼음을 가르다

☐ 王祥(わうしやう)ハ、琅邪(らうや)と云[いう]ところの人[ひと]なり1)。
　⇨ 왕 상은 낭야라고 하는 곳의 사람이다.

☐ はやく、母[はは]に、をくれたり2)。
　⇨ 일찍이 어머니를 여위었다.

☐ 父(ちゝ)また、朱氏(しゆし)のむすめを、むかへて3)、後(のち)の妻(つま)とせり4)。
　⇨ 아버지는 다시 주 씨의 딸을 맞아 후처로 삼았다.

☐ 継母(けいぼ)しば〴〵5)、王祥(わうしやう)をにくミて6)、父[ちち]にむかひて7)、あしさまに8)、とりなし侍[はべ]るほどに9)、父[ちち]も、おなじく10)、これを、にくみて11)、さらに12)愛(あい)するこゝろ13)を、うし

---

1) 「ひと【人】 사람」+「なり[助動]단정·지정」.
2) 「おくる【下2】→ おくれる【後れる·遅れる】[下1]다른 사람에게 먼저 죽음을 당하다」의 連用形「おくれ」('を-'는 정서법에 어긋남)+「たり[助動]완료·존속」.
3) 「むすめ【娘】 딸」+「を[助詞]」+「むかふ[下2] → むかえる【迎える·邀える】[下1]맞이하다. 불러들이다. 받아들이다」의 連用形「むかへ」+「て」.
4) 「つま【妻】 아내」+「と[助詞]」+「す[サ変]하다」의 命令形「せ」+「り[助動]완료·존속」.
5) しばしば【屡·屡屡·数·数数】[副]계속. 자주. 몇 번이고.
6) 「にくむ【憎む】[4]미워하다. 싫어하다. 증오하다」의 連用形「にくみ」+「て」.
7) 「むかふ[4] → むかう【向かう·対う】[5]향하다. 상대하다」의 連用形「むかひ」+「て」.
8) 「あしざま【悪し様】[形動ナリ]나쁜 식. 악의를 가지고 나쁘게 말하는 모양」의 連用形「あしざまに」('-さ-'는 無濁点표기).
9) 「とりなす【執り成す·取り成す】[4]취급하다. 처치하다. 중개하다」의 連用形「とりなし」+「侍(はべ)り[助動]격식·정중」의 連体形「はべる」+「ほどに【程に】① ~하면. ~하는 사이에 ② 원인·이유. ~이므로」.

なへり14)。

⇨ 계모는 내내 왕 상을 미워하여 아버지를 향해 나쁘게 전하였기 때문에 아버지도 마찬가지로 이를 미워하여 전혀 사랑하는 마음을 잃었다.

❏ きびしく15)、いましめ16)、つかふて17)、つねに18)、牛(うし)をかハしめ19)、牛(うし)のすむところ20)を、さうぢせしめて21)、そのありさま22)、猶なお23)したづかへ24)の奴(やつこ)25)に、おなじくせり26)。

⇨ 엄하게 꾸짖고 일을 시켜 늘 소를 키우게끔 하고 소가 거하는 곳을 청소시키는데 그 모습은 아무리 봐도 허드렛일 하는 노비와 똑같이 했다.

---

10) 「おなじ【同じ】[形シク같다]」의 連用形.
11) 「にくむ【憎む】[4]미워하다」의 連用形 「にくみ」+「て」.
12) さらに【更に】[副]①또한. 거듭. 더욱 ②강한 부정. 절대로 ~가 아니다. 전혀 ~지 않다.
13) 「あいす[サ変] → あいする【愛する】[サ変]사랑하다」의 連体形 「あいする」+「こころ【心】 마음. 뜻」.
14) 「うしなふ[4] → うしなう【失う】[5]잃다」의 命令形 「うしなへ」+「り[助動]완료·존속」.
15) 「きびし[形シク] → きびしい【厳しい】[形]엄중하다」의 連用形. 부사적인 용법.
16) 「いましむ[下2] → いましめる【戒める·誡める·警める】[下1]훈계하다. 경계하다」의 連用形.
17) 「つかふ[4] → つかう【使う·遣う】[5]사용하다. 일을 시키다」+「て」. 「ふ」로 끝나는 동사는 「て」 앞에서 連用形이 아니라 「-ふ」가 쓰이는 경우가 있다. 音便으로 이해할 수도 있겠는데, 「つかふて」는 「ツコーテ」와 같이 읽는다.
18) つねに【常に】[副]항상. 늘. 언제나. 영구히. 변함없이.
19) 「うし【牛】 소」+「を[助詞]」+「かふ[4] → かう【飼う】[5]양육하다」의 未然形 「かは」+「しむ[助動]사역. ~시키다」의 連用形 「しめ」.
20) 「うし【牛】 소」+「の[助詞]현대일본어 〈が〉의 쓰임」+「すむ【住む·棲む·栖む】[4]거주하다」의 連体形 「すむ」+「ところ【所·処】 곳」.
21) 「さうぢ → そうじ【掃除】 청소」+「す[サ変]하다」의 未然形 「せ」+「しむ[助動]사역. ~시키다」의 連用形 「しめ」+「て」.
22) ありさま【有様】 모습. 모양.
23) なほ → なお【猶·尚】[副]원래대로. 여전히. 역시. 그래도. 재차. 점점.
24) 이는 「したづかひ → したづかい【下使】 잡일을 하는 것(사람)」로 보인다. 「-へ」는 미상.
25) やつこ【臣·奴】 아랫사람. 하인. 노비.
26) 「おなじ【同じ】[形シク같다]」의 連用形 「おなじく」+「す[サ変]하다」의 命令形 「せ」+「り[助動]완료·존속」.

- しかりといへども²⁷⁾、わうしやう、さらに²⁸⁾、うらみとせず²⁹⁾、ますヾ³⁰⁾、つゝしミ、うやまへり³¹⁾。
  ⇨ 그렇다곤 해도 왕 상은 전혀 원망으로 여기지 않고 더욱 삼가 공경했다.

- 父母[ふぼ]、やまひあるとき³²⁾にハ、衣[きぬ]は帯(おび)を、とく事[こと]なく³³⁾、髪(カミ)ハ櫛(くし)に、けづらず³⁴⁾。
  ⇨ 부모가 병이 있을 때는 옷은 띠를 푸는 법이 없고 머리는 빗으로 빗지 않는다.

- くすり³⁵⁾ハ、まづ³⁶⁾、ミづから³⁷⁾、なめてのち³⁸⁾、これを、たてまつりけり³⁹⁾。
  ⇨ 약은 앞서서 자기가 맛보고 나서 이를 드렸다.

- 冬[ふゆ]のころ、まゝ母[はは]⁴⁰⁾、生魚(なまいを)⁴¹⁾を食(しよく)せんこ

---

27) 「しかり【然り】[ラ変]그러하다」의 終止形「しかり」+「と[助詞]인용」+「いへども → いえども【雖も】[連語]~하지만. ~해도」.「いへども」는「いふ【言ふ・云ふ】[4]말하다」의 已然形「いへ」+「ども[助詞]역접」로 분석할 수도 있다.

28) さらに【更に】[副]①또한. 거듭. 더욱 ②강한 부정. 절대로 ~가 아니다. 전혀 ~지 않다.

29) 「うらみ【恨み・怨み・憾み】[名]원망. 유감. 미움」+「と[助詞]」+「す[サ変]하다」의 未然形「せ」+「ず[助動]부정」.

30) ますます【益】[副]전보다 더욱. 가일층.

31) 「つつしむ【慎む・謹む】[4]삼가다. 조심하다. 근신하다」의 連用形「つつしみ」+「うやまふ[4] → うやまう【敬う】[5]존경하다」의 命令形「うやまへ」+「り[助動]완료・존속」.

32) 「やまひ → やまい【病】병」+「あり【有り】[ラ変]있다」의 連体形「ある」+「とき【時】때」.

33) 「きぬ【衣】옷」+「は[助詞]」+「おび【帯】띠」+「を[助詞]」+「とく【解く】[4]풀다」의 連体形「とく」+「こと【事】것. 일」+「なし【無し】[形ク]없다」의 連用形「なく」.

34) 「かみ【髪】두발」+「は[助詞]」+「くし【櫛】빗」+「に[助詞]현대일본어〈で〉의 쓰임」+「けづる[4] → けずる【梳る】[5]빗다」의 未然形「けづら」+「ず[助動]부정」.

35) くすり【薬】약.

36) まづ → まず【先ず】[副]우선. 먼저. 아무튼.

37) みづから → みずから【自ら】[名]자기 자신. 나. [副]스스로. 친히.

38) 「なむ[下2] → なめる【嘗める・舐める】[下1]핥다. 맛보다」의 連用形「なめ」+「て」+「のち【後】후」.

39) 「たてまつる【奉る】[4]드리다. 바치다」의 連用形「たてまつり」+「けり[助動]회상・과거」.

40) ままはは【継母】계모

と42)を思[おも]ふ。
⇨ 겨울 무렵 의붓어머니가 생선을 먹고자 하는 일을 떠올린다.

❏ 折[おり]ふし43)、天[そら]44)さむく45)、氷(こほり)かたく、むすびて46)、うべきたより、なし47)。
⇨ 때마침 날씨가 추워 얼음이 단단하게 얼어서 얻을 수 있는 방도가 없다.

❏ わうしやう、これを、なげきて48)、ミづから49)、衣[きぬ]をぬぎて50)、氷(こほり)のうへ51)に、ふしたりけり52)。
⇨ 왕 상이 이를 한탄하여 스스로 옷을 벗고 얼음 위에 드러누웠다.

❏ 天[てん]の、めぐむところ53)、こほり、たちまち54)に、すこし、とけて55)、ふたつの鯉(こい)56)、をどり出[いで]たり57)。

───────────

41) なまいを → なまいお【生魚】생선. =なまうお【生魚】.
42) 「しよくす[サ変] → しよくする【食する】[サ変]먹다」의 未然形「しよくせ」+「む[助動추량・의지]」→「ん」+「こと【事】일」.
43) をりふし → おりふし【折節】[副]딱 그때. 때마침. 가끔.
44) 「天」은 본서의〈1. 関損単衣〉에서 밝힌 이유로「そら」로 읽고 뜻은 '날씨' '계절'로 풀이한다.
45) 「さむし[形ク] → さむい【寒い】[形]춥다」의 連用形.
46) 「こほり → こおり【氷・凍り】얼음」+「かたし[形ク]→かたい【堅い・固い・硬い】[形]튼튼하다. 딱딱하다. 견고하다」의 連用形「かたく」+「むすぶ【結ぶ】[4]응고하다. 굳어지다. 덩어리가 되다」의 連用形「むすび」+「て」.
47) 「う[下2] → える【得る】[下1]얻다」의 終止形「う」+「べし[助動의무・당연・추량・가능 등]」의 連体形「べき」+「たより【便り・頼り】의지. 기회. 수단. 방편」+「なし【無し】[形ク]없다」.
48) 「なげく【嘆く・歎く】[4]한숨짓다. 탄식하다. 슬퍼하다. 절망하다. 애원하다. 호소하다」의 連用形「なげき」+「て」.
49) みづから → みずから【自ら】[名]자기 자신. 나. [副]스스로. 친히.
50) 「きぬ【衣】옷」+「を[助詞]」+「ぬぐ【脱ぐ】[4]벗다」의 連用形「ぬぎ」+「て」.
51) うへ → うえ【上】위.
52) 「ふす【伏す・臥す】[4]눕다」+「たり[助動완료・존속]」의 連用形「たり」+「けり[助動]회상・과거]」.
53) 「めぐむ【恵む・恤む】[4]동정하다. 불쌍히 여기다. 은혜를 베풀다」의 連体形「めぐむ」+「ところ【所・処】곳. 바」.
54) たちまち【忽ち】[名・副]갑자기. 느닷없이.

⇨ 하늘이 가엾게 여기는바 얼음이 홀연히 조금 녹아서 두 마리 잉어가 뛰어올랐다.

❏ よろこび、とりて[58]、かへり[59]、羹(あつもの)となます[60]に、つくりて[61]、母[はは]に、たてまつる[62]。
⇨ 기뻐하며 가지고 돌아와 국과 회로 만들어 어머니에게 바친다.

❏ 母[はは]、また、あるとき[63]、黄雀(すゞめ)[64]のあぶりもの[65]を、ほしく思[おも]へり[66]。
⇨ 어머니는 또 어느 날 참새구이를 먹고 싶다 생각했다.

❏ わう祥(しやう)、これを、もとめんために[67]、庭(にハ)にいでければ[68]、おほく[69]のすゞめ、とびきたりて[70]、をのれと[71]、わうしやう

---

55) 「すこし【少し】[副]조금」+「とく[下2]→とける【溶ける・融ける】[下1]녹다」의 連用形「とけ」+「て」.
56) こひ→こい【鯉】잉어. 이를 세는 단위로「ふたつ【二つ】두 개」가 쓰인 부분이 흥미롭다.
57) 「をどりいづ[下2]→おどりでる【躍り出る】[下1]힘차게 밖으로 나오다」의 連用形「をどりいで」+「たり[助動]완료・존속」.
58) 「よろこぶ【喜ぶ・悦ぶ】[4]기뻐하다」의 連用形「よろこび」+「とる【取る】[4]손에 넣다. 취하다」의 連用形「とり」+「て」.
59) 「かへる[4]→かえる【帰る・還る】[5]돌아오다」의 連用形.
60) 「あつもの【羹】국」+「と[助詞]」+「なます【膾・鱠】①어패류나 짐승 따위의 생살을 잘게 썬 것 ②얇게 썬 생선살을 식초에 담근 식품」.
61) 「つくる【作る・造る】[4]만들다」의 連用形「つくり」+「て」.
62) たてまつる【奉る】[4]드리다. 바치다.
63) 「ある【或る】[連体]어느. 모(某)」+「とき【時】때」.
64) すずめ【雀】참새. 黄雀(こうじゃく)는〈すずめ〉의 다른 이름.
65) あぶりもの【炙り物】불에 구운 것.
66) 「ほし[形シク]→ほしい【欲しい】[形]손에 넣고 싶다. 자신의 소유로 삼고 싶다. 원하다」의 連用形「ほしく」+「おもふ【思ふ】[4]생각하다」의 命令形「おもへ」+「り[助動]완료・존속」.
67) 「もとむ[下2]→もとめる【求める】[下1]찾다. 구하다」의 未然形「もとめ」+「む[助動]추량・의지」→「ん」→「ため【為】위해」+「に[助詞]」.
68) 「には→にわ【庭】뜰」+「に[助詞]」+「いづ【出づ】[下2]나가다」의 連用形「いで」+「けり[助動]회상・과거」의 已然形「けれ」+「ば[助詞]확정조건. 원인・이유」.
69) おほく→おおく【多く】[名](〈多い〉의 連用形에서)많은. 자주. 대개.

に、とられけり72)。

⇨ 왕 상이 이를 구하기 위해 뜰에 나갔더니 수많은 참새가 날아들어 스스로 왕 상에게 붙잡혔다.

❏ 又[また]、家[いえ]のうしろに、大[だい]なる73)柰(すもゝ)の木[き]74)ありて、実(ミ)をむすぶ75)、母[はゝ]、この木[き]を、まもらしむ76)。

⇨ 또한 집 뒤에 커다란 자두나무가 있어서 열매를 맺는다. 어머니는 이 나무를 지키게 한다.

❏ 風[かぜ]ふき77)、雨[あめ]ふるたびごとに78)ハ、実[み]の落(おち)むこと79)を、おそれなげきつゝ80)、その木[き]を、いたきて81)泣悲(なきかな)しめり82)。

---

70) 「とぶ【飛ぶ・跳ぶ】[4]날다」의 連用形「とび」+「きたる【来る】[4]오다」의 連用形「きたり」+「て」.

71) おのれと【己と】[副]스스로. 저절로. 「を-」는 정서법에 어긋남.

72) 「とる【取る・採る・捕】[4]쥐다. 잡다」의 未然形「とら」+「る[助動]수동」의 連用形「れ」+「けり[助動]회상・과거」.

73) 「だい【大】[形動ナリ]크다」의 連体形.

74) 현재「すもも」는 한자로「李」를 쓰고 '자두나무'로 풀이한다.「柰」는 『広辞苑』에 등재되지 않은 한자로 우리는 '능금나무'로 풀이한다(네이버한자사전). 〈언해본〉에는 이를 '멎'으로 옮기고 있으며 이는 '버찌'의 옛말이라고 한다(표준국어대사전).

75) 「み【実】열매」+「を[助詞]」+「むすぶ【結ぶ】[4]맺다」.

76) 「まもる【守る・護る】[4]지키다」의 未然形「まもら」+「しむ[助動]사역. ~시키다」.

77) 「かぜ【風】바람」+「ふく【吹く】[4]불다」의 連用形「ふき」.

78) 「あめ【雨】비」+「ふる【降る】[4]내리다」의 連体形「ふる」+「たび【度】번. 때」+「ごと【毎】[接尾]~할 때마다」+「に[助詞]」.

79) 「み【実】열매」+「の[助詞]현대일본어〈が〉의 쓰임」+「おつ[上2]→おちる【落ちる・堕ちる】[上1]떨어지다」의 未然形「おち」+「む[助動]추량・완곡・의지」의 連体形「む」+「こと【事】일」.

80) 「おそる[下2]→おそれる【恐れる・畏れる・怖れる】[下1]무서워하다」의 連用形「おそれ」+「なげく【嘆く・歎く】[4]한숨짓다. 슬퍼하다. 절망하다」의 連用形「なげき」+「つつ[助詞]같은 동작의 반복. ~하면서」.

81) 「いだく【抱く・懷く】[4]껴안다. 품다」의 連用形「いだき」('-た-'는 無濁点표기)+「て」.

82) 「なく【泣く・啼く】[4]울다」의 連用形「なき」+「かなしむ【悲しむ・哀しむ】[4]슬퍼하다」의 命令形「かなしめ」+「り[助動]완료・존속」.

⇨ 바람이 불고 비가 올 때마다 열매가 떨어지는 것을 두려워하여 탄식하며 그 나무를 껴안고 울며 슬퍼했다.

❑ 母[はは]、さらに83)、いとおしむ心[こころ]なし84)、と、いへども85)、わうしやうハ、うやまひ86)、つかふる事[こと]87)、まこと88)の母[はは]のことくせり89)。

⇨ 어머니는 전혀 사랑하는 마음이 없다. 하지만 왕 상은 공경하고 섬기기를 진짜 어머니와 같이 했다.

❑ 母[はは]、死(し)するに、をよびて90)、ふかく91)、かなしみなけきて92)、水食(すいしよく)93)さらに94)、くちにいらず95)。

⇨ 어머니가 운명함에 이르러 깊이 슬퍼하며 탄식하여 물과 음식을 전혀 입에 넣지 않는다.

❑ はたえ、かしけ96)、ほね、あらハれ97)、つえに、すからずして98)ハ立

---

83) さらに【更に】[副]①또한. 거듭. 더욱 ②강한 부정. 절대로 ~가 아니다. 전혀 ~지 않다.
84) 「いとおしむ[4]①불쌍히 여기다 ②귀여워하다. 소중히 여기다. 감싸다」의 連体形「いとおしむ」+「こころ【心】마음. 뜻」+「なし【無し】[形ク]없다」.
85) いへども→いえども【雖も】[連語]~하지만. ~해도.
86) 「うやまふ[4] → うやまう【敬う】[5]존경하다」의 連用形.
87) 「つかふ【仕ふ】[下2]윗사람 가까이에서 섬기다. 모시다」의 連体形「つかふる」+「こと【事】것. 일」.
88) まこと【真·実·誠】[名]진짜.
89) はは【母】어머니」+「の[助詞]」+「ごとし【如し】[助動]~와 같다」의 連用形「ごとく('こ-'는 無濁点표기)+「す[サ変]하다」의 命令形「せ」+「り[助動]완료·존속」.
90) 「しす[サ変]→しする【死する】[サ変]죽다」의 連体形「しする」+「に[助詞]~에」+「およぶ【及ぶ】[4]어떤 때나 장소 등에 다다르다. 도달하다」의 連用形「および」('を-'는 정서법에 어긋남)+「て」.
91) 「ふかし[形ク]→ふかい【深い】[形]깊다. 무겁다」의 連用形.
92) 「かなしむ【悲しむ·哀しむ】[4]슬퍼하다」의 連用形「かなしみ」+「なげく【嘆く·歎く】[4]한숨짓다. 탄식하다. 슬퍼하다」의 連用形「なげき」('-け-'는 無濁点표기)+「て」.
93) 「水食」이 '물과 음식'의 뜻이라면 현재「すいじき」로 읽는다. 이를「すいしよく」로 읽는 것은 다른 뜻.
94) さらに【更に】[副]①또한. 거듭. 더욱 ②강한 부정. 절대로 ~가 아니다. 전혀 ~지 않다.
95) 「くち【口】입」+「に[助詞]」+「いる【入る】[4]넣다」의 未然形「いら」+「ず[助動부정]」.

(たつ)事(こと)あたハず99)。
⇨ 살갗이 까칠해지고 뼈가 드러나 지팡이에 의지하지 않고는 서 있을 수 없다.

❏ のちに、みかど100)に、つかへたてまつりて101)、品(しな)くらゐ102)、程[ほど]なく、すゝみて103)、つゐに104)、三[さん]公(こう)105)に、いたりけり106)。
⇨ 후에 천자를 받들어 모셔서 품위(品位)가 이내 올라가 마침내 삼공에 이르렀다.

❏ これ、まことに107)、かう〲ふかき故[ゆえ]に108)、天[てん]の明徳(めいとく)109)すでに110)、あらハれて111)、心[こころ]のまゝ112)に、高位

---

96) 「はだへ→はだえ【肌・膚】피부」('-た-'는 無濁点표기, '-え'는 歴史的仮名遣에 어긋남)+「かじく[下2]→かじける【悴ける】[下1]수척해지다. 생기를 잃다」의 連用形「かじけ」('-し-'는 無濁点표기).

97) 「ほね【骨】뼈」+「あらはる[下2]→あらはれる【現れる・顕れる・表れる】[下1]드러나다」의 連用形「あらはれ」.

98) 「つゑ→つえ【杖】지팡이(본서에서는 모두「つえ」로 표기됨)」+「に[助詞]~에」+「すがる【縋る】[4]붙들고 몸을 지탱하다」의 未然形「すがら」+「ず[助動]부정」의 連用形「ず」+「して[助詞(連用形에 접속)]~인 상태로」.

99) 「たつ【立つ】[4]서다」의 連体形「たつ」+「こと【事】일」+「あたふ[4]→あたう【能う・適う】[5]할 수 있다. 적합하다」의 未然形「あたは」+「ず[助動]부정」.

100) みかど【御門・帝】황제. 천자. 조정. 덴노(天皇).

101) 「つかふ【仕ふ】[下2]윗사람 가까이에서 섬기다. 모시다」의 連用形「つかへ」+「たてまつる[助動]겸양」의 連用形「たてまつり」+「て」.

102) 「しな【品・階】품. 지위. 신분」+「くらゐ→くらい【位】위. 지위」.

103) 「ほどなし【形ク】→ほどない【程無い】[形]얼마 지나지 않아. 금세」의 連用形「ほどなく」+「すすむ【進む】[4]나아가다」의 連用形「すすみ」+「て」.

104) つひに→ついに【終に・遂に】[副]결국. 마침내. '-ゐ'는 정서법에 어긋남.

105) さんこう【三公】①중국에서 최고위 세 관직 ②太政官(だいじょうかん:국정을 총괄하는 최고 기관)의 최고 직위.

106) 「いたる【至る・到る】[4]도착하다. 도달하다」의 連用形「いたり」+「けり[助動]회상・과거」.

107) まことに【真に・実に・誠に】[副]거짓 없이. 진짜로. 정말로. 매우.

108) 「かうかう→こうこう【孝行】효행」+「ふかし[形ク]→ふかい【深い】[形]깊다. 무겁다」의 連体形「ふかき」+「ゆゑ→ゆえ【故】~때문」+「に[助詞]」('ゆえに'의 형태로 '~이므로' '~인 고로').

109) めいとく【明徳】①공명(公明)한 덕행. 훌륭한 덕성(徳性) ②하늘로부터 받은 영묘(霊

(かうゐ)にすゝみ¹¹³⁾、栄花(えいぐわ)をひらきて¹¹⁴⁾、家[いえ]ゆたか也[なる]なり¹¹⁵⁾。

⇨ 이는 참으로 효행이 깊은 고로 하늘의 명덕이 이제 드러나 뜻하는 대로 높은 자리에 올라 영화를 펼치고 집이 부유했다 한다.

妙)한 덕성.
110) すでに【既に・已に】[副]①이미. 벌써 ②모두. 남김없이 ③이제 ④틀림없이.
111) 「あらはる[下2]→あらわれる【現れる・顕れる・表れる】[下1]드러나다」의 連用形「あらはれ」+「て」.
112) こころのまま【心の儘】생각하는 대로. 마음껏.
113) 「かうゐ→こうい【高位】높은 지위」+「に[助詞]」+「すすむ【進む】[4]나아가다」의 連用形「すすみ」.
114) 「えいぐわ→えいが【栄華・栄花】영화」+「を[助詞]」+「ひらく【開く】[4]열다. 일으키다. 번영시키다. 펼치다」의 連用形「ひらき」+「て」.
115) 「ゆたか【豊か】[形動ナリ]풍부하다. 부유하다」의 連体形「ゆたかなる」+「なり[助動]단정・지정・전문(伝聞)」.

18. 許(きよ)孜(じ)埋(うづむ)ル獣(けものを)
허자가 짐승을 묻다

☐ 晉(しん)の許孜(きよじ)ハ、東陽(とうやう)と云[いう]ところの人[ひと]なり1)。

⇨ 진나라 허 자는 동양이라 하는 곳의 사람이다.

☐ 年(とし)廿(はたち)にして2)、豫章(よじやう)の太守(たいしゆ)孔冲(こうちう)と云[いう]人[ひと]を師(し)として3)、がくもん4)、やうやく5)、きハめて6)、故郷[こきょう]にかへる7)。

⇨ 나이 스물에 예장의 태수 공 충이라 하는 사람을 스승으로 하여 학문을 마침내 끝마치고 고향에 돌아온다.

☐ いく程[ほど]なく8)、孔冲(こうちう)むなしく、なれりければ9)、許孜(きよじ)すなハち10)、三年[さんねん]の服(ふく)11)を、とげたり12)。

---

1) 「ひと【人】사람」+「なり[助動]단정·지정」.
2) 「とし【年·歲】나이」+「はたち【二十】스무 살」+「に[助詞]」+「す[サ変]하다」의 連用形 「し」+「て」.「~にして」의 꼴로 현대일본어의 「~で」와 같은 쓰임.
3) 「し【師】스승」+「と[助詞]」+「す[サ変]하다」의 連用形 「し」+「て」.
4) がくもん【学問·学文】학문.
5) やうやく→ようやく【漸く】[副]점차. 차츰. 겨우.
6) 「きはむ[下2] → きわめる【極める·窮める·究める】[下1]극한에 도달시키다. 끝내다」의 連用形 「きはめ」+「て」.
7) かへる[4] → かえる【帰る·還る】[5]돌아오다.
8) 「いくほど【幾程】어느 정도. 얼마나」+「なし【無し】[形]없다」의 連用形 「なく」.
9) 「むなし[形シク] → むなしい【空しい·虛しい】[形]덧없다. 무상하다. 죽었다」의 連用形 「むなしく」+「なる【成る·為る】[4]되다」의 命令形 「なれ」+「り[助動]완료·존속」의 連用形 「り」+「けり[助動]회상·과거」의 已然形 「けれ」+「ば[助詞]확정조건. 원인·이유」.
10) すなはち→すなわち【即ち·則ち】[副]곧바로. 즉시. 그래서. 즉.

⇨ 얼마 지나지 않아 공 충이 운명했기 때문에 허 자가 곧 3년의 상을 다 해냈다.

❏ そのゝち13)、二人[ふたり]の親(おや)うちつゞきて14)、むなしく成[なり]たりければ15)、許孜(きよじ)、このうれへに、しづミて16)、涙[なみだ]の雨[あめ]晴(はる)る時[とき]なく17)、はだえ、かしけ18)、ほね19)、あれて20)、ちから、をとろへ21)、つえに、あらざれバ22)、立(たつ)事[こと]あたハず23)、

⇨ 그 후에 두 부모가 연이어 운명했기 때문에 허 자가 이 슬픔에 잠겨 눈물의 비가 마를 날이 없어 살갗이 까칠해지고 뼈가 약해지고 힘이 쇠약해져서 지팡이가 없어서는

---

11) 「ぶく【服】상복(喪服). 상중(喪中). 「ふ」는 無濁点표기」.

12) 「とぐ[下2]→とげる【遂げる】[下1]완수하다. 성취시키다」의 連用形 「とげ」+「たり[助動]완료・존속」.

13) 「その【其の】[連体]ユ」+「のち【後】후」.

14) 「うちつづく【打ち続く】[4]연달아 이어지다」의 連用形 「うちつづき」+「て」.

15) 「むなし【空し・虚し】[形シク]덧없다. 무상하다. 죽었다」의 連用形 「むなしく」+「なる【成る・為る】[4]되다」의 連用形 「なり」+「たり[助動]완료・존속」의 連用形 「たり」+「けり[助動]회상・과거」의 已然形 「けれ」+「ば[助詞]확정조건. 원인・이유」.

16) 「うれへ→うれえ【憂え・愁え】[名]슬픔. 우려. 근심」+「に[助詞]」+「しづむ[4]→しずむ【沈む】[5]가라앉다. 잠기다」의 連用形 「しづみ」+「て」.

17) 「なみだ【涙】눈물」+「の[助詞]」+「あめ【雨】비」+「はる[下2]→はれる【晴れる】[下1]맑아지다」의 連体形 「はるる」+「とき【時】때」+「なし【無し】[形ク]」의 連用形 「なく」.

18) 「はだへ→はだえ【肌・膚】피부」('-え'는 歷史的仮名遣에 어긋남)+「かじく[下2]→かじける【悴ける】[下1]수척해지다. 생기를 잃다」의 連用形 「かじけ」('-し-'는 無濁点표기).

19) 「ほね【骨】뼈」.

20) 「ある[下2]→あれる【荒れる】[下1]격해지다. 황폐해지다. 푸석푸석해지다」의 連用形 「あれ」+「て」로 풀이할 수 있다. 다만 앞선 〈17. 王祥剖氷〉에는 「ほね, あらハれ」로 되어 있고,『假名草子集成』에 「ママ」즉 원문에 잘못이 있으나 그대로 옮긴다는 설명이 붙어 있어서 「뼈가 드러나고」와 같은 다른 풀이도 가능할 듯싶다.

21) 「ちから【力】힘」+「おとろふ[下2]→おとろえる【衰える】[下1]약한 상태가 되다. 쇠약하다. 수척해지다」의 連用形 「おとろへ」('を-'는 정서법에 어긋남).

22) 「つゑ→つえ【杖】지팡이(본서에서는 모두 「つえ」로 표기됨)」+「に[助詞]」+「あり【有り】[ラ変]있다」의 未然形 「あら」+「ざり[助動]부정」의 已然形 「ざれ」+「ば[助詞]확정조건. 원인・이유」.

23) 「たつ【立つ】[4]서다」의 連体形 「たつ」+「こと【事】일」+「あたふ[4]→あたう【能う・適う】[5]할 수 있다. 적합하다」의 未然形 「あたは」+「ず[助動]부정」.

일어서기가 불가능하다.

❏ しかうして[24]、父母[ふぼ]の墓(はか)所(ところ)[25]をバ、わがすむ里[さと][26]の、ひがしに、あたれる山[やま][27]のふもとに、つくりて[28]、ミづから[29]、土[つち]を、をふて、はこび[30]、心[こころ]ざしの切(せつ)なるゆへ[31]に、さらに[32]人[ひと]のたすけを、うけず[33]、只(たゞ)[34]われ[35]一人[ひとり]の、ちからをもつて[36]、その墓(はか)所(ところ)[37]すでに[38]、つくりをハれり[39]。

⇨ 그래서 부모의 무덤을 자신이 사는 마을의 동쪽에 이어지는 산기슭에 만들고 스스로 흙을 짊어져서 날라 마음가짐이 절절하기에 전혀 다른 사람의 도움을 받지 않고 오

---

24) しかうして→しこうして【而して】[接続]그래서. 그리고.

25) はかどころ【墓所】묘소.「-と-」는 無濁点표기.

26) 「わが【我が・吾が】[連体]나의. 자신의」+「すむ【住む・棲む・栖む】[4]거처하다」의 連体形「すむ」+「さと【里】마을」.

27) 「ひがし【東】동쪽」+「に[助詞]」+「あたる【当たる・中る】[4]해당하다. 닿다」의 命令形「あたれ」+「り[助動]완료・존속」의 連体形「る」+「やま【山】산」.

28) 「ふもと【麓】산의 아래쪽 부분. 기슭」+「に[助詞]」+「つくる【作る・造る】[4]만들다」의 連用形「つくり」+「て」.

29) みづから→みずから【自ら】[名]자기 자신. 나. [副]스스로. 친히.

30) 「つち【土】흙」+「を[助詞]」+「おふ[4]→おう【負う】[5]등에 지다」('を-'는 정서법에 어긋남)+「て」+「はこぶ【運ぶ】[4]운반하다」의 連用形「はこび」.

31) 「こころざし【志】의향. 뜻」+「の[助詞]현대일본어〈が〉의 쓰임」+「せつ【切】[形動ナリ]절절하다」의 連体形「せつなる」+「ゆゑ→ゆえ【故】이유. 원인」('-へ'는 정서법에 어긋남).

32) さらに【更に】[副]①또한. 거듭. 더욱 ②강한 부정. 절대로 ~가 아니다. 전혀 ~지 않다.

33) 「ひと【人】다른 사람. 남」+「の[助詞]」+「たすけ【助・扶・佐】[名]도움. 조력」+「を[助詞]」+「うく[下2]→うける【受ける・請ける】[下1]받다. 청하다」의 未然形「うけ」+「ず[助動]부정」의 連用形「ず」.

34) ただ【只・唯】[副]단지. 오직. 그저.

35) われ【我・吾】[代]나. 자신.

36) 「ちから【力】힘」+「を[助詞]」+「もつて【以て】수단・방법. ~에 의해. ~로써」.

37) はかどころ【墓所】묘소.「-と-」는 無濁点표기.

38) すでに【既に・已に】[副]①이미. 벌써 ②모두. 남김없이 ③이제 ④틀림없이.

39) 「つくる【作る・造る】[4]만들다」의 連用形「つくり」+「をはる[4]→おわる【終わる】[5]끝나다」의 命令形「をはれ」+「り[助動]완료・존속」.

로지 자기 혼자의 힘으로써 그 무덤을 끝내 만들어냈다.

❏ しばらくも40)、わするゝ事[こと]なく41)、親(おや)のわかれを、なげきて42)、こゑをあげて43)、さけぶとき44)ハ、鳥(とり)けだものも45)、心[こころ]をうごかして46)、はかのほとりに47)、むらがり、あつまりて48)、なげきを、たすくる49)、かほバせあるに似(に)たり50)。

　⇨ 한시도 잊는 적 없이 부모의 사별을 슬퍼하여 목 놓아 부르짖을 때는 새와 짐승도 마음을 움직여서 무덤가에 떼 지어 모여들어 슬픔을 위로하는 낯빛이 있는 것과 닮았다.

❏ したしき、ともがら51)おほし、と、いへども52)、又[また]、ともなひつれても53)、なす事(こと)なし54)。

---

40) 「しばらく【暫く·須臾】[副]잠깐 동안. 잠시」+「も[助詞]도」.

41) 「わする[下2]→わすれる【忘れる】[下1]잊다」의 連體形 「わする」+「こと【事】 일」+「なし【無】[形ク]없다」의 連用形 「なく」.

42) 「おや【親】 부모」+「の[助詞]」+「わかれ【別れ】[名]이별. 사별」+「を[助詞]」+「なげく【嘆く·歎く】[4]한숨짓다. 슬퍼하다」의 連用形 「なげき」+「て」.

43) 「こゑ→こえ【声】 목소리」+「を[助詞]」+「あぐ[下2]→あげる【上げる·挙げる·揚げる】[下1]올리다. 높이다」의 連用形 「あげ」+「て」. 「声を上げる」의 형태로 '큰 목소리를 내다'의 뜻.

44) 「さけぶ【叫ぶ】[4]외치다」의 連體形 「さけぶ」+「とき【時】 때」.

45) 「とり【鳥】 새」+「けだもの【獣】 네 발 달린 동물. 짐승」+「も[助詞]도」.

46) 「うごかす【動かす】[4]움직이게끔 하다. 감동시키다」의 連用形 「うごかし」+「て」.

47) 「はか【墓】 무덤. 묘」+「の[助詞]」+「ほとり【辺】 옆. 근처」+「に[助詞]」.

48) 「むらがる【群がる】[4]한 곳에 모이다. 무리를 이루다」의 連用形 「むらがり」+「あつまる【集まる】[4]한 곳에 모이다. 집중하다」의 連用形 「あつまり」+「て」.

49) 「なげき【嘆き·歎き】[名]슬픔. 탄식. 비탄」+「を[助詞]」+「たすく[下2]→たすける【助ける·輔ける·扶ける】[下1]돕다. 조력하다. 위로하다. 돌보다」의 連體形 「たすくる」.

50) 「かほばせ→かおばせ【顔ばせ】 얼굴 생김새. 표정」+「あり【有り】[ラ変]」의 連體形 「ある」+「に[助詞]」+「にる【似る】[上1]닮았다」의 連用形 「に」+「たり[助動완료·존속].

51) 「したし[形シク]→したしい【親しい】[形]친하다」의 連體形 「したしき」+「ともがら【輩·儕】 동료. 동년배」.

52) 「おほし[形ク]→おおい【多い】[形]많다」의 終止形 「おほし」+「と[助詞]~라고」+「いへども→いえども【雖も】[連語]~하지만. ~해도」.

53) 「ともなふ[4]→ともなう【伴う】[5]데리고 가다. 함께 가다. 동반하다」의 連用形 「ともなひ」

⇨ 친한 벗이 많다 해도 역시 동행하더라도 할 일이 없다.

❏ われ独(ひと)りのミ55)、はかところを、まもりて56)、はかの両[りょう]バうより57)、松[まつ]かしハ58)を、うへつゞけて59)、すでに60)五[ご]六[ろく]里[り]に、をよべり61)。

⇨ 저 혼자만 묘소를 지키는데 무덤 양쪽부터 소나무와 잣나무를 계속 심어 이제 대여섯 리에 이르렀다.

❏ あるとき62)、鹿(しか)ありて63)、うへたるところ64)の松[まつ]を、そこなひたり65)。

⇨ 어느 날 사슴이 있어 심은 곳의 소나무를 망가뜨렸다.

❏ 許孜(きよじ)かなしミ、なげきて、いはく66)、「鹿(しか)のミ67)何(なん)

+「つる[下2]→つれる【連れる】[下1]데리고 가다. 동행하다」의 連用形「つれ」+「ても[助詞]비록 ~해도」.

54) 「なす【生す・成す・為す】[4]만들어내다. 이루어내다. 행하다」+「こと【事】일」+「なし【無し】[形ク]없다」.

55) 「われ【我・吾】[代]나. 자신」+「ひとり【独り】혼자」+「のみ[助詞]~만. ~뿐」.

56) 「はかどころ【墓所】묘소」('-と-'는 無濁点표기)+「を[助詞]」+「まもる【守る・護る】[4]지키다」의 連用形「まもり」+「て」.

57) 「はか【墓】무덤」+「の[助詞]」+「りやうはう→りょうほう【両方】(옛날에는 'りやうばう'로도 씀)두 개의 방면. 양쪽」+「より[助詞]~로부터」.

58) 「まつ【松】소나무」+「かしは→かしわ【槲・檞・柏】잣나무」.

59) 「うう[下2]→うえる【植える】[下1]심다」의 連用形「うゑ」('-へ'는 정서법에 어긋남)+「つづく[下2]→つづける【続ける】[下1]계속하다」의 連用形「つづけ」+「て」.

60) 「すでに【既に・已に】[副]①이미. 벌써 ②모두. 남김없이 ③이제 ④틀림없이」.

61) 「およぶ【及ぶ】도달하다. 다다르다」의 命令形「およべ」('を-'는 정서법에 어긋남)+「り[助動]완료・존속」.

62) 「ある【或る】[連体]어느. 모(某)」+「とき【時】때」.

63) 「しか【鹿】사슴」+「あり【有り】[ラ変]있다」의 連用形「あり」+「て」.

64) 「うう[下2]→うえる【植える】[下1]심다」의 連用形「うゑ」('-へ'는 정서법에 어긋남)+「たり[助動]완료・존속」의 連体形「たる」+「ところ【所・処】곳. 부분」.

65) 「そこなふ[4]→【損なう・害う】[5]상하게 하다. 해를 가하다」의 連用形「そこなひ」+「たり[助動]완료・존속」.

66) 「かなしむ【悲しむ・哀しむ】[4]슬퍼하다」의 連用形「かなしみ」+「なげく【嘆く・歎く】[4]한

ぞ68)、これを、おもハざるや69)。」と。

⇨ 허 자가 슬퍼 탄식하며 이르길 "사슴만 어찌 이를 생각하지 않는가?"라고.

❏ その、あくる日[ひ]70)、ひとつの鹿(しか)ありて71)、損(そん)じたる松[まつ]のもとに72)、むなしくなれり73)。

⇨ 그 이튿날 한 사슴이 있어 상한 소나무 아래에서 죽었다.

❏ 許孜(きよじ)これをミて、あはれミの心[こころ]を、おこして74)、鹿(しか)のかハね75)を、かたハら76)に、うつミ侍はべりけり77)。

⇨ 허 자가 이를 보고 가여운 마음을 일으켜 사슴의 사체를 곁에 묻어주었습니다.

❏ これよりのち78)ハ、うへ木[き]79)さらに80)、をかすものなし81)。

숨짓다. 탄식하다. 슬퍼하다. 절망하다」의 連用形 「なげき」+「て」+「いはく→いわく【曰く】말하길. 이르길. 가로되」.

67) 「しか【鹿】사슴」+「のみ[助詞]~만. ~뿐」.

68) なんぞ【何ぞ】[副]어찌. 어째서.

69) 「おもふ【思ふ】[4]생각하다」의 未然形「おもは」+「ざり[助動]부정」의 連体形「ざる」+「や[係助詞]의문」.

70) 「あくる【明くる】[連体]다음의」+「ひ【日】날」.

71) 「しか【鹿】사슴」+「あり【有り】[ラ変]있다」의 連用形「あり」+「て」.

72) 「そんず[サ変]→そんずる【損ずる】[サ変]상하다. 부서지다」의 連用形「そんじ」+「たり[助動]완료·존속」의 連体形「たる」+「まつ【松】소나무」+「の[助詞]」+「もと【下·許】아래. 밑」+「に[助詞]」.

73) 「むなし【形シク→むなしい【空しい·虚しい】[形]덧없다. 무상하다. 죽었다」의 連用形「むなしく」+「なる【成る·為る】[4]되다」의 命令形「なれ」+「り[助動]완료·존속」.

74) 「あはれみ→あわれみ【哀れみ·憐れみ·憫れみ】[名]불쌍해함. 동정함. 자비를 베품」+「の[助詞]」+「こころ【心】마음. 뜻. 생각」+「を[助詞]」+「おこす【起こす·興す】[4]일으키다」의 連用形「おこし」+「て」.

75) かばね【屍·尸】시체. 「-は-」는 無濁点表記.

76) かたはら→かたわら【傍ら】옆.

77) 「うづむ→うずむ【埋む】[4]묻다. 매장하다」의 連用形「うづみ」('-つ-'는 無濁点表記)+「侍(はべり)[助動]격식·정중」의 連用形「はべり」+「けり[助動]회상·과거」.

78) 「これ【此·是】[代]이. 이것」+「より[助詞]~로부터」+「のち【後】후」.

79) うゑき→うえき【植木】정원 따위에 심어놓은 나무. 분재. 「-ヘ-」는 정서법에 어긋남.

80) さらに【更に】[副]①또한. 거듭. 더욱 ②강한 부정. 절대로 ~가 아니다. 전혀 ~지 않다.

⇨ 이로부터 이후에는 심은 나무를 전혀 침범하는 것이 없다.

❏ えださかへ[82]、菓[は]しけりて[83]、大[だい]なる林(はやし)となれり[84]。

⇨ 가지가 뻗치고 잎이 우거져서 커다란 숲이 되었다.

❏ 許孜(きよじ)すなハち[85]、わが家[いえ]を、はかところ[86]の、あたりちかく、たてゝ[87]、朝墓(てうぼ)[88]に、つかふる事[こと][89]なを[90]、いきたる、おや[91]に、つかふるがことし[92]。

⇨ 허 자가 곧 자신의 집을 묘소의 부근에 세우고 아침저녁으로 받들기를 또한 살아있는 부모를 섬기는 것과 같다.

❏ 里人[さとびと]、その許孜(きよじ)がすみける、ところの名[な][93]を孝順

---

81) 「をかす」[4] — おかす【犯す・侵す・冒す】[5]범하다」의 連体形「をかす」+「もの【者・物】 것」+「なし【無し】[形ク]없다」.

82) 「えだ【枝・肢】 가지」+「さかゆ[下2] → さかえる【栄える】[5]번영하다. 번성하다」의 連用形「さかえ」('-ヘ'는 정서법에 어긋남).

83) 「は【菓】 잎」+「しげる【茂る・繁る・滋る】[4]무성하다. 울창하다. 많아지다」의 連用形「しげり」('-け-'는 정서법에 어긋남)+「て」.

84) 「だい【大】[形動ナリ]크다」의 連体形「だいなる」+「はやし【林】 숲」+「と[助詞]+「なる【成る・為る】[4]되다」의 命令形「なれ」+「り[助動]완료・존속」.

85) すなはち → すなわち【即ち・則ち】[副]곧바로. 즉시. 그래서. 즉.

86) はかどころ【墓所】묘소. 「-と-」는 無濁点표기.

87) 「あたり【辺り】근처. 부근」+「ちかし【近し】[形ク]가깝다」의 連用形「ちかく」+「たつ[下2] → たてる【立てる・建てる】[下1]세우다」의 連用形「たて」+「て」.

88) 「朝墓」는 사전에 등재되지 않은 말이다. 「てうぼ」는「チョーボ」로 읽으며 이는 「ちょうぼ」에 해당한다. 「ちょうぼ」를 찾아보면 「朝暮 : 아침저녁」이 있어서 문맥상 뜻이 통한다. 『假名直子集成』에는 이에 대한 지적이 없으나 한자 사용상의 오류로 보는 편이 타당하겠다.

89) 「つかふ【仕ふ】[下2]윗사람 가까이에서 섬기다. 모시다」의 連体形「つかふる」+「こと【事】 것. 일」.

90) なお【猶・尚】[副]아직. 역시. 그래도. 다시. 원래대로. 歷史的仮名遣로는 「なほ」.

91) 「いく[上2] → いきる【生きる・活きる】[上1]생존하다」의 連用形「いき」+「たり[助動]완료・존속」의 連体形「たる」+「おや【親】 부모」.

92) 「つかふ【仕ふ】[下2]섬기다」의 連体形「つかふる」+「が[助詞]+「ごとし【如し】[助動]~와 같다. ~와 닮았다」('こ-'는 無濁点표기).

93) 「すむ【住む・棲む・栖む】[4]거주하다」의 連用形「すみ」+「けり[助動]회상・과거」의 連体

里(かうじゆんり)とそ号[ごう]しける94)。

⇨ 마을 사람들이 그 허 자가 살았던 곳의 이름을 효순리라고 이름 붙였다.

❏ 人[ひと]ミな、その風(ふう)95)を、したひける、と也[なり]96)。

⇨ 사람들이 모두 그 모습을 따랐다고 한다.

形「ける」+「ところ【所・処】곳」+「の[助詞]」+「な【名】이름」.

94) 「と[助詞]」+「ぞ[係助詞]뜻을 강하게 함(문말은 連体形)」('ぞ'는 無濁点표기)+「がうす[サ変]→ごうする【号する】[サ変]이름붙이다. 명명하다. 칭하다」의 連用形「がうし」+「けり[助動]회상・과거」의 連体形「ける」(앞선 係助詞 <ぞ>에 호응).

95) ふう【風】관습. 방식. 모습.

96) 「したふ[4]→したう【慕う】[5]따르다. 그리워하다」의 連用形「したひ」+「けり[助動]회상・과거」의 連体形「ける」+「と[助詞]」+「なり[助動]단정・지정・전문(伝聞)」.

19. 王(わう)延(えん)躍(てき)魚(ぎよ)
왕연약어

☐ 晉(しん)の王延(わんえん)ハ、西河(せいか)と云[いう]ところの人[ひと]なり1)。
　⇨ 진나라의 왕 연은 서하라고 하는 곳의 사람이다.

☐ とし、わづかに九[きゅう]さいにして2)、その母[はは]に、をくれ3)、かなしミ、もだへて4)、血(ち)をもつて5)涙なみだに、かへたり6)。
　⇨ 나이 불과 아홉 살에 그 어머니를 여위고 슬퍼 몸부림치며 피로써 눈물로 바꾸었다.

☐ 日夜[にちや]つねに7)、なげきに、しづミて8)、すでに9)、いのちを、うしなハん、とす10)。

---

1) 「ひと【人】사람」+「なり[助動]단정·지정」.
2) 「とし【年·歲】나이」+「わづか→わずか【僅か·纔か】[名·副]불과」+「に[助詞]」+「きゅうさい【九歲】9세」+「に[助詞]」+「す[サ変]하다」의 連用形「し」+「て」. 「~にして」의 꼴로 현대일본어「~で」의 쓰임.
3) 「おくる[下2]→おくれる【後れる·遅れる】[下1]다른 사람에게 먼저 죽음을 당하다」의 連用形「おくれ」. 「を-」는 정서법에 어긋남.
4) 「かなしむ【悲しむ·哀しむ】[4]슬퍼하다. 가여워하다. 그리워하다」의 連用形「かなしみ」+「もだゆ[下2]→もだえる【悶える】[下1]기절하다. 기절할 정도로 고통스러워하다」의 連用形「もだえ」('-へ'는 정서법에 어긋남)+「て」.
5) 「ち【血】피」+「を[助詞]」+「もつて【以て】수단·방법. ~에 의해. ~로써」.
6) 「なみだ【涙】눈물」+「に[助詞]」+「かふ[下2]→かえる【替える·換える·代える·変える】[下1]바꾸다」의 連用形「かへ」+「たり[助動]완료·존속」.
7) 「にちや【日夜】낮과 밤. 주야로」+「つねに【常に】[副]항상. 늘. 언제나. 영구히. 변함없이」.
8) 「なげき【嘆き·歎き】[名]슬픔. 탄식. 비탄」+「に[助詞]」+「しづむ[4]→しずむ【沈む】[5]가라앉다. 잠기다」의 連用形「しづみ」+「て」.
9) すでに【既に·已に】[副]①이미. 벌써 ②모두. 남김없이 ③이제 ④틀림없이.

⇨ 밤낮으로 내내 슬픔에 잠겨 이제 목숨을 잃으려 한다.

❏ それよりのち11)も、母(はゝ)の12)死(し)せし月[つき]13)に、あたれバ14)、三十[さんじゅう]日[にち]のうちハ、朝[あさ]ゆふ15)、さけび、なきけり16)。

⇨ 그 후에도 어머니가 운명했던 달을 맞아서는 30일 동안은 아침저녁으로 부르짖으며 울었다.

❏ 父[ちち]また、のちの妻[つま]17)を、むかへたるに18)、継母(けいぼ)ト氏(ぼくし)、わうえんを、にくむ事[こと]19)はなハだし20)、しかれども21)、つゐに22)、いかり23)、うらむる心[こころ]なし24)。

⇨ 아버지가 다시 후처를 맞이했는데 계모인 복 씨는 왕 연을 미워하는 것이 심하다. 하지만 끝내 성내고 원망하는 마음이 없다.

---

10) 「いのち【命】생명」+「を[助詞]」+「うしなふ【4】→うしなう【失う】[5]잃다」의 未然形「うしなは」+「む[助動]추량」→「ん」+「と[助詞]」+「す[サ変]하다」.
11) 「それ【其・夫】[代]그, 그것」+「より[助詞]~로부터」+「のち【後】후」.
12) 「の」는 현대일본어「が」의 쓰임.
13) 「しす[サ変]→しする【死する】[サ変]죽다」의 連用形「しせ」+「き[助動]회상・과거」의 連体形「し」+「つき【月】달」.
14) 「あたる【当たる・中る】[4]해당하다. 직면하다. 시기가 되다」의 已然形「あたれ」+「ば[助詞]확정조건. 원인・이유」.
15) あさゆふ→あさゆう【朝夕】아침과 저녁. 조석. 항상. 늘.
16) 「さけぶ【叫ぶ】[4]외치다」의 連用形「さけび」+「なく【泣く・啼く】울다」의 連用形「なき」+「けり[助動]회상・과거」.
17) 「のち【後】후」+「の[助詞]」+「つま【妻】아내」. 후처.
18) 「むかふ[下2]→むかえる【迎える・邀える】[下1]맞이하다. 불러들이다. 받아들이다」의 連用形「むかへ」+「たり[助動]완료・존속」의 連体形「たる」+「に[助詞]~하니. ~하는데」.
19) 「にくむ【憎む】[4]미워하다. 싫어하다. 증오하다」의 連体形「にくむ」+「こと【事】일」.
20) はなはだし[形ク]→はなはだしい【甚だしい】[形]보통 정도를 넘다. 심하다.
21) しかれども【然れども】[接続]그렇기는 하지만. 그렇다고는 해도.
22) つひに→ついに【終に・遂に】[副]결국. 마침내.「ゐ」는 정서법에 어긋남.
23) 「いかる【怒る】[4]화내다. 노하다」의 連用形.
24) 「うらむ【恨む】[上2]원망하다」의 連体形「うらむる」+「こころ【心】마음. 뜻」+「なし【無し】[形ク]없다」.

❏ 継母(けいぼ)、あるとし25)の冬(ふゆ)、生魚(なまいを)26)を、ほしく思[おも]ひて27)、わうえんをして28)、これを、もとめしむるに29)、えざりけれバ30)、母[はは]いかりて31)、つえをとりて32)、わうえんを、うつに33)、かうべ34)、やぶれて35)、血(ち)なかれたり36)。

　⇨ 계모가 어느 해 겨울 생선을 먹고 싶어 해서 왕 연으로 하여금 이를 구하게 시켰는데 얻지 못하였기에 어머니가 화를 내며 지팡이를 집어 들어 왕 연을 치니 머리가 깨져 피가 흘렀다.

❏ わうえん、母[はは]の心[こころ]に、かなハざる事[こと]37)を、かなしミ38)、家[いえ]を出[で]て、汾河(ふんか)といふ、ながれのほとり39)に行[ゆき]て、これを、ミるに40)、寒天(かんてん)風[かぜ]あらく41)、氷(こ

---

25) 「ある【或る】[連体]어떤」+「とし【年】해」.

26) なまいを→なまいお【生魚】생선. =なまうお【生魚】.

27) 「ほし【形シク】→ほしい【欲しい】[形]손에 넣고 싶다. 자신의 소유로 삼고 싶다. 원하다」의 連用形「ほしく」+「おもふ【思ふ】[4]생각하다」의 連用形「おもひ」+「て」.

28) 「~をして[連語]」는 수단・방법의 뜻. 어떤 동작을 행하는 수단으로서의 사역(使役)의 대상을 나타낸다.

29) 「もとむ[下2]→もとめる【求める】[下1]찾다. 구하다」의 未然形「もとめ」+「しむ[助動]사역. ~시키다」의 連体形「しむる」+「に[助詞]~하니. ~하는데」.

30) 「う【得】[下2]얻다」의 未然形「え」+「ざり[助動]부정」의 連用形「ざり」+「けり[助動]회상・과거」의 已然形「けれ」+「ば[助詞]확정조건. 원인・이유」.

31) 「いかる【怒る】[4]화내다. 노하다」의 連用形「いかり」+「て」.

32) 「つゑ→つえ【杖】지팡이」+「を[助詞]」+「とる【取る】[4]손에 넣다. 취하다」의 連用形「とり」+「て」.

33) 「うつ【打つ・撃つ・撲つ】[4]때리다」의 連体形「うつ」+「に[助詞]~하니. ~하는데」.

34) かうべ→こうべ【首・頭】머리. 목.

35) 「やぶる[下2]→やぶれる【破れる】[下1]부서지다. 찢어지다」의 連用形「やぶれ」+「て」.

36) 「ち【血】피」+「ながる【流る】[下2]흐르다」의 連用形「ながれ」('-が'는 無濁点표기)+「たり[助動]완료・존속」.

37) 「こころ【心】마음. 뜻」+「に[助詞]」+「かなふ[4]→かなう【適う・叶う】[5]적합하다. 들어맞다」의 未然形「かなは」+「ざり[助動]부정」의 連体形「ざる」+「こと【事】것. 일」.

38) 「かなしむ【悲しむ・哀しむ】[4]슬퍼하다. 가여워하다」의 連用形.

39) 「ながれ【流れ】[名]흐름. 흐르는 것」+「の[助詞]」+「ほとり【辺】옆. 근처」.

40) 「みる【見る】[上1]보다」의 連体形「みる」+「に[助詞]~하니. ~하는데」.

ほり)ハ、水[みず]のおもて42)を、とぢて43)、網(あミ)ををろし44)、釣(ハリ)45)をたるべき46)、たよりなし47)。

⇨ 왕 연은 어머니의 뜻에 어긋난 것을 슬퍼하며 집을 나가 분하라고 하는 물가에 가서 이를 보니 추운 날씨에 바람이 거세고 얼음은 물 위를 뒤덮어 그물을 내리거나 낚싯바늘을 늘어뜨릴 수 있는 방도가 없다.

❏ わうえん、川[かわ]バた48)に、ひれふして49)、こほりをたゝきて50)、なきかなしミける心[こころ]の51)、孝(かう)あるところ52)、天[てん]たう53)、あはれミを、たれ給[たま]ふ故[ゆえ]にや54)、たちまちにひと

---

41) 「かんてん【寒天】추운 날의 하늘. 겨울 하늘. 추운 날씨」+「かぜ【風】바람」+「あらし[形ク]→あらい【荒い】[形]험하다. 격렬하다. 거칠다」의 連用形「あらく」.

42) 「みず【水】물」+「の[助詞]」+「おもて【表】표면. 외부」.

43) 「とづ[上2]→とじる【閉じる】[上1]막다. 가두다. 닫다」의 連用形「とぢ」+「て」.

44) 「あみ【網】그물」+「を[助詞]」+「おろす【下ろす・降ろす】[4]아래로 내리다」의 連用形「おろし」('を-'는 정서법에 어긋남).

45) 「釣」는 음으로는「ちょう」(예컨대 ちょうぎょ【釣魚】조어)로 읽고,「つる【釣る】[5]낚다」와 같은 쓰임이 있다. 요컨대「はり」로 읽는 경우는 없는데「はり【針】바늘」의 잘못일 가능성이 있다. 참고로「つりばり【釣針】낚싯바늘」도 있다.

46) 「たる[下2]→たれる【垂れる】[下1]늘어뜨리다. 내리다」의 終止形「たる」+「べし[助動]의 무・당연・추량・가능 등」의 連体形「べき」.

47) 「たより【便り・頼り】기회. 수단. 방편」+「なし【無し】[形ク]없다」.

48) 「かはばた→かわばた【川端】강가」.

49) 「ひれふす【平伏す】[4]이마가 땅에 닿을 정도로 엎드리다」의 連用形「ひれふし」+「て」.

50) 「こほり→こおり【氷・凍り】얼음」+「を[助詞]」+「たたく【叩く・敲く】[4]계속 치다. 두드리다」의 連用形「たたき」+「て」.

51) 「なく【泣く・啼く】[4]울다」의 連用形「なき」+「かなしむ【悲しむ・哀しむ】[4]슬퍼하다」의 連用形「かなしみ」+「けり[助動]회상・과거」의 連体形「ける」+「こころ【心】마음. 뜻」+「の[助詞]현대일본어〈が〉의 쓰임」.

52) 「かう→こう【孝】효」+「あり【有り】[ラ変]있다」의 連体形「ある」+「ところ【所・処】곳. 부분」.

53) 「てんたう→てんとう【天道】천지를 주재하는 신(神). 천제(天帝)」.「てんだう→てんどう【天道】우주의 이치(조리)」로 볼 수도 있다(이 경우 無濁点표기).

54) 「あはれみ→あわれみ【哀れみ・憐れみ・憫れみ】[名]불쌍해함. 동정함. 자비를 베품」+「を[助詞]」+「たる[下2]→たれる【垂れる】[下1]늘어뜨리다. 나타내다」의 連用形「たれ」+「たまふ【給ふ】[助動]존경. ~하시다」의 連体形「たまふ」+「ゆゑ→ゆえ【故】이유. 원인('-ベ

つの魚(うを)あり56)、そのたけ57)五尺(しやく)ばかりなるが58)、ミづから59)、をどりて60)、氷(こほり)のうへに出[いで]たり61)。

⇨ 왕 연이 강가에 엎드려 얼음을 두드리며 울며 슬퍼한 마음에 효가 있는바 하늘이 자비를 내리셨기 때문인지 홀연히 한 마리 물고기가 있는데 그 길이가 5척 남짓인 것이 스스로 뛰어올라 얼음 위로 나왔다.

❏ わうえん大[おおい]に62)、よろこび63)、すなハち64)、とりてかへり65)、なます66)に、つくりて67)、母[はは]に、すゝむ68)。

⇨ 왕 연이 크게 기뻐하며 곧바로 가지고 돌아가 회로 만들어서 어머니에게 권한다.

❏ 母[はは]、これを食(しよく)するに69)、日[ひ]を重(かさ)ぬれども70)、さ

는 정서법에 어긋남」+「にや(〈なり[助動]단정〉의 連用形〈に〉+〈や[係助詞]의문·질문〉의 형태)~인 것인가」.

55) たちまち【忽ち】[名·副]갑자기. 느닷없이. 「に」와 함께 부사적 쓰임.
56) 「うを→うお【魚】물고기」+「あり【有り】[ラ変]있다」의 連用形「あり」.
57) たけ【丈·長】길이.
58) 「ばかり【許り】[助詞]정도. 남짓」+「なり[助動]단정·지정」의 連体形「なる」+「が[助詞]」.
59) みづから→みずから【自ら】[名]자기 자신. 나. [副]스스로. 친히.
60) 「をどる[4]→おどる【躍る】[5]뛰어오르다. 도약하다」의 連用形「をどり」+「て」.
61) 「うへ→うえ【上】위」+「に[助詞]」「いづ【出づ】[下2]나오다」의 連用形「いで」+「たり[助動]완료·존속」.
62) おおいに【大いに】[副]매우. 몹시. 많이.
63) 「よろこぶ【喜ぶ·悦ぶ】[4]기뻐하다」의 連用形.
64) すなはち→すなわち【即ち·則ち】[副]곧바로. 즉시. 그래서. 즉.
65) 「とる【取る】[4]손에 넣다. 취하다」의 連用形「とり」+「て」+「かへる[4]→かえる【帰る·還る】[5]돌아가다」의 連用形「かへり」.
66) なます【膾·鱠】①어패류나 짐승 따위의 생살을 잘게 썬 것 ②얇게 썬 생선살을 식초에 담근 식품.
67) 「つくる【作る·造る】[4]만들다」의 連用形「つくり」+「て」.
68) すすむ[下2]→すすめる【勧める·奨める·薦める】[下1]권하다. 추천하다.
69) 「しよくす[サ変]→しよくする【食する】[サ変]먹다」의 連体形「しよくする」+「に[助詞]~하니. ~하는데」.
70) 「ひ【日】날」+「を[助詞]」+「かさぬ[下2]→かさねる【重ねる】[下1]쌓다. 반복하다」의 已然形「かさぬれ」+「ども[助詞]역접」.

らに71)、つくる事[こと]なし72)。

⇨ 어머니가 이를 먹으니 날을 거듭해도 전혀 쇠진하는 일이 없다.

❑ こゝにおひて73)、継母(けいぼ)も、わうえんが、かう〲なる事[こと]74)を、さとりしりて75)、それよりのち76)ハ、いつくしミ77)、そだつる事[こと]78)、ひたすら79)、をのれ80)が、うみたる子[こ]のごとくせり81)。

⇨ 이에 계모도 왕 연이 효행임을 깨달아 알아서 그 이후에는 사랑스러워하고 키우는 일을 오로지 자신이 낳은 아이처럼 했다.

❑ しかるに82)、おやに、つかへて83)、年[とし]をふれども84)、心[こころ]ざし85)、たゆむ事[こと]なく86)、をのれが、つかれ87)を、かへりミ

---

71) さらに【更に】[副]①또한. 거듭. 더욱 ②강한 부정. 절대로 ~가 아니다. 전혀 ~지 않다.

72) 「つく[上2]→つきる【尽きる・歇きる・竭きる】[上1]끝나다. 극한에 도달하다. 소진되다」의 連体形「つくる」+「こと【事】것. 일」+「なし【無し】[形ク]없다」

73) ここにおいて【此に於て】[接続]이때에. 이때를 당하여. 이 때문에. 「-ひ」는 정서법에 어긋남.

74) 「かうかう→こうこう【孝行】효행」+「なり[助動]단정・지정」의 連体形「なる」+「こと【事】것. 일」.

75) 「さとる【悟る・覚る】[4]깨닫다. 알아차리다」의 連用形「さとり」+「しる【知る】[4]알다」의 連用形「しり」+「て」.

76) 「それ【其・夫】[代]그. 그것」+「より[助詞]~로부터」+「のち【後】후」.

77) 「いつくしむ【慈しむ】[4]사랑하다. 귀여워하다. 소중히 여기다」의 連用形.

78) 「そだつ[下2]→そだてる【育てる】[下1]키우다. 양육하다. 가르쳐 이끌다」의 連体形「そだつる」+「こと【事】것. 일」.

79) ひたすら【頓・一向・只管】[副]오직. 오로지. 완전히.

80) おのれ【己】[代]①나. 자신 ②너. 자네. 「を-」는 정서법에 어긋남.

81) 「うむ【生む・産む】[4]낳다」의 連用形「うみ」+「たり[助動]완료・존속」의 連体形「たる」+「こ【子】아이. 자식」+「の[助詞]」+「ごとし【如し】[助動]~와 같다」의 連用形「ごとく」+「す[サ変]하다」의 命令形「せ」+「り[助動]완료・존속」.

82) しかるに【然るに】[接続]그런데. 하지만. 그건 그렇고.

83) 「おや【親】부모」+「に[助詞]」+「つかふ【仕ふ】[下2]윗사람 가까이에서 섬기다. 모시다」의 連用形「つかへ」+「て」.

84) 「とし【年】해」+「を[助詞]」+「ふ[下2]→へる【経る】[下1]경과하다」의 已然形「ふれ」+「ども[助詞]역접」

85) こころざし【志】마음이 향하는 바. 의향. 뜻. 호의.

ず88)、夏(なつ)ハ、すなハち89)、床(ゆか)をあふぎて90)、むしろを、すゞしめ91)、冬[ふゆ]ハ、また、わか身[み]をもつて92)、ふすまを、あたゝむ93)。

⇨ 그런데 부모를 섬기며 몇 해를 지났지만 마음가짐이 느슨해지는 일이 없고 자신의 고단함을 돌아보지 않는다. 여름에는 곧 침소를 부채질하여 자리를 서늘하게 하고, 겨울에는 또한 자기 몸으로써 이불을 따뜻하게 한다.

❏ 盛夏(せいか)94)の天[そら]95)、厳寒(げんかん)の風[かぜ]96)にも、わか身[み]97)さらに98)、まつたき99)衣[きぬ]なし100)、やぶれたる101)、うづら

---

86) 「たゆむ【弛む】[4]게으리 하다. 방심하다. 느슨해지다」의 連体形「たゆむ」+「こと【事】것. 일」+「なし【無し】[形ク]없다」의 連用形「なく」.

87) 「おのれ【己】[代]나. 자신」('を-'는 정서법에 어긋남)+「が[助詞]현대일본어〈の〉의 쓰임」+「つかれ【疲れ】[名]피로」.

88) 「かへりみる【顧みる・省みる】[上1]되돌아보다. 회상하다. 반성하다. 걱정하다. 돌보다」의 未然形「かへりみ」+「ず[助動]부정」.

89) すなはち→すなわち【即ち・則ち】[副]곧바로. 즉시. 그래서. 즉.

90) 「ゆか【床・牀】마루. 침실」+「を[助詞]」+「あふぐ[4]→あおぐ【扇ぐ・煽ぐ】[5]부채 따위로 바람을 일으키다」의 連用形「あふぎ」+「て」.

91) 「むしろ【筵・席・蓆・莚】깔개. 자리」+「を[助詞]」+「すずしむ【涼しむ・清しむ】[下2]서늘하게 하다. 깨끗하게 하다」의 連用形「すずしめ」.

92) 「わが【我が・吾が】[連体]나의. 자신의」('-が는 無濁点표기)+「み【身】몸」+「を[助詞]」+「もつて【以て】(助詞「を」에 이어져서)수단이나 방법 등을 나타냄. ~에 의해. ~로써」.

93) 「ふすま【衾・被】이불」+「を[助詞]」+「あたたむ[下2]→あたためる【暖める・温める】[下1]따뜻하게 하다」의 終止形「あたたむ」.

94) せいか【盛夏】한여름.

95) 「天」은 본서의〈1. 閔損単衣(민손단의)〉에서 밝힌 이유로「そら」로 읽고 뜻은 '날씨' '계절'로 풀이한다.

96) 「げんかん【厳寒】겨울의 심한 추위」+「の[助詞]」+「かぜ【風】바람」.

97) 「わが【我が・吾が】[連体]나의. 자신의」('-が는 無濁点표기)+「み【身】몸」.

98) さらに【更に】[副]①또한. 거듭. 더욱 ②강한 부정. 절대로 ~가 아니다. 전혀 ~지 않다.

99) 「まつたし[形ク]→まったい【全い】[形]충분하다. 완전하다. 갖추어지다. 안전하다」의 連体形「まったき」.

100) 「きぬ【衣】옷」+「なし【無し】[形ク]없다」.

101) 「やぶる[下2]→やぶれる【破れる】[下1]부서지다. 찢어지다」의 連用形「やぶれ」+「たり[助動]완료・존속」의 連体形「たる」.

衣[ごろも]102)、すそミじかく103)、袖[そで]さむけれども104)、うれへと、せず105)。

⇨ 한여름의 날씨와 한겨울의 바람에도 자기 몸에는 전혀 갖추어진 옷이 없다. 찢어진 남루한 옷에 옷자락이 짧고 소매가 추웠지만 근심으로 여기지 않는다.

❏ ミづから106)、つねに107)、麁食(そしゐ)108)をくらへども109)、親(おや)にハ、かならず110)滋味(しミ)の膳(ぜん)111)を、そなふ112)。

⇨ 자신은 늘 변변치 않는 음식을 먹더라도 부모에게는 반드시 맛난 음식을 올린다.

❏ 父母[ふぼ]むなしく、なれるのち113)ハ、水食(すいしよく)114)くちにいらず115)、悲(かな)しミうれへて116)、はだえ、かしけたり117)。

---

102) うづらごろも→うずらごろも【鶉衣】누더기 옷.

103) 「すそ【裾】옷의 아래 끄트머리. 옷자락」+「みじかし【短し】[形ク]짧다」의 連用形「みじかく」.

104) 「そで【袖】소매」+「さむし【寒し】[形ク]춥다」의 已然形「さむけれ」+「ども[助詞]역접」.

105) 「うれへ→うれえ【憂え・愁え】[名]슬픔. 우려. 근심」+「と[助詞]」+「す[サ変]하다」의 未然形「せ」+「ず[助動]부정」.

106) みづから→みずから【自ら】[名]자기 자신. 나. [副]스스로. 친히.

107) つねに【常に】[副]항상. 늘. 언제나. 영구히. 변함없이.

108) 「麁食」는 「そじき」 또는 「そしよく」로 읽는다. 이는 「粗食」와 같은 말로 「변변치 않은 음식」의 뜻이다. 한편 「そしい」는 「疎食・疏食・蔬食」와 같은 한자어를 가리키며 뜻은 「粗食」와 같다. 「そしゐ」는 「そしい」의 잘못으로 보인다.

109) 「くらふ[4]→くらう【食らう】[5]'먹다'의 속된 표현」의 已然形「くらへ」+「ども[助詞]역접」.

110) かならず【必ず】[副]꼭. 반드시.

111) 「じみ【滋味】자미. 맛난 맛. 자양분이 있는 음식」('し-'는 無濁点표기)+「の[助詞]」+「ぜん【膳】음식. 상」.

112) そなふ[下2]→そなえる【供える】[下1]올리다. 음식을 준비하여 드리다.

113) 「むなし[形シク]→むなしい【空しい・虚しい】[形]덧없다. 무상하다. 죽었다」의 連用形「むなしく」+「なる【成る・為る】[4]되다」의 命令形「なれ」+「り[助動]완료・존속」의 連体形「る」+「のち【後】후」.

114) 「水食」이 '물과 음식'의 뜻이라면 현재 「すいじき」로 읽는다. 이를 「すいしよく」로 읽는 것은 다른 뜻.

115) 「くち【口】입」+「に[助詞]」+「いる【入る】[4]넣다」의 未然形「いら」+「ず[助動]부정」('す는 無濁点표기).

116) 「かなしむ【悲しむ・哀しむ】[4]슬퍼하다. 가여워하다」의 連用形「かなしみ」+「うれふ[下2]

⇨ 부모가 운명한 이후에는 물과 음식을 입에 넣지 않고 슬퍼 근심하여 살갗이 까칠해 졌다.

❏ 塚(つか)のほとりに118)、いほりをむすびて119)、あしたゆふへ120)に、つかふる事[こと]121)、猶なお122)いけるときのことし123)。

⇨ 무덤가에 초막을 짓고 아침저녁으로 섬기는 것이 여전히 살아있을 때와 같다.

→うれえる【憂える·愁える·患える】[下1]한탄하다. 걱정하다」의 連用形「うれへ」+「て」.

117) 「はだへ→はだえ【肌·膚】피부」('-え'는 歷史的仮名遣에 어긋남)+「かじく[下2]→かじける【悴ける】[下1]수척해지다. 생기를 잃다」의 連用形「かじけ」('-し-'는 無濁点표기)+「たり[助動]완료·존속」.

118) 「つか【塚·冢】무덤. 묘」+「の[助詞]」+「ほとり【辺】옆. 근처」.

119) 「いほり→いおり【庵·廬】풀이나 나무 따위로 만든 허름한 집. 오두막집」+「を[助詞]」+「むすぶ【結ぶ】[4]매다. 묶다. 잇다. 매듭을 짓다」의 連用形「むすび」+「て」. 「いほりをむすぶ」는 '풀로 엮어 집을 짓다'는 뜻으로 풀이된다.

120) あしたゆふべ→あしたゆうべ【朝夕】조석. 아침과 저녁. 언제나. 「-へ」는 無濁点표기.

121) 「つかふ【仕ふ】[下2]윗사람 가까이에서 섬기다. 모시다」의 連体形「つかふる」+「こと【事】것. 일」.

122) なほ→なお【猶·尚】[副]원래대로. 여전히. 역시. 그래도. 재차. 점점.

123) 「いく【生く】[4]살다. 생존하다」의 命令形「いけ」+「り[助動]완료·존속」의 連体形「る」+「とき【時】때」+「の[助詞]」+「ごとし【如し】[助動]~와 같다. ~와 닮았다」('こ-'는 無濁点표기).

20. 潘(はん)綜(そう)救(すくふ)ル父(ちゝを)
반종이 아버지를 구하다

❏ 晉(しん)の潘綜(はんそう)ハ、呉興(ごけう)と、いふところの人[ひと]なり1)。
  ⇨ 진나라의 반 종은 오흥이라 하는 곳의 사람이다.

❏ 父[ちち]の名[な]ハ、潘驃(はんへう)とぞいひける2)。
  ⇨ 아버지의 이름은 반 표라 했다.

❏ そのころ、孫恩(そんをん)と云[いい]けるもの3)、乱(らん)をおこして4)、国[くに]をおびやかし5)、兵(つはもの)6)四[し]方(ハう)に、はせちりて7)、呉興(ごけう)まで、せめいりけれは8)、いくさ9)、すでに10)、やぶれて11)、人[ひと]ミな、にげまどひけり12)。

---

1) 「ひと【人】사람」+「なり[助動]단정・지정」.
2) 「と[助詞]」+「ぞ[係助詞]뜻을 강하게 함. 문말은 連体形」+「いふ【言ふ・云ふ】[4]말하다」의 連用形「いひ」+「けり[助動]회상・과거」의 連体形「ける」('ぞ에 호응).
3) 「と[助詞]」+「いふ【言ふ・云ふ】[4]말하다」의 連用形「いひ」+「けり[助動]회상・과거」의 連体形「ける」+「もの【者】사람」.
4) 「らん【乱】난. 전쟁. 소동」+「を[助詞]」+「おこす【起こす・興す】[4]일으키다」의 連用形「おこし」+「て」.
5) 「おびやかす【脅かす】[4]위협하다」의 連用形.
6) つはもの→つわもの【兵】무기. 병사. 용사.
7) 「はす[下2]→はせる【馳せる】[下1]내달리다. 뛰다. 달리게 하다」+「ちる【散る】[4]떨어지다. 흩어지다」의 連用形「ちり」+「て」.
8) 「せめいる【攻め入る】[4]진격하여 적진에 들어가다」의 連用形「せめいり」+「けり[助動]회상・과거」의 已然形「けれ」+「ば[助詞]확정조건. 원인・이유」('ば는 無濁点표기)
9) いくさ【軍・戦】전쟁. 싸움.
10) すでに【既に・已に】[副]①이미. 벌써 ②모두. 남김없이 ③이제 ④틀림없이.

⇨ 그 무렵 손 은이라 하는 자가 난을 일으켜 나라를 위협하여 병사가 사방으로 흩어져 내달려 오흥까지 닥쳐드니 싸움에 이미 패하여 사람들이 모두 달아나려 허둥거렸다.

❑ 潘綜(はんそう)わが父[ちち]と、もろともに13)、家[いえ]をにげ出[いで]けれ共[ども]14)、父[ちち]の潘綜(はんそう)15)、とし老(おひ)て16)、道[みち]をゆく事[こと]17)、きハめて18)、をそし19)。

⇨ 반 종은 자기 아버지와 함께 집을 도망쳐 나왔지만 아버지인 반 표는 나이 늙어 길을 가는 것이 몹시 느리다.

❑ つハものども20)、にぐるを、をふて21)、これを、ころし22)、たからを、うばひ23)、衣装(いしやう)をはぎとりけるに24)、跡(あと)25)より、

---

11) 「やぶる[下2]→やぶれる【破れる·敗れる】[下1]①찢어지다 ②패하다」의 連用形「やぶれ」+「て」.

12) 「にげまどふ[4]→にげまどう【逃げ惑う】[5]도망치려 하여 허둥대다」의 連用形「にげまどひ」+「けり[助動]회상·과거」.

13) 「もろとも【諸共】함께. 동시」.「もろともに」의 형태로 부사적으로 쓰이는 경우도 있다.

14) 「にぐ[下2]→にげる【逃げる】[下1]도망치다」+「いづ【出づ】[下2]나가다」의 連用形「いで」+「けり[助動]회상·과거」의 已然形「けれ」+「ども[助詞]역접」.

15) 「父の」의「の」가 동격을 나타내는 쓰임이므로 문맥상「潘驃(반표)」의 잘못으로 보인다.

16) 「とし【年·歲】나이」+「おゆ[上2]→おいる【老いる】[上1]늙다」의 連用形「おい」('-ひ'는 정서법에 어긋남)+「て」.

17) 「みち【道】길」+「を[助詞]」+「ゆく【行く】[4]가다」의 連体形「ゆく」+「こと【事】것. 일」.

18) きはめて→きわめて【極めて】[副]더할 나위 없이. 몹시.

19) おそし[形ク]→おそい【遅い】[形]늦다. 느리다.「を-」는 정서법에 어긋남.

20) 「つはもの【兵】병사」+「ども【共】[接尾]복수(複數)의 뜻. ~들」.

21) 「にぐ【逃ぐ】[下2]도망치다」의 連体形「にぐる」+「を[助詞]」+「おふ[4]→おう【追う·逐う】[5]쫓다」('を-'는 정서법에 어긋남)+「て」.

22) 「ころす【殺す】[4]죽이다」의 連用形.

23) 「たから【宝·財·貨·幣】보물. 소중한 재산. 금전. 재화」+「を[助詞]」+「うばふ[4]→うばう【奪う】[5]빼앗다」의 連用形「うばひ」.

24) 「いしやう→いしょう【衣裳·衣装】의상. 옷. 의복」+「を[助詞]」+「はぎとる【剥ぎ取る】[4]남이 입고 있는 옷을 벗겨 탈취하다」의 連用形「はぎとり」+「けり[助動]회상·과거」의 連体形「ける」+「に[助詞]~하니. ~하는데」.

25) 「あと」는「後」나「跡」을 읽은 것인데,「後」는「시간적·공간적 후」,「跡」는「발자취. 흔적」의 뜻이다. 따라서 문맥상「後」가 기대되는 부분이다.

をひけるもの26)、しきりに27)、まぢかく28)、せめきたりけり29)。

⇨ 병사들이 도망치는 것을 쫓아가 이를 죽이고 재물을 빼앗고 옷을 벗겨 노략질하니, 뒤에서 추격했던 자가 바로 가까이 닥쳐왔다.

❏ 潘驃(はんへう)、わが子[こ]の潘綜(はんそう)に、かたりて、いはく30)、「賊(ぞく)31)すでに32)、うしろに、せまりて33)、わがあし34)、やうやく35)、つかれたり36)、おそらくハ37)、にげのぶるに38)、ちからなし39)。

⇨ 반 표는 자기 아들인 반 종에게 말하여 이르길 "반란군이 이미 뒤에 닥쳤는데 내 발은 갈수록 지쳤다. 아마도 달아나 난을 면하기에 기력이 없다.

❏ なんぢ40)、すミやかに41)我われ]を、すてゝ42)、一[ひと]あし43)も、は

---

26) 「おふ【追ふ・逐ふ】[4]쫓다」의 連用形 「おひ」(を-'는 정서법에 어긋남)+「けり[助動]회상·과거」의 連體形 「ける」+「もの【者】사람」.

27) しきりに【頻りに】[副]계속해서. 연신. 심히.

28) 「まぢかし[形ク]→まぢかい【間近】[形]시간이나 거리 따위의 간격이 좁아지다」의 連用形.

29) 「せむ[下2]→せめる【攻める】[下1]다가와 압박하다. 공격하다」의 連用形「せめ」+「きたる【来る】[4]오다」의 連用形「きたり」+「けり[助動]회상·과거」.

30) 「かたる【語る】[4]들려주다. 말하다」의 連用形「かたり」+「て」+「いはく【曰く】말하길」.

31) ぞく【賊】 도둑. 불충한 자. 반역한 자. 악행을 저지르는 자.

32) すでに【既に・已に】[副]①이미. 벌써 ②모두. 남김없이 ③이제 ④틀림없이.

33) 「うしろ【後ろ】뒤」+「に[助詞]」+「せまる【迫る・逼る】[4]박두하다. 다가오다」의 連用形「せまり」+「て」.

34) 「わが【我が・吾が】[連体]나의. 자신의」+「あし【足・脚】다리」.

35) やうやく→ようやく【漸く】[副]점차. 차츰. 겨우.

36) 「つかる[下2]→つかれる【疲れる】[下1]지치다. 약해지다」의 連用形 「つかれ」+「たり[助動]완료·존속」.

37) おそらくは【恐らくは】[副]아마. 분명. 생각건대.

38) 「にげのぶ[上2]→にげのびる【逃げ延びる】[上1]멀리 도망쳐서 난을 면하다」의 連体形「にげのぶる」+「に[助詞]~하니. ~하는데」.

39) 「ちから【力】힘. 기운」+「なし【無し】[形ク]없다」.

40) なんぢ→なんじ【汝・爾】[代]아랫사람을 가리키는 말.

41) 「すみやか【速やか】[形動ナリ]빠르다. 신속하다」의 連用形,

しりさりて[44]、いのちを、たすかるべし[45]、かまへて[46]、我(われ)とゝもに[47]、死(し)する事(こと)なかれ[48]。今(いま)ハ、一(ひと)あしも、ひかれず[49]。」とて[50]、道(みち)のほとり[51]に、たをれふしたり[52]。

⇨ 너는 어서 나를 버리고 한 걸음이라도 달아나서 목숨을 구해야 할 것이다. 결단코 나와 함께 죽는 일이 없도록 하라. 이제는 한 걸음도 끌 수 없다."라 하며 길가에 쓰러져 드러누웠다.

❑ 潘綜(はんそう)、「いかでか[53]、めのまへ[54]に、賊(ぞく)のために[55]、父(ちち)をうたせて[56]、われ命(いのち)いきて[57]、なにゝかせん[58]。」と

---

42) 「われ【我・吾】[代]1인칭. 나. 자신」+「を[助詞]」+「すつ【捨つ・棄つ】[下2]버리다」의 連用形「すて」+「て」.

43) ひとあし【一足】한발. 한걸음.

44) 「はしる【走る・奔る】[4]뛰다. 달리다」의 連用形「はしり」+「さる【去る・避る】[4]떠나다. 피하다. 멀리하다」의 連用形「さり」+「て」.

45) 「いのち【命】목숨」+「を[助詞]」+「たすかる【助かる】[4]재난・죽음 따위를 면하다」의 終止形「たすかる」+「べし[助動]의무・당연・추량・가능 등」.

46) かまへて→かまえて【構えて】[副]①준비하여 ②필시. 분명 ③(뒤에 금지)결코. 절대로.

47) 「われ【我・吾】[代]나. 자신」+「と[助詞]」+「ともに【共に・俱に】함께. 동반하여. 동시에」.

48) 「しす[サ変]→しする【死する】[サ変]죽다」의 連体形「しする」+「こと【事】일」+「なし【無し】[形ク]없다」의 命令形「なかれ」(금지).

49) 「ひく【引く・曳く・牽く】[4]끌다」의 未然形「ひか」+「る[助動]수동・가능」의 未然形「れ」+「ず[助動]부정」.

50) とて[助詞]인용. ~라 해서. ~라는 것으로. ~라는 이름으로.

51) 「みち【道】길」+「の[助詞]」+「ほとり【辺】옆. 근처」.

52) 「たふれふす[4]→たおれふす【倒れ臥す】[5]쓰러져서 눕다」의 連用形「たふれふし」('-を-'는 정서법에 어긋남)+「たり[助動]완료・존속」.

53) いかでか【如何でか・争でか】[副]어찌. 문말과 호응하여 '어찌 ~하겠는가?'의 뜻. 문말에는 連体形이 쓰인다.

54) めのまへ→めのまえ【目の前】눈앞. 목전.

55) 「ぞく【賊】도적」+「の[助詞]」+「ため【為】위해. ~때문」+「に[助詞]」.

56) 「うつ【打つ・討つ・撃つ】[4]치다. 쓰러뜨리다. 죽이다」의 未然形「うた」+「す[助動]사역(~시키다). 방임(~하게 내버려두다)」의 連用形「せ」+「て」.

57) 「われ【我・吾】나. 자신」+「いのち【命】목숨」+「いく[上2]→いきる【生きる・活きる】[上1]살다. 생존하다」의 連用形「いき」+「て」.

58) 「なに【何】[代]어떤. 무엇」+「に[助詞]」+「か[係助詞]의문(문말은 連体形)」+「す[サ変]하

て59)、
⇨ 반 종은 "어찌 눈앞에 반란군 때문에 아버지를 죽이도록 내버려두고 내 목숨 살아서 무엇 하겠는가?"라며,

❑ おなじく60)、父[ちち]がほとり61)にとゞまり62)、ミづから63)、賊(ぞく)にむかひて64)、かうべを、たゝきて、いはく65)、「ねがハくは66)、いのちを、たすけ給[たま]へ67)。」と、いふ。
⇨ 마찬가지로 아버지 곁에 머물러 스스로 반란군을 향해 자기 머리를 치며 이르길 "바라기는 목숨을 살려주십시오."라고 한다.

❑ 父[ちち]また、いはく68)、「この、おさなきもの69)、足(あし)はなハだ70)、はやし71)、はしりにげんこと72)、やすし73)、と、いへども74)、

다」의 未然形「せ」+「む[助動]추량·의지」의 連体形「む」→「ん」.
59) とて[助詞]인용. ~라 해서. ~라는 것으로. ~라는 이름으로.
60) 「おなじ【同じ】[形シク]같다. 동일하다」의 連用形. 「同じく」의 형태로 접속사로 쓰이는 용법만 남아있다.
61) 「ちち【父】아버지」+「が[助詞]현대일본어〈の〉의 쓰임」+「ほとり【辺】옆. 근처」.
62) 「とどまる【止まる·留まる·停まる】[4]멈추다. 머물다」의 連用形.
63) みづから → みずから【自ら】[名]자기 자신. 나. [副]스스로. 친히.
64) 「むかふ[4] → むかう【向かう·対う】[5]향하다. 나아가다」의 連用形「むかひ」+「て」.
65) 「かうべ → こうべ【首·頭】머리. 목」+「を[助詞]」+「たたく【叩く·敲く】[4]거듭 치다. 때리다」의 連用形「たたき」+「て」+「いはく【曰く】말하길」.
66) ねがハくは → ねがわくは【願わくは】[副]바라기는. 원하기는.
67) 「いのち【命】목숨」+「を[助詞]」+「たすく[下2] → たすける【助ける·輔ける·扶ける】[下1]돕다. 구조하다」의 連用形「たすけ」+「たまふ【給ふ】[助動]존경」의 命令形「たまへ」.
68) いはく → いわく【曰く】말하길. 이르길. 가로되.
69) をさなし[形ク] → おさない【幼い】[形]어리다. 미숙하다. 어리석다」의 連体形「をさなき」('お'는 歴史的仮名遣에 어긋남)+「もの【者】사람」.
70) はなはだ【甚だ】[副]매우. 몹시. 대단히. 현저히.
71) はやし【速し·疾し·捷し】[形ク]빠르다.
72) 「はしる【走る·奔る】[4]뛰다. 달리다」의 連用形「はしり」+「にぐ【逃ぐ】[下2]도망치다」의 未然形「にげ」+「む[助動]추량·의지」→「ん」+「こと【事】것. 일」.
73) やすし[形ク] → やすい【安い·易い】[形]쉽다. 간단하다.
74) いへども → いえども【雖も】[連語]~하지만. ~해도.

我われ]年(とし)すでに75)、たけて76)、あし、きハまりて77)、ゆく事こと]あたハざるが故(ゆへ)に78)、われと、おなじく79)、爰(こゝ)に、とゞまれり80)。

⇨ 아버지가 다시 이르길 "이 어린아이는 발이 매우 빠르다. 내달려 달아나는 일은 쉽다고 하지만, 나는 나이 이미 늙어 다리가 한계에 이르러 갈 수 없기 때문에 나와 같이 여기에 머물러 있다.

❏ われ、さらに81)、いのちを、おしまず82)、ねがハくは83)、あはれミを たれて84)、わが子(こ)のいのちを、たすけ給[たま]へ85)。」と、手[て]を あはせて86)、わび事[ごと]しけり87)。

⇨ 나는 결코 목숨을 아까워하지 않는다. 바라기는 자비를 베풀어 내 아이의 목숨을 살

---

75) すでに【既に·已に】[副]①이미. 벌써 ②모두. 남김없이 ③이제 ④틀림없이.
76) 「たく[下2] → たける【長ける·闌ける】[下1]높아지다. 나이 들다」의 連用形 「たけ」+「て」.
77) 「あし【足·脚】다리」+「きはまる[4]→きわまる【極まる·窮まる】[5]한도에 도달하다. 궁하다」의 連用形 「きはまり」+「て」.
78) 「ゆく【行く】[4]가다」의 連体形 「ゆく」+「こと【事】일」+「あたふ[4] → あたう【能う·適う】[5]할 수 있다. 적합하다」의 未然形 「あたは」+「ざり[助動]부정」의 連体形 「ざる」+「が [助詞]」+「ゆゑ → ゆえ【故】~때문」('-へ'는 정서법에 어긋남)+「に[助詞]」('ゆえに'의 형태로 '~이므로' '~인 고로').
79) 「おなじ【同じ】[形シク]같다. 동일하다」의 連用形.
80) 「ここ【此処·此所·此·是·爰】[代]여기」+「に[助詞]」+「とどまる【止まる·留まる·停まる】[4] 멈추다. 머물다」의 命令形 「とどまれ」+「り[助動]완료·존속」.
81) さらに【更に】[副]①또한. 거듭. 더욱 ②강한 부정. 절대로 ~가 아니다. 전혀 ~지 않다.
82) 「をしむ[4] → おしむ【惜しむ】[5]버리기 어려워하다. 아까워하다」의 未然形 「をしま」('お는 정서법에 어긋남)+「ず[助動]부정」.
83) ねがはくは → ねがわくは【願わくは】[副]바라기는. 원하기는.
84) 「あはれみ → あわれみ【哀れみ·憐れみ·憫れみ】[名]불쌍해함. 동정함. 자비를 베풂」+「を[助詞]」+「たる[下2] → たれる【垂れる】[下1]늘어뜨리다. 나타내다」의 連用形 「たれ」+「て」.
85) 「たすく[下2] → たすける【助ける·輔ける·扶ける】[下1]돕다. 구조하다」의 連用形 「たすけ」+「たまふ【給ふ】[助動]존경」의 命令形 「たまへ」.
86) 「て【手】손」+「を[助詞]」+「あはす[下2] → あわせる【合わせる·併せる】[下1]모으다. 합치다」의 連用形 「あはせ」+「て」.
87) 「わびごと【佗事·詫び事】비는 일. 사죄」+「す[サ変]하다」의 連用形 「し」+「けり[助動]회상·과거」.

려주십시오."라고 손을 모아 빌었다.

❏ 賊(ぞく)、すてに[88]立[たち]むかひて[89]、劍(けん)をふりて[90]、父[ちち]をきる[91]。

　⇨ 반란군은 벌써 마주서서 칼을 휘둘러 아버지를 벤다.

❏ 潘綜(はんそう)、ミつから[92]、父[ちち]を腹(はら)のしたに、いだきて[93]、これをふせぐ[94]。

　⇨ 반 종은 자신이 아버지를 배 밑에 껴안고 이를 가로막는다.

❏ 賊(ぞく)、なさけなく[95]、又[また]、潘綜(はんそう)をきる事[こと][96]、四[よん]ところに、をよぶ[97]、ながるゝ血(ち)[98]ハ、雨[あめ]のごとし[99]。

　⇨ 반란군은 인정사정없이 또한 반종을 베는 것이 네 곳에 이른다. 흐르는 피는 비와 같다.

❏ 潘綜(はんそう)すてに[100]、まなこくらみ[101]、心[こころ]きえて[102]、父

---

88) 「すてに」는 「すでに【既に・已に】[副]①이미. 벌써 ②모두. 남김없이 ③이제 ④틀림없이」('-て-'는 無濁点표기)로 볼 수 있겠다. 다만 여기에서는 문맥상 「すで【素手】맨손. 빈손」으로 풀이할 여지 역시 있다. 이 경우에도 「-て」는 無濁点표기.

89) 「たちむかふ[4]→たちむかう【立ち向かう】[5]서서 향하다. 대항하다」의 連用形 「たちむかひ」+「て」.

90) 「ふる【振る】[4]흔들다. 움직이다」의 連用形 「ふり」+「て」.

91) きる【切る・斬る】[4]자르다. 베다.

92) 「みづから→みずから【自ら】[名]자기 자신. 나. [副]스스로. 친히」. 「-つ」는 無濁点표기.

93) 「はら【腹】배」+「の[助詞]」+「した【下】아래」+「に[助詞]」+「いだく【抱く】[4]품다」의 連用形 「いだき」+「て」.

94) ふせぐ【防ぐ・拒ぐ】[4]막다. 지키다.

95) 「なさけなし[形ク]→なさけない【情け無い】[形]매정하다. 동정심이 없다」의 連用形.

96) 「きる【切る・斬る】[4]자르다. 베다」의 連体形 「きる」+「こと【事】것. 일」.

97) およぶ【及ぶ】[4]어떤 때나 장소 등에 다다르다. 도달하다. 「を-」는 정서법에 어긋남.

98) 「ながる[下2]→ながれる【流れる】[下1]흐르다」의 連体形 「ながるる」+「ち【血】피」.

99) 「あめ【雨】비」+「の[助詞]」+「ごとし【如し】[助動]~와 같다. ~와 닮았다」.

100) すでに【既に・已に】[副]①이미. 벌써 ②모두. 남김없이 ③이제 ④틀림없이. 「-て-」는 無濁点표기.

[ちち]がうへ103)に、ふしながら104)、たえいりけり105)。

⇨ 반 종은 이미 눈이 어두워지고 정신을 잃어 아버지 위에 엎드린 채로 절명했다.

❏ その賊(ぞく)のなかに、情(なさけ)あるもの106)、此[この]有様[ありさま]を、かんじて107)、衆(もろ＼／)108)に、かたりて、いはく109)、「この小児(せうに)110)、わか身命(しんミやう)をわすれて111)、父[ちち]をたすけん、とす112)。

⇨ 그 반란군 가운데 인정이 있는 자가 이런 모습에 감복하여 무리들에게 말하여 이르길 "이 어린아이는 자신의 신명을 잊고 아버지를 살리고자 한다.

❏ かゝる113)、かう＼／の子[こ]114)を、ころせバ115)、不祥(ふしやう)の瑞

---

101) 「まなこ【眼】안구. 눈. 검은자위」+「くらむ【暗む・眩む】[4]어두워지다. 보이지 않게 되다」의 連用形「くらみ」.

102) 「こころ【心】마음. 생각. 뜻」+「きゆ[下2]→きえる【消える】[下1]사라지다. 감각이 없어지다. 죽다」의 連用形「きえ」+「て」.

103) 「ちち【父】아버지」+「が[助詞]현대일본어〈の〉의 쓰임」+「うへ→うえ【上】위」.

104) 「ふす【伏す・臥す】[4]엎드리다. 눕다」의 連用形「ふし」+「ながら【乍ら】[助詞]앞선 상태가 이어지는 모습」.

105) 「たえいる【絶え入る】[4]숨이 끊어지다. 죽다. 기절하다」의 連用形「たえいり」+「けり[助動]회상・과거」.

106) 「なさけ【情け】[名]정. 감정. 자애. 인정」+「あり【有り】[ラ変]있다」의 連体形「ある」+「もの【者】사람」.

107) 「ありさま【有様】모습. 모양」+「を[助詞]」+「かんず[サ変]→かんずる【感ずる】[サ変]①자극을 받다. 느끼다 ②마음에 생각하다 ③마음이 움직이다. 감동하다」의 連用形「かんじ」+「て」.

108) 「もろもろ【諸諸・諸】모든 사람들. 모두」.「衆」은「しゅう」로 읽으며「수많은 사람들」의 뜻이다.

109) 「かたる【語る】[4]들려주다. 말하다」의 連用形「かたり」+「て」+「いはく【曰く】말하길」.

110) せうに→しょうに【小児】소아.

111) 「わが【我が・吾が】[連体]나의. 자신의」('が'는 無濁点표기)+「しんみやう→しんみょう【身命】몸과 목숨」+「を[助詞]」+「わする[下2]→わすれる【忘れる】[下1]잊다」의 連用形「わすれ」+「て」.

112) 「たすく[下2]→たすける【助ける・輔ける・扶ける】[下1]돕다. 구조하다」의 連用形「たすけ」+「む[助動]추량・의지」→「ん」+「と[助詞]」+「す[サ変]하다」

113) かかる【斯かる】[連体]이와 같은. 이런.

(ずい)となりて116)、いくさに利[り]あらず117)。をのゝ/118)爰[ここ]をさりて119)、この小児(せうに)をたすけよ120)。」とて121)、すてゝ122)去(さり)にけり123)。

⇨ 이러한 효자를 죽여서는 불길한 징조가 되어 싸움에 득이 없다. 모두 여기를 피해 이 아이를 살리라." 하며 버리고 떠나버렸다.

❏ 父子(ふし)ともに124)、ふしぎ125)の命(いのち)を、たすかりたり126)。

⇨ 부자 모두 기이한 목숨을 구했다.

❏ 宋そう]の元嘉(げんか)127)四年[よねん]に、有司(ゆうし)128)、この事[こと]を、つぶさに129)、みかどに、そうもんして130)、その里(さと)の名(な)131)を、あらためて132)、純孝里(じゆんかうり)と名[な]づけたり133)。

---

114) 「かうかう→こうこう【孝行】효행」+「の[助詞]」+「こ【子】아이」.
115) 「ころす【殺す】[4]죽이다」의 已然形 「ころせ」+「ば[助詞]확정조건. 원인·이유」.
116) 「ふしやう→ふしょう【不祥】불길한 것. 불운」+「の[助詞]」+「ずい【瑞】징조. 전조」+「と[助詞]」+「なる【成る·爲る】[4]되다」의 連用形 「なり」+「て」.
117) 「いくさ【軍·戰】전쟁. 싸움」+「に[助詞]」+「り【利】효용. 득」+「あり【有り】[ラ變]있다」의 未然形 「あら」+「ず[助動]부정」.
118) 「おのおの【各·各々】①[名]각자. 각각 ②[代]여러분.
119) 「さる【去る·避る】[4]떠나다. 피하다. 양보하다」의 連用形 「さり」+「て」.
120) 「たすく【助く】[下2]돕다. 구조하다」의 命令形 「たすけよ」.
121) とて[助詞]인용. ~라 해서. ~라는 것으로. ~라는 이름으로.
122) 「すつ[下2]→すてる【捨てる·棄てる】[下1]버리다」의 連用形 「すて」+「て」.
123) 「さる【去る·避る】[4]떠나다. 피하다」의 連用形 「さり」+「ぬ[助動]완료·존속」의 連用形 「に」+「けり[助動]회상·과거」.
124) 「ふし【父子】부자」+「ともに【共に·俱に】함께. 동반하여. 동시에」.
125) 「ふしぎ【不思議】[名]기이. 불가사의」+「の[助詞]」+「いのち【命】목숨」.
126) 「たすかる【助かる】[4]재난·죽음 따위를 면하다」의 連用形 「たすかり」+「たり[助動]완료·존속」.
127) 송나라 문제(文帝) 때의 연호. 424~453.〈네이버지식백과 참조〉
128) いうし→ゆうし【有司】관리(官吏).
129) つぶさに【具に·悉に·備に】[副]완전히. 충분히. 상세히.
130) 「みかど【御門·帝】황제. 천자. 조정. 덴노(天皇)」+「に[助詞]」+「そうもん【奏聞】주문. 천자에게 주상(奏上)하는 것. 주달(奏達)」+「す[サ變]하다」의 連用形 「し」+「て」.

⇨ 송나라 원가 4년에 관리가 이 일을 상세하게 천자에게 아뢰어 그 마을의 이름을 고쳐 순효리라고 붙였다.

❏ かゝる134)、かう＼／のしるしにや135)、のち136)にハ、家(いへ)とみ、さかへて137)、田畠(でんばく)おほく138)、五[ご]こく、をたやかに、ミのり139)、其[その]身[み]又[また]、官(くわん)につかへて140)、三[さん]世(せい)まで、よろづ141)心[こころ]のまゝ也[なり]き142)。

⇨ 이러한 효행의 효험인지 이후에는 집이 부유하고 번성하여 논밭이 많고 오곡이 탈 없이 열매 맺고, 그 몸 또한 관직에 쓰여 삼대까지 만사가 뜻하는 대로였다.

---

131) 「さと【里】마을」+「の[助詞]」+「な【名】이름」.
132) 「あらたむ[下2]→あらためる【改める・革める】[下1]고치다. 새로이 하다」의 連用形「あらため」+「て」.
133) 「なづく[下2]→なづける【名付ける】[下1]명명하다」의 連用形「なづけ」+「たり[助動완료・존속]」.
134) かかる【斯かる】[連体]이와 같은. 이런.
135) 「かうかう→こうこう【孝行】효행」+「の[助詞]」+「しるし【印・標・徴・験】[名]표시. 징표. 효험」+「にや(〈なり[助動단정]의 連用形〈に〉+〈や[係助詞]의문・질문〉의 형태)~인 것인가」.
136) のち【後】후. 이후.
137) 「いへ→いえ【家】집」+「とむ【富む】[4]재산이 늘다. 부유해지다」의 連用形「とみ」+「さかゆ[下2]→さかえる【栄える】[下1]번영하다. 번창하다」의 連用形「さかえ」('-へ'는 정서법에 어긋남)+「て」.
138) 「でんばく【田畠】논과 밭」+「おほし【多し】[形ク]많다」의 連用形「おほく」.
139) 「ごこく【五穀】오곡」+「おだやか【穏やか】[形動ナリ]평온하다. 편안하다」의 連用形「おだやかに」('を-'는 정서법에 어긋남)+「みのる【実る・稔る】[4]열매 맺다」의 連用形「みのり」.
140) 「くわん→かん【官】관. 관청. 관리」+「に[助詞]」+「つかふ【仕ふ】[下2]①윗사람 가까이에서 섬기다. 모시다 ②관직을 수행하다」의 連用形「つかへ」+「て」.
141) よろづ→よろず【万】만. 다수. 모든 일.
142) 「こころ【心】마음. 뜻」+「の[助詞]」+「まま【儘】~대로」+「なり[助動단정・지정]」의 連用形「なり」+「き[助動]회상・과거」.

21. 黔(きん)婁(ろう)嘗(なむ)ㇾ糞(ふんを)
검루가 똥을 핥다

☐ 齊(せい)の庾黔婁(ゆきんろう)ハ、新野(しんや)と云[いう]ところの人[ひと]なり¹⁾。
   ⇨ 제나라의 유 검루는 신야라고 하는 곳의 사람이다.

☐ 孱陵(せんれう)と云[いう]ところの代官(だいくわん)²⁾に成[なり]て行[ゆき]けるが³⁾、いまだ⁴⁾十日[とおか]にも、ならざるに⁵⁾、父[ちち]の庾易(ゆうえき)、家[いえ]にありて⁶⁾、俄[にわか]に⁷⁾、やまひに、とりむすびて⁸⁾、いのち、すでに、あやうし⁹⁾。
   ⇨ 잔릉이라 하는 곳의 지방관이 되어 갔는데 아직 열흘도 되지 않았는데 아버지인 유역이 집에 있다가 갑자기 병에 걸려서 목숨이 이미 위태롭다.

☐ 庾黔婁(ゆきんろう)ハ孱陵(せんれう)にありけるが¹⁰⁾、俄(にハか)

---

1) 「ひと【人】 사람」+「なり[助動]단정・지정」.
2) だいくわん→だいかん【代官】 ①정원(正員)을 대신하여 관직을 수행하는 자 ②에도(江戶)시대에는 막부(幕府)의 직할지를 지배한 지방관.
3) 「なる【成る】 [4]되다」의 連用形 「なり」+「て」+「ゆく【行く】 [4]가다」의 連用形 「ゆき」+「けり[助動]회상・과거」의 連体形 「ける」+「が[助詞]~인데」.
4) いまだ【未だ】 [副]아직. 여전히.
5) 「なる【成る】 [4]되다」의 未然形 「なら」+「ざり[助動]부정」의 連体形 「ざる」+「に[助詞]~하니. ~하는데」.
6) 「あり【有り】 [ラ変]있다」의 連用形 「あり」+「て」.
7) 「にはか[形動ナリ]→にわか【俄】 [形動]갑자기. 돌연」의 連用形 「にはかに」.
8) 「やまひ→やまい【病】 병」+「に[助詞]」+「とりむすぶ【取り結ぶ】 [4]맺다. 체결하다. 만들다. 싸움을 시작하다」의 連用形 「とりむすび」+「て」.
9) 「いのち【命】 목숨」+「すでに【既に・已に】 [副]이미. 벌써 이제」+「あやふし[形ク]→あやうい【危うい】 [形]걱정이다. 위험하다」.
10) 「に[助詞]~에」+「あり【有り】 [ラ変]있다」의 連用形 「あり」+「けり[助動]회상・과거」의 連体

に11)、むなさハぎして12)、やすからず13)、身[み]に汗(あせ)をなかす事[こと]14)、つねに、こえたり15)。

⇨ 유 검루는 잔릉에 있었는데 갑자기 가슴이 두근거려 편치 않다. 몸에 땀이 흐르는데 보통을 넘었다.

❏ いかさま16)只[ただ]こと17)にハ、あるべからず18)、故郷(こきやう)に、何事[なにごと]かあるらん19)、もし20)、父[ちち]はなはだ21)、いたハりつき給[たま]ふや22)、とて23)、官(くわん)をすてゝ24)、家[いえ]にかへりてミれば25)、案(あん)にたかハず26)、父[ちち]の易(えき)、やまひ、おも

形「ける」+「が[助詞]~인데」.

11) 「にはか【俄】[形動ナリ]갑자기. 돌연」의 連用形「にはかに」.

12) 「むなさわぎ【胸騒ぎ】걱정이나 놀람, 불길한 예감 등으로 가슴이 뛰는 것」('-は-'는 정서법에 어긋남)+「す[サ變]하다」의 連用形「し」+「て」.

13) 「やすし[形ク]→やすい【安い】[形]걱정이 없다. 편안하다. 안심이다」의 未然形「やすから」+「ず[助動]부정」.

14) 「あせ【汗】땀」+「を[助詞]」+「ながす【流す】[4]흘리다」('-か-'는 無濁点표기)+「こと【事】일」.

15) 「つね【常】평소. 보통」+「に[助詞]」+「こゆ[下2]→こえる【越える・超える】[下1]넘다」의 連用形「こえ」+「たり[助動]완료・존속」.

16) いかさま【如何樣】[副]필시. 분명. 과연. 어떻게든.

17) ただごと【徒事・唯事・只事】(〈ただこと〉로도 읽음)보통 일. 평소의 일. 당연한 일.

18) 「あり【有り】[ラ變]있다」(〈~にあり〉의 형태로 현대일본어의〈~である〉와 같은 쓰임)의 連體形「ある」+「べかり[助動]추량・가능 등」의 未然形「べから」+「ず[助動]부정」.

19) 「なにごと【何事】무슨 일. 어떤 일」+「か[係助詞](문말은 連體形)의문」+「あり【有り】[ラ變]있다」의 連體形「ある」+「らむ[助動]이유나 원인 따위를 추량」의 連體形(앞선〈か〉에 호응)「らむ」→「らん」.

20) もし【若し】[副]①만일 ②어쩌면.

21) はなはだ【甚だ】[副]매우. 몹시. 대단히. 현저히.

22) 「いたはり→いたわり【労り・功】[名]공. 은혜. 질병」+「つく【付く・附く・着く】[4]달라붙다」의 連用形「つき」+「たまふ【給ふ】[助動]존경」의 連體形「たまふ」+「や[係助詞]의문」.

23) とて[助詞]인용. ~라 해서. ~라는 것으로. ~라는 이름으로.

24) 「くわん→かん【官】관. 관직」+「を[助詞]」+「すつ[下2]→すてる【捨てる・棄てる】[下1]버리다」의 連用形「すて」+「て」.

25) 「かへる[4]→かえる【帰る・還る】[5]돌아가다」의 連用形「かへり」+「て」+「みる【見る】

くして27)、急(きう)に、せまれりけり28)。

⇨ 필시 예사로운 일은 아닐 테다. 고향에 무슨 일이 있는 것인가? 어쩌면 아버지가 몹시 편찮으신가? 하며 관직을 버리고 집으로 돌아가 보았더니 예상과 다르지 않게 아버지인 역이 병이 중하여 위급에 몰려있었다.

❏ 家[いえ]にありし人＼／[ひとびと]29)、庾黔婁(ゆきんろう)の30)、はやく帰[かえ]りし事[こと]31)を、大[おおい]に32)、ふしぎなり33)、と思[おも]ひ侍[はべ]り34)。

⇨ 집에 있던 사람들은 유 검루가 일찍 돌아온 일을 크게 기이하다 생각했습니다.

❏ しかるに35)、父(ちゝ)の易(えき)、やまひ、すでに36)、おこりてより37) 初[はじ]めて38)、二日[ふつか]にをよぶ39)。

⇨ 그런데 아버지인 역의 병은 이미 생기고 나서 새로이 이틀에 이른다.

[上1]보다」의 已然形「みれ」+「ば[助詞]확정조건. 원인·이유」.

26) 「あん【案】생각. 예상」+「に[助詞]」+「たがふ[4]→たがう【違う】[5]상위하다. 어긋나다」의 未然形「たがは」+「ず[助動]부정」.

27) 「やまひ【病】병」+「おもし【重し】[形ク]」의 連用形「おもく」+「して[助詞](連用形에 접속)~인 상태로」.

28) 「きふ[形動ナリ]→きゅう【急】[形動]급하다. 긴급하다」의 連用形「きふに」+「せまる【迫る·逼る】[4]다가가다. 박두하다. 궁하다」의 命令形「せまれ」+「り[助動]완료·존속」의 連用形「り」+「けり[助動]회상·과거」.

29) 「いへ→いえ【家】집」+「に[助詞]~에」+「あり【有り】[ラ変]있다」의 連用形「あり」+「き[助動]회상·과거」의 連体形「し」+「ひとびと【人々】사람들」.

30) 「の」는 현대일본어「が」의 쓰임.

31) 「はやし【早し】[形ク]이르다」의 連用形「はやく」+「かへる【帰る·還る】[4]돌아가다. 돌아오다」의 連用形「かへり」+「き[助動]회상·과거」의 連体形「し」+「こと【事】것. 일」.

32) おおいに【大いに】[副]매우. 몹시. 많이.

33) 「ふしぎ【不思議】[形動ナリ]기괴하다. 이상하다」의 終止形「ふしぎなり」.

34) 「おもふ【思ふ】[4]생각하다」의 連用形「おもひ」+「侍(はべ)り[助動]격식·정중」.

35) しかるに【然るに】[接続]그런데. 하지만. 그건 그렇고.

36) すでに【既に·已に】[副]①이미. 벌써 ②모두. 남김없이 ③이제 ④틀림없이.

37) 「おこる【起こる·興る】[4]일어나다. 발생하다」의 連用形「おこり」+「て」+「より[助詞]~로부터」.

38) はじめて【初めて·始めて】〔副〕새로이. 처음으로. 시작으로.

39) およぶ【及ぶ】[4]어떤 때나 장소 등에 다다르다. 도달하다.「を-」는 정서법에 어긋남.

❏ すなハち⁴⁰⁾、くすしをよびて⁴¹⁾、これを、ミせけるに⁴²⁾、くすしの⁴³⁾、いはく⁴⁴⁾、「易(えき)が⁴⁵⁾やまひ、はなハだ⁴⁶⁾頼たのミ、すくなし⁴⁷⁾、但(たゝ)し⁴⁸⁾、その糞(ふん)をなめて⁴⁹⁾、あぢハひ⁵⁰⁾、にがくハ⁵¹⁾、いのち、つゝがなかるべし⁵²⁾。」と云[いう]。
⇨ 곧바로 의원을 불러서 이를 보이니 의원이 가로되 "역의 병세는 심히 가망이 적다. 다만 그 똥을 핥아서 맛이 쓰면 목숨이 무탈할 것이다."라고 한다.

❏ 黔婁(きんろう)、すなハち⁵³⁾、父[ちち]の糞(ふん)をとりて⁵⁴⁾、これを、なむるに⁵⁵⁾、そのあぢハひ⁵⁶⁾、あまし⁵⁷⁾、さてハ⁵⁸⁾、父[ちち]のいのち、かならず⁵⁹⁾、たすかり給[たま]ふべからず⁶⁰⁾、とて⁶¹⁾、ます

---

40) すなはち→すなわち【即ち・則ち】[副]곧바로. 즉시. 그래서. 즉.
41) 「ぐすし【薬師・医】의사」+「を[助詞]」+「よぶ【呼ぶ・喚ぶ】[4]부르다」의 連用形「よび」+「て」.
42) 「みす[下2]→みせる【見せる】[下1]보이다」의 連用形「みせ」+「けり[助動]회상・과거」의 連体形「ける」+「に[助詞]~하니. ~하는데」
43) 「の」는 현대일본어「が」의 쓰임.
44) いはく→いわく【曰く】말하길. 이르길. 가로되.
45) 「が」는 현대일본어「の」의 쓰임.
46) はなはだ【甚だ】[副]매우. 몹시. 대단히. 현저히.
47) 「たのみ【頼み】[名]의지. 기대」+「すくなし[形ク]→すくない【少ない・尠い・寡い】[形]적다」.
48) ただし【但し】[接続]단. 다만. 어쩌면. 「-た-」는 無濁点표기.
49) 「ふん【糞】대변」+「を[助詞]」+「なむ[下2]→なめる【嘗める・舐める】[下1]핥다. 맛보다」의 連用形「なめ」+「て」.
50) あぢはひ→あじわい【味わい】맛.
51) 「にがし[形ク]→にがい【苦い】[形]쓰다」의 連用形「にがく」+「ば[助詞]」('ば는 無濁点표기). 「ば」는 형용사의 連用形에 접속하여〈가정조건〉을 나타낸다.
52) 「いのち【命】생명」+「つつがなし[形ク]→つつがな・い【恙無い】[形]병이 없다. 이상이 없다. 무사하다」의 連体形「つつがなかる」+「べし[助動]의무・당연・추량・가능 등」.
53) すなはち→すなわち【即ち・則ち】[副]곧바로. 즉시. 그래서. 즉.
54) 「とる【取る】[4]손에 넣다. 취하다」의 連用形「とり」+「て」.
55) 「なむ【嘗む・舐む】[下2]핥다」의 連体形「なむる」+「に[助詞]~하니. ~하는데」.
56) あぢはひ→あじわい【味わい】맛.
57) あまし[形ク]→あまい【甘い】[形]달다.
58) さては[接続]그렇다면. 분명.

✓62)、なげきかなしめり63)。

⇨ 검루가 곧 아버지의 똥을 들어 이를 핥으니 그 맛이 달다. 그렇다면 아버지의 목숨은 필시 사실 수 없을 것이라며 더욱 한탄하며 슬퍼했다.

❏ 夜[よる]にいりて後(のち)64)、ミづから65)、身[み]をきよめ66)、大牢(たいらう)67)のそなへもの68)を、とゝのへ69)、北斗(ほくと)をいのりて70)、「ねがハくハ71)、父[ちち]のミがハりに72)、わがいのちを、めされて73)、父[ちち]を、たすけ給[たま]へ74)。」と、なみだを、ながし

---

59) かならず【必ず】[副]꼭. 반드시.

60) 「たすかる【助かる】[4]재난・죽음 따위를 면하다」의 連用形 「たすかり」+「たまふ【給ふ】[助動존경]의 終止形 「たまふ」+「べかり[助動추량・가능 등]의 未然形 「べから」+「ず[助動부정]」.

61) とて[助詞]인용. ~라 해서. ~라는 것으로. ~라는 이름으로.

62) ますます【益】[副]전보다 더욱. 가일층.

63) 「なげく【嘆く・歎く】[4]한숨짓다. 슬퍼하다」의 連用形 「なげき」+「かなしむ【悲しむ・哀しむ】[4]슬퍼하다. 가여워하다」의 命令形 「かなしめ」+「り[助動완료・존속]」.

64) 「よる【夜】밤」+「に[助詞]」+「いる【入る】[4]들어가다」의 連用形 「いり」+「て」+「のち【後】후」.

65) みづから→みずから【自ら】[名]자기 자신. 나. [副]스스로. 친히.

66) 「み【身】몸」+「を[助詞]」+「きよむ[下2]→きよめる【清める・浄める】[下1]깨끗하게 하다」의 連用形 「きよめ」.

67) 「たいらう→たいろう【大牢・太牢】①중국에서 천자가 사직(社稷)을 제사할 때의 공물(供物) ②훌륭한 음식」. 이 부분은 〈한문본〉에 없으며 본문의 「牢(로)」는 한자 사용의 오류일 수 있겠다.

68) そなへもの → そなえもの【供え物】신불(神佛)에 바치는 것. 공물.

69) 「ととのふ[下2]→ととのえる【調える・整える・斉える】[下1]정돈하다. 갖추다」의 連用形.

70) 「ほくと【北斗】북두. 북두칠성」+「を[助詞]」+「いのる【祈る・祷る】[4]기도하다. 기원하다」의 連用形 「いのり」+「て」.

71) ねがはくは → ねがわくは【願わくは】[副]바라기는. 원하기는.

72) 「みがわり【身代り・身替り】[名]다른 사람을 대신하여 그 역할을 하는 것이나 사람」+「に[助詞]」.

73) 「わが【我が・吾が】[連体]나의. 자신의」+「いのち【命】목숨」+「を[助詞]」+「めす【召す・見す・看す】[4]보시다. 불러들이시다. 붙들어 가다」의 未然形 「めさ」+「る[助動수동・존경]」의 連用形 「れ」+「て」.

74) 「たすく[下2] → たすける【助ける・輔ける・扶ける】[下1]돕다. 살리다」의 連用形 「たすけ」+

て75)、いのりけるに76)、

⇨ 밤이 든 후에 스스로 몸을 정결하게 하고 갖은 공물을 차리고 북두칠성을 기도하며 "바라기는 아버지 대신 내 목숨을 불러들이시고 아버지를 살려주십시오."라며 눈물을 흘리고 기원했는데.

❏ 心[こころ]ざしの、まことなるところ77)、天[てん]も、なふじゅ78)の、ミやうかん79)、おはしけるにや80)、にハかに81)、こくうのうちに82)、こゑありて83)、つげて、いはく84)、

⇨ 마음가짐이 진정인바 하늘도 납수 명관 계셨는지 홀연히 허공중에 목소리가 있어 고하여 가로되.

❏ 「聘君(へいくん)85)、寿命(じゆミやう)つきたり86)、又[また]、のぶへからず87)、なんち88)が、いのるところ89)、まことの心[こころ]ざし90)、すで

「たまふ【給ふ】[助動]존경」의 命令形「たまへ」.

75) 「なみだ【涙】눈물」+「を[助詞]」+「ながす【流す】[4]흘리다」의 連用形「ながし」+「て」.
76) 「いのる【祈る・祷る】[4]기도하다. 기원하다」의 連用形「いのり」+「けり[助動]회상・과거」의 連体形「ける」+「に[助詞]~하니. ~하는데」.
77) 「こころざし【志】마음이 향하는 바. 의향. 뜻」+「の[助詞]현대일본어〈が〉의 쓰임」+「まこと【真・実・誠】[名]진짜. 거짓 없음」+「なり[助動]단정・지정」의 連体形「なる」+「ところ【所・処】곳. 바」.
78) なふじゆ→のうじゆ【納受】납수. 수납(受納). 신(神)이 기원을 들어주는 것.
79) みやうかん→みょうかん【冥感】명관. 신심(信心)이 신불(神佛)에 통하는 것.
80) 「おはす→おわす【御座す・在す】[サ変]있다」의 존경어. 계시다」의 連用形「おはし」+「けり[助動]회상・과거」의 連体形「ける」+「にや(〈なり[助動]단정」의 連用形〈に〉+〈や係助詞]의문・질문〉의 형태)~인 것인가」.
81) 「にはか[形動]ナリ」→にわか【俄】[形動]갑자기. 돌연」의 連用形「にはかに」.
82) 「こくう【虚空】허공」+「の[助詞]」+「うち【内】안」+「に[助詞]」.
83) 「こゑ→こえ【声】목소리」+「あり【有り】[ラ変]있다」의 連用形「あり」+「て」.
84) 「つぐ[下2]→つげる【告げる】[下1]고하다」의 連用形「つげ」+「て」+「いはく【曰く】말하길」.
85) 「聘君」은『日本国語大辞典』에도 등재되지 않은 말이다. 우리〈표준국어대사전〉에는 이를「조정에서 예를 갖추어 관리로 초빙한 숨은 선비」로 풀이한다.
86) 「じゆみやう→じゆみよう【寿命】수명」+「つく[上2]→つきる【尽きる・竭きる】[上1]다하다. 극한에 도달하다. 소진되다」의 連用形「つき」+「たり[助動]완료・존속」.
87) 「のぶ[上2]→のびる【伸びる・延びる】[上1]늘어나다」의 終止形「のぶ」+「べかり[助動]추량・가능 등」의 未然形「べから」('へ'는 無濁点표기)+「ず[助動]부정」.

に91)、天[てん]たう92)にいたり93)、とをれり94)。この故[ゆえ]に、月[つき]のすゑまで95)、のぶること96)を、えたり97)。」と、よバゝりけり98)。

⇨ "선비의 수명이 다했다. 다시 늘어날 수 없을 것이다. 네가 기도하는바 진정한 마음가짐이 이미 하늘에 닿아 통하였다. 이 때문에 이 달 말까지 늘어나는 것을 얻었다." 라고 외쳤다.

❏ はたして99)、父[ちち]の命(めい)、三十[さんじゅう]日[にち]を、のべたり100)。

⇨ 과연 아버지의 생명은 30일을 늘렸다.

❏ それ101)、寿算(じゆさん)102)すでに103)、きハまるとき104)ハ、その命

---

88) なんぢ→なんじ【汝・爾】[代]아랫사람을 가리키는 말.「-ち」는 無濁点표기.
89) 「いのる【祈る・祷る】[4]기도하다. 기원하다」의 連体形「いのる」+「ところ【所・処】곳. 바」.
90) 「まこと【真・実・誠】[名]진짜. 거짓 없음」+「の[助詞]」+「こころざし【志】의향. 뜻」.
91) すでに【既に・已に】[副]①이미. 벌써 ②모두. 남김없이 ③이제 ④틀림없이.
92) 「てんたう→てんとう【天道】천지를 주재하는 신(神). 천제(天帝)」.「てんだう→てんどう【天道】우주의 이치(조리)」로 볼 수도 있다(이 경우 無濁点표기).
93) 「いたる【至る・到る】[4]도착하다. 도달하다」의 連用形「いたり」.
94) 「とほる[4]→とおる【通る・徹る】[5]통하다」의 命令形「とほれ」('-を-'는 정서법에 어긋남)+「り[助動완료・존속].
95) 「つき【月】달」+「の[助詞]」+「すゑ→すえ【末】말. 끝」+「まで【迄】[助詞]까지」.
96) 「のぶ[上2]→のびる【伸びる・延びる】[上1]늘어나다」의 連体形「のぶる」+「こと【事】것」.
97) 「う【得】[下2]얻다」의 連用形「え」+「たり[助動완료・존속].
98) 「よばはる[4]→よばわる【呼ばわる】[5]큰 소리로 외치다」의 連用形「よばはり」+「けり[助動회상・과거]」.
99) はたして【果して】[副]생각대로. 정말로. 과연.
100) 「のぶ[下2]→のべる【伸べる・延べる】[下1]연기하다. 지속시키다」의 連用形「のべ」+「たり[助動완료・존속].
101) それ【其・夫】[感](한문의〈夫〉에 대한 訓読에서)격식을 차린 자세로 글을 시작할 때 쓰는 말.
102) 「じゆさん【寿算】목숨. 생명. 수명」.『広辞苑』에는 등재되지 않음.『日本国語大辞典』 참조.「壽算」은〈표준국어대사전〉에도 없는 말.
103) すでに【既に・已に】[副]①이미. 벌써 ②모두. 남김없이 ③이제 ④틀림없이.
104) 「きはまる[4]→きわまる【極まる・窮まる】[5]한도에 도달하다. 끝에 다다르다」의 連体形「きはまる」+「とき【時】때」.

(いのち)まことに105)、一[ひと]とき106)をも、のぶへからず107)、しかるを108)、庾易(ゆうえき)が109)命(めい)、すでに110)、その数(すう)つく111)、と、いへども112)、

⇨ 무릇 수명이 이미 다했을 때는 그 목숨이 정말로 한시라도 늘어날 수 없다. 그런데 유 역의 생명이 이미 그 운명을 다했다 해도,

❏ 日[ひ]をとゞめて113)、のばゝりし事[こと]114)、ひとへに115)、黔婁(きんろう)まことの心[こころ]ざし116)、ふかゝりける故[ゆえ]に117)、天[てん]、その孝(かう)をかんじ給[たま]へる118)、ところなり119)。

⇨ 때를 멈추고 존명했던 것은 오직 검루의 진정한 마음가짐이 깊었기 때문에 하늘이 그 효를 감동하셨던 것이다.

---

105) まことに【真に・実に・誠に】[副]거짓 없이. 진짜로. 정말로. 매우.

106) ひととき【一時】잠시. 일시.

107) 「のぶ[上2]→のびる【伸びる・延びる】[上1]늘어나다」의 終止形「のぶ」+「べかり[助動]추량・가능 등」의 未然形「べから」('へ'는 無濁点표기)+「ず[助動]부정」.

108) しかるを【然るを・而るを】[接続]그렇지만. 그럼에도 불구하고.

109) 「が」는 현대일본어「の」의 쓰임.

110) すでに【既に・已に】[副]①이미. 벌써 ②모두. 남김없이 ③이제 ④틀림없이.

111) 「すう【数】」△. 운명」+「つく[上2]→つきる【尽きる・竭きる】[上1]다하다. 극한에 도달하다. 소진되다」의 終止形「つく」.

112) 「いふ【言ふ・云ふ】[4]의 已然形「いへ」+「ども[助詞]역접」.

113) 「ひ【日】날」+「を[助詞]」+「とどむ[下2]→とどめる【止める・留める・停める】[下1]제지하다. 정지시키다. 남기다」의 連用形「とどめ」+「て」.

114) 「のばはる【延ばはる】[4]늘어나다. 목숨을 유지하다」의 連用形「のばはり」+「き[助動]회상・과거」의 連体形「し」+「こと【事】것. 일」.

115) ひとへに→ひとえに【偏に】[副]오로지. 한결같이.

116) 「まこと【真・実・誠】[名]진짜. 거짓 없음」+「の[助詞]」+「こころざし【志】의향. 뜻」.

117) 「ふかし[形ク]→ふかい【深い】[形]깊다. 무겁다」의 連用形「ふかかり」+「けり[助動]회상・과거」의 連体形「ける」+「ゆゑ→ゆえ【故】~때문」+「に[助詞]」('ゆえに'의 형태로 '~이므로' '~인 고로').

118) 「かんず[サ変]→かんずる【感ずる】[サ変]①자극을 받다. 느끼다 ②마음에 생각하다 ③마음이 움직이다. 감동하다」의 連用形「かんじ」+「たまふ【給ふ】[助動]존경」의 命令形「たまへ」+「り[助動]완료・존속」의 連体形「る」.

119) 「ところ【所・処】곳. 바」+「なり[助動]단정・지정」.

22. 叔(しゆく)謙(けん)訪(とふらふ)ㇾ藥(くすりを)
숙겸이 약을 찾다

❑ 齊(せい)の解叔謙(かいしゆくけん)ハ、鴈門(がんもん)と云[いう]ところの人[ひと]なり¹⁾。
   ⇨ 제나라 해 숙겸은 안문이라 하는 곳의 사람이다.

❑ 母[はは]につかへて²⁾、孝心(かうしん)あつし³⁾。
   ⇨ 어머니를 섬기는데 효심이 두텁다.

❑ あるとき⁴⁾、その母[はは]、おもきやまひを、うけたり⁵⁾。
   ⇨ 어느 날 그 어머니가 중한 병을 얻었다.

❑ さま〲、れうぢを、くハへて⁶⁾、心[こころ]をくだきて⁷⁾、つかへ侍[はべ]り⁸⁾。
   ⇨ 여러 가지 치료를 베풀며 걱정하며 받들었습니다.

❑ せんかたなさに⁹⁾、夜(よる)、庭(にハ)に出[で]て、壇(だん)をかざ

---

1) 「ひと【人】 사람」+「なり[助動]단정·지정」.
2) 「つかふ【仕ふ】[下2]윗사람 가까이에서 섬기다. 모시다」의 連用形「つかへ」+「て」.
3) あつし[形ク]→あつい【厚い・篤い】[形]두껍다. 두텁다. 깊다.
4) 「ある【或る】[連体]어느. 모(某)」+「とき【時】때」.
5) 「おもし【重し】[形ク]무겁다」의 連体形「おもき」+「やまひ【病】병」+「を[助詞]」+「うく【受く・享く・承】[下2]받다」의 連用形「うけ」+「たり[助動]완료·존속」.
6) 「さまざま【様様】여러 가지」+「れうぢ→りょうじ【療治】치료」+「を[助詞]」+「くはふ[下2]→くわえる【加える】[下1]가하다. 주다. 베풀다」의 連用形「くはへ」+「て」.
7) 「こころ【心】마음. 뜻」+「を[助詞]」+「くだく【砕く・摧く】[4]부수다」의 連用形「くだき」+「て」. 「心をくだく」의 형태로「여러모로 고민하다. 번민하다. 근심하다」의 뜻.
8) 「つかふ【仕ふ】[下2]섬기다. 모시다」의 連用形「つかへ」+「侍(はべ)り[助動]격식·정중」.
9) 「せんかたなし【為ん方無し・詮方無し】[形ク]어찌 할 방도가 없다」의 語幹「せんかたな」+

り10)、身[み]をきよめて11)、浄衣(じやうゑ)を着(ちやく)し12)、天[てん]にいのりて13)、母[はは]のさいはひ14)を、もとめたりけるに15)、

⇨ 어쩔 도리가 없음에 밤에 뜰에 나가 단을 꾸미고 몸을 정결하게 하고 흰옷을 입고 하늘에 기도하여 어머니의 복을 구하고 있었는데.

❑ 心[こころ]ざし16)、わたくしなき、かう＼／をや17)、かんじ給[たま]ひけん18)、たちまち19)に、こくうのうちに20)、こゑありて21)、つげて、いはく22)、「丁公藤(ていこうとう)23)を酒(さけ)に、ひたして24)、あた

「さ[接尾](형용사의 어간에 접속)그 정도나 상태를 나타내는 名詞를 만듦」+「に[助詞]」

10) 「だん【壇】단. 제단(祭壇)」+「を[助詞]」+「かざる【飾る】[4]꾸미다. 장식하다. 설치하다」의 連用形「かざり」.

11) 「み【身】몸」+「を[助詞]」+「きよむ[下2]→きよめる【清める・浄める】[下1]깨끗하게 하다」의 連用形「きよめ」+「て」.

12) 「じやうえ→じょうえ【浄衣】①흰옷 ②승려가 착용하는 흰옷」('-ゑ'는 정서법에 어긋남)+「を[助詞]」+「ちゃくす【着す】[サ変]입다. 착용하다. 몸에 걸치다」의 連用形「ちやくし」.

13) 「てん【天】하늘」+「に[助詞]」+「いのる【祈る・祷る】[4]기도하다. 기원하다」의 連用形「いのり」+「て」.

14) さいはひ→さいわい【幸い】행복. 행운.

15) 「もとむ[下2]→もとめる【求める】[下1]찾다. 구하다」의 連用形「もとめ」+「たり[助動]완료・존속」의 連用形「たり」+「けり[助動]회상・과거」의 連体形「ける」+「に[助詞]~하니. ~하는데」.

16) こころざし【志】마음이 향하는 바. 의향. 뜻. 호의.

17) 「わたくし【私】[名]공(公)에 대한 사(私)」+「なし【無し】[形ク]없다」의 連体形「なき」+「かうかう→こうこう【孝行】효행」+「を[助詞]」+「や[係助詞]의문(문말에는 連体形)」.

18) 「かんず[サ変]→かんずる【感ずる】[サ変]①자극을 받다. 느끼다 ②마음에 생각하다 ③마음이 움직이다. 감동하다」의 連用形「かんじ」+「たまふ【給ふ】[助動]존경」의 連用形「たまひ」+「けむ[助動]과거추량」의 連体形「けむ」→「けん」.

19) たちまち【忽ち】[名・副]갑자기. 느닷없이.

20) 「こくう【虚空】허공」+「の[助詞]」+「うち【内】안」+「に[助詞]」.

21) 「こゑ→こえ【声】목소리」+「あり【有り】[ラ変]있다」의 連用形「あり」+「て」.

22) 「つぐ[下2]→つげる【告げる】[下1]고하다」의 連用形「つげ」+「て」+「いはく【曰く】말하길」.

23) 「丁公藤」은『日本国語大辞典』에 등재되지 않은 말이다. 한편〈표준국어대사전〉에서 '정공등'을 찾으면 '마가목'과 같은 말이라는 설명이 나오고 '마가목'에는 '장미과의 낙엽 활엽 교목'이라는 풀이가 있다.

24) 「さけ【酒】술」+「に[助詞]」+「ひたす【浸す・漬す】[4]액체 속에 담그다. 젖게 하다」의

へよ25)、やまひ、すなハち26)、いゆべし27)。」と。

⇨ 마음가짐에 사사로움이 없는 효행을 감복하셨는지 홀연히 허공중에 목소리가 있어서 고하여 가로되 "정공등을 술에 담가 주어라, 병이 곧 나을 것이다."라고.

❏ 叔謙(しゆくけん)、このつげ28)を、えて29)、大[おおい]に30)、よろこび31)、くすしのもとに、ゆきて32)、たづぬるに33)、さらに34)、しれる人[ひと]なし35)。

⇨ 숙겸이 이 계시를 얻어 크게 기뻐하며 의원에게 가서 물으니 전혀 알고 있는 사람이 없다.

❏ あまねく36)本草(ほんざう)37)のなかを、かんがふるに38)、又[また]、丁公藤(ていこうとう)といふもの、なし39)。

連用形「ひたし」+「て」.

25) 「あたふ[下2]→あたえる【与える】[下1]주다. 수여하다. 베풀다」의 命令形「あたへよ」.
26) すなはち→すなわち【即ち・則ち】[副]곧바로. 즉시. 그래서. 즉.
27) 「いゆ[下2]→いえる【癒える】[下1]병이나 상처가 낫다. 전치되다」의 終止形「いゆ」+「べし[助動]의무・당연・추량・가능 등」.
28) つげ【告げ】[名]고함. 신불(神仏)의 알림. 탁선(託宣).
29) 「う【得】[下2]얻다」의 連用形「え」+「て」.
30) おおいに【大いに】[副]매우. 몹시. 많이.
31) 「よろこぶ【喜ぶ・悦ぶ】[4]기뻐하다」의 連用形.
32) 「くすし【薬師・医】의사」+「の[助詞]」+「もと【下・許】아래. 부근. 있는 곳」+「に[助詞]」+「ゆく【行く】[4]가다」의 連用形「ゆき」+「て」.
33) 「たづぬ[下2]→たずねる【尋ねる】[下1]찾다. 묻다」의 連体形「たづぬる」+「に[助詞]~하니. ~하는데」.
34) さらに【更に】[副]①또한. 거듭. 더욱 ②강한 부정. 절대로 ~가 아니다. 전혀 ~지 않다.
35) 「しる【知る】[4]알다」의 命令形「しれ」+「り[助動]완료・존속」의 連体形「る」+「ひと【人】사람」+「なし【無し】[形ク]없다」.
36) あまねく【遍く・普く】[副]모든 것에 대해 넓게. 널리. 두루.
37) 「ほんざう→ほんぞう【本草】본초. 약용이 되는 식물」+「の[助詞]」+「なか【中】안. 가운데」.
38) 「かんがふ[下2]→かんがえる【考える】[下1]생각하다」의 連体形「かんがふる」+「に[助詞]~하니. ~하는데」.
39) なし[形ク]→ない【無い・亡い】[形]없다.

⇨ 널리 약초 가운데 생각하는데 역시 정공등이라는 것이 없다.

❏ こゝかしこ40)、たづねもとめて41)、つゐに42)、宜都郡(ぎときん)と云[いう]ところに、いたりて43)、山[やま]のうへを、のぞみミるに44)、独(ひと)りの翁(おきな)ありて45)、木[き]をきる46)。

⇨ 여기저기 물어 구하여 마침내 의도군이라 하는 곳에 이르러 산 위를 바라보니 한 할아버지가 있는데 나무를 벤다.

❏ 叔謙(しゆくけん)、立[たち]よりて47)、とふて、いはく48)、「この木[き]の名[な]をば49)、なにとかいふ50)。今[いま]又[また]、これをきりて51)、なにの用[よう]にか、するや52)。」と。

⇨ 숙겸이 다가가서 물어 가로되 "이 나무의 이름을 뭐라 하는가? 이제 또 이를 베어서 무슨 용도로 삼는가?"라고.

❏ おきな、こたへて、いはく53)、「これ、丁公藤(ていこうとう)と云[いう]

---

40) 「ここ【此処・此所・此・是・茲・斯】[代]여기」+「かしこ【彼処・彼所】[代]저기」.
41) 「たづぬ[下2]→たずねる【尋ねる】[下1]찾다. 묻다」의 連用形「たづね」+「もとむ[下2]→もとめる【求める】[下1]찾다. 구하다」의 連用形「もとめ」+「て」.
42) つひに→つゐに【終に・遂に】[副]결국. 마침내. 「-ゐ」는 정서법에 어긋남.
43) 「いたる【至る・到る】[4]도착하다. 도달하다」의 連用形「いたり」+「て」.
44) 「のぞむ【望む】[4]멀리서 쳐다보다」의 連用形「のぞみ」+「みる【見る・視る・観る】[上1]보다」의 連體形「みる」+「に[助詞]~하니. ~하는데」.
45) 「おきな【翁】남자 노인」+「あり【有り】[ラ変]있다」의 連用形「あり」+「て」.
46) 「き【木】나무」+「を[助詞]」+「きる【切る・斬る・截る・伐る・剪る】[4]자르다. 베다」.
47) 「たちよる【立ち寄る】[4]가까이 가다」의 連用形「たちより」+「て」.
48) 「とふ【問ふ】[4]묻다」+「て」+「いはく【曰く】말하길」.
49) 「な【名】이름」+「をば : (格助詞〈を〉에 係助詞〈は〉가 붙어 濁音化한 것)〈を〉의 뜻을 강하게 함」.
50) 「なに【何】[代]무엇」+「と[助詞]」+「か[係助詞]의문・질문(문말은 連體形)」+「いふ【言ふ・云ふ】[4]말하다」의 連體形「いふ」.
51) 「これ【此・是】[代]이것」+「を[助詞]」+「きる【切る・斬る・截る・伐る・剪る】[4]자르다. 베다」의 連用形「きり」+「て」.
52) 「なにの【何の】[連語]무슨」+「の[助詞]」+「よう【用】용. 쓰임」+「に[助詞]」+「か[係助詞]의문・질문」+「す[サ変]하다」의 連體形「する」+「や[係助詞]의문・질문」.
53) 「こたふ[下2]→こたえる【答える・応える】[下1]대답하다. 반응하다」의 連用形「こたへ」+「

木[き]なり54)、風(かぜ)を、れうぢして55)、きハめて56)、しるしあり57)。」と。

⇨ 할아버지가 대답해 이르길 "이것은 정공등이라 하는 나무다. 감기를 치료하며 매우 효험이 있다."라고.

❑ 叔謙(しゆくけん)、これを聞[きき]て、すなハち58)拜伏(はいふく)し59)、涙[なみだ]ながして60)、つぶさに、かたりて61)、この木[き]を、もとむ62)。

⇨ 숙겸이 이를 듣고 곧 엎드려 절하고 눈물을 흘리며 상세히 이야기하고 이 나무를 구한다.

❑ おきな、大[おおい]に63)、あはれに思[おも]へるいろ64)、見[み]えて65)、すなハち66)、この木[き]四[よん]本(ほん)を、あたへ67)、ならびに68)、

て」+「いはく【曰く】말하길. 이르길」.

54) 「き【木】 나무」+「なり[助動]단정・지정」.

55) 「かぜ【風】 감기(〈風邪〉로도 씀)」+「を[助詞]」+「れうぢ→りょうじ【療治】 치료」+「すⅠサ変]하다」의 連用形 「し」+「て」.

56) きはめて→きわめて【極めて】[副]더할 나위 없이. 몹시.

57) 「しるし【印・標・徴・驗】[名]효과. 효험」+「あり【有り】[ラ変]있다」.

58) すなはち→すなわち【即ち・則ち】[副]곧바로. 즉시. 그래서. 즉.

59) 「はいふく【拜伏】 배복. 엎드려 우러러보는 것」+「すⅠサ変]하다」의 連用形 「し」.

60) 「なみだ【涙】 눈물」+「ながす【流す】[4]흘리다」의 連用形 「ながし」+「て」.

61) 「つぶさに【具に・悉に・備に】[副]완전히. 충분히. 상세히」+「かたる【語る】[4]들려주다. 말하다」의 連用形 「かたり」+「て」.

62) 「もとむ[下2]→もとめる【求める】[下1]찾다. 구하다」의 終止形.

63) おおいに【大いに】[副]매우. 몹시. 많이.

64) 「あはれ[形動ナリ]→あわれ【哀れ】[形動]감동스럽다. 감격스럽다. 불쌍하다. 가엾다」의 連用形 「あはれに」+「おもふ【思ふ】[4]생각하다」의 命令形 「おもへ」+「り[助動]완료・존속」의 連体形 「る」+「いろ【色】색. 기색. 안색」.

65) 「みゆ[下2]→みえる【見える】[下1]보이다」의 連用形 「みえ」+「て」.

66) すなはち→すなわち【即ち・則ち】[副]곧바로. 즉시. 그래서. 즉.

67) 「あたふ[下2]→あたえる【与える】[下1]주다. 수여하다. 베풀다」의 連用形.

68) ならびに【並びに】[接続]또한. 및.

酒(さけ)にひたす法(ほう)69)を、もつて70)、つぶさに71)、しめし72)、を
しへたり73)。

⇨ 할아버지는 몹시 가엾게 생각하는 기색이 보여 곧 이 나무 네 그루를 주고 또한 술
에 담그는 법을 가지고 상세히 보여주고 알려주었다.

❏ 叔謙(しゆくけん)、是(これ)をうけて74)、かうべを地[ち]につけ75)、礼
拜(らいはい)して76)、かうべを、あぐれバ77)、今[いま]のおきなハ、か
きけすやうに78)、うせにけり79)。

⇨ 숙겸이 이를 받고 머리를 땅에 조아리고 예배하고서 머리를 드니 방금 있던 할아버
지는 싹 지운 듯 사라졌다.

❏ 家[いえ]にかへり80)、をしへのごとく81)、酒(さけ)にひたし82)、と丶の

---

69) 「さけ【酒】술」+「に[助詞]」+「ひたす【浸す・漬す】[4]액체 속에 담그다. 젖게 하다」의
連体形「ひたす」+「はふ→ほう【法】법. 방법」.

70) 「もつて」는 두 가지 해석이 가능하다. 하나는 「以(もっ)て」로 보는 것인데 「以て」는 助
詞「を」에 이어져서 수단이나 방법 등을 나타낸다(~에 의해. ~로). 다른 하나는 「も
つ【持つ】가지다」+「て」로 보는 것이다. 결과적으로 뜻은 서로 통한다.

71) つぶさに【具に・悉に・備に】[副]완전히. 충분히. 상세히.

72) 「しめす【示す】[4]보이다. 제시하다」의 連用形.

73) 「をしふ[下2] → おしえる【教える】[下1]가르치다. 알려주다」의 連用形「をしへ」+「たり[助
動]완료・존속」.

74) 「うく【受く・享く・承く】[下2]받다」의 連用形「うけ」+「て」.

75) 「かうべ → こうべ【首・頭】머리. 목」+「を[助詞]」+「ち【地】땅」+「に[助詞]」+「つく[下2]
→ つける【付ける・附ける・着ける】[下1]붙이다. 닿게 하다」의 連用形「つけ」.

76) 「らいはい【礼拜】신불(神佛) 앞에서 머리를 숙이고 합장하며 공경의 뜻을 나타내는
것. 예배」+「す[サ変]하다」의 連用形「し」+「て」.

77) 「かうべ【首・頭】머리」+「を[助詞]」+「あぐ[下2] → あげる【上げる・挙げる・揚げる】[下1]올
리다. 들다」의 已然形「あぐれ」+「ば[助詞]확정조건. 원인・이유」.

78) 「かきけす【搔き消す】[4]싹 지우다」의 連体形「かきけす」+「やうだ → ようだ【様だ】[助
動]~와 비슷하다. ~와 같다」의 連用形「やうに」.

79) 「うす[下2] → うせる【失せる】[下1]사라지다」의 連用形「うせ」+「ぬ[助動]완료・존속」의
連用形「に」+「けり[助動]회상・과거」.

80) 「かへる[4] → かえる【帰る・還る】[5]돌아오다」의 連用形.

81) 「をしへ【教へ】[名]가르침」+「の[助詞]」+「ごとし【如し】[助動]~와 같다」의 連用形「ごとく」.

82) 「さけ【酒】술」+「に[助詞]」+「ひたす【浸す・漬す】[4]담그다」의 連用形「ひたし」.

へて83)、母[はは]に、たてまつるに84)、母[はは]のやまひ、すみやかに
癒(いへ)たり85)。

⇨ 집에 돌아와 가르침대로 술에 담가 채비하여 어머니에게 바치니 어머니의 병환이 순식간에 나았다.

❏ 孝(かう)のこゝろ86)、天[てん]に通(つう)じて87)、かゝる88)奇特(きどく)89)を、あらハしける90)、有[あり]がたかりし91)事[こと]共[ども]也[なり]92)。

⇨ 효심이 하늘에 통하여 이러한 영험함을 드러낸 귀했던 일들이다.

---

83) 「ととのふ[下2] → ととのえる【調える・整える・斉える】[下1]정돈하다. 갖추다. 준비하다」의 連用形「ととのへ」+「て」.

84) 「たてまつる【奉る】[4]드리다. 바치다」의 連体形「たてまつる」+「に[助詞~하니. ~하는데」.

85) 「すみやか【速やか】[形動ナリ]빠르다. 신속하다」의 連用形「すみやかに」+「いゆ[下2] → いえる【癒える】[下1]낫다. 치유되다. 전치되다」의 連用形「いえ」('-へ'는 정서법에 어긋남)+「たり[助動]완료・존속」.

86) 「かう → こう【孝】효」+「の[助詞]」+「こころ【心】마음. 뜻」.

87) 「てん【天】하늘」+「に[助詞]」+「つうず[サ変] → つうずる【通ずる】[サ変]통하다」의 連用形「つうじ」+「て」.

88) かかる【斯かる】[連体]이와 같은. 이런.

89) 「奇特」은「きとく」(清音)로도「きどく」(濁音)로도 읽는다. '특히 뛰어나 흔치 않은 것' 또는 '마음가짐이나 행동이 뛰어나 칭송할 만한 것'을 나타낸다.

90) 「あらはす[4] → あらわす【表す・現す・顕す・著す】[5]드러내다. 나타내다. 표현하다」의 連用形「あらはし」+「けり[助動]회상・과거」의 連体形「ける」.

91) 「ありがたし[形ク] → ありがたい【有り難い】[形]드물다. 훌륭하다. 존귀하다. 감사하다」의 連用形「ありがたかり」+「き[助動]회상・과거」의 連体形「し」.

92) 「こと【事】일」+「ども【共】[接尾]복수(複數)라는 뜻을 보탬」+「なり[助動]단정・지정」.

23. 吉(きつ)扮(ふん)代(かハる)ㇾ父(ちゝに)
길분이 아버지에 대신하다

❑ 梁(りやう)の吉扮(きつふん)ハ、馮翊(ふよく)と、いふところの人[ひと]なり[1]。
   ⇨ 양나라의 길 분은 풍익이라고 하는 곳의 사람이다.

❑ 父(ちゝ)は、原郷(げんきやう)と云[いう]ところの代官(だいくわん)なりけるが[2]、その所[ところ]の目代(もくだい)[3]のために[4]、無実(むしつ)を、かうふり[5]、すでに[6]、廷尉(ていゐ)にまいりて[7]、うつたへに、をよハんとす[8]。
   ⇨ 아버지는 원향이라 하는 곳의 지방관이었는데 그곳의 관리 때문에 억울한 죄를 뒤집어써서 이제 정위에 가서 소송에 이르려 한다.

---

1) 「ひと【人】 사람」+「なり[助動]단정·지정」.
2) 「だいくわん→だいかん【代官】①정원(正員)을 대신하여 관직을 수행하는 자 ②에도(江戶)시대에는 막부(幕府)의 직할지를 지배한 지방관」+「なり[助動]단정·지정」의 連用形「なり」+「けり[助動]회상·과거」의 連体形「ける」+「が[助詞]~인데」.
3) 「目代(もくだい)」는 위의 「代官(だいかん)」과 같은 뜻이다.
4) 「もくだい【目代】지방관」+「の[助詞]」+「ため【為】위해, ~때문」+「に[助詞]」.
5) 「むじつ【無実】죄가 없는데 죄가 있는 것으로 뒤집어쓰는 것. 원죄(冤罪)」('-し-'는 無濁点표기)+「を[助詞]」+「かうぶる【被る】[4]현대일본어에서는 〈こうむる【被る·蒙る】[5]당하다. 입다. 덮어쓰다」로 변함」의 連用形「かうぶり」('-ふ-'는 無濁点표기).
6) すでに【既に·已に】[副]①이미. 벌써 ②모두. 남김없이 ③이제 ④틀림없이.
7) 「ていゐ→ていい【廷尉】정위. 진(秦)·한(漢) 시절 형벌을 관장하는 관청(관리)」+「に[助詞]」+「まゐる→まいる【参る】[4]가다(겸양어)」의 連用形「まゐり」('-ゐ-'는 정서법에 어긋남)+「て」.
8) 「うつたへ→うったえ【訴え】[名]호소하는 것. 소송(訴訟)」+「に[助詞]~에」+「およぶ【及ぶ】[4]어떤 때나 장소 등에 다다르다. 도달하다」의 未然形「およば」('を-'는 정서법에 어긋남)+「む[助動]추량·의지」→「ん」+「と[助詞]」+「す[サ変]하다」.

❏ 吉扮(きつふん)、とし、いまだ十五[じゅうご]なり9)。
⇨ 길 분은 나이가 아직 열다섯이다.

❏ わが父[ちち]、無実(むじつ)のために10)、このわざハひある事[こと]11)を、うれへ12)、ミづから13)、はしりて14)、道[みち]のちまた15)を、こゑをあげて16)、さけひはしり17)、公儀(こうぎ)に18)ことハり19)、なげきけり20)。
⇨ 자기 아버지가 억울한 죄 때문에 이런 화가 있는 것을 근심하여 스스로 달려가 길거리를 목청껏 부르짖으며 내달려 세상에 호소하고 한탄했다.

❏ ミる人[ひと]、あはれを、もよほしけり21)。
⇨ 보는 이들은 동정심을 불러일으켰다.

❏ その父[ちち]、さらに22)、わたくしなく23)、道理(だうり)24)めいはくな

---

9) 「とし【年·歳】나이」+「いまだ【未だ】[副]아직. 여전히」+「じゅうご【十五】15」+「なり[助動]단정·지정」.
10) 「むじつ【無実】원죄」('-し-'는 無濁点표기)+「の[助詞]」+「ため【為】위해, ~때문」+「に[助詞]」.
11) 「この 【此の·斯の】[連体]이」+「わざはひ→わざわい【禍·災い】[名]화. 재난. 불행한 일」+「あり【有り】[ラ変]있다」의 連体形「ある」+「こと【事】것. 일」.
12) 「うれふ[下2]→うれえる【憂える·愁える·患える】[下1]한탄하다. 걱정하다」의 連用形.
13) みづから→みずから【自ら】[名]자기 자신. 나. [副]스스로. 친히」.
14) 「はしる【走る·奔る】[4]달리다」의 連用形「はしり」+「て」.
15) 「みち【道】길」+「の[助詞]」+「ちまた【岐·巷·衢】길이 갈라지는 곳. 갈림길. 도로. 장소」.
16) 「こゑ→こえ【声】목소리」+「を[助詞]」+「あぐ[下2]→あげる【上げる·挙げる·揚げる】[下1]올리다. 높이다」의 連用形「あげ」+「て」.「声を上げる」의 꼴로 '큰 목소리를 내다'의 뜻.
17) 「さけぶ【叫ぶ】[4]외치다」의 連用形「さけび」('-ひ'는 無濁点표기)+「はしる【走る·奔る】[4]달리다」의 連用形「はしり」.
18) 「こうぎ【公儀】①공적인 일 ②정부. 조정 ③세상」+「に[助詞]」.
19) 「ことわる【断わる·判わる】[4]판단하다. 설명하다. 공적 기관에 신고하다. 호소하다. 해명하다」의 連用形「ことわり」('-は-'는 정서법에 어긋남).
20) 「なげく【嘆く·歎く】[4]한숨짓다. 탄식하다. 슬퍼하다. 절망하다. 애원하다. 호소하다」의 連用形「なげき」+「けり[助動]회상·과거」.
21) 「あはれ【哀れ】[名]존귀함. 절절함. 가여움」+「を[助詞]」+「もよほす[4]→もよおす【催す】[5]불러일으키다」의 連用形「もよほし」+「けり[助動]회상·과거」.

り、と、いへども25)、目代(もくたい)、しゐて26)、無実(むじつ)のうつたへ、あるに、よりて27)、のがるべき手[て]だて28)を、うしなひ29)、すでに30)、ミづから31)、むなしく32)、とがに、おちて33)、かうべを、はねらるべきに34)、きハまりたり35)。

⇨ 그 아버지는 전혀 사사로움이 없고 도리가 명백하다 해도 관리의 무리한 무고(誣告)가 있음에 의해 벗어날 수 있는 방도를 잃고, 이제 자신이 덧없이 죄과에 빠져 목을 베임을 당할 처지에 꼼짝없이 걸렸다.

❏ 吉扮(きつふん)、大[おおい]に36)、なげき、かなしミて37)、過登聞皷(く

---

22) さらに【更に】[副]①또한. 거듭. 더욱 ②강한 부정. 절대로 ~가 아니다. 전혀 ~지 않다.

23) 「わたくし【私】[名]공(公)에 대한 사(私)」+「なし【無し】[形ク]없다」의 連用形「なく」.

24) だうり→どうり【道理】①이치. 조리 ②도리. 사람이 행해야할 바른 길. 도의(道義).

25) 「めいはく【明白】[形動ナリ]명백하다」의 終止形「めいはくなり」+「と[助詞]+「いへども→いえども【雖も】[連語]~하지만. ~해도」.

26) しひて→しいて【強いて】[副]억지로. 무리하게. 오로지. 어디까지나.「-ゐ」는 정서법에 어긋남.

27) 「むじつ【無実】덮어씌운 죄」(-し-'는 無濁点표기)+「の[助詞]」+「うつたへ→うったえ【訴え】[名]호소. 고소」+「あり【有り】[ラ変]있다」의 連体形「ある」+「に[助詞]~에」+「よる【因る・由る・拠る・依る】[4]원인하다. 기인하다. 의하다. 근거하다」의 連用形「より」+「て」.

28) 「のがる【下2】→のがれる【逃れる】[下1]벗어나다. 면하다」의 終止形「のがる」+「べし[助動]의무・당연・추량・가능 등」의 連体形「べき」+「てだて【手立て】[名]수단. 방법」.

29) 「うしなふ[4]→うしなう【失う】[5]잃다」의 連用形.

30) すでに【既に・已に】[副]①이미. 벌써 ②모두. 남김없이 ③이제 ④틀림없이.

31) みづから→みずから【自ら】[名]자기 자신. 나. [副]스스로. 친히.

32) 「むなし[形シク]→むなしい【空しい・虚しい】[形]덧없다. 무익하다. 죽었다」의 連用形.

33) 「とが【咎・科】잘못. 죄. 처벌」+「に[助詞]」+「おつ[上2]→おちる【落ちる・墜ちる・堕ちる】[上1]떨어지다. 빠지다. 추락하다」의 連用形「おち」+「て」.

34) 「かうべ→こうべ【首・頭】머리. 목」+「を[助詞]」+「はぬ[下2]→はねる【撥ねる】[下1]쳐버리다. 베다. 날리다」의 未然形「はね」+「らる[助動]수동」의 終止形「らる」+「べし[助動]의무・당연・추량・가능 등」의 連体形「べき」+「に[助詞]」.

35) 「きはまる[4]→きわまる【極まる・窮まる】[5]한도에 도달하다. 극한의 상태에 이르다. 꼼짝 못할 상태에 빠지다」의 連用形「きはまり」+「たり[助動]완료・존속」.

36) おほいに【大いに】[副]매우. 몹시. 많이.

37) 「なげく【嘆く・歎く】[4]한숨짓다. 슬퍼하다」의 連用形「なげき」+「かなしむ【悲しむ・哀しむ】[4]슬퍼하다. 가여워하다」의 連用形「かなしみ」+「て」.

わとうもんく)38)とて39)、たかきところ40)に、すへをかれたる41)罪科(ざいくわ)を、つぐる太皷(たいこ)をうちて42)、父[ちち]の身[み]がハりに立(たち)て43)、ころされん事[こと]44)を、もとめけり45)。

⇨ 길 분이 크게 탄식하며 슬퍼하여 과등문고라 하여 높은 곳에 놓여있는 죄과를 고하는 북을 쳐서 아버지를 대신하여 서서 죽임 당할 것을 청했다.

❏ 梁帝(りやうてい)、これを、きこしめし46)、かう＼／のきどく47)を、かんじ給[たま]ふ48)。

⇨ 양제가 이를 들으시고 효행의 장함을 감탄하신다.

❏ されども49)、人[ひと]の50)をしへて51)、かやうに52)、いはせ53)、父[ち

---

38) 〈한문본〉에는 이 부분이 「枹撾登聞鼓乞代命」으로 되어 있는데 이를 료이(了意)는 「撾登聞皷」라는 하나의 이름으로 풀이하고 있다. 「등문고(登聞鼓)」가 '신문고(申聞鼓)'의 뜻임을 고려하고(〈표준국어대사전〉참조), 또한 「撾」가 '칠 과'임을 생각하면 료이(了意)가 이를 잘못 파악한 것으로 보인다. 한편 세종대왕기념사업회의 『역주 삼강행실도』(2010)에는 원문을 옮기면서 이를 「檛(채찍 과)」로 쓰고 있다.
39) 「とて[助詞]인용. ~라 해서. ~라는 것으로. ~라는 이름으로.
40) 「たかし【高し】[形ク]높다」의 連体形 「たかき」+「ところ【所・処】곳」.
41) 「すう[下2]→すえる【据える】놓다. 설치하다」의 連用形 「すゑ」('-ヘ'는 정서법에 어긋남)+「おく【置く】[4]두다」의 未然形 「おか」+「る[助動]수동」의 連用形 「れ」+「たり[助動]완료・존속」의 連体形 「たる」.
42) 「ざいくわ→ざいか【罪科】죄과」+「を[助詞]」+「つぐ【告ぐ】[下2]고하다」의 連体形 「つぐる」+「たいこ【太鼓】북」+「を[助詞]」+「うつ【打つ】[4]치다」의 連用形 「うち」+「て」.
43) 「みがはり→みがわり【身代り・身替り】[名]남을 대신하여 그 역할을 하는 것(사람)」+「に[助詞]」+「たつ【立つ】[4]서다」의 連用形 「たち」+「て」.
44) 「ころす【殺す】[4]죽이다」의 未然形 「ころさ」+「る[助動]수동」의 連用形 「れ」+「む[助動]추량・의지」의 連体形 「む」→「ん」+「こと【事】것. 일」.
45) 「もとむ[下2]→もとめる【求める】[下1]찾다. 청하다. 요구하다」의 連用形 「もとめ」+「けり[助動]회상・과거」.
46) 「きこしめす【聞し召す】[4] '듣다'의 존경어」의 連用形.
47) 「かうかう→こうこう【孝行】효행」+「の[助詞]」+「きどく【奇特】흔치 않음. 장함」.
48) 「かんず[サ変]→かんずる【感ずる】[サ変]①자극을 받다. 느끼다 ②마음에 생각하다 ③마음이 움직이다. 감동하다」의 連用形 「かんじ」+「たまふ【給ふ】[助動]존경」.
49) 「さり【然り】[ラ変]그러하다」의 已然形 「され」+「ども[助詞]역접」.
50) 「ひと【人】사람. 다른 사람」+「の[助詞]현대일본어〈が〉의 쓰임」.

ち]の命[いのち]を、たすけんとて54)、はかりこと55)にも、するやらん56)、と、おほしめして57)、廷尉(ていゐ)58)蔡法度(さいほうたく)と云[いう]人[ひと]に、おほせて59)、大[おおい]に60)、おびやかし61)、おどさしむ62)。

⇨ 하지만 남이 가르쳐서 이처럼 말하도록 하여 아버지의 목숨을 구하려한다 하는 계략으로도 하는 것일까 라고 생각하셔서 정위 채 법도라는 사람에게 명하셔서 거세게 으르고 위협하게 시킨다.

❏ 蔡法度(さいほうたく)、面(おもて)63)に、いかれる、いろ64)を、あらハし65)、吉扮(きつふん)に、とふて、いはく66)、

⇨ 채 법도는 얼굴에 성난 기색을 드러내며 길 분에게 물어 가로되,

---

51) 「をしふ[下2]→おしえる【教える】[下1]가르치다. 알려주다」의 連用形 「をしへ」+「て」.
52) 「かやう[形動ナリ]→かよう【斯様】[形動]이러한. 이런 식의」의 連用形.
53) 「いふ【言ふ・云ふ】[4]말하다」의 未然形 「いは」+「す[助動]사역. ~시키다」의 連用形 「せ」.
54) 「たすく[下2]→たすける【助ける・輔ける・扶ける】[下1]돕다. 구조하다」의 連用形 「たすけ」+「む[助動]추량・의지」→「ん」+「とて[助詞]인용. ~라 해서. ~라는 명목으로」.
55) はかりごと【謀】계략. 모략. 「こ」는 無濁点표기.
56) 「す[サ変]하다」의 連体形 「する」+「やらむ→やらん[連語]①의문을 포함한 추량. ~인 것인가 ②불확실. ~인 것 같다」.
57) 「おぼしめす【思し召す】[4]'생각하다'의 존경어」의 連用形 「おぼしめし」('-ほ-'는 無濁点표기)+「て」.
58) ていゐ→ていい【廷尉】정위. 진(秦)・한(漢) 시절 형벌을 관장하는 관청(관리).
59) 「おほす【負す・課す・仰す】[下2]짊어지게 하다. 명령하다. 말씀하시다」의 連用形 「おほせ」+「て」.
60) おおいに【大いに】[副]매우. 몹시. 많이.
61) 「おびやかす【脅かす】[4]위협하다」의 連用形.
62) 「おどす【威す・脅す】[4]위협하다. 무서워하게 하다. 놀라게 하다」의 未然形 「おどさ」+「しむ[助動]사역. ~시키다」.
63) ①おもて【表】표면. 외부. ②おもて【面】얼굴.
64) 「いかる【怒る】[4]화내다」의 命令形 「いかれ」+「り[助動]완료・존속」의 連体形 「る」+「いろ【色】기색」.
65) 「あらはす[4]→あらわす【表す・現す・顕す】[5]드러내다. 나타내다. 표현하다」의 連用形.
66) 「とふ【問ふ】[4]묻다」+「て」+「いはく【曰く】말하길」.

❏ 「なんぢ⁶⁷⁾、こゝに来(きた)りて⁶⁸⁾、父[ちち]の命(いのち)にかハらん⁶⁹⁾
と云[いう]。みかどより⁷⁰⁾御[お]ゆるされ有[あり]て⁷¹⁾、なんぢを、ころ
して⁷²⁾、父[ちち]をたすけよ⁷³⁾、との⁷⁴⁾勅定(ちよくぢやう)あり⁷⁵⁾。
  ⇨ "너는 여기에 와서 아버지의 목숨에 대신하겠다고 한다. 천자로부터 사면하심이 있
    어서 너를 죽이고 아버지를 살리라 하는 칙명이 있다.

❏ まづ⁷⁶⁾然(しか)らバ⁷⁷⁾、なんぢに⁷⁸⁾、つよく首(くび)かせをいれ⁷⁹⁾、手
  [て]あし⁸⁰⁾を、きびしく⁸¹⁾、しバりからめ⁸²⁾、いましめ⁸³⁾、せむる事
  [こと]⁸⁴⁾、はなハだ⁸⁵⁾、はげしかるべし⁸⁶⁾。

---

67) なんぢ→なんじ【汝・爾】[代]아랫사람을 가리키는 말.
68) 「きたる【来る】[4]오다」의 連用形「きたり」+「て」.
69) 「いのち【命】목숨」+「に[助詞]」+「かはる[4]→かわる【替わる・代わる・換わる・変わる】[5]
    바꾸다. 대체하다. 대리하다」의 未然形「かはら」+「む[助動추량・의지]」→「ん」.
70) 「みかど【御門・帝】황제. 천자. 조정. 덴노(天皇)」+「より[助詞]~로부터」.
71) 「お【御】[接頭존경의 뜻」+「ゆるされ【許され】[名]사면(赦免)」+「あり【有り】[ラ変]있다」
    의 連用形「あり」+「て」.
72) 「なんぢ【汝・爾】[代]너」+「を[助詞]」+「ころす【殺す】[4]죽이다」의 連用形「ころし」+「て」.
73) 「たすく[下2]→たすける【助ける】[下1]돕다. 살리다」의 命令形「たすけよ」.
74) 「と[助詞]」+「の[助詞]」. 「~との」의 꼴로「~という(~라고 하는)」의 뜻.
75) 「ちよくぢやう→ちょくじょう【勅定・勅諚】천자(天子)가 정한 일. 천자의 말씀. 칙명(勅命)」
    +「あり【有り】[ラ変]있다」.
76) まづ→まず【先ず】[副]우선. 아무튼.
77) 「しからば【然らば】[接続]그렇다면. 그러면. 「しかり【然り】[ラ変]그러하다」의 未然形「し
    から」+「ば[助詞가정조건]」로 분석할 수도 있다.
78) 「なんぢ【汝・爾】[代]너」+「に[助詞]」.
79) 「つよし【強し】[形ク]강하다」의 連用形「つよく」+「くびかせ【首枷・頸枷】죄인의 목에 끼
    워서 자유를 속박하는 형구(刑具). 칼」+「を[助詞]」+「いる[下2]→いれる【入れる・容れ
    る】[下1]넣다. 끼우다」의 連用形「いれ」.
80) てあし【手足】손과 발.
81) 「きびし[形シク]→きびしい【厳しい】[形]엄중하다. 엄하다. 용서 없다」의 連用形.
82) 「しばる【縛る】[4]묶다. 포박하다」의 連用形「しばり」+「からむ[下2]→からめる【絡める・
    搦める】[下1]묶다. 포박하다」의 連用形「からめ」.
83) 「いましむ[下2]→いましめる【戒める・誡める・警める】[下1]훈계하다. 경계하다」의 連用形.
84) 「せむ[下2]→せめる【責める】[下1]꾸짖다. 괴롭히다. 고문하다」의 連体形「せむる」+「こ

⇨ 일단 그렇다면 너에게 단단히 칼을 씌우고 손발을 엄히 옭아매고 꾸짖고 고신하는 일이 몹시 심할 것이다.

❏ なんぢ[87]、是(これ)にても[88]、よく[89]父[ちち]に、かはらんと、おもふや[90]、もし[91]、くやむ事[こと]あらバ[92]、なんぢを、ゆるして[93]、父[ちち]をころさん[94]。」と。

⇨ 너는 이라도 참으로 아버지를 대신하겠다고 생각하는가? 만일 후회할 일이 있으면 너를 용서하고 아버지를 죽이겠다."라고.

❏ 時[とき]に[95]、吉扮(きつふん)、こたへて、いはく[96]、「それがし[97]、今[いま]、をろかなる小児(せうに)なり[98]、と、いへども[99]、死(し)す

と【事】것. 일」.
85) はなはだ【甚だ】[副]매우. 몹시. 대단히. 현저히.
86) 「はげし[形シク]→はげしい【激しい·烈しい·劇しい】[形]격렬하다. 엄중하다. 심하다」의 連体形 「はげしかる」+「べし[助動]의무·당연·추량·가능 등」.
87) なんぢ→なんじ【汝·爾】[代]아랫사람을 가리키는 말.
88) 「これ【此·是】[代]이것. 이」+「にて[助詞]현대일본어 〈で〉의 쓰임」+「も[助詞]」.
89) よく【善く·能く】[副]잘. 심히. 자주. 참으로. 잘도.
90) 「かはる[4]→かわる【替わる·代わる·換わる·変わる】[5]바꾸다. 대체하다. 대리하다」의 未然形 「かはら」+「む[助動]추량·의지」→「ん」+「と[助詞]」+「おもふ【思ふ】[4]생각하다」+「や[係助詞]의문·질문」.
91) もし【若し】[副]①만일 ②어쩌면.
92) 「くやむ【悔やむ】[4]후회하다. 유감스러워하다」의 連体形 「くやむ」+「こと【事】것. 일」+「あり【有り】[ラ変]있다」의 未然形 「あら」+「ば[助詞]가정조건」.
93) 「なんぢ→なんじ【汝·爾】[代]너」+「を[助詞]」+「ゆるす【許す·赦す】[4]용서하다. 사면하다」의 連用形 「ゆるし」+「て」.
94) 「ちち【父】아버지」+「を[助詞]」+「ころす【殺す】[4]죽이다」의 未然形 「ころさ」+「む[助動]추량·의지」→「ん」.
95) ときに【時に】[副]그때에. 가끔.
96) 「こたふ[下2]→こたえる【答える·応える】[下1]대답하다. 반응하다」의 連用形 「こたへ」+「て」+「いはく【曰く】말하길. 이르길」.
97) それがし【某】[代]①아무개 ②저.
98) 「おろか【愚か】[形動ナリ]어리석다. 우둔하다」의 連体形 「おろかなる」('を-'는 정서법에 어긋남)+「せうに→しょうに【小児】소아. 유아」+「なり[助動]단정·지정」.
99) いへども→いえども【雖も】[連語]~하지만. ~해도.

る事[こと]のおそれ100)を、わきまへ知(しら)ざらんや101)。

⇨ 그때에 길 분이 대답하여 말하길 "저는 지금 어리석은 아이라고 하지만 죽는 것의 두려움을 이해하여 알지 못하겠는가?

❑ 今[いま]、わが父[ちち]の、このくるしげなる102)、いましめ103)を、ミるに104)、わが心[こころ]、さらに、やすからず105)。たとひ106)、我わが身[み]を、段々(だんゝゝ)に107)、きりさく、と、いふとも108)、父[ちち]だに109)、たすけ給[たま]ハらば110)、又[また]、なにをか、うれへん111)。」と云[いう]。

⇨ 이제 우리 아버지의 이러한 고통스러워 보이는 처지의 포승줄을 보니 내 마음이 전혀 편치 않다. 설령 내 몸을 갈기갈기 찢어버린다고 하더라도 아버지만이라도 살려주신다면 또한 무엇을 원망하겠는가?"라고 한다.

---

100) 「しす[サ変]→しする【死する】[サ変]죽다」의 連体形 「しする」+「こと【事】것. 일」+「の[助詞]」+「おそれ【恐れ・畏れ・虞】[名]무서움. 공포」.

101) 「わきまふ[下2]→わきまえる【弁える】[下1]이해하다. 구별하다. 변별하다」의 連用形 「わきまへ」+「しる【知る】[4]알다」의 未然形 「しら」+「ざり[助動]부정」의 未然形 「ざら」+「む[助動]추량・의지」→「ん」+「や[係助詞]의문・질문」.

102) 「この【此の・斯の】[連体]이」+「くるし[形シク]→くるしい【苦しい】[形]괴롭다. 고통스럽다」의 語幹 「くるし」+「げ【気】[接尾]겉에서 봐서 추측되는 모습・느낌・경향 따위를 나타냄」+「なり[助動]단정・지정・상태」의 連体形 「なる」.

103) いましめ【戒め・誡め・縛め】[名]훈계. 잡아 묶는 것. 속박. 포박. 포승줄.

104) 「みる【見る】[上1]보다」의 連体形 「みる」+「に[助動]~하니. ~하는데」.

105) 「さらに【更に】[副]절대로. 전혀」+「やすし[形ク]→やすい【安い】[形]걱정이 없다. 편안하다. 안심이다」의 未然形 「やすから」+「ず[助動]부정」.

106) たとひ→たとい【縦い・仮令・縦令】[副]①만일. 만약에 ②만일 그렇다 해도. 비록.

107) 「だんだん【段段】[名]단. 갈기갈기 된 모양. 조각조각」+「に[助詞]」.

108) 「きりさく【切り裂く】[4]잘라서 나누다. 절단하다」의 終止形 「きりさく」+「と[助詞]」+「いふ【言ふ・云ふ】[4]말하다」의 終止形 「いふ」+「とも[助詞]~해도」.

109) 「ちち【父】아버지」+「だに[助詞]~조차. ~까지. ~만이라도」.

110) 「たすく【助く】[下2]돕다. 살리다」의 連用形 「たすけ」+「たまはる[4]→たまわる【賜る】[5]①받다(겸양어) ②주시다(존경어)」의 未然形 「たまはら」+「ば[助詞]가정조건」.

111) 「なに【何】[代]어떤. 무엇」+「を[助詞]」+「か[係助詞]의문(문말은 連体形)」+「うれふ[下2]→うれえる【憂える・愁える・患える】[下1]한탄하다. 걱정하다」의 未然形 「うれへ」+「む[助動]추량・의지」의 連体形 「む」→「ん」.

❑ 蔡法度(さいほうたく)、聞[きき]て、いはく112)、「さらば113)、父[ちち]を ゆるして114)、子(こ)をせむへし115)。」とて116)、たか手[て]小手(こて)117)、あしがせ、くびかせ118)、きびしくして119)、すでに120)、息(いき)たえなんとす121)。

⇨ 제 법도가 듣고 가로되 "그러면 아버지를 사면하고 아이를 고신해야 할 것이다."라며 손을 뒤로 묶고 족쇄에 칼에 엄히 하여 이제 숨이 끊어져버리려 한다.

❑ 蔡法度(さいほうたく)、とふて、いはく122)、「汝(なんぢ)くるしきや123)、もし、くやむ心[こころ]あらバ124)、父[ちち]にかゆべきや125)。」と。

⇨ 제 법도가 물어 가로되 "너는 고통스러운가? 만일 후회하는 마음이 있으면 아버지로 바꿔야겠는가?"라고.

---

112) 「きく【聞く】[4]듣다」의 連用形「きき」+「て」+「いはく【曰く】말하길」.
113) さらば【然らば】[接続]그렇다면. 그러면. 그런데.
114) 「ちち【父】아버지」+「を[助詞]」+「ゆるす【許す・赦す・聴す】[4]용서하다. 사면하다」의 連用形「ゆるし」+「て」.
115) 「せむ【下2】→ せめる【責める】[下1]꾸짖다. 괴롭히다. 고문하다」의 終止形「せむ」+「べし[助動]의무・당연・추량・가능 등」('へ'는 無濁点표기)).
116) とて[助詞]인용. ~라 해서. ~라는 것으로. ~라는 이름으로.
117) たかてこて【高手小手】손을 뒤로 하고 무릎 꿇려 목부터 줄로 엄히 잡아 묶는 것.
118) 「あしかせ(あしがせ)【足枷】족쇄」+「くびかせ【首枷・頸枷】칼」.
119) 「きびし[形シク]→ きびしい【厳しい】[形]엄중하다. 엄하다. 용서 없다」의 連用形「きびしく」+「す[サ変]하다」의 連用形「し」+「て」.
120) すでに【既に・已に】[副]①이미. 벌써 ②모두. 남김없이 ③이제 ④틀림없이.
121) 「いき【息】숨」+「たゆ[下2]→ たえる【絶える】[下1]끊어지다」의 連用形「たえ」+「ぬ[助動완료・존속]의 未然形「な」+「む[助動추량・의지]」→「ん」+「と[助詞]」+「す[サ変]하다」.
122) 「とふ【問ふ】[4]묻다」+「て」+「いはく【曰く】말하길」.
123) 「なんぢ【汝・爾】[代]너」+「くるし[形シク]→ くるしい【苦しい】[形]괴롭다. 고통스럽다」의 連体形「くるしき」+「や[係助詞]의문・질문」.
124) 「くやむ【悔やむ】[4]후회하다」+「こころ【心】마음. 뜻」+「あり【有り】[ラ変]있다」의 未然形「あら」-「ば[助詞]가정조건」.
125) 「ちち【父】아버지」+「に[助詞]」+「かゆ【替ゆ・換ゆ・変ゆ】[下2]바꾸다. 교체하다」의 終止形「かゆ」-「べし[助動]의무・당연・추량・가능 등」의 連体形「べき」+「や[係助詞]의문・질문」.

❏ 吉翂(きつふん)、こたへて、いはく126)、「このうへ127)に、猶[なお]128)くるしミを、かさぬ129)、と、いふとも130)、なんぞ131)、心[こころ]をみだして132)、くやむべきや133)。」と。
  ⇨ 길 분이 대답하여 이르길 "이 이상 더욱 고통을 거듭한다고 해도 어찌 뜻을 어지러이 하여 후회하겠는가?"라고.

❏ このとき、人[ひと]ミな、感涙(かんるい)をながしけり134)。
  ⇨ 이때 사람들이 모두 감동의 눈물을 흘렸다.

❏ 蔡法度(さいほうたく)、なく＼／135)、みかどに、そうもんして136)、父[ちち]が科(とが)をゆるし137)、吉翂(きつふん)が138)いましめ139)を、なだめて140)、父子(ふし)ともに141)、家[いえ]にかへらしむ142)。

―――――――――――――

126) 「こたふ[下2]→こたえる【答える・応える】[下1]대답하다. 반응하다」의 連用形「こたへ」+「て」+「いはく【曰く】말하길. 이르길」.

127) このうへ→このうえ【此の上】이 이상. 더 이상.

128) なほ→なお【猶・尚】[副]원래대로. 여전히. 역시. 그래도. 재차. 점점.

129) 「くるしみ【苦しみ】[名]고통. 괴로움」+「を[助詞]」+「かさぬ[下2]→かさねる【重ねる】[下1]쌓다. 반복하다」.

130) 「いふ【言ふ・云ふ】[4]말하다」의 終止形「いふ」+「とも[助詞]~해도」.

131) なんぞ【何ぞ】[副]어찌. 어째서.

132) 「こころ【心】마음. 뜻」+「を[助詞]」+「みだす【乱す・紊す】[4]흐트러지다. 혼란시키다」의 連用形「みだし」+「て」.

133) 「くやむ【悔やむ】[4]후회하다」의 終止形「くやむ」+「べし[助動]의무・당연・추량・가능 등」의 連体形「べき」+「や[係助詞]의문・질문」.

134) 「かんるい【感涙】감루. 감격의 눈물」+「を[助詞]」+「ながす【流す】[4]흘리다」의 連用形「ながし」+「けり[助動]회상・과거」.

135) なくなく【泣く泣く】[副]울면서.

136) 「みかど【御門・帝】황제. 천자. 조정. 덴노(天皇)」+「に[助詞]」+「そうもん【奏聞】주문. 천자에게 주상(奏上)하는 것. 주달(奏達)」+「す[サ変]하다」의 連用形「し」+「て」.

137) 「ちち【父】아버지」+「が[助詞]현대일본어〈の〉의 쓰임」+「とが【咎・科】잘못. 죄. 처벌」+「を[助詞]」+「ゆるす【許す・赦す】[4]용서하다. 사면하다」의 連用形「ゆるし」.

138) 「が」는 현대일본어「の」의 쓰임.

139) いましめ【戒め・誡め・縛め】[名]훈계. 잡아 묶는 것. 속박. 포박. 포승줄.

140) 「なだむ[下2]→なだめる【宥める】[下1]죄인을 부드럽게 다루다. 중재하다. 부드럽게

⇨ 제 법도가 울며 천자에게 아뢰어 아버지의 죄과를 사면하고 길 분의 포승줄을 풀어 부자가 함께 집으로 돌아가게 한다.

❏ 楊州(やうちう)の中正(ちうせい)143)張仄(ちやうそく)と云[いう]人[ひと]、このかう＼／を、かんじて144)、梁(りやう)の武帝(ぶてい)に、すゝめて145)、太常旌挙(だいしやうせいきよ)の官(くわん)に、なし下[くだ]されけり146)。

⇨ 양주의 중정관 장 측이라 하는 사람이 이 효행을 감복하여 양나라 무제에게 추천하여 태상정거의 관직에 삼으셨다.

하다」의 連用形「なだめ」+「て」.
141) 「ふし【父子】부자」+「ともに【共に・俱に】함께. 동반하여. 동시에」.
142) 「いへ→いえ【家】집」+「に[助詞]」+「かへる[4]→かえる【帰る・還る】[5]돌아가다」의 未然形「かへら」+「しむ[助動]사역. ~시키다」.
143) 「ちゅうせいかん【中正官】중국 위진 남북조 시대의 관직명」으로 보인다.
144) 「かうかう→こうこう【孝行】효행」+「を[助詞]」+「かんず[サ変]→かんずる【感ずる】[サ変]①자극을 받다. 느끼다 ②마음에 생각하다 ③마음이 움직이다. 감동하다」의 連用形「かんじ」+「て」.
145) 「すすむ[下2]→すすめる【勧める・奨める・薦める】[下1]권유하다. 장려하다. 추천하다」의 連用形「すすめ」+「て」.
146) 「なす【生す・成す・為す】[4]만들어내다. 행하다」의 連用形「なし」+「くださる[下2→くだされる【下される】[下1]주시다. 수여하시다」의 連用形「くだされ」+「けり[助動]회상・과거」.

24. 不(ふ)害(がい)捧(さゝぐ)ㇽ屍(かバねを)
불해가 주검을 받들다

❏ 殷不害(いんふかい)ハ、陳郡(ちんきん)と、いふところの人[ひと]なり¹⁾。
   ⇨ 은 불해는 진군이라 하는 곳의 사람이다.

❏ 父母[ふぼ]につかへて²⁾、いたつて孝(かう)あり³⁾。
   ⇨ 부모를 섬기는데 극진히 효가 있다.

❏ 父[ちち]すでに⁴⁾、むなしく、なれりければ⁵⁾、うれへの火(ひ)⁶⁾、ほねに、とをりて⁷⁾、悲(かな)しミの涙なみだ⁸⁾を、血(ち)にかへたり⁹⁾。
   ⇨ 아버지가 이제 운명했기 때문에 근심의 불길이 뼛속에 사무쳐 슬픔의 눈물을 피로 바꾸었다.

❏ 色[いろ]かしけ¹⁰⁾、はだえ、つかれて¹¹⁾、祭礼(さいれい)の法(ほう)¹²⁾、つ

---

1) 「ひと【人】사람」+「なり[助動]단정·지정」.
2) 「つかふ【仕ふ】[下2]윗사람 가까이에서 섬기다. 모시다」의 連用形 「つかへ」+「て」.
3) 「いたりて→いたって【至って】[副]매우. 대단히. 극히」+「かう→こう【孝】효」+「あり【有り】ラ変]있다」.
4) すでに【既に·已に】[副]①이미. 벌써 ②모두. 남김없이 ③이제 ④틀림없이.
5) 「むなし[形シク]→むなしい【空しい·虚しい】[形]덧없다. 무상하다. 죽었다」의 連用形 「むなしく」+「なる【成る·為る】[4]되다」의 命令形 「なれ」+「り[助動]완료·존속」의 連用形 「り」+「けり[助動]회상·과거」의 已然形 「けれ」+「ば[助詞]확정조건. 원인·이유」.
6) 「うれへ→うれえ【憂え·愁え】[名]슬픔. 우려. 근심」+「の[助詞]」+「ひ【火】불. 화염. 격하게 일어나는 감정」.
7) 「ほね【骨】뼈」+「に[助詞]」+「とほる[4]→とおる【通る·徹る】[5]통과하다. 관통하다. 도달하다. 이루다」의 連用形 「とほり」('-を-'는 정서법에 어긋남)+「て」.
8) 「かなしみ【悲しみ·哀しみ】[名]슬픔」+「の[助詞]」+「なみだ【涙】눈물」.
9) 「ち【血】피」+「に[助詞]」+「かふ[下2]→かえる【替える·換える·代える·変える】[下1]바꾸다」의 連用形 「かへ」+「たり[助動]완료·존속」.
10) 「いろ【色】색. 안색. 기색」+「かじく[下2]→かじける【悴ける】[下1]수척해지다. 생기를

ねに過[すぎ]たり13)。
⇨ 낯빛이 까칠하고 살갗이 초췌해져서 제례의 법도가 상례에 넘었다.

❏ 弟(おとゝ)五人[ごにん]あり、みな、いまだ14)、いとけなし15)。
⇨ 동생이 다섯 있는데 모두 아직 어리다.

❏ その母[はは]蔡氏(さいし)、よハひ16)、すでに17)、かたふき18)、よろづ19)、あぢきなく20)、みえたり21)。
⇨ 그 어머니 제 씨는 나이가 이미 기울어 만사가 소용없어 보인다.

❏ しかるに22)、不害(ふかい)しば〵23)、老母(らうぼ)につかへて24)、かう〵を、つくし25)、弟(おとゝ)をいつくしミ26)、あはれむ事(こ

잃다」의 連用形「かじけ」('-し-'는 無濁点표기)..

11)「はだへ→はだえ【肌・膚】피부」('-え'는 歴史的仮名遣에 어긋남)+「つかる[下2]→つかれる【疲れる】[下1]약해지다. 지치다. 피폐하다」.

12)「さいれい【祭礼】제례」+「の[助詞]」+「はふ→ほう【法】보편적인 모습. 규정. 법도. 규범」.

13)「つね【常】보통. 평소」+「に[助詞]」+「すぐ[上2]→すぎる【過ぎる】[上1]지나치다. 과하다」의 連用形「すぎ」+「たり[助動]완료・존속」.

14) いまだ【未だ】[副]아직. 여전히.

15)「いとけなし[形ク]→いとけない【幼い・稚い】[形]나이 어리다. 철없다.

16) よはひ→よわい【齢・歯】나이. 연령.

17) すでに【既に・已に】[副]①이미. 벌써 ②모두. 남김없이 ③이제 ④틀림없이.

18)「かたぶく【傾く】[4]기울어지다. 왕성한 상태에서 쇠약한 상태가 되다」의 連用形「かたぶき」('-ふ-'는 無濁点표기).

19) よろづ→よろず【万】만. 다수. 모든 일.

20)「あぢきなし[形ク]→あじきない[形]무의미하다. 쓸모없다. 재미없다. 한심하다」의 連用形.

21)「みゆ[下2]→みえる【見える】[下1]보이다」의 連用形「みえ」+「たり[助動]완료・존속」.

22) しかるに【然るに】[接続]그런데. 하지만. 그건 그렇고.

23) しばしば【屢・屢屢・数・数数】[副]연신. 자주. 몇 번이고.

24)「らうぼ→ろうぼ【老母】노모」+「に」+「つかふ【仕ふ】[下2]윗사람 가까이에서 섬기다. 모시다」의 連用形「つかへ」+「て」.

25)「かうかう→こうこう【孝行】효행」+「を[助詞]」+「つくす【尽くす】[4]노력하다. 힘쓰다. 다하다」의 連用形「つくし」.

と)27)、をのれが子(こ)のことくにせり28)。
⇨ 하지만 불해는 계속해서 노모를 섬겨 효행을 다하고 동생을 소중히 여겨 사랑하기가 자기 아이처럼 했다.

❏ 魏(ぎ)の国(くに)、平江陵(びんがうれう)と云[いう]ところに、すみけるとき29)、ある夜[よる]、母のゆきがたを、うしなへり30)。
⇨ 위나라의 평강릉이라는 곳에 살았을 때 어느 날 밤 어머니의 행방을 잃었다.

❏ 折[おり]ふし31)、冬[ふゆ]のころにて32)、いつのとしより33)、はなハだ34)寒(かん)じて35)、ふりつむ36)雪[ゆき]、いまだ37)、きえざるに38)、又[また]、ふる雪[ゆき]かさなりて39)、こほりハ山[やま]をたゝみ40)、氷

---

26) 「おとと【弟】동생」+「を[助詞]」+「いつくしむ【慈しむ】」[4]사랑하다. 귀여워하다. 소중히 여기다」의 連用形「いつくしみ」.

27) 「あはれむ[4]→あわれむ【哀れむ・憐れむ】」[5]①사랑하다 ②불쌍히 여기다. 동정하다」의 連体形「あはれむ」+「こと【事】것. 일」.

28) 「おのれ【己】[代]나. 자신」('を-'는 정서법에 어긋남)+「が[助詞]현대일본어〈の〉의 쓰임」+「こ【子】아이. 자식」+「の[助詞]」+「ごとし【如】[助動]~과 같다」의 連用形「ごとく」(こ-'는 無濁点표기)+「に[助詞]」+「す[サ変]하다」의 命令形「せ」+「り[助動]완료・존속」.

29) 「すむ【住む・棲む・栖む】[4]거주하다」의 連用形「すみ」+「けり[助動]회상・과거」의 連体形「ける」+「とき【時】때」.

30) 「はは【母】어머니」+「の[助詞]」+「ゆきがた【行き方】갈 곳. 행방」+「を[助詞]」+「うしなふ[4]→うしなう【失う】[5]잃다」의 命令形「うしなへ」+「り[助動]완료・존속」.

31) をりふし → おりふし【折節】[副]딱 그때. 때마침. 가끔.

32) 「ふゆ【冬】겨울」+「の[助詞]」+「ころ【頃・比】경. 무렵」+「にて[助詞]현대일본어의〈で〉와 같은 쓰임」.

33) 「いつ【何時】[代]언제」+「の[助詞]」+「とし【年】해」+「より[助詞]비교. ~보다」.

34) はなはだ【甚だ】[副]매우. 몹시. 대단히. 현저히.

35) 「かんず[サ変]→かんずる【寒ずる】[サ変]추위가 몸에 사무치다. 춥다」의 連用形「かんじ」+「て」.

36) 「ふりつむ【降り積む】[4]」는「ふりつもる【降り積もる】[4]눈이 내려서 쌓이다」와 같은 뜻.

37) いまだ【未だ】[副]아직. 여전히.

38) 「きゆ[下2] → きえる【消える】[下1]사라지다」의 未然形「きえ」+「ざり[助動]부정」의 連体形「ざる」+「に[助詞]~하니. ~하는데」.

39) 「ふる【降る】[4]내리다」+「ゆき【雪】눈」+「かさなる【重なる】[4]겹치다. 덮다. 포개다」의 連用形「かさなり」+「て」.

柱(つらゝ)41)ハ鉾(ほこ)42)さかしま43)に、たてたり44)、

⇨ 때마침 겨울 무렵으로 어떤 해보다 몹시 추워서 내려 쌓인 눈이 아직 사라지지 않았는데 다시 내리는 눈이 덮어서 얼음은 산을 뒤덮고 고드름은 거꾸로 달렸다.

❑ 鳥(とり)けだもの45)は、いふに、をよバず46)、人[ひと]おほく凍(こゞへ)て47)、道[みち]のほとりに48)、たをれ死(し)するもの49)、ちまた50)を、ふさぎて51)、かさなれり52)。

⇨ 새와 짐승은 말할 것도 없고 사람들이 상당수 얼어붙어서 길가에 쓰러져 죽은 사람이 길을 가로막고 쌓여있다.

❑ 不害(ふかい)、わが母[はは]の、ゆきがたを、たづねて53)、爰(こゝ)かしこ54)を、まどひゆき55)、なく＼／56)死人(しにん)のたをれふしたる

---

40) 「こほり→こおり【氷・凍り】[名]얼음」+「は[助詞]」+「やま【山】산」+「を[助詞]」+「たたむ【畳む】[4]쌓다. 겹치다」의 連用形「たたみ」.

41) つらら【氷】(氷柱)고드름.

42) 「ほこ【矛・戈・鉾】창」. 창끝이 뾰족한 것을 고드름에 빗댄 표현으로 보인다.

43) 「さかしま【逆しま・倒】」는 「さかさま【逆さま・倒・逆様】위아래가 반대인 것. 거꾸로」와 같은 말이다.

44) 「たつ[下2]→たてる【立てる】[下1]세우다. 일게 하다」의 連用形「たて」+「たり[助動]완료・존속」.

45) 「とり【鳥】새」+「けだもの【獣】네 발 달린 동물. 짐승」.

46) 「いふ【言ふ・云ふ】[4]말하다」의 連体形「いふ」+「に[助詞]」+「およぶ【及ぶ】[4]어떤 때나 장소 등에 다다르다」의 未然形「およば」('を-'는 정서법에 어긋남)+「ず[助動]부정」.

47) 「おほし【多し】[形ク]많다」의 連用形「おほく」+「こごゆ[下2]→こごえる【凍える】[下1]추위로 몸의 감각을 잃다」의 連用形「こごえ」('-へ'는 정서법에 어긋남)+「て」.

48) 「みち【道】길」+「の[助詞]」+「ほとり【辺】옆. 근처」+「に[助詞]」.

49) 「たふる[下2]→たおれる【倒れる】[下1]쓰러지다. 구르다」의 連用形「たふれ」('-を-'는 정서법에 어긋남)+「しす[サ変]→しする【死する】[サ変]죽다」의 連体形「しする」+「もの【者】사람」.

50) ちまた【岐・巷・衢】길이 갈라지는 곳. 갈림길. 도로. 장소. 세상.

51) 「ふさぐ【塞ぐ】[4]막다. 가로막다. 차지하다」의 連用形「ふさぎ」+「て」.

52) 「かさなる【重なる】[4]겹치다. 덮다. 포개다」의 命令形「かさなれ」+「り[助動]완료・존속」.

53) 「ゆきがた【行き方】갈 곳. 행방」+「を[助詞]」+「たづぬ[下2]→たずねる【尋ねる】[下1]찾다. 묻다」의 連用形「たづね」+「て」.

54) 「ここ【此処・此所・此・是・爰】[代]여기」+「かしこ【彼処・彼所】[代]저기」

を57)、ひきなをし＼／58)、これを、たづね59)。

⇨ 불해가 자기 어머니의 행방을 찾아 여기저기를 헤매 다니며 울면서 죽은 사람이 쓰러져 누워있는 것을 옮기고 또 옮기며 이를 찾는다.

❏ 我わが身[み]も、やう＼／60)、こゞへて61)、身[み]もつかれ62)、心[こゝろ]もよハり63)、七日[なぬか]の間[あいだ]ハ、さらに64)湯水(ゆミづ)65)をも、くちにいれず66)。

⇨ 자기 몸도 점점 얼어붙어서 몸도 지치고 마음도 약해져 칠 일 동안은 전혀 물조차도 입에 넣지 않는다.

❏ されども67)、すこしも68)、かへりミずして69)、只(たゞ)70)わが母[はゝ]

---

55) 「まどふ[4]→まどう【惑う】[5]어쩔 줄 몰라 하다. 헤매다. 심란하다. 허둥대다」의 連用形「まどひ」+「ゆく【行く】[4]가다」의 連用形「ゆき」.

56) なくなく【泣く泣く】[副]울면서.

57) 「しにん【死人】죽은 사람」+「の[助詞]현대일본어〈が〉의 쓰임」+「たふる【倒る】[下2]쓰러지다」의 連用形「たふれ」('-を-'는 정서법에 어긋남)+「ふす【伏す・臥す】[4]눕다」의 連用形「ふし」+「たり[助動]완료・존속」의 連體形「たる」+「を[助詞]」.

58) 「ひきなほす[4]→ひきなおす【引き直す】[5]원래대로 고치다. 다른 곳으로 옮기다」의 連用形「ひきなほし」('-を-'는 정서법에 어긋남). 같은 말을 반복하여 거듭해서 행한다는 뜻.

59) 「たづぬ[下2]→たずねる【尋ねる】[下1]찾다. 묻다」의 終止形.

60) 「ヨーヨー」로 읽는다. 「やうやう→ようよう【漸う】[副]점점. 겨우. 간신히」.

61) 「こごゆ[下2]→こごえる【凍える】[下1]추위로 몸의 감각을 잃다」의 連用形「こごえ」('-へ-'는 정서법에 어긋남)+「て」.

62) 「み【身】몸」+「も[助詞]」+「つかる[下2]→つかれる【疲れる】[下1]약해지다. 지치다. 피폐하다」의 連用形「つかれ」.

63) 「こころ【心】마음」+「も[助詞]」+「よわる【弱る】[4]약해지다. 기력이 쇠하다」의 連用形「よわり」('-ハ-'는 정서법에 어긋남).

64) さらに【更に】[副]①또한. 거듭. 더욱 ②강한 부정. 절대로 ~가 아니다. 전혀 ~지 않다.

65) ゆみづ→ゆみず【湯水】더운물과 찬물. 더운물 또는 물.

66) 「くち【口】입」+「に[助詞]」+「いる[下2]→いれる【入れる】[下1]넣다」의 未然形「いれ」+「ず[助動]부정」.

67) 「さり【然り】[ラ変]그러하다」의 已然形「され」+「ども[助詞]역접」.

68) すこしも【少しも】[副]조금이라도. 조금도.

69) 「かへりみる【顧みる・省みる】[上1]되돌아보다. 회상하다. 반성하다. 걱정하다. 돌보다」의

の行[ゆき]がたを、たづぬるに71)、はたして72)、母[はは]の屍骸(しがい)73)を、えたり74)。

⇨ 그렇지만 조금도 돌아보지 않고 오로지 자기 어머니의 행방을 찾는데 마침내 어머니의 주검을 얻었다.

❏ 不害(ふかい)ミづから75)、母[はは]のかうへ76)を、ひざのうへに、のせて、ミるに77)、息(いき)たえ78)、まなことぢ79)、色[いろ]かハり80)、はだえ、ひえて81)、あらぬかたち82)に成なり]はてたり83)。

⇨ 불해는 자신이 어머니의 머리를 무릎 위에 올려놓고 보니 숨이 끊어지고 눈을 감고 낯빛이 변하고 살갗이 차가워져서 다른 모습으로 되고 말았다.

未然形「かへりみ」+「ず[助動부정]」+「して[助詞연용형에 접속하여 '~인 상태로'의 뜻」.

70) ただ【只・唯】[副]단지. 오직. 그저.
71) 「ゆきがた【行き方】행방」+「を[助詞]」+「たづぬ【尋ぬ】[下2]찾다. 묻다」의 連體形「たづぬる」+「に[助詞]~하니. ~하는데」.
72) はたして【果して】[副]생각대로. 정말로. 과연.
73) しがい【死骸・屍骸】시체. 사체.
74) 「う【得】[下2]얻다」의 連用形「え」+「たり[助動완료・존속]」.
75) みづから→みずから【自ら】[名]자기 자신. 나. [副]스스로. 친히.
76) かうべ【首・頭】머리. 목.「-へ」는 無濁点표기.
77) 「ひざ【膝】무릎」+「の[助詞]」+「うへ【上】위」+「に[助詞]」+「のす[下2]→のせる【乗せる・載せる】[下1]올리다. 태우다」의 連用形「のせ」+「て」+「みる【見る】[上1]」의 連體形「みる」+「に[助詞]~하니. ~하는데」.
78) 「いき【息】숨」+「たゆ[下2]→たえる【絶える】[下1]끊어지다」의 連用形「たえ」.
79) 「まなこ【眼】안구. 눈. 검은자위」+「とづ[上2]→とじる【閉じる】[上1]덮다. 닫다」의 連用形「とぢ」.
80) 「いろ【色】색깔. 기색. 안색. 낯빛」+「かはる[4]→かわる【替わる・代わる・換わる・変わる】[5]바꾸다. 변화하다」의 連用形「かはり」.
81) 「はだへ→はだえ【肌・膚】피부」('-え'는 歷史的仮名遣에 어긋남)+「ひゆ[下2]→ひえる【冷える】[下1]차가워지다」의 連用形「ひえ」+「て」.
82) 「あり【有り】[ラ変]있다」의 未然形「あら」+「ず[助動부정]」의 連體形「ぬ」+「かたち【形・容】모양. 모습. 용모」.「あらぬ【有らぬ】」의 꼴로「다른. 실제가 아닌. 뜻밖의」의 뜻으로도 쓰인다.
83) 「なりはつ[下2]→なりはてる【成り果てる】[下1]완전히 그렇게 되어버리다. 죽다. 변화하다」의 連用形「なりはて」+「たり[助動완료・존속]」.

❏ この有様[ありさま]をミるに84)、たましゐ、きえ85)、心[こころ]みだれ86)、むねふさがりて87)、たえいり88)、やう＼／よみがへりて89)、なきさけふ、こゑ90)、はなハだ91)、あはれに92)、きく人[ひと]ミな、涙[なみだ]をおとしにけり93)。

⇨ 이 모습을 보니 얼이 빠지고 마음이 혼란스럽고 가슴이 메어 까무러쳤다가 간신히 정신을 차리고 울부짖는 소리가 몹시 절절하여 듣는 사람이 모두 눈물을 떨구었다.

❏ 不害(ふかい)ちからなく94)、母[はは]のむなしき、かバね95)を、ミづから96)、うしろに、をふて97)、なく＼／98)わか家(いへ)99)に、かへり

---

84) 「ありさま【有様】 모습. 모양」+「を[助詞]」+「みる【見る】[上1]보다」의 連体形「みる」+「に[助詞]~하니. ~하는데」.
85) 「たましひ→たましい【魂】[名]혼. 영혼. 정신」('-ゐ는 정서법에 어긋남)+「きゆ[下2]→きえる【消える】[下1]사라지다. 감각이 없어지다. 죽다」의 連用形「きえ」.
86) 「こころ【心】마음. 뜻」+「みだる[下2]→みだれる【乱れる・紊れる】[下1]흐트러지다. 혼란하다. 산란(散亂)하다」의 連用形「みだれ」.
87) 「むね【胸】가슴」+「ふさがる【塞がる】[4]막히다. 메다. 닫히다」의 連用形「ふさがり」+「て」.
88) 「たえいる【絶え入る】[4]숨이 끊어지다. 죽다. 기절하다」의 連用形.
89) 「やうやう→ようよう【漸う】[副]점점. 겨우. 간신히」+「よみがへる【蘇る・甦る】[4]되살아나다. 소생하다. 기력을 되찾다」의 連用形「よみがへり」+「て」.
90) 「なきさけぶ【泣き叫ぶ】[4]큰 소리로 울다. 울며 외치다」의 連体形「なきさけぶ」('-ぶ'는 無濁点표기)+「こゑ→こえ【声】목소리」.
91) はなはだ【甚だ】[副]매우. 몹시. 대단히. 현저히.
92) 「あはれ→あわれ【哀れ】[名]존귀함. 절절함. 불쌍함」+「に[助詞]~하니. ~하는데」.
93) 「なみだ【涙】눈물」+「を[助詞]」+「おとす【落す】[4]떨어뜨리다. 떨구다」의 連用形「おとし」+「ぬ[助動완료・존속]」의 連用形「に」+「けり[助動회상・과거]」.
94) 「ちからなし[形ク]→ちからない【力無い】[形어쩔 수 없다. 기운이 없다」의 連用形.
95) 「むなし[形シク]→むなしい【空しい・虚しい】[形]텅 비다. 덧없다. 죽었다」의 連体形「むなしき」+「かばね【屍】시체」.
96) みづから→みずから【自ら】[名]자기 자신. 나. [副]스스로. 친히.
97) 「うしろ【後ろ】뒤」+「に[助詞]」+「おふ[4]→おう【負う】[5]등에 지다」('を-'는 정서법에 어긋남)+「て」.
98) なくなく【泣く泣く】[副]울면서.
99) 「わが【我が・吾が】[連体]나의. 자신의」('-が'는 無濁点표기)+「いへ→いえ【家】집」.

て100)、あつく101)、さうれいを、いとなミつゝ102)、ミづから103)土(つち)を、になふて104)、墳(つか)をつくり105)、手[て]づから106)、しるしの木[き]をうへて107)、墓(はか)のほとり108)に、いほりを、むすび109)、喪(も)におもむきて110)居(ゐ)る事[こと]111)ミとせなり112)。

⇨ 불해는 하는 수 없이 어머니의 주검을 제가 뒤에 짊어지고 울면서 자기 집으로 돌아가서 후하게 장례를 치르면서, 자신이 흙을 져서 무덤을 만들고 자기 손으로 증표의 나무를 심고 무덤가에 초막을 짓고 상(喪)에 전념하며 거하는 것이 3년이다.

❏ くちにハ肉(にく)のあちハひ113)を、いれず114)、つねに115)麁食(そし ゐ)116)の淡味(たんミ)をくらひ117)、身[み]にハ麻(あさ)のころも118)を、

---

100) 「かへる[4]→かえる【帰る・還る】[5]돌아오다」의 連用形 「かへり」+「て」.

101) 「あつし[形ク]→あつい【厚い・篤い】[形]두껍다. 두텁다. 후하다. 깊다」의 連用形.

102) 「さうれい→そうれい【葬礼】장례」+「を[助詞]」+「いとなむ【営む】[4]준비하다. 운영하다. 장례를 치르다」의 連用形「いとなみ」+「つつ[助詞]같은 동작의 반복. ~하면서」.

103) みづから→みずから【自ら】[名]자기 자신. 나. [副]스스로. 친히.

104) 「つち【土】흙」+「を[助詞]」+「になふ[4]→になう【担う・荷う】[5]어깨에 메다」+「て」.

105) 「つか【塚・冢】무덤. 묘」+「を[助詞]」+「つくる【作る・造る】[4]만들다」의 連用形「つくり」+「て」. 「墳」은 『広辞苑』에서는 「ふん」으로만 읽는다.

106) てづから→てずから【手ずから】[副]직접 자신의 손으로.

107) 「しるし【印・票・徴】[名]신호. 증거」+「の[助詞]」+「き【木】나무」+「を[助詞]」+「うう[下2]→うえる【植える】[下1]심다」의 連用形「うゑ」('-へ'는 정서법에 어긋남)+「て」.

108) 「はか【墓】무덤」+「の[助詞]」+「ほとり【辺】옆. 근처」.

109) 「いほり→いおり【庵・廬】풀이나 나무 따위로 만든 허름한 집. 오두막집」+「を[助詞]」+「むすぶ【結ぶ】[4]매다. 묶다. 잇다. 매듭을 짓다」의 連用形「むすび」. 「いほりをむすぶ」는 '풀로 엮어 집을 짓다'의 뜻.

110) 「も【喪】상」+「に[助詞]」+「おもむく【赴く・趣く】[4]향해 가다. 전념하다. 따르다」의 連用形「おもむき」+「て」.

111) 「ゐる[上1]→いる【居る】[上1]한 곳에 머물다. 앉다. 거주하다」의 連体形「ゐる」+「こと【事】것. 일」.

112) 「みとせ【三年・三歳】3년」+「なり[助動]단정・지정」.

113) 「くち【口】입」+「に[助詞]」+「は[助詞]」+「にく【肉】고기」+「の[助詞]」+「あぢはひ→あじわい【味わい】음식의 맛」('-ぢ'는 無濁点표기).

114) 「いる[下2]→いれる【入れる】[下1]넣다」의 未然形「いれ」+「ず[助動]부정」의 連用形「ず」.

115) つねに【常に】[副]항상. 늘. 언제나. 영구히. 변함없이.

まとひて119)、雪霜(ゆきしも)をも、いとふことなく120)、髪(かミ)をけづらず121)、つめをきらず122)、雨[あめ]露[つゆ]をも、いとふ事[こと]なく123)、草[くさ]をとり124)、水[みず]をはこび125)、日夜(にちや)に、つかふる事[こと]126)、なを127)生(いけ)るに128)、つかふるがごとし129)。

⇨ 입에 고기 맛을 넣지 않고 항상 변변치 않은 싱거운 음식을 먹고 몸에는 베옷을 두르고 눈과 서리도 꺼리지 않고 머리도 빗지 않고 손톱도 자르지 않고, 비와 이슬도 피하지 않고 풀을 뽑고 물을 날라 밤낮으로 받드는 일이 여전히 살아있을 때 섬기는 것과 같다.

---

116) 「麁食」는 「そじき」 또는 「そしょく」로 읽는다. 이는 「粗食」와 같은 말로 「변변치 않은 음식」의 뜻이다. 한편 「そしい」는 「疎食·疏食·蔬食」와 같은 한자어를 가리키며 뜻은 「粗食」와 같다. 「そしゐ」는 「そしい」의 잘못으로 보인다.

117) 「たんみ【淡味·澹味】담백한 맛」+「を[助詞]」+「くらふ[4] → くらう【食らう】[5]'먹다'의 속된 표현」의 連用形「くらひ」.

118) 「あさ【麻】삼. 삼베」+「の[助詞]+「ころも【衣】옷」.

119) 「まとふ[4] → まとう【纏う】[5]감다. 걸치다」의 連用形「まとひ」+「て」.

120) 「ゆき【雪】눈」+「しも【霜】서리」+「を[助詞]」+「も[助詞]」+「いとふ[4] → いとう【厭う】[5]피하다. 싫어하다」의 連體形「いとふ」+「こと【事】것. 일」+「なし【無し】[形ク]없다」의 連用形「なく」.

121) 「かみ【髪】두발」+「を[助詞]」+「けづる[4] → けずる【梳る】[5]빗다」의 未然形「けづら」+「ず[助動부정]」의 連用形「ず」.

122) 「つめ【爪】손톱」+「を[助詞]」+「きる【切る·剪る】[4]자르다. 깎다」의 未然形「きら」+「ず[助動부정]」의 連用形「ず」.

123) 「あめ【雨】비」+「つゆ【露】이슬」+「を[助詞]」+「も[助詞]」+「いとふ【厭う】[4]피하다」의 連體形「いとふ」+「こと【事】일」+「なし【無し】[形ク]없다」의 連用形「なく」.

124) 「くさ【草】풀」+「を[助詞]」+「とる【取る·採る】[4]잡다. 채취하다. 제거하다」의 連用形「とり」.

125) 「みず【水】물」+「を[助詞]」+「はこぶ【運ぶ】[4]운반하다」의 連用形「はこび」.

126) 「にちや【日夜】낮과 밤. 낮이나 밤이나. 종일」+「に[助詞]」+「つかふ【仕ふ】[下2]윗사람 가까이에서 섬기다. 모시다」의 連體形「つかふる」+「こと【事】것. 일」.

127) なお【猶·尚】[副]아직. 역시. 그래도. 다시. 원래대로. 歷史的仮名遣로는「なほ」.

128) 「いく【生く】[4]살다. 생존하다」의 命令形「いけ」+「り[助動완료·존속]」의 連體形「る」+「に[助詞]」. 「いける」와「に」사이에「時(とき)때」와 같은 명사가 생략된 것으로 봐야겠다.

129) 「つかふ【仕ふ】[下2]섬기다」의 連體形「つかふる」+「が[助詞]」+「ごとし【如し】[助動]~와 같다. ~와 닮았다」.

❏ 墳(つか)にむかふたびことに130)ハ、泣(なき)て、こゑを、うしなへり131)。

⇨ 무덤에 향할 때마다 울어서 목소리를 잃었다.

❏ それよりのち132)も、祭(まつり)の月[つき]133)に、いたるごとに134)、前後(ぜんご)三日[みっか]のうちハ、食[しょく]をたちて135)、くらハず136)。

⇨ 그 이후에도 제사가 있는 달에 이를 때마다 앞뒤 3일 동안은 음식을 끊고 먹지 않는다.

❏ 又[また]、五人[ごにん]の弟(おとゝ)も、あはれミ137)、はごくむ事[こと]138)、をのれが子[こ]のごとくして139)、成人(ひとゝなし)て140)、世[よ]にたてらしむ141)。

---

130) 「つか【塚・冢】무덤」+「に[助詞]」+「むかふ[4]→むかう【向かう】[5]향하다」의 連体形 「むかふ」+「たび【度】번、때」+「ごと【毎】[接尾]~할 때마다」('こ-'는 無濁点표기)+「に[助詞]」.

131) 「なく【泣く・啼く】[4]울다」의 連用形 「なき」+「て」+「こゑ→こえ【声】목소리」+「を[助詞]」+「うしなふ[4]→うしなう【失う】[5]잃다」의 命令形 「うしなへ」+「り[助動]완료・존속」.

132) 「それ【其・夫】[代]그、그것」+「より[助詞]~로부터」+「のち【後】후」.

133) 「まつり【祭り】[名]제사、제례」+「の[助詞]」+「つき【月】달」.

134) 「いたる【至る】[4]도달하다」의 連体形 「いたる」+「ごと【毎】[接尾]~할 때마다」+「に[助詞]」.

135) 「しょく【食】음식、식사」+「を[助詞]」+「たつ【絶つ・断つ】[4]끊다」의 連用形 「たち」+「て」.

136) 「くらふ[4]→くらう【食らう】[5]'먹다'의 속된 표현」의 未然形 「くらは」+「ず[助動]부정」.

137) 「あはれむ[4]→あわれむ【哀れむ・憐れむ】[5]①사랑하다 ②불쌍히 여기다. 동정하다」의 連用形.

138) 「はごくむ【育む】[4]」는 「はぐくむ【育む】[4]양육하다. 보살피다」와 같은 말. 「はごくむ」의 連体形 「はごくむ」+「こと【事】것. 일」.

139) 「おのれ【己】[代]나. 자신」('を-'는 정서법에 어긋남)+「が[助詞]현대일본어 〈の〉의 쓰임」+「こ【子】자식」+「の[助詞]」+「ごとし【如し】[助動]~와 같다」의 連用形 「ごとく」+「す[サ変]하다」의 連用形 「し」+「て」.

140) 「成人」은 「せいじん」으로 읽고 「어린아이가 성장하는 것」이나 「성인. 어른」의 뜻이다. 그런데 이를 「ひととなす」와 같이 訓読하여 「人と成す」 즉 「사람(어른)으로 만든다(키운다)」의 뜻으로 풀이할 것을 요구하고 있다.

141) 「よ【世】세상」+「に[助詞]」+「たつ【立つ】[4]서다. 일어나다. 남에게 알려지다. 나아가

⇨ 또한 다섯 동생도 소중히 하여 보살피는 것을 자기 아이처럼 하여 사람을 만들어 세상에 나아가게끔 한다.

❏ 天下[てんか]ミな聞[きき]つたへて142)、不害(ふかい)が143)かう＼／を、かんじけり144)。
⇨ 천하가 모두 전해 듣고서 불해의 효행을 감복했다.

다」의 命令形「たて」+「り[助動]완료・존속」의 未然形「ら」+「しむ[助動]사역. ~시키다」.

142) 「みな【皆】모두」+「ききつたふ[下2] → ききつたえる【聞き伝える】[下1]남에게 전해 듣다」의 連用形「ききつたへ」+「て」.

143) 「が」는 현대일본어 「の」의 쓰임.

144) 「かうかう → こうこう【孝行】효행」+「を[助詞]」+「かんず[サ変] → かんずる【感ずる】[サ変]①자극을 받다. 느끼다 ②마음에 생각하다 ③마음이 움직이다. 감동하다」의 連用形「かんじ」+「けり[助動]회상・과거」.

25. 王(わう)崇(そう)止(とゞむ)ㇾ雹(ハうを)とどむ
왕숭이 우박을 막다

❏ 後魏(ごぎ)のわうそうハ、雍丘(ようきう)と、いふところの人[ひと]なり1)。
   ⇨ 후위의 왕 숭은 옹구라고 하는 곳의 사람이다.

❏ 父母[ふぼ]に、つかへて2)、かう＼／なる事[こと]3)、又[また]、世[よ]に、ためしすくなし4)。
   ⇨ 부모 섬기기에 효행인 것이 또한 세상에 전례가 적다.

❏ 母[はは]やまひに、をかされて5)、いくほどなく6)、むなしく、なれり7)。
   ⇨ 어머니가 병에 걸려서 얼마 지나지 않아 운명했다.

❏ わうそう、喪(も)に居(ゐ)て8)、なげくこと、かぎりなし9)。

---

1) 「ひと【人】사람」+「なり[助動]단정·지정」.
2) 「つかふ【仕ふ】[下2]윗사람 가까이에서 섬기다. 모시다」의 連用形「つかへ」+「て」.
3) 「かうかう→こうこう【孝行】[形動ナリ]효행하는 것」의 連体形「かうかうなる」+「こと【事】것. 일」.
4) 「よ【世】세상」+「に[助詞]」+「ためし【例·様】예. 전례」+「すくなし[形ク]→すくない【少ない】[形]적다」.
5) 「やまひ【病】병」+「に[助詞]」+「をかす[4]→おかす【犯す·侵す·冒す】[5]범하다」의 未然形「をかさ」+「る[助動]수동」의 連用形「れ」+「て」.
6) 「いくほど【幾程】어느 정도. 얼마나」+「なし【無し】[形ク]없다」의 連用形「なく」.
7) 「むなし[形シク]→むなしい【空しい·虚しい】[形]덧없다. 무상하다. 죽었다」의 連用形「むなしく」+「なる【成る·為る】[4]되다」의 命令形「なれ」+「り[助動]완료·존속」.
8) 「も【喪】상」+「に[助詞]」+「ゐる[上1]→いる【居る】[上1]한 곳에 머물다. 앉다. 거주하다」의 連用形「ゐ」+「て」.
9) 「なげく【嘆く·歎く】[4]한숨짓다. 탄식하다. 슬퍼하다. 절망하다」의 連体形「なげく」+「こ

⇨ 왕 숭은 상중에 슬퍼하는 것이 한이 없다.

❏ かたち、をとろへ10)、はだえ、かしけ11)、ほね12)、あらハに、外[そと]にミゆ13)、立(たつ)ときハ、わづかに14)杖(つえ)をもつて15)、たよりとす16)。

⇨ 모습이 수척해지고 살갗이 까칠해지고 뼈가 드러나 겉에서 보인다. 일어설 때는 간신히 지팡이로써 의지 삼는다.

❏ 髪(かミ)ひげ17)、これがために18)、ぬけ落(おち)たり19)。

⇨ 머리카락과 수염이 이 때문에 빠져 떨어진다.

❏ 墳(つか)をつきて20)、母[はは]をおさめ21)、庵(いほり)をむすびて22)、

と【事】것. 일」+「かぎりなし【限りなし】[形ク]한도가 없다. 더할 나위 없다」.

10) 「かたち【形·容】모양. 모습. 용모」+「おとろふ[下2]→おとろえる【衰える】약한 상태가 되다. 쇠약하다. 수척해지다」의 連用形 「おとろへ」('を-'는 정서법에 어긋남).

11) 「はだへ→はだえ【肌·膚】피부」('-え'는 歴史的仮名遣에 어긋남)+「かじく[下2]→かじける【悴ける】[下1]수척해지다. 생기를 잃다」의 連用形 「かじけ」('-し-'는 無濁点표기).

12) ほね【骨】뼈.

13) 「あらは[形動ナリ]→あらわ【露·顕】[形動]표면에 드러나 밖에서 분명히 보이는 상태」의 連用形 「あらはに」+「そと【外】밖」+「に[助詞]」+「みゆ【見ゆ】[下2]보이다」.

14) 「わづか→わずか【僅か·纔か】[名·副]불과. 겨우. 간신히」+「に[助詞]」.

15) 「つゑ→つえ【杖】지팡이(본서에서는 모두 「つえ」로 표기됨)」+「を[助詞]」+「もつて【以て】수단·방법. ~에 의해. ~로써」.

16) 「たより【便り·頼り】기회. 수단. 방편. 의지」+「と[助詞]」+「す[サ変]하다」.

17) 「かみ【髪】두발」+「ひげ【髭·鬚·髯】수염」.

18) 「これ【此·是】[代]이것」+「が」+「ため」+「に」. 「ため【為】」는 助詞인 「の」「が」 또는 用言의 連体形에 접속하여 '이익' '이유' '목적'의 뜻. ~때문에. ~위해.

19) 「ぬく[下2]→ぬける【抜ける】[下1]빠지다」의 連用形 「ぬけ」+「おつ[上2]→おちる【落ちる·墜ちる·堕ちる】[上1]떨어지다」의 連用形 「おち」+「たり[助動]완료·존속」.

20) 「つか【塚·冢】무덤. 묘」(〈墳〉은 『広辞苑』에서는 〈ふん〉으로만 읽음)+「を[助詞]」+「つく【築く】[4]흙이나 돌을 쌓아올리다. 만들다. 축조(築造)하다」의 連用形 「つき」+「て」.

21) 「をさむ[下2]→おさめる【納める·収める】[下1]저장하다. 담다. 매장하다」의 連用形 「をさめ」. 「お」는 歴史的仮名遣에 어긋남.

22) 「いほり→いおり【庵·廬】풀이나 나무 따위로 만든 허름한 집. 오두막집」+「を[助詞]」+「むすぶ【結ぶ】[4]매다. 묶다. 잇다. 매듭을 짓다」의 連用形 「むすび」+「て」. 「いほりをむすぶ」는 '풀로 엮어 집을 짓다'의 뜻.

ミづから、とゞまり23)、日夜(にちや)つねに悲[かな]しミ24)、さけびて25)、こゑ26)、さらに27)、たゆる事[こと]なし28)。

⇨ 무덤을 만들어 어머니를 묻고 초막을 짓고 자신이 머물며 밤낮으로 늘 슬퍼하며 절규하는데 목소리가 전혀 끊기는 적이 없다.

❏ 山[やま]ばと29)、おほく、その庵(いほ)りに、あつまる30)。

⇨ 산비둘기가 많이 그 초막에 모인다.

❏ 又[また]、ひとつの小鳥[ことり]ありて31)、すゞめよりハ大[だい]なり32)、羽(はね)の色[いろ]きハめて、しろく33)、まなこ、いたつて、くろし34)。

⇨ 또한 한 마리 작은 새가 있는데 참새보다 크다. 날개 색깔은 매우 희고 눈이 너무나 검다.

❏ 人[ひと]、さらに35)、その名[な]を、しらず36)。

---

23) 「みづから→みずから【自ら】[名]자기 자신. 나. [副]스스로. 친히」+「とどまる【止まる·留まる·停まる】[4]머물다」의 連用形「とどまり」.

24) 「にちや【日夜】낮과 밤. 주야. 매일」+「つねに【常に】[副]항상. 늘. 언제나. 영구히. 변함없이」+「かなしむ【悲しむ·哀しむ】[4]슬퍼하다. 그리워하다」의 連用形「かなしみ」.

25) 「さけぶ【叫ぶ】[4]외치다」의 連用形「さけび」+「て」.

26) こゑ→こえ【声】목소리.

27) さらに【更に】[副]①또한. 거듭. 더욱 ②강한 부정. 절대로 ~가 아니다. 전혀 ~지 않다.

28) 「たゆ[下2]→たえる【絶える】[下1]끊어지다」의 連体形「たゆる」+「こと【事】것. 일」+「なし【無し】[形ク]없다」.

29) やまばと【山鳩】산에 사는 야생 비둘기.

30) 「おほし【多し】[形ク]많다」의 連用形「おほく」+「いほり【庵·廬】허름한 집」+「に[助詞]」+「あつまる【集まる】[4]모이다」.

31) 「ことり【小鳥】작은 새」+「あり【有り】[ラ変]있다」의 連用形「あり」+「て」.

32) 「すずめ【雀】참새」+「より[助詞]~보다」+「は[助詞]」+「だい【大】[形動ナリ]크다」의 終止形「だいなり」.

33) 「はね【羽根·羽·翅羽】날개」+「の[助詞]」+「いろ【色】색깔」+「きはめて→きわめて【極めて】[副]더할 나위 없이. 몹시」+「しろし【白し】[形ク]희다」의 連用形「しろく」.

34) 「まなこ【眼】안구. 눈. 검은자위」+「いたりて→いたって【至って】[副]매우. 대단히. 극히」+「くろし【黒し】[形ク]검다」.

35) さらに【更に】[副]①또한. 거듭. 더욱 ②강한 부정. 절대로 ~가 아니다. 전혀 ~지 않다.

⇨ 사람들이 전혀 그 이름을 모른다.

❏ わうそうが37)、いほりのうへに、とゞまりて38)、日夜[にちや]ともに、さらず39)。
⇨ 왕 숭의 초막 위에 머물러 낮이건 밤이건 떠나지 않는다.

❏ 母[はは]の服(ふく)40)、すでに41)、のそくに42)、いくほどなく43)、又[また]、父[ちち]にをくれたり44)。
⇨ 어머니의 상을 이제 마치니 얼마 지나지 않아 또 아버지가 운명했다.

❏ うれへなげきて45)、食(しよく)をわすれ46)、涙[なみだ]おちて47)、雨[あめ]よりも、しげし48)。
⇨ 근심하고 슬퍼하여 음식을 잊고 눈물 흘리는데 비보다도 세차다.

❏ こゑかれて49)、喉(のんど)をやぶり50)、胸(むね)もだへて51)、はらわた

---

36) 「な【名】이름」+「を[助詞]」+「しる【知る】[4]」의 未然形「しら」+「ず[助動]부정」.
37) 「が」는 현대일본어「の」의 쓰임.
38) 「いほり【庵・廬】오두막집」+「の[助詞]」+「うへ→うえ【上】위」+「に[助詞]」+「とどまる【止まる・留まる・停まる】[4]머물다」의 連用形「とどまり」+「て」.
39) 「にちや【日夜】낮과 밤. 주야. 매일」+「ともに【共に・倶に】함께. 동반하여. 동시에」+「さる【去る・避る】[4]가다. 떠나다」의 未然形「さら」+「ず[助動]부정」.
40) ぶく【服】상복(喪服). 상중(喪中).「ふ」는 無濁点표기.
41) すでに【既に・已に】[副]①이미. 벌써 ②모두. 남김없이 ③이제 ④틀림없이.
42) 「のぞく【除く】[4]배제하다. 제외하다. 빼다」의 連体形「のぞく」('-そ-'는 無濁点표기)+「に[助詞]~하니. ~하는데」.
43) 「いくほど【幾程】어느 정도. 얼마나」+「なし【無し】[形ク]없다」의 連用形「なく」.
44) 「おくる[下2]→おくれる【後れる・遅れる】[下1]다른 사람에게 먼저 죽음을 당하다」의 連用形「おくれ」('を-'는 정서법에 어긋남)+「たり[助動]완료・존속」.
45) 「うれふ[下2]→うれえる【憂える・愁える・患える】[下1]한탄하다. 걱정하다」의 連用形「うれへ」+「なげく【嘆く・歎く】[4]한숨짓다. 탄식하다. 슬퍼하다. 절망하다. 애원하다. 호소하다」의 連用形「なげき」+「て」.
46) 「しよく【食】음식」+「を[助詞]」+「わする【忘る】[下2]잊다」의 連用形「わすれ」.
47) 「なみだ【涙】눈물」+「おつ【落つ】[上2]떨어지다」의 連用形「おち」+「て」.
48) 「あめ【雨】비」+「より[助詞]~보다」+「も[助詞]」+「しげし【繁し・茂し】[形ク]무성하다. 수량이 많다」.

を、たつ52)。

⇨ 목소리가 말라 목을 찢고 가슴이 미어져 창자를 끊는다.

❏ しかるに53)、このとしの夏(なつ)、風(かぜ)あらく吹[ふき]て54)、しかも55)、大[だい]なる56)雹(あられ)57)ふりて58)、山野(さんや)の鳥[とり]けだもの59)、これに、うたれて60)、死(し)すること61)数[かず]をしらず62)、草木(さうもく)くだけをれ63)、岩石(がんせき)も、くづるゝハかりなり64)。

⇨ 그런데 이 해 여름 바람이 거세게 부는데 게다가 커다란 우박이 내려 산과 들의 새

---

49) 「こゑ→こえ【声】목소리」+「かる[下2]→かれる【涸れる・枯れる】[下1]마르다. 고갈되다」의 連用形 「かれ」+「て」.

50) 「のんど【咽・喉】(〈のみど(飲門)〉가 변한 말)목구멍」+「を[助詞]」+「やぶる【破る】[4]부수다. 찢다. 상처 내다」의 連用形 「やぶり」.

51) 「むね【胸】가슴」+「もだゆ[下2]→もだえる【悶える】[下1]기절하다. 기절할 정도로 고통스러워하다」의 連用形 「もだえ」('-ヘ'는 정서법에 어긋남)+「て」.

52) 「はらわた【腸】내장(內臓)」+「を[助詞]」+「たつ【絶つ・断つ】[4]끊다. 자르다」.

53) しかるに【然るに】[接続]그런데. 하지만. 그건 그렇고.

54) 「かぜ【風】바람」+「あらし【荒し】[形ク]거칠다. 세다」의 連用形 「あらく」+「ふく【吹く】[4]불다」의 連用形 「ふき」+「て」.

55) しかも【然も・而も】[接続]게다가. 그래도. 하지만.

56) 「だい【大】[形動ナリ]크다」의 連体形 「だいなる」.

57) 「雹」는 「ひょう」로 읽으며 「우박」의 뜻이다. 또한 「あられ」는 「霰」로 쓰며 「싸라기눈」의 뜻이다. 한편 〈한문본〉에는 「風雹所經處」로 되어 있으며 〈언해본〉에는 「무뤼(우박)」.

58) 「ふる【降る】[4]내리다」의 連用形 「ふり」+「て」.

59) 「とり【鳥】새」+「けだもの【獣】네 발 달린 동물. 짐승」.

60) 「うつ【打つ】[4]치다」의 未然形 「うた」+「る[助動]수동」의 連用形 「れ」+「て」.

61) 「す[サ変]→しする【死する】[サ変]죽다」의 連体形 「しする」+「こと【事】것. 일」.

62) 「かず【数】수」+「を[助詞]」+「しる【知る】[4]알다」의 未然形 「しら」+「ず[助動]부정」.

63) 「さうもく→そうもく【草木】초목」+「くだく[下2]→くだける【砕ける・摧ける】[下1]부서지다. 망가지다」의 連用形 「くだけ」+「をる[下2]→おれる【折れる】[下1]꺾어지다」의 連用形 「をれ」.

64) 「がんせき【岩石・巖石】암석」+「も[助詞]」+「くづる[下2]→くずれる【崩れる】[下1]무너지다. 부서져 떨어지다」의 連体形 「くづるる」+「ばかり【許り】[助詞]대략적인 정도. ~만. 현재 그런 상태」('は-'는 無濁点표기)+「なり[助動]단정・지정」.

와 짐승이 이에 맞아 죽는 일이 헤아릴 수 없다. 초목이 망가져 꺾이며 암석도 무너져 내릴 정도다.

❏ しかれども65)、わうそうが66)田(た)の畔(くろ)にいたりて67)、風[かぜ]とゞまり68)、あられやミて69)、麦粟(むぎあは)70)すこしも損[そん]する事[こと]なし71)、わうそうが72)田地(でんち)を、すくるより73)ハ、風[かぜ]あられ、又[また]、はじめのごとし74)。

  ⇨ 하지만 왕 숭의 논두렁에 이르러 바람이 자고 우박이 그쳐 보리와 조가 조금도 상하는 일이 없다. 왕 숭의 논을 지나고 나서는 바람과 우박이 다시 처음과 같다.

❏ かくて75)、わうそう、すでに76)、父[ちち]の服(ふく)を、のぞくと、いへども77)、なを78)墳(つか)のほとり79)を、すみかとせり80)。

---

65) しかれども【然れども】 [接続]그렇기는 하지만. 그렇다고는 해도.
66) 「が」는 현대일본어 「の」의 쓰임.
67) 「た【田】 논」+「の[助詞]」+「くろ【畔·壠】 평지에서 조금 솟은 곳. 논두렁. 밭두렁」+「に[助詞]」+「いたる【至る·到る】 [4]도착하다. 도달하다」의 連用形 「いたり」+「て」.
68) 「かぜ【風】 바람」+「とどまる【止まる】 [4]멈추다. 그치다」의 連用形 「とどまり」+「て」.
69) 「あられ【霰】 싸라기눈」+「やむ【止む】 [4]끝나다. 멈추다」의 連用形 「やみ」.
70) 「むぎ【麦】 보리」+「あは→あわ【粟】 조」.
71) 「すこしも【少しも】 [副]조금이라도. 조금도」+「そんず[サ変]→そんずる【損ずる】 [サ変] 상하다. 망가지다」의 連体形 「そんずる」('-ず-'는 無濁点표기)+「こと【事】 것. 일」+「なし【無】 [形ク]없다」.
72) 「が」는 현대일본어 「の」의 쓰임.
73) 「でんち【田地】 논으로 쓰는 땅」+「を[助詞]」+「すぐ【過ぐ】 [上2]지나가다. 통과하다」의 連体形 「すぐる」+「より[助詞]~로부터」.
74) 「はじめ【始め·初め】 [名]처음」+「の[助詞]」+「ごとし【如し】 [助動]~와 같다. ~와 닮았다」.
75) かくて【斯くて】 [副·接続]이렇게 해서.
76) すでに【既に·已に】 [副]①이미. 벌써 ②모두. 남김없이 ③이제 ④틀림없이.
77) 「ぶく【服】 상복(喪服). 상중(喪中)」('ふ-'는 無濁点표기)+「を[助詞]」+「のぞく【除く】 [4]배제하다. 제외하다. 빼다」의 終止形 「のぞく」+「と[助詞]~라고」+「いへども【雖も】 [連語]~하지만. ~해도」.
78) なお【猶·尚】 [副]아직. 역시. 그래도. 다시. 원래대로. 歴史的仮名遣로는 「なほ」.
79) 「つか【塚·冢】 무덤. 묘」+「の[助詞]」+「ほとり【辺】 옆. 근처」.
80) 「すみか【住処·栖·住家】 거주하는 곳」+「と[助詞]」+「す[サ変]하다」의 命令形 「せ」+「り」

❑ 이렇게 하여 왕 숭이 이제 아버지의 상을 마쳤다곤 해도 여전히 무덤가를 거처로 삼았다.

❑ 庵(いほり)の方[かた]へ81)に、あやしき草(くさ)82)一[ひと]もと83)生(おひ)出[いで]たり84)、草葉(くさは)しげりて85)、いろうるハし86)、人[ひと]、よく、この名[な]を、しることなし87)。

⇨ 초막 옆에 기이한 풀이 하나 났다. 풀잎이 우거지고 색깔이 곱다. 사람들이 제대로 이 이름을 아는 바가 없다.

❑ その冬[ふゆ]にいたりて88)、また、あやしき鳥[とり]ありて89)、わうそうが90)庵(いほり)の軒(のき)に91)、巣(す)をくひて92)、三(ミつ)の子[こ]を、そだてけり93)。

⇨ 그 겨울에 이르러 또 신기한 새가 있어서 왕 숭의 초막 처마에 둥지를 짓고 세 마리 새끼를 키웠다.

❑ わうそうに、なつきなれて94)、したしミちかづきて95)、さらに96)、お

[助動완료·존속].

81) 「いほり【庵·廬】허름한 집」+「の[助詞]」+「かた【方】방향. 장소. 지점」+「へ【辺·方】(〈べ〉로도 씀)부근. 근처. 옆」.
82) 「あやし【怪し】[形シク흔치않다. 기묘하다. 괴이하다」의 連体形 「あやしき」+「くさ【草】풀」.
83) もと【本】[助数詞]풀이나 나무 따위를 세는 단위.
84) 「おひいづ【生ひ出づ】[下2]자라나오다. 성장하다」의 連用形 「おひいで」+「たり[助動완료·존속」.
85) 「くさ【草】풀」+「は【葉】잎」+「しげる【茂る·繁る】[4]많아지다. 우거지다」의 連用形 「しげり」+「て」.
86) 「いろ【色】색깔」+「うるはし【麗し·美し】[形シク단정하다. 훌륭하다. 아름답다」.
87) 「しる【知る】[4]알다」의 連体形 「しる」+「こと【事】것. 일」+「なし【無し】[形ク]없다」.
88) 「いたる【至る·到る】[4]도착하다. 도달하다」의 連用形 「いたり」+「て」.
89) 「あやし【怪し】[形シク기이하다」의 連体形 「あやしき」+「とり【鳥】새」+「あり【有り】[ラ変]있다」의 連用形 「あり」+「て」.
90) 「が」는 현대일본어 「の」의 쓰임.
91) 「いほり【庵·廬】허름한 집」+「の[助詞]」+「のき【軒】처마」+「に[助詞]」.
92) 「す【巣】둥지」+「を[助詞]」+「くふ【構ふ】[4]새 둥지를 짓다」의 連用形 「くひ」+「て」.
93) 「そだつ【育つ】[下2]키우다」의 連用形 「そだて」+「けり[助動회상·과거]」.

とろく、けしきなし97)。
⇨ 왕 숭에게 따라서 익숙해져서 친하게 다가와 전혀 놀라는 기색이 없다.

❏ この事[こと]、みかとに98)、きこしめし、つたへて99)、かう＼／の徳(とく)100)、天[てん]たうに、かなひ101)、鳥[とり]けだものに、をよぶ事[こと]102)を、ふかく、えいかん有[あり]て103)、わうそうに、官(くわん)をすゝめて104)、その名[な]を、あらハし給[たま]ひける、となり105)。
⇨ 이 일을 천자에게 아뢰어 올려서 효행의 덕이 하늘에 닿고 새와 짐승에 이르는 것을 깊이 감탄하심이 있어서, 왕 숭에게 관직을 권하여 그 이름을 드러내셨다고 한다.

---

94)「なつく【懐く】[4]익숙해져서 따르다」의 連用形「なつき」+「なる[下2]→なれる【慣れる・馴れる】[下1]익숙해지다. 친해지다」의 連用形「なれ」+「て」.

95)「したしむ【親しむ】[4]편해지다. 친해지다」의 連用形「したしみ」+「ちかづく【近付く】[4]다가오다. 친밀해지다」의 連用形「ちかづき」+「て」.

96)「さらに【更に】[副]①또한. 거듭. 더욱 ②강한 부정. 절대로 ~가 아니다. 전혀 ~지 않다」.

97)「おどろく【驚く】[4]놀라다」의 連体形「おどろく」('-と-'는 無濁点표기)+「けしき【気色】기색. 모습」+「なし【無し】[形ク]없다」.

98)「みかど【御門・帝】황제. 천자」('-ど'는 無濁点표기)+「に[助詞]」.

99)「きこしめす【聞し召す】[4]들으시다. 승낙하시다」의 連用形「きこしめし」+「つたふ【伝ふ】[下2]전하다」의 連用形「つたへ」+「て」. 이는「ききつたふ[下2]→ききつたえる【聞き伝える】[下1]남에게 전해 듣다」의 존경표현으로 풀이할 수도 있다.

100)「かうかう【孝行】효행」+「の[助詞]」+「とく【徳】덕」.

101)「てんたう→てんとう【天道】천지를 주재하는 신(神). 천제(天帝)」に「かなふ[4]→かなう【適う・叶う】[5]적합하다. 바람대로 되다. 미치다」의 連用形「かなひ」.

102)「とり【鳥】새」+「けだもの【獣】짐승」+「に[助詞]」+「および【及ぶ】[4]어떤 때나 장소 등에 다다르다. 도달하다」의 連体形「および」('を-'는 정서법에 어긋남)+「こと【事】것. 일」.

103)「ふかし[形ク]→ふかい【深い】[形]깊다. 무겁다」의 連用形「ふかく」+「えいかん【叡感】천자(天子)가 감탄하시는 것. 천자의 칭찬」+「あり【有り】[ラ変]있다」의 連用形「あり」+「て」.

104)「くわん【官】관. 관직. 관리」+「を[助詞]」+「すすむ[下2]→すすめる【勧める・奨める・薦める】[下1]추천하다. 권하다」의 連用形「すすめ」+「て」.

105)「あらはす[4]→あらわす【表す・現す・顕す・著す】[5]드러내다. 나타내다. 표현하다」의 連用形「あらはし」+「たまふ【給ふ】[助動]존경」의 連用形「たまひ」+「けり[助動]회상・과거」의 連体形「ける」+「と[助詞]」+「なり[助動]추량・전문」.

26. 孝(かう)粛(しゆく)図(とす)ㄴ像(しやうを)
   효숙이 상을 그리다

❏ 隋(ずい)の徐孝粛(しよかうしゆく)ハ、汲郡(きふきん)と、いふところの人[ひと]なり1)。
   ⇨ 수나라 서 효숙은 급군이라고 하는 곳의 사람이다.

❏ はやく2)、父[ちち]に、をくれて3)、さらに4)、そのかたち5)を、おぼえざりけり6)。
   ⇨ 일찍이 아버지를 여의어서 전혀 그 모습을 기억하지 못했다.

❏ ひとゝなるに、をよびて7)、父[ちち]のかたちを、よく、わが母[はは]に、たづねとふて8)、畫(ゑ)かく人[ひと]を、たのミ9)、かたちを絵(ゑ)

---

1) 「ひと【人】사람」+「なり[助動]단정・지정」.
2) はやく【早く】[副]이미. 이전에. 일찍이. 놀랍게도.
3) 「おくる[下2]→おくれる【後れる・遅れる】[下1]다른 사람에게 먼저 죽음을 당하다」의 連用形「おくれ」('を-'는 정서법에 어긋남)+「て」.
4) さらに【更に】[副]①또한. 거듭. 더욱 ②강한 부정. 절대로 ~가 아니다. 전혀 ~지 않다.
5) かたち【形・容】모양. 모습. 용모.
6) 「おぼゆ【覚ゆ】[下2]기억하다」의 連用形「おぼえ」+「ざり[助動부정]」의 連用形「ざり」+「けり[助動회상・과거]」.
7) 「ひと【人】사람」(앞선〈24. 불해봉시〉에서 '成人'을 'ひととなす'로 읽어서 '어른으로 키운다'는 풀이를 했다. 이것과 여기 문맥을 고려하면 'ひと'는 '어른'이나 '제 몫을 하는 사람' 정도로 풀이해야 할 듯싶다)+「と[助詞]」+「なる【成る】[4]되다」의 連体形「なる」+「に[助詞]~에」+「および【及ぶ】[4]어떤 때나 장소 등에 다다르다. 도달하다」의 連用形「および」('を-'는 정서법에 어긋남)+「て」.
8) 「たづね[下2]→たずねる【尋ねる】[下1]찾다. 묻다」의 連用形「たづね」+「とふ【問ふ】[4]묻다」+「て」.
9) 「ゑ→え【絵・画】그림」+「かく【描く】[4]그리다」의 連体形「かく」+「ひと【人】사람」+「を[助詞]」+「たのむ【頼む】[4]부탁하다」의 連用形「たのみ」.

に、うつして10)、これを庿(べう)に、かけて11)、つかへまつる事[こと]12)、生(いけ)るに13)、つかふるがごとくせり14)。

⇨ 어른이 됨에 이르러 아버지의 모습을 자세히 자기 어머니에게 물어서 그림 그리는 사람을 부탁하여 모습을 그림으로 그려서 이를 사당에 걸고 삼가 받들기를 살아있을 때에 섬기는 것과 같이 했다.

❏ 月[つき]ごと15)の朔(ついたち)16)十五[じゅうご]日[にち]にハ、すなハち17)、さまざまのそなへ物[もの]18)を、とゝのへて19)、これを祭(まつ)る事[こと]20)、又[また]、をこたりなし21)。

⇨ 매달 초하루와 보름에는 곧 가지가지 공물을 차리고 이를 제사하는 일에 또한 게으름이 없다.

❏ 母[はは]につかへて22)、数十[すうじゅう]年[ねん]の内(うち)、おもて23)

---

10) 「かたち【形・容】모습」+「を[助詞]」+「ゑ→え【絵】그림」+「に[助詞]」+「うつす【映す・写す】[4]투영하다. 베끼다. 묘사하다」의 連用形「うつし」+「て」.

11) 「べう→びょう【廟】조상의 영을 제사하는 곳」+「に[助詞]」+「かく[下2]→かける【掛ける・懸ける】[下1]걸다」의 連用形「かけ」+「て」.

12) 「つかへまつる【仕へ奉る】[4](つかふ【仕ふ】[4]의 겸양어)삼가 섬기다」의 連體形「つかへまつる」+「こと【事】것. 일」.

13) 「いく【生く】[4]살다. 생존하다」의 命令形「いけ」+「り[助動완료・존속]」의 連體形「る」+「に[助詞]」. 「いける」와 「に」 사이에 「時(とき)때」와 같은 명사가 생략된 것으로 봐야겠다.

14) 「つかふ【仕ふ】[下2]섬기다」의 連體形「つかふる」+「が[助詞]」+「ごとし【如し】[助動]~와 같다. ~와 닮았다」의 連用形「ごとく」+「す[サ変]하다」의 命令形「せ」+「り[助動완료・존속]」.

15) 「つき【月】달」+「ごと【毎】[接尾]매번. 그때마다」.

16) ついたち【朔日・朔・一日】초하루.

17) すなはち→すなわち【即ち・則ち】[副]곧바로. 즉시. 그래서. 즉.

18) 「さまざま【様々】[名]각양각색」+「の[助詞]」+「そなへもの→そなえもの【供え物】신불(神佛)에 바치는 것. 공물」.

19) 「ととのふ[下2]→ととのえる【調える・整える・斉える】[下1]정돈하다. 갖추다. 준비하다」의 連用形「ととのへ」+「て」.

20) 「まつる【祭る・祀る】[4]공물을 바치거나 해서 신령에 기원하다. 기도하다」의 連體形「まつる」+「こと【事】것. 일」.

21) 「おこたり【怠り】[名]나태. 태만」('を-'는 정서법에 어긋남)+「なし【無し】없다」.

に、つねに24)、あいきやうの、かほバせあり25)。

⇨ 어머니 도시며 수십 년 동안 겉으로 늘 살가운 낯빛이 있다.

□ 其[その]家[いえ]にすむ、ともがら26)、つゐに27)、いまだ28)、かうしゆくが29)、いかれるいろ30)を、ミたる人[ひと]なし31)。

⇨ 그 집에 거주하는 사람들은 끝내 이제껏 효숙이 성내는 낯빛을 본 사람이 없다.

□ 母[はは]としたけて32)、病(やまひ)に、ふしければ33)、かうしゆく、ミづから34)、大[だい]せうべんのけがれ35)を、とりはらひ36)、うれへに、しづミて37)、れうぢをくハへ38)、つかふる事[こと]39)とし久[ひさ]

---

22) 「つかふ【仕ふ】[下2]윗사람 가까이에서 섬기다. 모시다」의 連用形「つかへ」+「て」.

23) ①おもて【表】표면. 외부. ②おもて【面】얼굴.

24) つねに【常に】[副]항상. 늘. 언제나. 영구히. 변함없이.

25) 「あいきやう→あいきょう【愛敬・愛嬌】애교. 귀여운 것. 붙임성」+「の[助詞]」+「かほばせ→かおばせ【顔ばせ】생김새. 표정」+「あり【有り】[ラ変]있다」.

26) 「すむ【住む・棲む・栖む】[4]거주하다」의 連体形「すむ」+「ともがら【輩・儕】동료. 동년배」.

27) つひに→つゐに【終に・遂に】[副]결국. 마침내. 「ゐ」는 정서법에 어긋남.

28) いまだ【未だ】[副]아직. 여전히.

29) 「が」는 현대일본어 「の」의 쓰임으로도 볼 수 있겠다.

30) 「いかる【怒る】[4]화내다」의 命令形「いかれ」+「り[助動]완료・존속」의 連体形「る」+「いろ【色】기색」.

31) 「みる【見る】[上1]보다」의 連用形「み」+「たり[助動]완료・존속」의 連体形「たる」+「ひと【人】사람」+「なし【無し】[形]없다」.

32) 「とし【年・歳】나이」+「たく[下2]→たける【長ける・闌ける】[下1]높아지다. 나이 들다」의 連用形「たけ」+「て」.

33) 「やまひ【病】병」+「に[助詞]」+「ふす【伏す・臥す】[4]눕다」의 連用形「ふし」+「けり[助動]회상・과거」의 已然形「けれ」+「ば[助詞]확정조건. 원인・이유」.

34) みづから→みずから【自ら】[名]자기 자신. 나. [副]스스로. 친히.

35) 「だいせうべん→だいしょうべん【大小便】대변과 소변」+「の[助詞]」+「けがれ【穢れ・汚れ】[名]더러움. 때」.

36) 「とりはらふ【取り払ふ】[4]완전히 제거하다. 벗겨내다」의 連用形.

37) 「うれへ→うれえ【憂え・愁え】[名]슬픔. 우려. 근심」+「に[助詞]」+「しづむ[4]→しずむ【沈む】[5]가라앉다. 잠기다」의 連用形「しづみ」+「て」.

38) 「れうぢ→りょうじ【療治】치료」+「を[助詞]」+「くはふ[下2]→くわえる【加える】[下1]가하

し40)、さらに41)、辛苦(しんく)の相(さう)なし42)。

⇨ 어머니가 나이 들어 병으로 누웠는데 효숙이 스스로 대소변의 오물을 치우고 근심에 빠져 치료를 베풀어 섬기는 일이 여러 해다. 전혀 고생스러워하는 빛이 없다.

❏ 日夜[にちや]つねに43)、心[こころ]をつくして44)、衣[きぬ]ハ、おびをとく事[こと]なし45)、見[み]る人、あはれミ、かんぜず46)、といふ事[こと]なし47)。

⇨ 밤낮으로 늘 정성을 다하고 옷은 허리끈을 끄르는 적이 없다. 보는 사람들은 가여움을 느끼지 않는다고 하는 경우가 없다.

❏ 母[はは]、つゐに48)、むなしく、なれりけれハ49)、かなしミのあまり50)、冬[ふゆ]といへども51)、只[ただ]52)ひとえなる衣[きぬ]を着(ちや

다. 주다. 베풀다」의 連用形「くはへ」.
39) 「つかふ【仕ふ】[下2]윗사람 가까이에서 섬기다. 모시다」의 連体形「つかふる」+「こと【事】것. 일」.
40) 「とし【年】해. 년」+「ひさし【久し】[形シク]오래되다. 영원하다」.
41) さらに【更に】[副]①또한. 거듭. 더욱 ②강한 부정. 절대로 ~가 아니다. 전혀 ~지 않다.
42) 「しんく【辛苦】어려움. 괴로움」+「の[助詞]」+「さう→そう【相】모습. 모양. 겉모습」+「なし【無し】[形ク]없다」
43) 「にちや【日夜】낮과 밤. 주야. 매일」+「つねに【常に】[副]항상. 늘. 언제나. 변함없이」.
44) 「こころ【心】마음. 뜻」+「を[助詞]」+「つくす【尽くす】[4]노력하다. 힘쓰다」의 連用形「つくし」+「て」.
45) 「きぬ【衣】옷」+「は[助詞]」+「おび【帯】띠」+「を[助詞]」+「とく【解く】[4]풀다」의 連体形「とく」+「こと【事】것. 일」+「なし【無し】[形ク]없다」.
46) 「あはれみ→あわれみ【哀れみ・憐れみ・憫れみ】[名]불쌍해함. 동정함. 자비를 베풂」+「を[助詞]」+「かんず[サ変]→かんずる【感ずる】[サ変]①자극을 받다. 느끼다 ②마음에 생각하다 ③마음이 움직이다. 감동하다」의 未然形「かんぜ」+「ず[助動]부정」.
47) なし[形ク]→ない【無い・亡い】[形]없다.
48) つひに→ついに【終に・遂に】[副]결국. 마침내. 「-ゐ」는 정서법에 어긋남.
49) 「むなし[形シク]→むなしい【空しい・虚しい】[形]덧없다. 무상하다. 죽었다」의 連用形「むなしく」+「なる【成る・為る】[4]되다」의 命令形「なれ」+「り[助動]완료・존속」의 連用形「り」+「けり[助動]회상・과거」의 已然形「けれ」+「ば[助詞]확정조건. 원인・이유」(「ば」는 無濁点표기).
50) 「かなしみ【悲しみ・哀しみ】[名]슬픔」+「の[助詞]」+「あまり【余】여분」. 「~のあまり」의 형태로「도를 넘어 ~한 결과」의 뜻.

く)し53)、蔬食(そしゐ)をくらひ54)、水[みず]をのミて55)、かたち、すてに、をとろへ56)、やつれたり57)。

⇨ 어머니가 기어이 운명했기 때문에 너무 슬픈 나머지 겨울인데도 그저 홑겹인 옷을 입고, 변변치 않은 음식을 먹고 물을 마셔서, 모습이 완전히 수척해져 야위었다.

❏ 祖父(おうぢ)祖母(うば)、ちゝはゝの墓(はか)ところ58)、さらに59)人[ひと]のたすけを、うけず60)、ミづから61)土(つち)を、をふて62)、これをつくり63)、墓(はか)の上[うえ]に、とゞまる事[こと]64)四十[よんじゅう]余年(よねん)、髪(かみ)をさバき65)、かちはだしにて66)、つねに67)、な

---

51) 「ふゆ【冬】겨울」+「と[助詞]」+「いふ【言ふ・云ふ】[4]말하다」의 已然形 「いへ」+「ども[助詞]역접. ~하지만. ~해도」.

52) ただ【只・唯】[副]단지. 오직. 그저.

53) 「ひとへ → ひとえ【一重】한 겹. 홑겹」+「なり[助動]단정・지정」의 連体形 「なる」+「きぬ【衣】옷」+「を[助詞]」+「ちやくす【着す】[サ変]입다. 착용하다. 몸에 걸치다」의 連用形 「ちやくし」.

54) 「そしい【疎食・疏食・蔬食】변변치 않은 음식」+「を」+「くらふ[4] → くらう【食らう】[5]'먹다'의 속된 표현」의 連用形 「くらひ」.

55) 「みづ → みず【水】물」+「を[助詞]」+「のむ【飲む】[4]마시다」의 連用形 「のみ」+「て」.

56) 「かたち【形・容】모양. 모습. 용모」+「すでに【既に・已に】[副]이미. 모두. 이제」('-て-'는 無濁点표기)+「おとろふ[下2] → おとろえる【衰える】[下1]약한 상태가 되다. 쇠약하다. 수척해지다」의 連用形 「おとろへ」('を-'는 정서법에 어긋남).

57) 「やつる[下2] → やつれる【窶れる】[下1]초라해지다. 초췌해지다」의 連用形 「やつれ」+「たり[助動]완료・존속」.

58) 「ちち【父】아버지」+「はは【母】어머니」+「の[助詞]」+「はかどころ【墓所】묘소」('-と-'는 無濁点표기).

59) さらに【更に】[副]①또한. 거듭. 더욱 ②강한 부정. 절대로 ~가 아니다. 전혀 ~지 않다.

60) 「ひと【人】다른 사람」+「の[助詞]」+「たすけ【助・扶・佐】[名]도움」+「を[助詞]」+「うく【受く】[下2]받다」의 未然形 「うけ」+「ず[助動]부정」('す'는 無濁点표기).

61) みづから → みずから【自ら】[名]자기 자신. 나. [副]스스로. 친히.

62) 「つち【土】흙」+「を[助詞]」+「おふ[4] → おう【負う】[5]등에 지다」('を-'는 정서법에 어긋남)+「て」.

63) 「つくる【作る】[4]만들다」의 連用形 「つくり」.

64) 「はか【墓】무덤」+「の[助詞]」+「うへ → うえ【上】위. 위쪽. 부근」+「に[助詞]」+「とどまる【止まる・留まる・停まる】[4]머물다」의 連体形 「とどまる」+「こと【事】것. 일」.

げきにしづミて⁽⁶⁸⁾一生(しやう)を過[すぐ]しけり⁽⁶⁹⁾。

⇨ 할아버지 할머니, 아버지 어머니의 묘소는 일체 남의 도움을 받지 않고 자신이 흙을 짊어져서 이를 만들고, 무덤 근처에 머물기 40여 년 머리를 가다듬고 맨발로 늘 슬픔에 잠겨서 일생을 보냈다.

---

65) 「かみ【髪】두발」+「を[助詞]」+「さばく【捌く】[4]관리하다. 처리하다」의 連用形「さばき」.
66) 「かちはだし【徒跣】맨발」+「にて[助詞]현대일본어의 'で'와 같은 쓰임」.
67) つねに【常に】[副]항상. 늘. 언제나. 영구히. 변함없이.
68) 「なげき【嘆き】[名]슬픔. 탄식」+「に[助詞]」+「しづむ[4]→しずむ【沈む】[5]가라앉다. 잠기다」의 連用形「しづみ」+「て」.
69) 「いつしやう→いっしょう【一生】일생」+「を[助詞]」+「すぐす【過す】[4]지내다. 살다. 생활하다」의 連用形「すぐし」+「けり[助動]회상・과거」.

27. 盧(りよ)操(さう)順(したかふ)ㇾ母(はゝに)
노조가 어머니에 따르다

❏ 盧操(りよさう)ハ、河東(かとう)の人[ひと]なり1)。
⇨ 노 조는 하동 사람이다.

❏ としわづかに、九[きゅう]さいにして2)、孝經(かうきやう)、論語(ろんご)の理(り)に通(とう)ぜり3)。
⇨ 나이 불과 아홉 살에 효경, 논어의 이치에 통했다.

❏ 母[はは]すてに4)、むなしくなれりければ5)、継母(けいぼ)張氏(ちやうし)につかへて6)、かう〲を、つくす事[こと]7)他念(たねん)なし8)。
⇨ 어머니가 이미 운명했기 때문에 계모 장 씨를 섬겨 효행을 진력하는 일에 여념이 없다.

---

1) 「ひと【人】」 사람」 + 「なり[助動]단정・지정」.
2) 「とし【年・歳】나이」 + 「わづか→わずか【僅か】[形動ナリ]수량・정도가 적은 모양」의 連用形 「わづかに」(부사적 쓰임) + 「きゅう【九】아홉」 + 「さい【歳】세」 + 「に[助詞]」 + 「す[サ変]하다」의 連用形 「し」 + 「て」. 「~にして」의 꼴로 현대일본어의 「~で」와 같은 쓰임.
3) 「通」는 동사로 쓰일 때 「つうず【通ず】[サ変]통하다. 도달하다. 상세하게 알다」로 읽는다. 문맥상으로도 이에 해당하기 때문에 「通」를 「とう」로 읽은 것은 미상. 「つうず【通ず】[サ変]」의 命令形 「つうぜ」 + 「り[助動]완료・존속」로 봐야겠다.
4) 「すでに【既に・已に】[副]이미. 모두. 이제」('-て-'는 無濁点표기).
5) 「むなし[形シク]→むなしい【空しい・虚しい】[形]덧없다. 무상하다. 죽었다」의 連用形 「むなしく」 + 「なる【成る・為る】[4]되다」의 命令形 「なれ」 + 「り[助動]완료・존속」 + 「けり[助動]회상・과거」의 已然形 「けれ」 + 「ば[助詞]확정조건. 원인・이유」.
6) 「つかふ【仕ふ】[下2]윗사람 가까이에서 섬기다. 모시다」의 連用形 「つかへ」 + 「て」.
7) 「かうかう→こうこう【孝行】효행」 + 「を[助詞]」 + 「つくす【尽くす】[4]노력하다. 힘쓰다」의 連体形 「つくす」 + 「こと【事】것. 일」.
8) 「たねん【他念】다른 것을 생각하는 마음. 여념」 + 「なし【無し】[形]없다」.

❑ 継母(けいぼ)、又[また]、三人[さんにん]の子[こ]をうみて9)、これを愛(あい)する事[こと]はなハだし10)。
  ⇨ 계모는 또 세 아이를 낳아 이를 사랑하는 것이 도를 넘는다.

❑ 盧操(りよさう)をば11)、ねたみ、にくむ事[こと]12)、又[また]、たぐひなし13)。
  ⇨ 노 조를 시샘하고 미워하는 것이 또한 비할 바가 없다.

❑ つねにハ14)、朝(あさ)なゆふなの飯(はん)15)を、かしき16)、うつハもの17)を、あらハしめて18)、いやしく19)、つかふと、いへとも20)、さらに21)、うらみず22)、つとめて23)、ものうしとせず24)。

---

9) 「うむ【生む・産む】[4]분만하다」의 連用形「うみ」+「て」.
10) 「あいす[サ変]→あいする【愛する】[サ変]사랑하다」의 連体形「あいする」+「こと【事】것. 일」+「はなはだし[形ク]→はなはだしい【甚だしい】[形]보통 정도를 넘다. 심하다」.
11) をば : (格助詞「を」에 係助詞「は」가 붙어 濁音化한 것) '을'의 뜻을 강하게 함.
12) 「ねたむ【妬む】[4]질투하다. 시기하다. 시샘하다. 미워하다」의 連用形「ねたみ」+「にくむ【憎む】[4]미워하다. 싫어하다. 증오하다」의 連体形「にくむ」+「こと【事】것. 일」.
13) たぐひなし[形ク]→たぐいない【類ない】[形]나란히 설 것이 없다. 비교할 것이 없다.
14) 「つね【常】[名]평소. 보통」+「に[助詞]」+「は[助詞]」.
15) 「あさな【朝な】(〈な〉는 접미어)아침」+「ゆふな→ゆうな【夕な】(〈な〉는 접미어)저녁」+「の[助詞]」+「はん【飯】밥」.
16) 「かしぐ(かしく)【炊ぐ】[4]밥을 짓다. 취사(炊事)하다」의 連用形.
17) うつはもの → うつわもの【器物】그릇. 용기.
18) 「あらふ【洗ふ】[4]씻다. 닦다」의 未然形「あらは」+「しむ[助動]사역. ~시키다」의 連用形「しめ」+「て」.
19) 「いやし[形シク]→いやしい【卑しい・賤しい】[形]신분이 낮다. 보잘것없다. 천하다. 천박하다」의 連用形.
20) 「つかふ【使ふ】[4]사용하다. 쓰다」의 終止形「つかふ」+「と[助詞]~라고」+「いふ【言ふ・云ふ】[4]말하다」의 已然形「いへ」+「ども[助詞]역접. ~하지만. ~해도」('と-'는 無濁点표기).
21) さらに【更に】[副]①또한. 거듭. 더욱 ②강한 부정. 절대로 ~가 아니다. 전혀 ~지 않다.
22) 「うらむ【恨む・怨む・憾む】[上2]불쾌하게 생각하다. 유감스러워하다. 원망하다」의 未然形「うらみ」+「ず[助動]부정」의 連用形「ず」.
23) つとめて【努めて・勉めて・力めて】[副]굳이 마음을 북돋아서. 무리라도. 애써. 가능한 한.

⇨ 평소에는 아침이며 저녁이며 밥을 짓고 그릇을 설거지하도록 하고 하찮게 부린다고 하지만 전혀 원망하지 않고 애써 괴로움으로 삼지 않는다.

☐ けいぼ、わがうむところの子(こ)25)を、よそにつかハして26)、書(しよ)をよましむ27)。

⇨ 계모는 자기가 낳은 아이를 다른 곳에 보내셔서 책을 읽게 시킨다.

☐ その子[こ]、よみに、ゆく時[とき]28)ハ、かならず29)、馬[うま]にのりけるを30)、まゝ子[こ]31)のりよさうに、馬[うま]のくちを、とらしめけり32)。

⇨ 그 아이가 읽으러 갈 때는 꼭 말을 탔는데 의붓아들인 노 조에게 말머리를 잡도록 했다.

☐ すこしも33)、母[はは]の仰[おおせ]34)に、そむかず35)、わかおとゝの36)、のりたりける馬[うま]37)の、たづなをとり38)、策(むち)をもつ

---

24) 「ものうし【物憂い・懶い】[形ク]꺼림칙하다. 개운치 않다. 우울하다. 괴롭다」의 終止形「ものうし」+「こ[助詞]」+「す[サ變]하다」의 未然形「せ」+「ず[助動]부정」.

25) 「わが【我が・吾が】[連体]나의. 자신의」+「うむ【生む・産む】[4]분만하다」의 連体形「うむ」+「ところ【所・処】곳. 상황. 바」+「の[助詞]」+「こ【子】아이. 자식」.

26) 「よそ【余所・他所・外】다른 곳」+「に[助詞]」+「つかはす[4]→つかわす【使わす・遣わす】[5]보내시다. 파견하시다」의 連用形「つかはし」+「て」.

27) 「しよ【書】책」+「を[助詞]」+「よむ【読む】[4]읽다」의 未然形「よま」+「しむ[助動]사역. ~시키다」.

28) 「よむ【読む】[4]읽다」의 連用形「よみ」+「に[助詞~하러]」+「ゆく【行く】[4]가다」의 連体形「ゆく」+「とき【時】때」.

29) かならず【必ず】[副]꼭. 반드시.

30) 「うま【馬】말」+「に[助詞]」+「のる【乗る】[4]타다」의 連用形「のり」+「けり[助動]회상・과거」의 連体形「ける」+「を[助詞]~인데」.

31) ままこ【継子】[名]핏줄이 이어지지 않은 자식. 의붓자식.

32) 「うま【馬】말」+「の[助詞]」+「くち【口】입」+「を[助詞]」+「とる【取る・執る】[4]잡다. 쥐다」의 未然形「とら」+「しむ[助動]사역. ~시키다」의 連用形「しめ」+「けり[助動]회상・과거」.

33) すこしも【少しも】[副]조금이라도. 조금도.

34) おほせ→おおせ【仰せ】[名]윗사람의 명령. 말씀.

35) 「そむく【背く・叛く】[4]등지다. 위반하다」의 未然形「そむか」+「ず[助動]부정」의 連用形「ず」.

て39)、したがひゆく事[こと]40)、猶[なお]41)家[いえ]の被官(ひくわん)42)のことし43)。

⇨ 조금도 어머니의 말씀에 거스르지 않고 어린 동생이 타고 있는 말의 말고삐를 잡고 채찍을 가지고 따라가는 일이 또한 집의 노비와 같다.

❑ しかるに44)、まゝ母[はは]の45)、うみたるところ46)三人[さんにん]の子[こ]みな、酒[さけ]をこのミて47)、酔(えひ)たるとき48)ハ、ほしゐまゝにして49)、人[ひと]をあなどり50)、そこなふ事[こと]51)たびゞゝなりけれ

---

36) 「わかし【若し】[形ク]젊다. 어리다」의 語幹 「わか」+「おとと【弟】동생」+「の[助詞]현대 일본어 〈が〉의 쓰임」.

37) 「のる【乗る】[4]타다」의 連用形 「のり」+「たり[助動]완료・존속」의 連用形 「たり」+「けり[助動]회상・과거」의 連体形 「ける」+「うま【馬】말」.

38) 「たづな【手綱】말고삐」+「を[助詞]」+「とる【取る・執る】[4]잡다. 쥐다」의 連用形 「とり」.

39) 「むち【鞭・韀・策・笞】채찍」+「を[助詞]」+「もつて【以て】수단・방법. ~에 의해. ~로써」 (본래는 동사 〈もつ(持)가지다〉의 音便形에 접속조사 〈て〉가 붙은 것).

40) 「したがふ[4]→したがう【従・随・順】[5]수행하다. 따르다」의 連用形 「したがひ」+「ゆく【行く】[4]가다」의 連体形 「ゆく」+「こと【事】것. 일」.

41) なほ→なお【猶・尚】[副]원래대로. 여전히. 역시. 그래도. 재차. 점점.

42) 「被官」은 「被官百姓(ひかんびゃくしょう)에도(江戸)시대 소작농민」의 준말.

43) 「の[助詞]」+「ごとし【如し】[助動]~와 같다. ~와 닮았다」('こ-'는 無濁点표기).

44) しかるに【然るに】[接続]그런데. 하지만. 그건 그렇고.

45) 「ままはは【継母】의붓어머니. 계모」+「の[助詞]현대일본어 〈が〉의 쓰임」.

46) 「うむ【生む・産む】[4]분만하다」의 連用形 「うみ」+「たり[助動]완료・존속」의 連体形 「たる」+「ところ【所・処】곳. 상황. 바」.

47) 「みな【皆】모두」+「さけ【酒】술」+「を[助詞]」+「このむ【好む】[4]좋아하다」의 連用形 「このみ」+「て」.

48) 「ゑふ[4]→よう【酔う】[5]취하다」의 連用形 「ゑひ」+「たり[助動]완료・존속」의 連体形 「たる」+「とき【時】때」.

49) 「ほしいまま【擅・恣・縦】[形動ナリ]자기 생각대로 행동하는 모습」의 連用形 「ほしいままに」('-る'는 정서법에 어긋남)+「す[サ変]하다」의 連用形 「し」+「て」.

50) 「ひと【人・他人】다른 사람」+「を[助詞]」+「あなどる【侮る】[4]낮잡아보다」의 連用形 「あなどり」.

51) 「そこなふ【損なふ・害ふ】[4]상처 입히다. 위해를 가하다」의 連体形 「そこなふ」+「こと【事】것. 일」.

ば52)、
　⇨ 그런데 의붓어머니가 낳은 세 아들은 모두 술을 좋아하여 취했을 때는 제멋대로 행동해서 다른 사람을 업신여기고 해하는 일이 자주였기 때문에.

❏ これを、いかりて53)、門(もん)にあつまり54)、母[はは]につげて、のゝしるとき55)ハ、りよさう、すなハち56)、なみだをながし57)、らいはいして58)、わひこと59)を、いたしけるほどに60)、いかり、はなハだしきものども61)、みな、いはく62)、
　⇨ 이를 분노하여 대문에 모여 어머니에게 고해 욕할 때는 노 조가 곧 눈물을 흘리며 절하고 사죄의 말을 했기에, 분노가 극에 달한 사람들이 모두 이르길.

❏「三人[さんにん]の悪党(あくたう)は、さもあらばあれ63)、このりよさう、よく、ことハり給[たま]へり64)。これがために65)、いかりを、つよ

---

52) 「たびたび【度度】같은 일의 반복. 매번. 자주」+「なり[助動]단정·지정」의 連用形「なり」+「けり[助動]회상·과거」의 已然形「けれ」+「ば[助詞]확정조건. 원인·이유」.
53) 「いかる【怒る】[4]화내다. 노하다」의 連用形「いかり」+「て」.
54) 「もん【門】문」+「に[助詞]」+「あるまる【集まる】[4]모이다」의 連用形「あつまり」.
55) 「つぐ【告ぐ】[下2]고하다」의 連用形「つげ」+「て」+「ののしる【罵る】[4]소란을 피우다. 목소리를 높이다. 비난하다」의 連体形「ののしる」+「とき【時】때」.
56) すなはち→すなわち【即ち·則ち】[副]곧바로. 즉시. 그래서. 즉.
57) 「なみだ【涙】눈물」+「を[助詞]」+「ながす【流す】[4]흘리다」의 連用形「ながし」.
58) 「らいはい【礼拝】신불(神佛) 앞에서 머리를 숙이고 합장하며 공경의 뜻을 나타내는 것. 예배」+「す[サ変]하다」의 連用形「し」+「て」.
59) わびごと【佗言·詫び言】사죄의 말. 「-ひこ-」는 無濁点표기.
60) 「いたす【致す】[4]하다」의 連用形「いたし」+「けり[助動]회상·과거」의 連体形「ける」+「ほどに【程に】①~하면. ~하는 사이에 ②원인·이유. ~이므로」.
61) 「いかり【怒り】[名]화냄. 노함」+「はなはだし[形ク]→はなはだしい【甚だしい】[形]보통 정도를 넘다. 심하다」의 連体形「はなはだしき」+「ものども【者共】사람들」.
62) 「みな【皆】모두. 모든 사람」+「いはく【曰く】말하길」.
63) 「然(さ)もあらばあれ」는 「뜻한 바는 아니지만 그대로 두겠다」 「아무튼」 「어떻든」의 뜻이다.
64) 「ことわる【断る·判る】[4]시시비비를 판단하다. 이치에 맞는다고 인정하다. 내용을 이해하다」의 連用形「ことわり」('-は-'는 정서법에 어긋남)+「たまふ【給ふ】[助動존경]」의 命令形「たまへ」+「り[助動완료·존속]」.

くせバ(66)、我[われ]ら、かへつて、はづかしからん(67)。」と、いふて、あひともに(68)、りよさうを礼拝(らいはい)して立[たち]帰[かえ]る(69)。

⇨ "세 명의 악당은 어찌됐건, 이 노 조는 제대로 시시비비를 가리셨다. 이 때문에 분노를 거세게 한다면 우리들이 오히려 부끄러울 것이다."라 하고 모두 노 조를 예배하고 돌아간다.

❏ このゆへに(70)、つゐに(71)、うつたへの、いきどをりなし(72)。

⇨ 이런 고로 마침내 송사의 노여움이 없다.

❏ まゝはゝ(73)、すでに(74)、むなしくなれり(75)。

⇨ 의붓어머니가 이제 운명했다.

❏ りよさう、かなしむ事[こと](76)まこと(77)の母[はは]の死(し)せるときのことし(78)。

---

65) 「これ【此・是】[代]이것」+「が」+「ため」+「に」. 「ため【為】」는 助詞인 「の」「が」 또는 用言의 連体形에 접속하여 '이익' '이유' '목적'의 뜻. ~때문에. ~위해.

66) 「いかり【怒り】[名]화냄. 노함」+「を[助詞]」+「つよし【強し】[形ク]강하다. 세다」의 連用形「つよく」+「す[サ変]하다」의 未然形「せ」+「ば[助詞]가정조건」.

67) 「かへつて → かえって【却って・反って】[副]오히려. 반대로」+「はづかし[形シク→はずかしい【恥ずかしい】[形]창피하다」의 未然形「はづかしから」+「む[助動]추량」→「ん」.

68) あひともに → あいともに【相共に】[副]모두 함께. 모두들.

69) 「らいはい【礼拝】예배」+「す[サ変]하다」의 連用形 「し」+「て」+「たちかへる【立ち返る・立ち帰る】[4]돌아가다」.

70) 「この【此の・斯の】[連体]이」+「ゆゑ → ゆえ【故】이유. 원인」('-へ'는 정서법에 어긋남」+「に[助詞]」.

71) つひに → ついに【終に・遂に】[副]결국. 마침내. 「-ゐ」는 정서법에 어긋남.

72) 「うつたへ【訴へ】 소송(訴訟). 송사」+「の[助詞]」+「いきどほり【憤り】[名]분노. 성냄」('-を-'는 정서법에 어긋남)+「なし【無し】[形ク]없다」.

73) まゝはは【継母】의붓어머니. 계모.

74) すでに【既に・已に】[副]①이미. 벌써 ②모두. 남김없이 ③이제 ④틀림없이.

75) 「むなし[形シク→むなしい【空しい・虚しい】[形]덧없다. 무상하다. 죽었다」의 連用形「むなしく」+「なる【成る・為る】[4]되다」의 命令形「なれ」+「り[助動]완료・존속」.

76) 「かなしむ【愛しむ・悲しむ・哀しむ】[4]슬퍼하다. 가여워하다. 그리워하다. 감동하다」의 連体形「かなしむ」+「こと【事】것. 일」.

77) まこと【真・実・誠】[名]진짜.

⇨ 노 조는 슬퍼하는 것이 진짜 어머니가 죽었을 때와 같다.

❏ 食物(しよくぶつ)、くちに、いらず79)、はだえ、うすらぎ80)、ほね、たかく81)、やせをとろへたり82)。

⇨ 음식을 입에 넣지 않고 살이 내리고 뼈가 드러나 야위어 쇠약했다.

❏ 三人[さんにん]の弟(おとゝ)をも、りよさう是(これ)をあはれミ83)、やしなふて84)、いつくしむ事[こと]85)日[ひ]ころに過[すぎ]たり86)。

⇨ 세 동생까지도 노 조가 이를 가엽게 여겨 키우는데 사랑하는 것이 평소보다 더하다.

❏ ひたすら87)、わが子[こ]を、はごくむがごとし88)。

⇨ 오로지 자기 자식을 키우는 것과 같다.

❏ 母[はは]の喪(も)に居(お)るあひだ89)ハ、毎夜[まいよ]90)きつね狸(たぬ

---

78) 「はは【母】어머니」+「の[助詞]현대일본어 〈が〉의 쓰임」+「しす[サ変]→しする【死する】[サ変]죽다」의 命令形「しせ」+「り[助動]완료・존속」의 連体形「る」+「とき【時】때」+「の[助詞]」+「ごとし【如し】[助動]~와 같다. ~와 닮았다」('こ-'는 無濁点표기).

79) 「しよくぶつ(しよくもつ)【食物】음식」+「くち【口】입」+「に[助詞]」+「いる【入る】[4]넣다」의 未然形「いら」+「ず[助動]부정」의 連用形「ず」.

80) 「はだへ→はだえ【肌・膚】피부」('-え'는 歴史的仮名遣에 어긋남)+「うすらぐ【薄らぐ】[4]얇아지다. 줄어들다」의 連用形「うすらぎ」.

81) 「ほね【骨】뼈」+「たかし【高し】[形ク]높다」의 連用形「たかく」.

82) 「やせおとろふ[下2]→やせおとろえる【痩せ衰える】[下1]말라서 쇠약하다」의 連用形「やせおとろへ」('-を-'는 정서법에 어긋남)+「たり[助動]완료・존속」.

83) 「あはれむ[4]→あわれむ【哀れむ・憐れむ】[5]①사랑하다 ②불쌍히 여기다. 동정하다」의 連用形.

84) 「やしなふ[4]→やしなう【養う】[5]양육하다. 부양하다. 키우다」+「て」.

85) 「いつくしむ【慈しむ】[4]사랑하다. 귀여워하다. 소중히 여기다」의 連体形「いつくしむ」+「こと【事】것. 일」.

86) 「ひごろ【日頃】며칠이나. 내내. 평소. 늘」('-こ-'는 無濁点표기)+「に[助詞]」+「すぐ【過ぐ】[上2]지나치다. 과하다. 넘다」의 連用形「すぎ」+「たり[助動]완료・존속」.

87) ひたすら【頓・一向・只管】[副]오직. 오로지. 완전히.

88) 「はごくむ【育む】[4]양육하다. 보살피다」의 連体形「はごくむ」+「が[助詞]」+「ごとし【如し】[助動]~와 같다. ~와 닮았다」.

89) 「も【喪】상」+「に[助詞]」+「をり【居り】[ラ変]한 곳에 머물다. 앉다. 거주하다」의 連体形「をる」('お-'는 歴史的仮名遣에 어긋남)+「あひだ→あいだ【間】동안. 사이」.

き)のたぐひ[91]、おほく、きたりて[92]、りよさうの左右[さゆう]のわきに、つらなり、ならびて[93]、まもりとなり[94]、夜[よ]あくれば[95]、ちり／＼に、うせさりぬ[96]。

⇨ 어머니의 상중에 있을 동안은 매일 밤 여우와 너구리같은 것이 많이 와서 노 조의 좌우 옆에 줄지어 늘어서서 지킴이가 되고 밤이 새니 뿔뿔이 사라진다.

❏ のちに[97]臨渙縣(りんくわんけん)と云[いう]ところの、ぬしになりて[98]、まつりことを、おこなひ[99]、民(たミ)をあはれミ[100]、めぐミを、ほどこし[101]、科(とが)をゆるし[102]、ことハりけるほどに[103]、

---

90) まいよ【毎夜】밤마다. 매일 밤.
91) 「きつね【狐】여우」+「たぬき【狸·貍】너구리」+「の[助詞]」+「たぐひ→たぐい【類·比】류. 동료. 한패. 쌍」.
92) 「おほし【多し】[形ク]의 連用形「おほく」+「きたる【来る】[4]오다」의 連用形「きたり」+「て」.
93) 「わき【脇·傍】옆. 근처」+「に[助詞]」+「つらなる【連なる·列なる】[4]한 줄로 늘어서다. 연결되다」의 連用形「つらなり」+「ならぶ【並ぶ】[4]늘어서다」의 連用形「ならび」+「て」.
94) 「まもり【守り】[名]지키는 것」+「と[助詞]」+「なる【成る·為る】[4]되다」의 連用形「なり」.
95) 「よ【夜】밤」+「あく[下2]→あける【明ける】[下1]밝아지다. 아침이 되다」의 已然形「あくれ」+「ば[助詞]확정조건. 원인·이유」.
96) 「ちりぢり【散り散り】[形動ナリ]어지러이 흩어지는 모습」의 連用形「ちりぢりに」+「うす[下2]→うせる【失せる】[下1]보이지 않게 되다」의 連用形「うせ」+「さる【去る】[4]가다. 떠나다」의 連用形「さり」+「ぬ[助動]완료·존속」.
97) 「のち【後】후. 이후」+「に[助詞]」.
98) 「ぬし【主】[名]수장(首長). 우두머리. 주인」+「に[助詞]」+「なる【成る·為る】[4]되다」의 連用形「なり」+「て」.
99) 「まつりごと【政】정치. 제사」('-こ-'는 無濁点표기)+「を[助詞]」+「おこなふ【行ふ】[4]행하다」의 連用形「おこなひ」.
100) 「たみ【民】백성」+「を[助詞]」+「あはれむ[4]→あわれむ【哀れむ·憐れむ】[5]①사랑하다 ②불쌍히 여기다. 동정하다」의 連用形.
101) 「めぐみ【恵み】[名]은혜. 자비」+「を[助詞]」+「ほどこす【施す】[4]베풀다」의 連用形「ほどこし」.
102) 「とが【科·咎】[名]잘못. 결점. 죄」+「を[助詞]」+「ゆるす【許す·赦す】[4]용서하다. 사면하다」의 連用形「ゆるし」.
103) 「ことわる【断る·判る】[4]시시비비를 판단하다. 이치에 맞는다고 인정하다. 내용을 이해하다」의 連用形「ことわり」('-は-'는 정서법에 어긋남)+「けり[助動]회상·과거」의 連体形「ける」+「ほどに【程に】①~하면. ~하는 사이에 ②원인·이유. ~이므로」.

⇨ 후에 임환현이라 하는 곳의 수장이 되어 정치를 펼치고 백성을 불쌍히 여겨 자비를 베풀고 죄를 사하고 옳고 그름을 가렸기 때문에.

❑ 人[ひと]ミな、その徳(とく)をあふぎ104)、風[ふう]をしたふて105)、道[どう]をおこなふことに、なりければ106)、風雨(ふうふ)も107)、時[とき]に、そむかず108)、五[ご]こく、をだやかにして109)、りよさうが、この里[さと]を、おさめしより110)、ふうきに、さかへ行[ゆき]けり111)。

⇨ 사람들이 모두 그 덕을 우러르고 풍모를 사모하여 도(道)를 행하는 것이 되었으므로 바람과 비도 계절에 어기지 않아 오곡이 평안하여 노 조가 이 마을을 다스리고 나서 부귀하게 번영해갔다.

❑ りよさう、をのれが、すむところ112)に壇(だん)をかざりて113)、父母[ふぼ]を勧請(くわんじやう)し114)、よそに出[いづ]るとき115)ハ、いとまご

---

104) 「とく【徳】덕」+「を[助詞]」+「あふぐ[4]→あおぐ【仰ぐ】[5]우러러보다. 존경하다」의 連用形 「あふぎ」.

105) 「ふう【風】관습. 정취. 모습」+「を[助詞]」+「したふ【慕ふ】[4]이상적인 상태나 인물에 대해 그렇게 되고 싶다고 바라다. 사모하다」+「て」.

106) 「だう→どう【道】도. 도리」+「を[助詞]」+「おこなふ【行ふ】[4]행하다」+「こと【事】것. 일」+「に[助詞]」+「なる【成る·為る】[4]되다」의 連用形 「なり」+「けり[助動]회상·과거」의 已然形 「けれ」+「ば[助詞]확정조건. 원인·이유」.

107) 「ふうう【風雨】바람과 비」+「も[助詞]」.

108) 「とき【時】때. 계절」+「に[助詞]」+「そむく【背く·叛く】[4]등지다. 위반하다」의 未然形 「そむか」+「ず[助動]부정」의 連用形 「ず」.

109) 「ごこく【五穀】오곡」+「おだやか【穏やか】[形動ナリ]평온하다. 편안하다」의 連用形 「おだやかに」('を-'는 정서법에 어긋남)+「す[サ変]하다」의 連用形 「し」+「て」. 「~にして」의 꼴도 현대일본어의 「~で」와 같은 쓰임.

110) 「さと【里】마을. 동네」+「を[助詞]」+「をさむ[下2]→おさめる【治める】[下1]다스리다. 통치하다」의 連用形 「をさめ」('お'는 歷史的仮名遣에 어긋남)+「き[助動]회상·과거」의 連体形 「し」+「より[助詞]~로부터」.

111) 「ふうき【富貴】[形動ナリ]부귀하다」의 連用形 「ふうきに」+「さかゆ[下2]→さかえる【栄える】[下1]번영하다. 번창하다」의 連用形 「さかえ」('-へ'는 정서법에 어긋남)+「ゆく【行く】[4]가다」의 連用形 「ゆき」+「けり[助動]회상·과거」.

112) 「おのれ【己】[代]나. 자신」('を-'는 정서법에 어긋남)+「が[助詞]」+「すむ【住む·棲む】[4]거주하다」의 連体形 「すむ」+「ところ【所·処】곳」.

113) 「だん【壇】단. 제단(祭壇)」+「を[助詞]」+「かざる【飾る】[4]꾸미다. 장식하다. 설치하다」의 連用形 「かざり」+「て」.

ひし116)、家[いえ]にかへるとき117)ハ、まづ118)面(めん)めり119)。

⇨ 노 조는 자신이 거하는 곳에 단을 꾸며 부모를 권청하고 밖에 나갈 때는 하직인사하고 집에 돌아올 때에는 먼저 마주했다.

❏ あしたごとに120)孝經(かうきやう)をよむ事[こと]、毎日[まいにち]一[いち]へんづゝ121)、さらに、をこたる事[こと]なし122)。

⇨ 아침마다 효경을 읽는 일이 매일 한 편씩 전혀 게을리 하는 적이 없다.

❏ よみをハりてのち123)、よろづの用[よう]を124)とゝのへたり125)。

⇨ 다 읽은 후에 모든 일을 처리했다.

❏ その孝經(かうきやう)をよむ時[とき]に、喪親(さうしん)の章(しやう)と云[いう]に、いたりて126)ハ、かならず127)涙[なみだ]にむせびて128)、よ

---

114) 「くわんじやう→かんじょう【勧請】 신불(神佛)의 내림(來臨)을 청하는 것. 권청」+「す[サ變]하다」의 連用形「し」.

115) 「よそ【余所・他所・外】 다른 곳」+「に[助詞]」+「いづ【出づ】[下2]나가다」의 連體形「いづる」+「とき【時】 때」.

116) 「いとまごひ→いとまごい【暇乞い】[名]①작별을 고하는 것. 고별 ②휴가를 청하는 것」+「す[サ變]하다」의 連用形「し」.

117) 「かへる[4]→かえる【帰る・還る】[5]돌아오다」의 連體形「かへる」+「とき【時】 때」.

118) まづ→まず【先ず】[副]우선. 아무튼.

119) 「面(めん)」은 명사로서「얼굴」이나「얼굴을 마주하는 것」의 뜻이다. 이를 동사로 쓸 때는「めんす[サ變]→めんする【面する】[サ變]대면하다」가 되어 여기에「り[助動]완료・존속」(命令形에 이어짐)를 접속하는 경우「めんせり」가 된다. 한편「めり」는 조동사로서 용언의 終止形에 접속하여 추량(推量)의 뜻이어서 문맥상 적합하지 않다. 따라서 본문의「めんめり」는「めんせり」의 잘못으로 보는 것이 타당할 듯싶다.

120) 「あした【朝・明日】아침. 내일」+「ごと【毎】[接尾]~할 때마다」+「に[助詞]」.

121) 「へん【篇・編】편」+「づつ→ずつ[助詞]~씩」.

122) 「さらに【更に】[副]절대로. 전혀」+「おこたる【怠る・惰る】[4]해야 할 일을 하지 않다. 게을리 하다」의 連體形「おこたる」(を-'는 정서법에 어긋남)+「こと【事】일」+「なし【無し】[形ク]없다」.

123) 「よむ【読む】[4]읽다」의 連用形「よみ」+「をはる[4]→おわる【終わる】[5]끝나다. 끝내다」의 連用形「をはり」+「て」+「のち【後】이후」.

124) 「よろづ→よろず【万】만. 다수. 모든 일」+「の[助詞]」+「よう【用】일」+「を[助詞]」.

125) 「ととのふ[下2]→ととのえる【調える・整える・斉える】[下1]정돈하다. 갖추다. 준비하다」의 連用形「ととのへ」+「たり[助動]완료・존속」.

みかぬる事[こと])129)毎朝[まいあさ]なり130)。

⇨ 그 효경을 읽을 때 상친 장이라 하는 곳에 이르러서는 어김없이 눈물에 목메어 읽기 어려워하는 일이 매일아침이다.

---

126) 「いたる【至る·到る】[4]도착하다. 도달하다」의 連用形 「いたり」+「て」.

127) かならず【必ず】[副]꼭. 반드시.

128) 「なみだ【涙】눈물」+「に[助詞]」+「むせぶ【噎ぶ·咽ぶ】[4]숨이 막힐 듯하다. 목이 메다」의 連用形 「むせび」+「て」.

129) 「よむ【読む】[4]읽다」의 連用形 「よみ」+「かぬ[下2]→かねる【兼ねる】[下1]다른 동사의 連用形에 접속하여 '주저, 불가능, 곤란' 등의 뜻을 나타냄」의 連体形 「かぬる」+「こと【事】것. 일」.

130) 「まいあさ【毎朝】매일아침」+「なり[助動]단정·지정」.

28. 徐(じよ)積(せき)篤(とく)行(かう)
서적독행

❏ 宋(そう)の徐積(じよせき)ハ、楚州(そしう)の人[ひと]なり[1]。
  ⇨ 송나라 서 적은 초주의 사람이다.

❏ としはじめて三[さん]歳(さい)にして[2]、父[ちち]にをくれて[3]、あしたごとに[4]、父[ちち]よ[5]父[ちち]よ、と、いふて、こがれもとめて[6]、なきけるありさま[7]、まことに[8]、あはれぞ、まさりける[9]。
  ⇨ 나이 이제 세 살에 아버지를 여의고 아침마다 아버지여, 아버지여 하며 불러 애타게 찾으며 울던 모습이 정말로 가여움이 더했다.

❏ 母[はは]につかへて[10]、いたつて孝(かう)あり[11]。

---

1) 「ひと【人】사람」+「なり[助動]단정・지정」.
2) 「とし【年・歳】나이」+「はじめて【始めて・初めて】[副]새로이. 이윽고. 비로소」+「さんさい【三歳】세 살」+「に[助詞]」+「す[サ変]하다」의 連用形「し」+「て」. 「~にして」의 꼴로 현대일본어의「~で」와 같은 쓰임.
3) 「おくる[下2]→おくれる【後れる・遅れる】[下1]다른 사람에게 먼저 죽음을 당하다」의 連用形「おくれ」(を-)는 정서법에 어긋남」+「て」.
4) 「あした【朝・明日】아침. 내일」+「ごと【毎】[接尾]~할 때마다」+「に[助詞]」.
5) 「よ」는 체언에 이어져서 부르거나 호소하는 뜻을 나타내며 間投詞로 분류한다.
6) 「こがる[下2]→こがれる【焦がれる】[下1]타다. 절절히 그리워하다」의 連用形「こがれ」+「もとむ[下2]→もとめる【求める】[下1]찾다. 청하다. 요구하다」의 連用形「もとめ」+「て」.
7) 「なく【泣く・啼く】[4]울다」+「けり[助動]회상・과거」의 連体形「ける」+「ありさま【有様】모습. 모양」.
8) まことに【真に・実に・誠に】[副]거짓 없이. 진짜로. 정말로. 매우.
9) 「あはれ→あわれ【哀れ】[名]존귀함. 절절함. 불쌍함」+「ぞ[係助詞]뜻을 강하게 함(문말에는 連体形)」+「まさる【増さる・優る・勝る】[4]많아지다. 늘어나다. 빼어나다」의 連用形「まさり」+「けり[助動]회상・과거」의 連体形「ける」(앞의〈ぞ〉에 호응).
10) 「つかふ【仕ふ】[下2]윗사람 가까이에서 섬기다. 모시다」의 連用形「つかへ」+「て」.

⇨ 어머니를 섬기며 극진히 효가 있다.

❑ さらに12)、白衣(びやくゑ)にして13)、わが母[はは]に、まみゆる事[こと]なく14)、衣冠(いくわん)たゞしくして15)、つねに16)、つかへまつりけり17)。

⇨ 또한 흰옷 차림으로 무례하게 자기 어머니를 뵙는 적이 없고 의관을 바르게 하고 항상 삼가 받들었다.

❑ 胡瑗(こえん)といふ人[ひと]に、したがふて18)学文(がくもん)せり19)。

⇨ 호 원이라는 사람에 따라 학문했다.

❑ 都(ミやこ)より20)官(くわん)に、めされて、ゆく時[とき]21)も、母[はは]をば22)車(くるま)にのせて23)、ミづから引(ひき)て24)、道[みち]を過す

---

11) 「いたりて→いたって【至って】[副]매우. 대단히. 극히」+「かう→こう【孝】효」+「あり【有り】[ラ変]있다」.

12) さらに【更に】[副]①또한. 거듭. 더욱 ②강한 부정. 절대로 ~가 아니다. 전혀 ~지 않다.

13) 「びゃくえ【白衣】흰옷. 예의에 어긋나는 것」(-ゑ는 정서법에 어긋남)+「に[助詞]」+「す[サ変]하다」의 連用形「し」+「て」. 「~にして」의 꼴로 현대일본어의 「~で」와 같은 쓰임.

14) 「まみや[下2]→まみえる【まみえる】[下1]뵙다」의 連体形「まみゆる」+「こと【事】것. 일」+「なし【無し】[形ク없다」의 連用形「なく」.

15) 「いくわん→いかん【衣冠】의관」+「ただし【正し】[形シク바르다」의 連用形「ただしく」+「す[サ変]하다」의 連用形「し」+「て」.

16) つねに【常に】[副]항상. 늘. 언제나. 영구히. 변함없이.

17) 「つかへまつる【仕へ奉る】[4](つかふ【仕ふ】[4]의 겸양어)삼가 섬기다」의 連用形「つかへまつり」+「けり[助動]회상·과거」.

18) 「したがふ[4]→したがう【従う・随う・順う】[5]수행하다. 말하는 대로 따르다」+「て」.

19) 「がくもん【学問·学文】학문」+「す[サ変]하다」의 命令形「せ」+「り[助動]완료·존속」.

20) 「みやこ【都·京】도읍」+「より[助詞]~로부터」.

21) 「くわん→かん【官】관. 관청. 관직」+「に[助詞]」+「めす【召す·見す·看す】[4]보시다. 부르시다. 불러들이시다」의 未然形「めさ」+「る[助動수동]」의 連用形「れ」+「て」+「ゆく【行く】[4]가다」의 連体形「ゆく」+「とき【時】때」.

22) をば : (格助詞「を」에 係助詞「は」가 붙어 濁音化한 것) '을'의 뜻을 강하게 함.

23) 「くるま【車】수레. 탈것」+「に[助詞]」+「のす[下2]→のせる【乗せる·載せる】[下1]올리다. 태우다」의 連用形「のせ」+「て」.

24) 「みづから→みずから【自ら】[名]자기 자신. 나. [副]스스로. 친히」+「ひく【引く】[4]끌다」

ぎけり25)。
⇨ 도읍에서 관에 불려 갈 때에도 어머니를 수레에 태우고 자신이 끌어 길을 지나갔다.

❏ すでに26)及第(きうだい)して、進士(しんじ)の官(くわん)に拝(はい)せらる27)。
⇨ 이제 급제하여 진사 자리에 올랐다.

❏ 父[ちち]の名[な]を、徐石(じよせき)と、いひける故[ゆえ]に28)、身[み]をふるまで29)、石(いし)のうつハものを用[もち]ひず30)、道[みち]をゆく時[とき]に、石[いし]をみれば31)、かたハらに、よぎて32)、是[これ]をふまず33)。
⇨ 아버지 이름을 서 석이라 했기 때문에 죽을 때까지 돌그릇을 사용하지 않고, 길을 갈 때에 돌을 보니 옆으로 비껴가 이를 밟지 않는다.

❏ 母[はは]すでに34)、やまひして35)、命[いのち]まかりければ36)、徐積(じ

의 連用形「ひき」+「て」.

25)「みち【道】길」+「を[助詞]」+「すぐ【過ぐ】[上2]지나가다. 통과하다」의 連用形「すぎ」+「けり[助動]회상・과거」.
26) すでに【既に・已に】[副]①이미. 벌써 ②모두. 남김없이 ③이제 ④틀림없이.
27)「はいす[サ変]→はいする【拝する】[サ変]절하다. 관직을 받다」의 未然形「はいせ」+「らる[助動]수동・존경」.
28)「いふ【言ふ・云ふ】[4]말하다」의 連用形「いひ」+「けり[助動]회상・과거」의 連体形「ける」+「ゆゑ→ゆえ【故】~때문」+「に[助詞]」('ゆえに'의 형태로 '~이므로' '~인 고로').
29)「み【身】몸」+「を[助詞]」+「をふ[下2]→おえる【終える】[下1]끝내다」의 連体形「をふる」+「まで【迄】[助詞]~까지」.
30)「いし【石】돌」+「の[助詞]」+「うつはもの→うつわもの【器物】그릇. 용기」+「を[助詞]」+「もちふ【用ふ】[上2]사용하다」의 未然形「もちひ」+「ず[助動]부정」의 連用形「ず」.
31)「みる【見る】[上1]보다」의 已然形「みれ」+「ば[助詞]확정조건. 원인・이유」.
32)「かたはら→かたわら【傍ら】옆」+「に[助詞]」+「よぎる【過る】[4]가로지르다. 피하다」의 連用形「よぎり」+「て」. 본문의「よぎて」는 문법상의 오류로 봐야겠다.
33)「ふむ【踏む・践む】[4]밟다」의 未然形「ふま」+「ず[助動]부정」.
34) すでに【既に・已に】[副]①이미. 벌써 ②모두. 남김없이 ③이제 ④틀림없이.
35)「やまひ【病】병」+「す[サ変]하다」의 連用形「し」+「て」.
36)「いのち【命】목숨」+「まかる【罷る】[4]떠나다. 가다. 죽다」의 連用形「まかり」+「けり[助動]회상・과거」의 已然形「けれ」+「ば[助詞]확정조건. 원인・이유」.

よせき)、悲(かな)しミの、いたりにや37)、むねもたえて38)、血(ち)をはく39)、墓(はか)のほとりに40)、いほりを、むすびて41)、とゞまる事[こと]42)三年[さんねん]、雪[ゆき]の夜[よる]に、墓(はか)のまへに、ひれふして43)、こゑをあげて44)、なきさけびて45)、あしたに、いたる46)。

⇨ 어머니가 이제 병들어 운명하니 서 적은 슬픔이 극에 달했는지 가슴이 미어져 피를 토한다. 무덤가에 초막을 짓고 머무르기 3년, 눈 내리는 밤에 무덤 앞에 엎드려 목놓아 울부짖는데 이튿날에 이른다.

❏ 翰林学士(かんりんがくじ)47)呂湊(りよしん)と云[いう]人[ひと]、墓(はか)のあたりを過[すぎ]けるに48)、このこゑを聞[きき]て、あはれを、もよほし49)、そゞろに50)袂(たもと)を、ぬらされけり51)。

---

37) 「かなしみ【悲しみ·哀しみ】[名]슬픔」+「の[助詞]」+「いたり【至り】[名]정도가 심한 것. 극도」+「にや(〈なり[助動]단정〉의 連用形〈に〉+〈や[係助詞]의문·질문〉의 꼴)~인 것인가」.

38) 「むね【胸】가슴」+「もだゆ[下2]→もだえる【悶える】[下1]기절하다. 기절할 정도로 고통스러워하다」의 連用形「もだえ('-た-'는 정서법에 어긋남)+「て」.

39) 「ち【血】피」+「を[助詞]」+「はく【吐く】[4]토하다」.

40) 「はか【墓】무덤. 묘」+「の[助詞]」+「ほとり【辺】옆. 근처」+「に[助詞]」.

41) 「いほり→いおり【庵·廬】풀이나 나무 따위로 만든 허름한 집. 오두막집」+「を[助詞]」+「むすぶ【結ぶ】[4]매다. 묶다. 잇다. 매듭을 짓다」의 連用形「むすび」+「て」.「いほりをむすぶ」는 '풀로 엮어 집을 짓다'의 뜻.

42) 「とどまる【止まる·留まる·停まる】[4]머물다」의 連体形「とどまる」+「こと【事】것. 일」.

43) 「はか【墓】무덤」+「の[助詞]」+「まへ→まえ【前】앞」+「に[助詞]」+「ひれふす【平伏す】[4]바짝 엎드리다」의 連用形「ひれふし」+「て」.

44) 「こゑ→こえ【声】목소리」+「を[助詞]」+「あぐ[下2]→あげる【上げる·挙げる·揚げる】[下1]올리다. 높이다」의 連用形「あげ」+「て」.「声を上げる」의 꼴로 '큰 목소리를 내다'의 뜻.

45) 「なきさけぶ【泣き叫ぶ】[4]큰 소리로 울다. 울며 외치다」의 連用形「なきさけび」+「て」.

46) 「あした【朝·明日】아침. 내일」+「に[助詞]」+「いたる【至る·到る】[4]도달하다」.

47) 「翰林学士」는 현재「かんりんがくし」로 읽는다. 중국 한림원(翰林院)의 관명(官名).

48) 「はか【墓】무덤. 묘」+「の[助詞]」+「あたり【辺】근처. 부근」+「を[助詞]」+「すぐ【過ぐ】[上2]지나가다. 통과하다」의 連用形「すぎ」+「けり[助動]회상·과거」의 連体形「ける」+「に[助詞]~하니. ~하는데」.

49) 「あはれ【哀れ】[名]존귀함. 절절함. 가여움」+「を[助詞]」+「もよほす[4]→もよおす【催す】[5]불러일으키다」의 連用形「もよほし」.

⇨ 한림학사 여 진이라 하는 사람이 무덤 근처를 지나갔는데 이 목소리를 듣고 동정심을 불러일으켜 공연히 옷소매를 적시셨다.

❏ まことに52)、徐積(じよせき)が53)孝行(かう＼／)54)、すてに55)天[てん]理(り)にかなふ故ゆえ]に56)、甘露(かんろ)とし毎(ごと)に、くだり57)、草木(さうもく)うるほひ、しげりて58)、杏(からもゝ)59)の木[き]すなハち60)、連理(れんり)の枝えだ]61)を、なせり62)。

⇨ 참으로 서 적의 효행이 모두 천리에 합당하기 때문에 감로가 해마다 내려 초목이 물기가 있고 우거져서 살구나무가 이내 연리의 가지를 이루었다.

❏ 喪(も)すてに、のぞくといへども63)、まつりをことゝし64)、つかふるわ

---

50) 「そぞろ【漫・漫ろ】[形動ナリ]어쩐지 마음이 내키는 모양. 이유 없음. 무관한 모양」의 連用形 「そぞろに」.
51) 「たもと【袂】옷소매」+「を[助詞]」+「ぬらす【濡らす】[4]적시다」의 未然形 「ぬらさ」+「る[助動]수동・존경」의 連用形 「れ」+「けり[助動]회상・과거」.
52) まことに【真に・実に・誠に】[副]거짓 없이. 진짜로. 정말로. 매우.
53) 「が」는 현대일본어 「の」의 쓰임.
54) かうかう→こうこう【孝行】효행.
55) 「すでに【既に・已に】[副]이미. 모두. 이제」('-て-'는 無濁点표기).
56) 「てんり【天理】천리」+「に[助詞]」+「かなふ[4]→かなう【適う・叶う】[5]적합하다. 들어맞다. 생각대로 되다」의 連体形 「かなふ」+「ゆゑ→ゆえ【故】~때문」+「に[助詞]」.
57) 「かんろ【甘露】감로. 단 이슬」+「とし【年】해」+「ごと【毎】[接尾]~할 때마다」+「に[助詞]」+「くだる【下る・降る】[4]내리다」의 連用形 「くだり」.
58) 「さうもく→そうもく【草木】풀과 나무. 초목」+「うるほふ[4]→うるおう【潤う・露う】[5]물기를 머금다. 풍부해지다」의 連用形 「うるほひ」+「しげる【茂る・繁る】[4]많아지다. 우거지다」의 連用形 「しげり」+「て」.
59) 「からもも【唐桃】」는 「あんず【杏子・杏】살구. 살구나무」의 옛 이름이다.
60) すなはち→すなわち【即ち・則ち】[副]곧바로. 즉시. 그래서. 즉.
61) 「れんり【連理】한 나무의 가지가 다른 나무의 가지와 합쳐져서 하나가 되는 것」+「の[助詞]」+「えだ【枝】가지」. 「連理の枝」의 형태로 「하나로 맺어진 가지」나 「부부나 남녀의 사이가 화목한 것」을 비유하는 말로 쓰인다. 예로부터 길조로 여겨진 모양이다.
62) 「なす【成す・生す】[4]만들다. 이루다」의 命令形 「なせ」+「り[助動]완료・존속」.
63) 「も【喪】상」+「すでに【既に・已に】[副]이미. 모두. 이제」('-て-'는 無濁点표기)+「のぞく【除く】[4]배제하다. 제외하다. 빼다」의 終止形 「のぞく」+「と[助詞]~라고」+「いへども【雖も】[連語]~하지만. ~해도」.

ざ⁽⁶⁵⁾、をこたる事[こと]なし⁽⁶⁶⁾。

⇨ 상이 모두 끝났다 해도 제사를 각별히 하여 받드는 일에 게을리 함이 없다.

❏ 国[くに]のつかさ⁽⁶⁷⁾、これらのきどくを、かんして⁽⁶⁸⁾、みかどに、そうもんしけるに⁽⁶⁹⁾、みかと、えいかんありて⁽⁷⁰⁾、粟(あわ)⁽⁷¹⁾と帛(わた)⁽⁷²⁾とを給[たま]ハりけり⁽⁷³⁾。

⇨ 지역의 관리가 이러한 장함을 감복하여 천자에게 아뢰었더니 천자의 감동이 있어서 조와 비단을 내리셨다.

❏ 皇祐(くわうゆう)⁽⁷⁴⁾年中(ねんぢう)に、楚州(そしう)の敎授(かうじゆ)となり、又[また]、程[ほど]なく⁽⁷⁵⁾、和州(くわしう)の防禦推官(ハうきよすいくわん)となさる⁽⁷⁶⁾。

---

64) 「まつり【祭】제사」+「を[助詞]」+「ことと【事と・殊と】[副]특히. 각별히」+「す[サ変]하다」의 連用形「し」.

65) 「つかふ【仕ふ】[下2]윗사람 가까이에서 섬기다. 모시다」의 連体形「つかふる」+「わざ【業・技】행사. 일. 방법」.

66) 「おこたる【怠る・惰る】[4]해야 할 일을 하지 않다. 게을리 하다」의 連体形「おこたる」(「を-」는 정서법에 어긋남)+「こと【事】것. 일」+「なし【無し】[形]없다」.

67) 「くに【国】나라. 지역」+「の[助詞]」+「つかさ【官・司・寮】관청. 관리」.

68) 「これら【此等・是等】[代]이것들」+「の[助詞]」+「きどく【奇特】흔치 않음. 장함」+「を[助詞]」+「かんず[サ変]→かんずる【感ずる】[サ変]①자극을 받다. 느끼다 ②마음에 생각하다 ③마음이 움직이다. 감동하다」의 連用形「かんじ」(「-じ」는 無濁点표기)+「て」.

69) 「みかど【御門・帝】황제. 천자. 조정. 덴노(天皇)」+「に[助詞]」+「そうもん【奏聞】주문. 천자에게 주상(奏上)하는 것. 주달(奏達)」+「す[サ変]하다」의 連用形「し」+「けり[助動]회상・과거」의 連体形「ける」+「に[助詞]〜하니. 〜하는데」.

70) 「みかど【御門・帝】천자」(「-と」는 無濁点표기)+「えいかん【叡感】천자(天子)가 감탄하시는 것. 천자의 칭찬」+「あり【有り】[ラ変]있다」의 連用形「あり」+「て」.

71) あは→あわ【粟】조.

72) 「帛」는「はく」로 읽으며「비단」의 뜻이다.「わた」는「綿・棉」로 쓰며「솜. 목화」의 뜻이다. 참고로〈한문본〉의「帛」을〈언해본〉에서는「깁」으로 옮기고 있다.

73) 「たまはる【賜る・給はる】[4]받다(겸양). 주시다. 하사하시다」의 連用形「たまはり」+「けり[助動]회상・과거」.

74) 「황우」는 송나라 인종(仁宗) 때의 연호로 1049~1053.〈네이버지식백과 참조〉

75) 「ほどなし[形ク]→ほどない【程無い】[形]얼마 지나지 않아. 금세」의 連用形「ほどなく」.

76) 「なさる【為さる】[4]'하다'의 존경어」. 또는「なす【生す・成す・為す】[4]만들다. 행하다. 높

⇨ 황우 연간에 초주의 교수가 되고 또 얼마 지나지 않아 화주의 방어추관으로 삼으신다.

❏ 徽宗(きそう)皇帝(くわうてい)、徐積(じよせき)が77)徳(とく)を、たうとみ給[たま]ひて78)、節孝処士(せつかうしよじ)と、をくり名[な]を給[たま]ハりけり79)。

⇨ 휘종 황제가 서 적의 덕을 귀하게 여기셔서 절효처사라고 시호를 내리셨다.

은 사람이 행하시다」의 未然形 「なさ」+「る[助動 수동·존경」으로 분석할 수도 있겠다.

77) 「が」는 현대일본어 「の」의 쓰임.

78) 「たふとむ[4]→とうとむ【尊む·貴む】[5]공경하여 소중히 쓰다. 중시하다」의 連用形 「たふとみ」('-う'는 정서법에 어긋남)+「たまふ【給ふ】[助動존경]」의 連用形 「たまひ」+「て」.

79) 「おくりな【贈名·諡】시호」('を-'는 정서법에 어긋남)+「を[助詞]」+「たまはる【賜る·給はる】[4]주시다」의 連用形 「たまはり」+「けり[助動회상·과거]」.

29. 呉(ご)二(に)免(まぬかる)ㄴ禍(わざハひを)
오이가 화를 면하다

☐ 宋[そう]の呉二(ごに)ハ、臨川(りんせん)と云[いう]ところに、かすかなる、すまゐして[1]、世[よ]をわたる[2]小民(せうミん)なり[3]。
⇨ 송나라 오 이는 임천이라 하는 곳에 초라한 집에서 살림을 꾸리는 백성이다.

☐ 父[ちち]はやく、世[よ]をさりて[4]、ひとりの母[はは]を、やしなへり[5]。
⇨ 아버지가 일찍 세상을 떠나고 홀어머니를 봉양했다.

☐ いたつて[6]、かう✓/を、つくせり[7]。
⇨ 극진히 효행을 다했다.

☐ ある夜[よ]の夢[ゆめ]に、あやしき神[かみ]ありて[8]、つげて、いはく[9]、「汝(なんぢ)[10]かならず[11]、明日[あす]の午(むま)のこく[12]にハ、いかづ

---

1) 「かすか【幽か・微か】[形動ナリ]볼품없다. 쓸쓸하다. 눈에 띄지 않다」의 連体形「かすかなる」+「すまひ→すまい【住い】[名]거처. 집. 거주」('-ゐ'는 정서법에 어긋남) +「して[助詞]수단・방법・재료. 범위. ~로. ~에서」.
2) 「世(よ)を渡(わた)る」의 형태로 「생계를 꾸리다. 살아가다」의 뜻.
3) 「せうみん→しょうみん【小民】아랫사람. 인민(人民)」+「なり[助動]단정・지정」.
4) 「はやし【早し】[形ク]이르다」의 連用形「はやく」+「よ【世】세상」+「さる【去る】[4]가다. 떠나다」의 連用形「さり」+「て」.
5) 「やしなふ[4]→やしなう【養う】[5]양육하다. 부양하다. 키우다」의 命令形「やしなへ」+「り[助動]완료・존속」.
6) いたりて→いたって【至って】[副]매우. 대단히. 극히.
7) 「かうかう→こうこう【孝行】효행」+「を[助詞]」+「つくす【尽くす】[4]노력하다. 힘쓰다」의 命令形「つくせ」+「り[助動]완료・존속」.
8) 「あやし【怪しい】[形シク]기이하다」의 連体形「あやしき」+「かみ【神】신」+「あり【有り】[ラ変]있다」의 連用形「あり」+「て」.
9) 「つぐ[下2]→つげる【告げる】[下1]고하다」의 連用形「つげ」+「て」+「いはく【曰く】말하길」.

ちのために、うたれて13)、むなしく成[な]るべし14)。」と。

⇨ 어느 날 밤 꿈에 기이한 신이 있어서 고해 이르길 "너는 필시 내일 정오에는 벼락 때문에 맞아서 죽게 될 것이다."라고.

❏ 呉二(ごに)、夢[ゆめ]の内[うち]に15)、大[おおい]に16)、おとろきて、いはく17)、「われ、すでに死(し)なん事[こと]18)、天[てん]命[めい]かぎりあり19)、さらに20)、うれへなげくへからす21)。

⇨ 오 이는 꿈속에서 크게 놀라 이르길 "내가 이제 죽을 것은 천명에 한도가 있으니 조금도 근심하여 한탄할 수 없을 것이다."

❏ しかるに22)、我(わが)母[はは]とし、きハめて老[おい]たり23)、我[われ]

---

10) なんぢ→なんじ【汝・爾】[代]아랫사람을 가리키는 말.

11) かならず【必ず】[副]꼭. 반드시.

12) 「あす【明日】내일」+「の[助詞]」+「うま【午】」시각을 나타내는 말. 낮 12시」(〈むま〉는 〈うま〉와 같은 말)+「の[助詞]」+「こく【刻】시각」.

13) 「いかづち→いかずち【雷】천둥. 번개」+「の[助詞]」+「ため【為】~때문」+「に[助詞]」+「うつ【打つ】[4]치다. 때리다」의 未然形 「うた」+「る[助動]수동」의 連用形 「れ」+「て」.

14) 「むなし[形シク]→むなしい【空しい・虚しい】[形]덧없다. 무상하다. 죽었다」의 連用形 「むなしく」+「なる【成る・為る】[4]되다」의 終止形 「なる」+「べし[助動]의무・당연・추량・가능 등」.

15) 「ゆめ【夢】꿈」+「の[助詞]」+「うち【内】안. 속」+「に[助詞]」.

16) おおいに【大いに】[副]매우. 몹시. 많이.

17) 「おどろく【驚く】[4]놀라다」의 連用形 「おどろき」('-と-'는 無濁点표기)+「て」+「いはく【曰く】말하길」.

18) 「われ【我・吾】[代]나」+「すでに【既に・已に】[副]이미. 모두. 이제. 틀림없이」+「しぬ【死ぬ】[ナ変]죽다」의 未然形 「しな」+「む[助動]추량・완곡」→「ん」+「こと【事】것. 일」.

19) 「てんめい【天命】천명」+「に[助詞]」+「かぎり【限り】[名]한도」+「あり【有り】[ラ変]있다」의 連用形 「あり」.

20) さらに【更に】[副]①또한. 거듭. 더욱 ②강한 부정. 절대로 ~가 아니다. 전혀 ~지 않다.

21) 「うれふ[下2]→うれえる【憂える・愁える・患える】[下1]한탄하다. 걱정하다」의 連用形 「うれへ」+「なげく【嘆く・歎く】[4]한숨짓다. 탄식하다. 슬퍼하다. 절망하다. 애원하다. 호소하다」의 終止形 「なげく」+「べかり[助動]추량・가능」의 未然形 「べから」('へ'는 無濁点표기)+「ず[助動]부정」('す'는 無濁点표기).

22) しかるに【然るに】[接続]그런데. 하지만. 그건 그렇고.

23) 「とし【年】나이」+「きはめて→きわめて【極めて】[副]더할 나위 없이. 몹시」+「おゆ[上2]

もし、むなしくなりなば24)、老母(らうぼ)さらに、やしなふものな
　　し25)。ねがハくハ26)、神[かみ]のまもりを、もつて27)、今[いま]すこし
　　の命[いのち]28)を、のへ給[たま]へ29)。」と。
　　⇨ 그런데 내 어머니가 나이가 매우 늙었다. 내가 만일 죽어버리면 노모는 전혀 봉양할
　　　사람이 없다. 바라기는 신의 가호로써 조금 더 목숨을 늘려주십시오."라고.

❏ 神[かみ]の30)、いはく31)、「すでに32)命(めい)を、天帝(てい)に、うけた
　　り33)、この事[こと]、今[いま]初[はじ]めて34)、しかるにハ、あらす35)、
　　ひとへに35)過去(くわこ)生(しやう)37)のむくひを、つくのふ故[ゆえ]
　　に38)、さらに39)、わが力(ちから)の40)、をよぶところに、あらず41)。」

　　　→おいる【老いる】[上1]늙다」의 連用形「おい」+「たり[助動]완료·존속」.
24)　「われ【我·吾】[代]나」+「もし【若し】[副]만약」+「むなし[形シク]→むなしい【空しい·虚し
　　い】[形]덧없다. 무상하다. 죽었다」의 連用形「むなしく」+「なる【成る·為る】[4]되다」의
　　連用形「なり」+「ぬ[助動]완료·존속」의 未然形「な」+「ば[助詞]가정조건」.
25)　「さらに【更に】[副]또한. 전혀」+「やしなふ[4]→やしなう【養う】[5]부양하다」의 連體形「や
　　しなふ」+「もの【者】사람」+「なし【無し】[形ク]없다」.
26)　ねがはくは→ねがわくは【願わくは】[副]바라기는. 원하기는.
27)　「かみ【神】신」+「の[助詞]」+「まもり【守り】[名]지킴. 수호」+「を[助詞]」+「もつて【以て】
　　수단·방법. ~에 의해. ~로써」.
28)　「いますこし【今少し】[副]조금 더」+「の[助詞]」+「いのち【命】목숨」.
29)　「のぶ[下2]→のべる【伸べる·延べる】[下1]늘리다」의 連用形「のべ」('-ベ는 無濁点표기)
　　+「たまふ【給ふ】[助動]존경」의 命令形「たまへ」.
30)　「の」는 현대일본어「が」의 쓰임.
31)　いはく→いわく【曰く】말하길. 이르길. 가로되.
32)　すでに【既に·已に】[副]①이미. 벌써 ②모두. 남김없이 ③이제 ④틀림없이.
33)　「めい【命】명. 명령」+「を[助詞]」+「てんてい【天帝】천제」+「に[助詞]」+「うく【受く】[下
　　2]받다」의 連用形「うけ」+「たり[助動]완료·존속」.
34)　「いま【今】지금. 이제」+「はじめて【始めて·初めて】[副]새로이. 이윽고. 비로소」.
35)　「しかり【然り】[ラ変]그러하다」의 連體形「しかる」+「に[助詞]」+「は[助詞]」+「あり【有り】
　　[ラ変]있다」의 未然形「あら」+「ず[助動]부정」('ず는 無濁点표기).
36)　ひとへに→ひとえに【偏に】[副]오로지. 한결같이.
37)　「くわこ→かこ【過去】과거」+「しやう→しょう【生】생. 살아있는 동안. 목숨」.
38)　「むくい【報い·酬い】업보」('-ひ는 정서법에 어긋남)+「を[助詞]」+「つぐのふ【償ふ】[4]
　　보상하다. 배상하다」의 連體形「つぐのふ」('-く-'는 無濁点표기)+「ゆゑ→ゆえ【故】~때

と、いふて、夢[ゆめ]ハ、やがて[42]、さめにけり[43]。

⇨ 신이 이르길 "이미 명을 천제에게 받았다. 이 일은 이제 비로소 그러한 것이 아니다. 오직 전생의 업보를 갚기 위함이니 내 힘이 미치는 바가 아니다."라고 하고 꿈이 이내 깨고 말았다.

❏ 呉二(ごに)、はなハだ、ふしぎに、おもひ[44]、夜[よ]あくれば[45]、母[はは]にむかひ[46]、常(つね)よりも[47]、あいきやう、むつまじく[48]、あしたのそなへ[49]を、とりつくろひたり[50]。

⇨ 오 이가 매우 기이하게 생각하여 날이 새니 어머니를 향해 평소보다도 살갑게 아침상을 차렸다.

❏ この事[こと]ありのまゝに、かたらハ[51]、わが母[はは]の[52]、おどろ

문」+「に[助詞]」.

39) さらに【更に】[副]①또한. 거듭. 더욱 ②강한 부정. 절대로 ~가 아니다. 전혀 ~지 않다.

40) 「わが【我が・吾が】[連体]나의. 자신의」+「ちから【力】힘」+「の[助詞]현대일본어 〈が〉의 쓰임」.

41) 「およぶ【及ぶ】[4]다다르다. 도달하다」의 連体形「およぶ」(「を-」는 정서법에 어긋남)+「ところ【所・処】곳. 부분」+「に[助詞]」+「あり【有り】[ラ変]있다」의 未然形「あら」+「ず[助動부정]」. 「~にあらず」는 「~でない」로 풀이됨.

42) やがて【軈て】[副]곧. 그대로. 금세. 언젠가.

43) 「さむ[下2] → さめる【覚める・醒める】[下1]깨다. 일어나다」의 連用形「さめ」+「ぬ[助動완료・존속]」의 連用形「に」+「けり[助動회상・과거]」. 「~にけり」는 「~てしまった」로 풀이됨.

44) 「はなはだ【甚だ】[副]매우. 몹시」+「ふしぎ【不思議】[形動ナリ]기괴하다. 이상하다」의 連用形「ふしぎに」+「おもふ【思ふ】[4]생각하다」의 連用形「おもひ」.

45) 「よ【夜】밤」+「あく[下2] → あける【明ける】[下1]밝아지다. 아침이 되다」의 已然形「あくれ」+「ば[助詞]확정조건. 원인・이유」.

46) 「むかふ[4] → むかう【向かう・対う】[5]향하다. 나아가다」의 連用形.

47) 「つね【常】[名]평소. 보통」+「より[助詞]~보다」+「も[助詞]」.

48) 「あいきやう→あいきょう【愛敬・愛嬌】애교. 귀여운 것. 붙임성」+「むつまじ【睦まじ】[形シク]화목하다. 정답다」의 連用形「むつまじく」.

49) 「あした【朝・明日】아침. 내일」+「の[助詞]」+「そなへ【備・具・供】[名]공물. 준비하는 음식」.

50) 「とりつくろふ【取り繕ふ】[4]차리다」의 連用形「とりつくろひ」+「たり[助動완료・존속]」.

51) 「ありのまま【有の儘】있는 그대로」+「に[助詞]」+「かたる【語る】[4]들려주다. 말하다」의 未然形「かたら」+「ば[助詞]가정조건」('ば'는 無濁点표기).

き、うれへんこと53)を、おそれて54)、いつハりて申[もうし]て、いは
く55)、「われ、今日[きょう]よそに、ゆかん、と思[おも]ふ56)。まづ57)、
いもうとの58)家[いえ]に、まいりて59)、その出[いで]たちをも60)、こし
らへ侍[は]へらん61)。」と。

⇨ 이 일을 있는 그대로 말하면 어머니가 놀라 걱정할 것을 염려하여 거짓으로 말해 이
르길 "나는 오늘 다른 곳에 가려고 한다. 우선 여동생이 집에 오고 그 길 떠남을 채
비할 겁니다."라고.

❏ しかれども62)、母[はは]さらに、ゆるさず63)。

⇨ 하지만 어머니는 절대 허락하지 않는다.

❏ 「我[われ]年[とし]、やうやく、かたふきて64)、ちからと、するもの65)

---

52) 「の」는 현대일본어 「が」의 쓰임.
53) 「おどろく【驚く】[4]놀라다」의 連用形 「おどろき」+「うれふ[下2] → うれえる【憂える·愁え
る·患える】[下1]한탄하다. 걱정하다」의 未然形 「うれへ」+「む[助動]추량」의 連体形 「む」
→ 「ん」+「こと【事】것. 일」.
54) 「おそる[下2] → おそれる【恐れる·畏れる·怖れる】[下1]무서워하다」의 連用形 「おそれ」+
「て」.
55) 「いつはる【偽る·詐る】[4]사실을 왜곡하다. 속이다」의 連用形 「いつはり」+「て」+「まう
す[4] → もうす【申す】[5]아뢰다. 말씀드리다」의 連用形 「まうし」+「て」+「いはく【曰く】
말하길」.
56) 「よそ【他所】다른 곳」+「に[助詞]」+「ゆく【行く】[4]가다」의 未然形 「ゆか」+「む[助動]추
량·의지」→「ん」+「と[助詞]」+「おもふ【思ふ】[4]생각하다」.
57) まづ → まず【先ず】[副]우선. 아무튼.
58) 「いもうと【妹】여동생」+「の[助詞]현대일본어 〈が〉의 쓰임으로 봐야할 듯」.
59) 「まゐる【参る】[4]가다·오다(겸양)」의 連用形 「まゐり」('-ぃ'는 정서법에 어긋남)+「て」.
60) 「いでたち【出立ち】[名]여행을 떠남. 출발. 여행 떠날 때의 식사. 옷차림」+「を[助詞]」
+「も[助詞]」.
61) 「こしらふ[下2] → こしらえる【拵える】[下1]만들어내다. 채비하다. 조리하다」의 連用形 「こ
しらへ」+「侍(はべり)[助動]격식·정중」의 未然形 「はべら」('-へ'는 無濁点표기)+「む[助動]
추량·의지」→「ん」.
62) しかれども【然れども】[接続]그렇기는 하지만. 그렇다고는 해도.
63) 「さらに【更に】[副]절대로. 전혀」+「ゆるす【許す】[4]허락하다」의 未然形 「ゆるさ」+「ず
[助動]부정」.
64) 「とし【年】나이」+「やうやく → ようやく【漸く】[副]점차. 차츰」+「かたぶく【傾く】[4]기울

ハ、只(たゞ)⁶⁶⁾、汝(なんぢ)のミなり⁶⁷⁾。今[いま]しバらくも⁶⁸⁾、汝[なんじ]に、はなれてハ⁶⁹⁾命[いのち]ながらへて⁷⁰⁾、あるべき心地[ここち]もせず⁷¹⁾。」とて⁷²⁾、そゞろに⁷³⁾涙[なみだ]を、ながしけり⁷⁴⁾。

⇨ "나는 나이가 이제 기울어 의지할 것은 오직 너뿐이다. 이제 잠시라도 너와 떨어져서는 목숨이 길어져서 있을 것 같은 생각도 들지 않는다." 하며 공연히 눈물을 흘렸다.

❏ かゝるところに⁷⁵⁾、夢[ゆめ]にたがハず⁷⁶⁾、黒(くろ)雲[くも]こくうに、ふさがりて⁷⁷⁾、天地[てんち]くらやミに、なりて⁷⁸⁾、いかつち鳴(なり)

어지다. 왕성한 상태에서 쇠약한 상태가 되다」의 連用形「かたぶき」('-ふ'는 無濁点표기)+「て」.

65) 「ちから【力】힘」+「と[助詞]」+「す[サ変]하다」의 連体形「する」+「もの【者】자」.

66) ただ【只・唯】[副]단지. 오직. 그저.

67) 「なんぢ→なんじ【汝・爾】[代]아랫사람을 가리키는 말」+「のみ[助詞]~만. ~뿐」+「なり[助動]단정・지정」.

68) 「いま【今】지금. 이제」+「しばらく【暫く・須臾】[副]잠시. 오랜만」+「も[助詞]」.

69) 「はなる[下2]→はなれる【離れる・放れる】[下1]멀어지다. 떠나다」의 連用形「はなれ」+「て」+「は[助詞]」.

70) 「いのち【命】목숨」+「ながらふ[下2]→ながらえる【存える・永らえる】[下1]장수하다」의 連用形「ながらへ」+「て」.

71) 「あり【有り】[ラ変]있다. 존재하다」의 連体形「ある」+「べし[助動]의무・당연・추량・가능 등」의 連体形「べき」+「ここち【心地】느낌. 기분. 생각」+「も[助詞]」+「す[サ変]하다」의 未然形「せ」+「ず[助動]부정」.

72) とて[助詞]인용. ~라 해서. ~라는 것으로. ~라는 이름으로.

73) 「そぞろ【漫・漫ろ】[形動ナリ]어쩐지 마음이 내키는 모양. 이유 없음. 무관한 모양」의 連用形「そぞろに」.

74) 「なみだ【涙】눈물」+「を[助詞]」+「ながす【流す】[4]흘리다」의 連用形「ながし」+「けり[助動]회상・과거」.

75) 「かかる【斯かる】[連体]이와 같은. 이러한」+「ところ【所・処】곳. 바. 상황. 찰나」+「に[助詞]」.

76) 「ゆめ【夢】꿈」+「に[助詞]」+「たがふ【違ふ】[4]상위하다」의 未然形「たがは」+「ず[助動]부정」의 連用形「ず」.

77) 「こくう【虚空】허공」+「に[助詞]」+「ふさがる【塞がる】[4]막히다. 가득하다. 닫히다」의 連用形「ふさがり」+「て」.

78) 「くらやみ【暗闇】어두움. 암흑」+「に[助詞]」+「なる【成る・為る】[4]되다」의 連用形「なり」+「て」.

はためきて79)、今[いま]や80)、おちかゝらん、とす81)。

⇨ 이런 차에 꿈과 다르지 않게 검은 구름이 허공중에 가득하여 천지가 암흑이 되어 천둥이 울려 퍼져 금세라도 내려치려 한다.

❑ 吳二(ごに)、ます＼／82)母[はは]の83)、おどろき、おそれん事[こと]84)を、かなしみて85)、戸(と)をとぢて86)、窓(まど)をふさぎて87)、母[はは]を内[うち]に座(ざ)せしめ88)、ミづから89)ハ、野(の)に立[たち]出[いで]て90)、いかづちの落[おち]けるを91)、相(あひ)まつところに92)、

⇨ 오 이는 더욱 어머니가 놀라 무서워할 것을 슬퍼하여 문을 닫고 창을 막아 어머니를 안에 앉아있게 하고 자신은 들에 나가 서서 번개가 치는 것을 삼가 기다리는 차에,

---

79) 「いかづち→いかずち【雷】천둥. 번개」('-つ'는 無濁点표기)+「なる【鳴る】[4]울리다」의 連用形 「なり」+「はためく[4]울려 퍼지다」의 連用形 「はためき」+「て」.

80) いまや【今や】[副]이제 바로. 이제야말로. 이제는.

81) 「おちかかる【落ち掛かる】[4]떨어지려 하다. 그 위에 정확히 떨어지다」의 未然形 「おちかから」+「む[助動]추량·의지」→「ん」+「と[助詞]」+「す[サ変]하다」.

82) ますます【益】[副]전보다 더욱. 가일층.

83) 「の」는 현대일본어 「が」의 쓰임.

84) 「おどろく【驚く】[4]놀라다」의 連用形 「おどろき」+「おそる[下2]→おそれる【恐れる·畏れる·怖れる】[下1]무서워하다」의 未然形 「おそれ」+「む[助動]추량·의지」→「ん」+「こと【事】것. 일」

85) 「かなしむ【悲しむ·哀しむ】[4]슬퍼하다. 가여워하다」의 連用形 「かなしみ」+「て」.

86) 「と【戸·門】문」+「を[助詞]」+「とづ[上2]→とじる【閉じる】[上1]닫다」의 連用形 「とぢ」+「て」.

87) 「まど【窓】창」+「を[助詞]」+「ふさぐ【塞ぐ】[4]막다. 덮다」의 連用形 「ふさぎ」+「て」.

88) 「うち【内】안」+「に[助詞]」+「ざす【座す】[サ変]앉다」의 未然形 「ざせ」+「しむ[助動]사역. ~시키다」의 連用形 「しめ」.

89) みづから→みずから【自ら】[名]자기 자신. 나. [副]스스로. 친히.

90) 「の【野】들」+「に[助詞]」+「たちいづ【立ち出づ】[下2]일어서서 나가다. 떠나다」의 連用形 「たちいで」+「て」.

91) 「いかづち→いかずち【雷】천둥. 번개」+「の[助詞]현대일본어〈が〉의 쓰임」+「おつ【落つ】[上2]떨어지다」의 連用形 「おち」+「けり[助動]회상·과거(시간을 초월하여 어떤 사실이 존재하는 것을 나타내는 쓰임도 있음)」의 連体形 「ける」+「を」.

92) 「あひ→あい【相】[接頭](동사 앞에 쓰임)격식을 차렸다는 뜻을 보탬」+「まつ【待つ】[4]기다리다」의 連体形 「まつ」+「ところ【所·処】곳. 바. 상황. 찰나」+「に[助詞]」.

❏ しバらく有[あり]て93)、雨[あめ]すこし、ふりをハりて94)、いかつちのこゑ95)、とをざかり96)、雲[くも]ことごとく晴(はれ)て97)、さらに98)、けふのわざハひ99)は、うつゝながらに100)、のがれたる心地[ここち]す101)。

⇨ 한동안 있다가 비가 조금 그치고 천둥소리가 멀어지고 구름이 모두 개어 이제 오늘의 재난은 비몽사몽간이지만 벗어난 기분이 든다.

❏ 呉二(ごに)、すなハち家[いえ]にかへりて102)、母[はは]をなぐさむ103)。

⇨ 오 이는 곧바로 집에 돌아가서 어머니를 가라앉힌다.

❏ その夜[よる]、又[また]、神[かみ]来[きた]りて104)、夢[ゆめ]に告(つげ)て、いハく105)、「汝(なんぢ)106)、かうゞの心[こころ]ざし107)深ふか

---

93) 「しばらく【暫く・須臾】[副]잠시. 한동안. 오랜만」+「あり【有り】[ラ変]있다」의 連用形「あり」+「て」.

94) 「すこし【少し】[副]조금」+「ふる【降る】[4]내리다」의 連用形「ふり」+「をはる[4]→おわる【終わる】[5]끝나다」의 連用形「をはり」+「て」.

95) 「いかづち→いかずち【雷】천둥. 번개」('-つ-'는 無濁点표기)+「の[助詞]」+「こゑ→こえ【声】목소리. 울림」.

96) 「とほざかる[4]→とおざかる【遠ざかる】[5]멀어지다. 멀리 떨어지다」의 連用形「とほざかり」('-を-'는 정서법에 어긋남).

97) 「くも【雲】구름」+「ことごとく【悉く・尽く】[副]남김없이. 모두」+「はる[下2]→はれる【晴れる】[下1]맑아지다」의 連用形「はれ」+「て」.

98) さらに【更に】[副]①또한. 거듭. 더욱 ②강한 부정. 절대로 ~가 아니다. 전혀 ~지 않다.

99) 「けふ→きょう【今日】오늘」+「の[助詞]」+「わざはひ→わざわい【禍・災い】[名]화. 재난. 불행한 일」.

100) 「うつつ【現・顕】①살아있는 상태. 생시. ②제정신. ③현실. 실제. ④제정신이 아님. 꿈꾸는 듯함」+「ながら【乍ら】[助詞]」+「に[助詞]」(〈ながらに〉의 형태로 '~인 채로' '~라고는 해도'의 뜻).

101) 「のがる[下2]→のがれる【逃れる】[下1]벗어나다. 면하다」의 連用形「のがれ」+「たり[助動완료・존속]」의 連体形「たる」+「ここち【心地】느낌. 기분. 생각」+「す[サ変]하다」.

102) 「すなはち→すなわち【即ち・則ち】[副]곧바로. 즉시」+「いへ→いえ【家】집」+「に[助詞]」+「かへる[4]→かえる【帰る・還る】[5]돌아오다」의 連用形「かへり」+「て」.

103) なぐさむ[下2]→なぐさめる【慰める】[下1]위로하다. 달래다. 상대의 슬픔이나 고통을 가라앉히다.

104) 「かみ【神】신. 신령」+「きたる【来る】[4]오다」의 連用形「きたり」+「て」.

きによりて108)、天[てん]これをかんじ109)、すでに110)、むかしのとがの、むくひ111)を、なだめたり112)、ふかく、つゝしみて113)、をこたる事[こと]なかれ114)。」と。

⇨ 그날 밤 다시 신이 와서 꿈에서 고해 이르길 "너의 효행의 마음가짐이 깊기에 하늘이 이를 감동하여 이제 옛날 죄과의 업보를 너그러이 사했다. 깊이 삼가 게을리 함이 없도록 하라."라고.

❑ 呉二(ごに)、夢(ゆめ)覚(さめ)て115)、よろこぶ事[こと]かぎりなし116)。

⇨ 오 이가 꿈을 깨서 기뻐하기가 한량이 없다.

❑ つふさに117)母[はは]に、かたりしてのち118)、ます〲119)、かう〲を、つくしけり120)。

---

105) 「ゆめ【夢】꿈」+「に[助詞]」+「つぐ[下2] → つげる【告げる】[下1]고하다」의 連用形 「つげ」+「て」+「いはく【曰く】말하길」.

106) なんぢ → なんじ【汝・爾】[代]아랫사람을 가리키는 말.

107) 「かうかう → こうこう【孝行】효행」+「の[助詞]」+「こころざし【志】의향. 뜻」.

108) 「ふかし【深し】[形ク]깊다」의 連体形 「ふかき」+「に[助詞]~에」+「よる【因る・由る・拠る・依る】[4]원인하다. 기인하다. 의하다. 근거하다」의 連用形 「より」+「て」.

109) 「てん【天】하늘」+「これ【此・是】[代]이것」+「に[助詞]」+「かんずる[サ変] → かんずる【感ずる】[サ変]자극을 받다. 마음이 움직이다. 감동하다」의 連用形 「かんじ」.

110) すでに【既に・已に】[副]①이미. 벌써 ②모두. 남김없이 ③이제 ④틀림없이.

111) 「むかし【昔】옛날」+「の[助詞]」+「とが【科・咎】[名]잘못. 결점. 죄」+「の[助詞]」+「むくい【報い・酬い】업보」('-ひ'는 정서법에 어긋남).

112) 「なだむ[下1] → なだめる【宥める】[下2]관대하게 처리하다. 부드럽게 하다」+「たり[助動 완료・존속]」.

113) 「ふかし[形ク] → ふかい【深い】[形]깊다. 무겁다」의 連体形 「ふかく」+「つつしむ【慎む・謹む】[4]삼가다. 조심하다. 근신하다」의 連用形 「つつしみ」+「て」.

114) 「おこたる【怠る・惰る】[4]해야 할 일을 하지 않다. 게을리 하다」의 連体形 「おこたる」('を-'는 정서법에 어긋남)+「こと【事】일」+「なし【無し】[形ク]없다」의 命令形 「なかれ」.

115) 「ゆめ【夢】꿈」+「さむ[下2] → さめる【覚める・醒める】[下1]깨다」의 連用形 「さめ」+「て」.

116) 「よろこぶ【喜ぶ・悦ぶ】[4]기뻐하다」의 連体形 「よろこぶ」+「こと【事】것. 일」+「かぎりなし【限りなし】[形ク]한도가 없다. 더할 나위 없다」.

117) つぶさに【具に・悉に・備に】[副]완전히. 충분히. 상세히. 「-ふ」는 無濁点표기.

118) 「かたる【語る】[4]들려주다. 말하다」의 連用形 「かたり」+「て」+「のち【後】이후」.

119) ますます【益】[副]전보다 더욱. 가일층.

⇨ 상세히 어머니에게 이야기한 후에 더욱더 효행을 극진히 했다.

❏ まことに121)、孝道(かうたう)の徳(とく)、はなハた、たかくして122)、天[てん]、是[これ]がために123)、あはれミを、ほどこし給[たま]ふが故[ゆえ]に124)、かならず、むくふべき、わざハひまで125)、ミづから126) 命(めい)を、のかるゝ事[こと]127)有[あり]がたき、ためしなり128)、と、村里(そんり)の上下[かみしも]129)、かんたんしけり130)。

⇨ 정말로 효도의 덕이 매우 높아서, 하늘이 이 때문에 자비를 베푸신 고로 반드시 갚아야 할 화까지, 스스로 명을 면한 것은 흔치 않은 일이라며 마을의 위아래가 감탄했다.

---

120) 「かうかう【孝行】효행」+「を[助詞]」+「つくす【尽くす】[4]노력하다. 힘쓰다」의 連用形 「つくし」+「けり[助動]회상・과거」.

121) まことに【真に・実に・誠に】[副]거짓 없이. 진짜로. 정말로. 매우.

122) 「はなはだ【甚だ】[副]매우. 몹시」('-だ'는 無濁点표기)+「たかし【高し】[形ク]높다」의 連用形 「たかく」+「して[助詞](連用形에 접속)~인 상태로」.

123) 「これ【此・是】[代]이것」+「が」+「ため」+「に」. 「ため【為】」는 助詞인 「の」「が」 또는 用言의 連体形에 접속하여 〈이익・이유・목적〉의 뜻. ~때문에. ~위해.

124) 「あはれみ→あわれみ【哀れみ・憐れみ・憫れみ】[名]불쌍함. 동정함. 자비를 베풂」+「を[助詞]」+「ほどこす【施す】[4]베풀다」의 連用形 「ほどこし」+「たまふ【給ふ】[助動]존경」의 連体形 「たまふ」+「が[助詞]」+「ゆゑ→ゆえ【故】~때문」+「に[助詞]」.

125) 「かならず【必ず】[副]꼭. 반드시」+「むくふ【報ふ】[4]갚다」의 終止形 「むくふ」+「べし[助動]의무・당연・추량・가능 등」의 連体形 「べき」+「わざはひ→わざわい【禍・災い】[名]화. 재난. 불행한 일」+「まで【迄】[助詞]~까지」.

126) みづから→みずから【自ら】[名]자기 자신. 나. [副]스스로. 친히.

127) 「めい【命】명. 명령」+「を[助詞]」+「のがる[下2]→のがれる【逃れる】[下1]벗어나다. 면하다」의 連体形 「のがるる」('-か'는 無濁点표기)+「こと【事】것. 일」.

128) 「ありがたし[形ク]→ありがたい【有り難い】[形]드물다. 훌륭하다. 존귀하다. 감사하다」의 連体形 「ありがたき」+「ためし【例・様】예. 전례」+「なり[助動]단정・지정」.

129) 「そんり【村里】마을. 촌락」+「の[助詞]」+「かみしも【上下】위아래. 상위와 하위」.

130) 「かんたん【感嘆】감탄」+「す[サ変]하다」의 連用形 「し」+「けり[助動]회상・과거」.

30. 王(わう)薦(せん)益(ます)ﾚ壽(ことぶきを)
왕천이 생명을 늘리다

❑ 元(げん)の王薦(わうせん)ハ、福寧(ふくねい)と、いふところの人[ひと]なり1)。
　⇨ 원나라 왕 천은 복녕이라 하는 곳의 사람이다.

❑ 父[ちち]、おもき、やまひに、ふして2)、しきりに、くるしめり3)。
　⇨ 아버지가 중한 병으로 드러누워 심하게 괴로워한다.

❑ 医療(ゐりやう)4)、心[こころ]を、つくすと、いへとも5)、さらに、そのしるし、なし6)。
　⇨ 치료에 정성을 다한다 하지만 전혀 효과가 없다.

❑ わうせん、大[おおい]に7)、おとろき、うれへて8)、夜[よ]る、庭[にわ]に

---

1) 「いふ【言ふ・云ふ】[4]말하다」의 連体形 「いふ」+「ところ【所·処】곳」+「の[助詞]」+「ひと【人】사람」+「なり[助動]단정·지정」.

2) 「おもし【重き】[形ク]무겁다. 중하다」의 連体形 「おもき」+「やまひ【病】병」+「に[助詞]」+「ふす【伏す·臥す】[4]눕다」의 連用形 「ふし」+「て」.

3) 「しきりに【頻りに】[副]계속해서. 심하게」+「くるしむ【苦しむ】[4]괴로워하다」의 命令形 「くるしめ」+「り[助動]완료·존속」.

4) いれう→いりょう【医療】의료. 치료. 「ゐりやう」는 정서법에 어긋남.

5) 「こころ【心】마음. 정성」+「を[助詞]」+「つくす【尽くす】[4]노력하다. 힘쓰다」의 終止形 「つくす」+「と[助詞]~라고」+「いふ【言ふ·云ふ】[4]말하다」의 已然形 「いへ」+「ども[助詞] 역접. ~하지만. ~해도」('と·'는 無濁点표기).

6) 「さらに【更に】[副]또한. 절대로. 전혀」+「その【其の】[連体]그」+「しるし【徴·験】[名]효능. 효과」+「なし【無し】[形ク]없다」

7) おおいに【大いに】[副]매우. 몹시. 많이.

8) 「おどろく【驚く】[4]놀라다」의 連用形 「おどろき」('と·'는 無濁点표기)+「うれふ[下2]→うれえる【憂える·愁える·患える】[下1]한탄하다. 걱정하다」의 連用形 「うれへ」+「て」.

出[で]て、壇(だん)をかざり9)、そなへ物[もの]を、とゝのへ10)、是[これ]をいのりて、いはく11)、

⇨ 왕 천이 크게 놀라 근심하며 밤에 뜰에 나가서 단을 꾸미고 공물을 차려 이를 기도하여 이르길,

☐「ねがハくは12)、天[てん]帝(てい)の、あはれミによりて13)、わか命[いのち]を、へらして14)、父[ちち]の命[いのち]を、のべて給[たま]ハるへし15)。」と、涙(なミた)とゝもに16)、いのり、たてまつりけり17)。

⇨ "바라기는 천제의 자비에 의해 내 목숨을 줄이고 아버지의 목숨을 늘려 주셔야 합니다."라고 눈물과 함께 기도해 올렸다.

☐ 父[ちち]のやまひ、急(きう)にせまりて18)、まなこ、すてに、とぢ19)、

---

9) 「だん【壇】단. 제단(祭壇)」+「を[助詞]」+「かざる【飾る】[4]꾸미다. 장식하다. 설치하다」의 連用形 「かざり」.

10) 「そなへもの→そなえもの【供え物】신불(神佛)에 바치는 것. 공물」+「を[助詞]」+「ととのふ[下2]→ととのえる【調える・整える・斉える】[下1]정돈하다. 갖추다. 준비하다」의 連用形「ととのへ」.

11) 「これ【此・是】[代]이것」+「を[助詞]」+「いのる【祈る・祷る】[4]기도하다」의 連用形「いのり」+「て」+「いはく【曰く】말하길」.

12) ねがほくは→ねがわくは【願わくは】[副]바라기는. 원하기는.

13) 「あはれみ→あわれみ【哀れみ・憐れみ・憫れみ】[名]불쌍해함. 동정함. 자비를 베풂」+「に[助詞]」+「よる【因る・依る】[4]기인하다. 의거하다」의 連用形「より」+「て」.

14) 「わが【我が・吾が】[連体]나의. 자신의」('-が'는 無濁点표기)+「いのち【命】목숨」+「を[助詞]」+「へらす【減らす】[4]감하다. 줄이다」의 連用形「へらし」+「て」.

15) 「のぶ[下2]→のべる【伸べる・延べる】[下1]늘리다」의 連用形「のべ」+「て」+「たまはる[4]→たまわる【賜る】[5]①받다(겸양어) ②주시다(존경어)」의 終止形「たまはる」+「べし[助動]의무・당연・추량・가능 등」.

16) 「なみだ【涙】눈물」('-だ'는 無濁点표기)+「と[助詞]」+「ともに【共に・俱に】함께. 동반하여. 동시에」.

17) 「いのる【祈る・祷る】[4]기도하다」의 連用形「いのり」+「たてまつる[助動]겸양. ~해드리다. ~해 올리다」의 連用形「たてまつり」+「けり[助動]회상・과거」.

18) 「やまひ【病】병」+「きふ[形動ナリ]→きゅう【急】[形動]급하다. 위급하다. 절박하다」의 連用形「きふに」('-う-'는 歴史的仮名遣에 어긋남)+「せまる【迫る・逼る】[4]박두하다. 다가오다」의 連用形「せまり」+「て」.

19) 「まなこ【眼】안구. 눈. 검은자위」+「すでに【既に・已に】[副]이미. 모두. 이제」('-て-'는 無濁点표기)+「とづ【閉づ】[上2]닫다」의 連用形「とぢ」.

息(いき)たちまちに、たえけるが[20]、しバらく、ありて[21]、又[また]、よみがへりたり[22]。

⇨ 아버지의 병이 위급에 다다라 눈이 이제 감기고 숨이 갑자기 끊어졌는데 한동안 있다가 다시 되살아났다.

❏ わうせん、よろこびて[23]、たすけおこすに[24]、その親類(しんるい)に、むかひて[25]、かたりて、いハく[26]、「我[われ]、夢[ゆめ]ともなく[27]、うつゝともなきに[28]、たちまち[29]に、あやしき神[かみ]有[あり]て[30]、黄(き)なる衣[きぬ]を着(ちゃく)し[31]、かしらのかみ[32]、はなハだ、あかし[33]。われに、かたりて、いはく[34]、

---

20) 「いき【息】숨」+「たちまち【忽ち】[名・副]갑자기. 느닷없이」+「に[助詞]」+「たゆ【絶ゆ】[下2]끊어지다」의 連用形「たえ」+「けり[助動]회상・과거」의 連体形「ける」+「が[助詞]역접」.

21) 「しばらく【暫く・須臾】[副]잠시. 한동안. 오랜만」+「あり【有り】[ラ変]있다」의 連用形「あり」+「て」.

22) 「よみがへる→よみがえる【蘇る・甦る】[4]되살아나다. 소생하다」의 連用形「よみがへり」+「たり[助動]완료・존속」.

23) 「よろこぶ【喜ぶ・悦ぶ】[4]기뻐하다」의 連用形「よろこび」+「て」.

24) 「たすく[下2]→たすける【助ける】[下1]돕다」의 連用形「たすけ」+「おこす【起こす】[4]일으키다」의 連体形「おこす」+「に[助詞]~하니. ~하는데」.

25) 「しんるい【親類】친척」+「に[助詞]」+「むかふ[4]→むかう【向かう・対う】[5]향하다. 나아가다」의 連用形「むかひ」+「て」.

26) 「かたる【語る】[4]들려주다. 말하다」의 連用形「かたり」+「て」+「いはく【曰く】말하길」.

27) 「ゆめ【夢】꿈」+「とも[助詞]~인 것도」+「なし【無し】[形ク]없다. 아니다」의 連用形「なく」.

28) 「うつつ【現・顕】①살아있는 상태. 생시. ②제정신. ③현실. 실제. ④제정신이 아님. 꿈꾸는 듯함」+「とも[助詞]~인 것도」+「なし【無し】[形ク]없다. 아니다」의 連体形「なき」+「に[助詞]~하니. ~하는데」.

29) たちまち【忽ち】[名・副]갑자기. 느닷없이.

30) 「あやし【怪し】[形シク]기이하다」의 連体形「あやしき」+「かみ【神】신」+「あり【有り】[ラ変]있다」의 連用形「あり」+「て」.

31) 「き【黄】[形動ナリ]황색」의 連体形「きなる」+「きぬ【衣】옷」+「を[助詞]」+「ちゃくす【着す】[サ変]」의 連用形「ちゃくし」.

32) 「かしら【頭】머리. 우두머리」+「の[助詞]」+「かみ【神】신」.

33) 「はなはだ【甚だ】[副]매우. 몹시. 대단히. 현저히」+「あかし【赤し・紅し】[形ク]붉다」.

⇨ 왕 천이 기뻐하며 도와 일으키니 그 친척을 향해 말하여 이르되 "나는 꿈도 아니고 생시도 아닌데 홀연히 기이한 신이 있어서 누런 옷을 입고 우두머리인 신은 매우 빨갛다. 나에게 말하여 가로되,

❑ 『なんぢか命[いのち]35)、すでに、かぎりありて36)、むなしく成なる]べし37)、と、いへども38)、汝(なんぢ)が子[こ]39)いたつて孝(かう)あり40)、天[てん]にいのる事[こと]41)さらに他念(たねん)なし42)。天[てん]帝(てい)、是[これ]をかんじ給[たま]ひて43)、汝[なんじ]に、今[いま]より44)十二[じゅうに]年(ねん)の命[いおち]を、のべて給[たま]ハる也[なり]45)。』と、つげをハりて46)、天[てん]に、あがりぬ47)。」と、かたる48)。

---

34) 「われ【我・吾】[代]나」+「に[助詞]」+「かたる【語る】[4]들려주다. 말하다」의 連用形 「かたり」+「て」+「いはく【曰く】말하길」.

35) 「なんぢ→なんじ【汝・爾】[代]아랫사람을 가리키는 말」+「が[助詞]현대일본어〈の〉의 쓰임」(が는 無濁点표기)+「いのち【命】목숨」.

36) 「すでに【既に・已に】[副]이미. 벌써. 모두. 남김없이」+「かぎり【限り】[名]한도. 마지막」+「あり【有り】[ラ変]있다」의 連用形 「あり」+「て」.

37) 「むなし[形シク→むなしい【空しい・虚しい】[形]덧없다. 무상하다. 죽었다」의 連用形 「むなしく」+「なる【成る・為る】[4]되다」의 終止形 「なる」+「べし[助動]의무・당연・추량・가능 등」.

38) いへども→いえども【雖も】[連語]~하지만. ~해도.

39) 「なんぢ【汝・爾】[代]너」+「が[助詞]현대일본어〈の〉의 쓰임」+「こ【子】자식」.

40) 「いたりて→いたって【至って】[副]매우. 대단히. 극히」+「かう→こう【孝】효」+「あり【有り】[ラ変]있다」의 連用形 「あり」.

41) 「てん【天】하늘」+「に[助詞]」+「いのる【祈る・祷る】[4]기도하다」의 連体形 「いのる」+「こと【事】것. 일」.

42) 「さらに【更に】[副]또한. 절대로. 전혀」+「たねん【他念】다른 것을 생각하는 마음. 여념」+「なし【無し】[形]ㄱ없다」.

43) 「かんず[サ変]→かんずる【感ずる】[サ変]①자극을 받다. ②마음에 생각하다 ③마음이 움직이다」의 連用形 「かんじ」+「たまふ【給ふ】[助動]존경」의 連用形 「たまひ」+「て」.

44) 「いま【今】지금」+「より[助詞]~로부터」.

45) 「いのち【命】목숨」+「を」+「のぶ[下2]→のべる【伸べる・延べる】[下1]늘리다」의 連用形 「のべ」+「て」+「たまはる[4]→たまわる【賜る】[5]①받다(겸양어) ②주시다(존경어)」의 連体形 「たまはる」+「なり[助動]단정・지정」.

46) 「つぐ[下2]→つげる【告げる】[下1]고하다」의 連用形 「つげ」+「をはる[4]→おわる【終わる】[5]끝나다」의 連用形 「をはり」+「て」.

47) 「てん【天】하늘」+「に[助詞]」+「あがる【上がる】[4]올라가다」의 連用形 「あがり」+「ぬ

⇨ '너의 목숨은 이미 한도에 이르러 죽어야 할 것이라고 하지만 네 아들이 극진한 효가 있어서 하늘에 비는 일에 전혀 다른 뜻이 없다. 천제가 이를 감동하셔서 너에게 지금부터 12년의 목숨을 늘려 주신 것이다.'라고 다 알리고 하늘로 올라갔다."라고 말한다.

❏ 人[ひと]ミな、きどくのおもひ⁴⁹⁾を、なしけり⁵⁰⁾。

⇨ 사람들은 모두 영험한 느낌을 불러일으켰다.

❏ 父[ちち]のやまひ、すミやかに癒(いへ)て⁵¹⁾、のち⁵²⁾、はたして⁵³⁾十二[じゅうに]年[ねん]をへて⁵⁴⁾、父[ちち]、つゐに⁵⁵⁾、むなしくなれり⁵⁶⁾。

⇨ 아버지의 병이 이내 나아서 이후에 과연 12년을 지나 아버지가 마침내 운명했다.

❏ わうせん、ちからなく⁵⁷⁾、あつく、はうふりて⁵⁸⁾、三年[さんねん]の喪(も)をとげたり⁵⁹⁾。

⇨ 왕 천은 하는 수 없이 후하게 장사 지내고 3년 상을 마쳤다.

[助動]완료·존속」.

48) かたる【語る】[4]들려주다. 말하다.
49) 「きどく【奇特】흔치 않음. 장함」+「の[助詞]」+「おもひ【思ひ】[名]생각. 느낌. 감개」.
50) 「なす【生す·成す·為す】[4]생기다. 되다. 낳다. 만들다. 이루다. 행하다. 어떤 상태를 불러일으키다」의 連用形「なし」+「けり[助動]회상·과거」.
51) 「やまひ【病】병」+「すみやか【速やか】[形動ナリ]빠르다. 신속하다」의 連用形「すみやかに」+「いゆ[下2]→いえる【癒える】[下1]치유되다」의 連用形「いえ」('-ヘ'는 정서법에 어긋남)+「て」.
52) のち【後】이후.
53) はたして【果して】[副]생각대로. 정말로. 과연.
54) 「ふ[下2]→へる【経る·歷る】[下1]지나다. 경과하다」의 連用形「へ」+「て」.
55) つひに→つゐに【終に·遂に】[副]결국. 마침내. 「-ゐ」는 정서법에 어긋남.
56) 「むなし【空し·虛し】[形シク]덧없다. 무상하다. 죽었다」의 連用形「むなしく」+「なる【成る·為る】[4]되다」의 命令形「なれ」+「り[助動]완료·존속」.
57) 「ちからなし[形ク]→ちからない【力無い】[形]어쩔 수 없다. 기운이 없다」의 連用形.
58) 「あつし[形ク]→あつい【厚い·篤い】[形]두껍다. 두텁다. 후하다. 깊다」의 連用形「あつく」+「はうぶる→ほうぶる【葬る】[4]매장하다」의 連用形「はうぶり」('-ふ'는 無濁点표기)+「て」.
59) 「も【喪】상」+「を[助詞]」+「とぐ[下2]→とげる【遂げる】[下1]완수하다. 성취시키다」의 連用形「とげ」+「たり[助動]완료·존속」.

❏ そのほど(60)、うれへのために(61)、ちからおちて(62)、躰(たい)やせ(63)、骨(ほね)たかく(64)、杖(つえ)にたすけられて(65)、立居(たちゐ)をなせり(66)。

⇨ 그 무렵에 근심 때문에 힘이 떨어져서 몸이 야위고 뼈가 드러나 지팡이에 도움 받아서 거동을 했다.

❏ 母[はは]ハ(67)沈氏(ちんし)、年[とし]すでに、かたふきたり(68)。

⇨ 어머니인 심 씨는 나이가 이제 기울었다.

❏ わうせん、これにつかへて(69)、かう〴〵を、つくす事[こと](70)、日夜にちや]をすてず(71)。

⇨ 왕 천은 이에 섬겨 효행을 다하는 일에 밤낮을 가리지 않는다.

❏ あるとき(72)、母[はは]、消渇(せうかつ)(73)のわづらひを、くるしめ

---

60) 「その【其の】[連体]그」+「ほど【程】[助詞]대략적인 시간을 나타냄. 수량의 정도」('-ど'는 無濁点표기).

61) 「うれへ→うれえ【憂え·愁え】[名]슬픔. 우려. 근심」+「の[助詞]」+「ため【為】때문. 위해」+「に[助詞]」.

62) 「ちから【力】힘」+「おつ【落つ】[上2]떨어지다」의 連用形「おちて」.

63) 「たい【体·躰】몸」+「やす[下2]→やせる【痩せる·瘠せる】[下2]마르다」의 連用形「やせ」.

64) 「ほね【骨】뼈」+「たかし【高し】[形ク]높다」의 連用形「たかく」.

65) 「つゑ→つえ【杖】지팡이」+「に[助詞]」+「たすく【助く】[下2]돕다」의 未然形「たすけ」+「らる[助動 수동]」의 連用形「られ」+「て」.

66) 「たちゐ→たちい【立居·起居】서는 것과 앉는 것. 거동」+「を[助詞]」+「なす【成す·為す】[4]이루다. 행하다. 만들다」의 命令形「なせ」+「り[助動 완료·존속].

67) 「は」는 현대일본어 「の」(同格)의 쓰임.

68) 「とし【年】나이」+「すでに【既に·已に】[副]이미. 벌써」+「かたぶく【傾く】[4]기울어지다. 왕성한 상태에서 쇠약한 상태가 되다」의 連用形「かたぶき」('-ふ'는 無濁点표기)+「たり[助動 완료·존속].

69) 「つかふ【仕ふ】[下2]윗사람 가까이에서 섬기다. 모시다」의 連用形「つかへ」+「て」.

70) 「かうかう→こうこう【孝行】효행」+「を[助詞]」+「つくす【尽くす】[4]노력하다. 힘쓰다」의 連体形「つくす」+「こと【事】것. 일」.

71) 「にちや【日夜】낮과 밤. 주야. 매일」+「を[助詞]」+「すつ[下2]→すてる【捨てる·棄てる】[下1]버리다. 내버려두다. 꺼리다」의 未然形「すて」+「ず[助動 부정]」.

72) 「ある【或る】[連体]어느. 모(某)」+「とき【時】때」.

り74)。
⇨ 어느 날 어머니는 목이 자꾸 타는 어려움을 고통스러워했다.

❏ 母[はは]の、いはく75)、「瓜(うり)をくらハゝ76)、わがやまひ、いゆべし77)。」と。
⇨ 어머니가 이르길 "외를 먹으면 내 병이 나을 것이다."라고.

❏ わうせん、是[これ]を方〻(ハウ＼／)に、もとむれども78)、折[おり]ふし79)冬[ふゆ]の事[こと]なれば80)、さらに81)、うべきたよりなし82)。
⇨ 왕 천이 이를 방방곡곡에 찾았지만 마침 겨울이어서 도무지 얻을 수 있는 방도가 없다.

❏ たづね行[ゆき]て83)、山[やま]のおくに、いたり84)、かしこなりける峯

---

73) 「消渇」은 『広辞苑』에는 등재되어 있지 않으나 『日本国語大辞典』에는 「せうかち→しょうかち【消渇】목이 말라 소변을 볼 수 없는 병」이라는 풀이가 있다. 한편 〈표준국어대사전〉에는 「소갈(消渴)」에 대해 「갈증으로 물을 많이 마시고 음식을 많이 먹으나 몸은 여위고 오줌의 양이 많아지는 병」이라는 풀이가 있다.

74) 「わづらひ→わずらい【煩い】[名]고민. 걱정. 고생」+「を[助詞]」+「くるしむ【苦しむ】[4]괴로워하다」의 命令形「くるしめ」+「り[助動]완료·존속」.

75) 「はは【母】어머니」+「の[助詞]현대일본어〈が〉의 쓰임」+「いはく【曰く】말하길」.

76) 「うり【瓜】오이. 참외 등」(〈언해본〉에는〈외〉)+「を[助詞]」+「くらふ[4]→くらう【食らう】[5]'먹다'의 속된 표현」의 未然形「くらは」+「ば[助動]가정조건」.

77) 「わが【我が·吾が】[連体]나의. 자신의」+「やまひ【病】병」+「いゆ[下2]→いえる【癒える】[下1]치유되다」의 終止形「いゆ」+「べし[助動]의무·당연·추량·가능 등」.

78) 「はうばう→ほうぼう【方方】여기저기」+「に[助詞]」+「もとむ[下2]→もとめる【求める】[下1]찾다. 청하다. 요구하다」의 已然形「もとむれ」+「ども[助詞]역접」.

79) をりふし→おりふし【折節】[副]딱 그때. 때마침. 가끔.

80) 「ふゆ【冬】겨울」+「の[助詞]」+「こと【事】것. 일」+「なり[助動]단정·지정」의 已然形「なれ」+「ば[助詞]확정조건. 원인·이유」.

81) さらに【更に】[副]①또한. 거듭. 더욱 ②강한 부정. 절대로 ~가 아니다. 전혀 ~지 않다.

82) 「う[下2]→える【得る】[下1]얻다」의 終止形「う」+「べし[助動]의무·당연·추량·가능 등」의 連体形「べき」+「たより【便り·頼り】의지. 기회. 수단. 방편」+「なし【無し】[形]없다」.

83) 「たづぬ[下2]→たずねる【尋ねる】[下1]찾다. 묻다」의 連用形「たづね」+「ゆく【行く】[4]가다」의 連用形「ゆき」+「て」.

84) 「やま【山】산」+「の[助詞]」+「おく【奥】깊은 곳」+「に[助詞]」+「いたる【至る·到る】[4]도착하다. 도달하다」의 連用形「いたり」.

(ミね)に、のぼりて85)、大雪[おほゆき]にあへり86)。
  ⇨ 물어 가서 산속에 이르러 멀리 있는 봉우리에 올라 큰 눈을 만났다.

❏ すべきやう、なくして87)、木[き]のもとに、やどりけり88)。
  ⇨ 할 수 있는 방도를 잃어서 나무 아래에 자리를 잡았다.

❏ 母[はは]のやまひ、くるしくして89)、しかも90)、もとむるところ91)の瓜(うり)ハ、なし92)。
  ⇨ 어머니의 병이 고통스럽고 게다가 찾는 문제의 외는 없다.

❏ こゑをあげて93)、啼(なき)悲(かな)しミ94)、天[てん]にあふぎて95)、これをいのるに96)、たちまち97)に岩(いは)のかたハらより98)青蔓(せいま

---

85) 「かしこ【彼処・彼所】[代]멀리 떨어진 곳. 저기」+「なり:〈にあり[~에 있다〉의 준말」+「けり[助動]회상・과거」의 連体形「ける」+「みね【峰・嶺・峯】봉우리」+「に[助詞]」+「のぼる【上る・登る・昇る】[4]올라가다」의 連用形「のぼり」+「て」.

86) 「おほゆき→おおゆき【大雪】큰 눈」+「に[助詞]」+「あふ【会ふ・遇ふ】[4]만나다」의 命令形「あへ」+「り[助動]완료・존속」.

87) 「す[サ変]하다」의 終止形「す」+「べし[助動]의무・당연・추량・가능 등」의 連体形「べき」+「やう→よう【様】모습. 방법」+「なくす【無くす】[4]잃어버리다」의 連用形「なくし」+「て」.

88) 「き【木】나무」+「の[助詞]」+「もと【下】아래」+「に[助詞]」+「やどる【宿る】[4]살다. 머무르다. 위치를 잡다」의 連用形「やどり」+「けり[助動]회상・과거」.

89) 「やまひ【病】병」+「くるし【苦しい】[形シク]괴롭다」의 連用形「くるしく」+「して[助詞]連用形에 접속하여 '~인 상태로'의 뜻」.

90) しかも【然も・而も】[接続]게다가. 그래도. 하지만.

91) 「もとむ【下2】→もとめる【求める】[下1]찾다. 청하다. 요구하다」의 連体形「もとむる」+「ところ【所・処】곳. 부분. 바. 문제점」.

92) なし[形ク]→ない【無い・亡い】[形]없다.

93) 「こゑ→こえ【声】목소리」+「を[助詞]」+「あぐ[下2]→あげる【上げる・挙げる・揚げる】[下1]올리다. 높이다」의 連用形「あげ」+「て」. 「声を上げる」의 형태로 '큰 목소리를 내다'의 뜻.

94) 「なく【泣く・啼く】[4]울다」의 連用形「なき」+「かなしむ【悲しむ・哀しむ】[4]슬퍼하다」의 連用形「かなしみ」.

95) 「てん【天】하늘」+「に[助詞]」+「あふぐ[4]→あおぐ【仰ぐ】[5]우러러보다. 존경하다」의 連用形「あふぎ」+「て」.

96) 「いのる【祈る・祷る】[4]기도하다」의 連体形「いのる」+「に[助詞]~하니. ~하는데」.

ん)⁹⁹⁾とて¹⁰⁰⁾、色[いろ]あをき瓜(うり)のつる¹⁰¹⁾、はびこり生[しょう]ず¹⁰²⁾。

⇨ 목 놓아 슬피 울며 하늘을 우러러 이를 기도하니 홀연히 바위 옆에서 청만이라 하여 색이 파란 외 덩굴이 무성하게 자랐다.

❏ 立(たち)よりて¹⁰³⁾、これを見[み]るに¹⁰⁴⁾、しけりたる葉[は]のした¹⁰⁵⁾に、ふたつの甜瓜(からうり)¹⁰⁶⁾あり¹⁰⁷⁾。

⇨ 다가가서 이를 보니 우거진 잎 아래에 두 개의 참외가 있다.

❏ わうせん、大[おおい]に、よろこび¹⁰⁸⁾、すなハち、とりて帰[かえ]り¹⁰⁹⁾、母[はは]に、たてまつる¹¹⁰⁾。

---

97) たちまち【忽ち】[名·副]갑자기. 느닷없이.

98) 「いは→いわ【岩·巖·磐】바위」+「の[助詞]」+「かたはら→かたわら【傍ら】옆. 가」+「より[助詞]~로부터」.

99) 「青蔓」은 『日本国語大辞典』에도 표제어로 등재되지 않은 말이다. 〈한문본〉에는 이 부분이 「忽見巖石間青蔓離披. 有二瓜焉。」로 되어 있으며 〈언문본〉에는 「문득 보니 바횟 ᄭᅵ메 프른 너추레 두 외 여렛거늘」로 되어 있어서 「青蔓」을 고유명사로 처리하지 않았다.

100) とて[助詞]인용. ~라 해서. ~라는 것으로. ~라는 이름으로.

101) 「いろ【色】색깔」+「あをし[形ク]→あおい【青い·蒼い】[形]파랗다」의 連体形「あをき」+「うり【瓜】외」+「の[助詞]」+「つる【蔓】넝쿨」.

102) 「はびこる【蔓延る】[4]우거지다. 무성하다」의 連用形「はびこり」+「しやうず【生ず】[サ変]나다. 자라다」의 終止形「しやうず」.

103) 「たちよる【立ち寄る】[4]다가가다」의 連用形「たちより」+「て」.

104) 「みる【見る】[上1]보다」의 連体形「みる」+「に[助詞]~하니. ~하는데」.

105) 「しげる【茂る·繁る·滋る】[4]무성하다」의 連用形「しげり」(-け-'는 無濁点표기)+「たり[助動완료·존속]」의 連体形「たる」+「は【葉】잎」+「の[助詞]」+「した【下】아래」.

106) 「からうり」는「唐瓜」로 쓰며 이는「きゅうり【胡瓜·黄瓜】오이」나「まくわうり【真桑瓜】참외」의 다른 이름이다. 특히「まくわうり【真桑瓜】참외」는 漢字 이름으로「甜瓜(てんか)」라고 한다는 풀이를『広辞苑』에서 찾을 수 있다.

107) 「あり【有り】[ラ変]있다」의 終止形.

108) 「おおいに【大いに】[副]매우. 몹시. 많이」+「よろこぶ【喜ぶ·悦ぶ】[4]기뻐하다」의 連用形「よろこび」.

109) 「すなはち→すなわち【即ち·則ち】[副]곧바로. 즉시」+「とる【取る】[4]손에 넣다. 취하다」의 連用形「とり」+「て」+「かへる【帰る】[4]돌아가다」의 連用形「かへり」.

⇨ 왕 천이 크게 기뻐하여 곧 취하여 돌아와 어머니에게 바친다.

❏ 母[はは]、これを食(しよく)してより111)、其[その]やまひ、やがて、いへたり112)。

⇨ 어머니가 이를 먹고 나서부터 그 병이 차츰 나았다.

❏ 孝心(かうしん)、まこと113)、あらハれて114)、父[ちち]の命[いのち]をのべ115)、母[はは]のやまひを、いやす116)。

⇨ 효심이 정말로 드러나 아버지의 목숨을 늘리고 어머니의 병을 고친다.

❏ 天[てん]たう117)の御[み]118)めぐみ119)、わたくしなく120)、かんおうするところに121)、しるしあり122)。

⇨ 하늘의 자비는 사심 없고 감응하는 것에 영험이 있다.

❏ すこぶる123)、きどくの事[こと]なり、とて124)、人[ひと]ミな、ほめあ

---

110) たてまつる【奉る】[4]드리다. 바치다.
111) 「しよくす[サ変] →しよくする【食する】[サ変]먹다」의 連用形 「しよくし」+「て」+「より[助詞]~로부터」.
112) 「やまひ【病】병」+「やがて【軈て】[副]곧. 그대로. 금세」+「いゆ[下2] →いえる【癒える】[下1]치유되다」의 連用形 「いえ」('-へ'는 정서법에 어긋남)+「たり[助動]완료・존속」.
113) まこと【真・実・誠】[名]진짜. 진실. [副]정말로. 실로.
114) 「あらはる[下2] →あらわれる【現れる・顕れる・表れる】[下1]드러나다」의 連用形 「あらはれ」+「て」.
115) 「いのち【命】목숨」+「を」+「のぶ[下2] →のべる【伸べる・延べる】[下1]늘리다」의 連用形 「のべ」.
116) 「やまひ【病】병」+「を[助詞]」+「いやす【癒す】[4]고치다. 치유하다」의 終止形 「いやす」.
117) 「てんたう→てんとう【天道】천지를 주재하는 신(神). 천제(天帝)」. 「てんだう→てんどう【天道】우주의 이치(조리)」로 볼 수도 있다(이 경우 無濁点표기).
118) 接頭語인 「御」는 읽는 법이 「お・ご・おほん・おん・み」 등과 같이 다양한데, 이를 「み」로 읽는 것은 <神・天皇・宮廷> 등에 속한 사항이라는 것을 나타내는 경우다.
119) めぐみ【恵み】[名]은혜. 자비.
120) 「わたくし【私】[名]공(公)에 대한 사(私)」+「なし【無し】[形ク]없다」의 連用形 「なく」.
121) 「かんおう(かんのう)【感応】감응(感應). 감통(感通). 감동하는 것」+「す[サ変]하다」의 連体形 「する」+「ところ【所・処】곳. 상황. 찰나」+「に[助詞]」.
122) 「しるし【印・標・徴・験】증표. 영험. 효능」+「あり【有り】[ラ変]있다」

げゝり125)。

⇨ 대단히 신비한 일이라 하여 사람들이 모두 칭송했다.

---

123) すこぶる【頗る】[副]다소. 엄청나게. 상당히.
124) 「きどく【奇特】흔치 않음. 장함」+「の[助詞]」+「こと【事】일」+「なり[助動]단정・지정」+「とて[助詞]인용. ~라 해서」.
125) 「ひと【人】사람. 사람들」+「みな【皆】모두」+「ほめあぐ[下2] → ほめあげる【誉め上げる】[下1]크게 칭찬하다」의 連用形「ほめあげ」+「けり[助動]회상・과거」.

31. 劉(りう)氏(し)孝(かうあり)└姑(しうとめに)
유씨가 시어머니에게 효가 있다

❏ 劉氏(りうし)ハ、真定(しんてい)と、いふところの人[ひと]なり[1]。
   ⇨ 유 씨는 진정이라고 하는 곳의 사람이다.

❏ 韓太初(かんたいそ)と云[いう]人[ひと]に嫁(か)して[2]、婦(ふ)の行(かう)あつし[3]。
   ⇨ 한 태초라고 하는 사람에게 시집가서 아내로서의 행실이 두텁다.

❏ 洪武(こうぶ)[4]七[しち]年(ねん)のころ[5]、韓太初(かんたいそ)すこしき罪(ツミ)ありて[6]、和州(くわしう)に、ながされたり[7]。
   ⇨ 홍무 7년 무렵 한 태초에게 조그만 죄가 있어서 화주로 유배당했다.

❏ すなハち[8]、わが老母(らうぼ)ならびに妻(つま)[9]、うちつれて行[ゆき]

---

1) 「いふ【言ふ・云ふ】[4]말하다」의 連体形「いふ」+「ところ【所・処】곳」+「の[助詞]」+「ひと【人】사람」+「なり[助動]단정・지정」.
2) 「嫁」는 音으로는 「か」로 읽고 이를 동사로 사용할 때는 일반적으로 「とづ【嫁ぐ】[4]결혼하다」가 된다. 그러나 여기에서는 「嫁(か)」+「す[サ変]하다」로 봐야겠으며 이는 사전에 표제어로도 등재되어 있다. 「かす[サ変]→かする【嫁する】[サ変]시집가다. 시집보내다」의連用形「かし」+「て」.
3) 「ふ【婦】아내」+「の[助詞]」+「かう→こう【行】[名]행하는 것. 행실. 몸가짐」+「あつし[形ク]→あつい【厚い・篤い】[形]두껍다. 두텁다. 독실하다」.
4) 「홍무(洪武:こうぶ)」는 중국 명(明)나라 태조(太祖) 때의 연호(1368~1398).
5) ころ【頃】경. 무렵.
6) 「すこし【少し】[形シク]적다」의 連体形「すこしき」+「つみ【罪】죄」+「あり【有り】[ラ変]있다」의 連用形「あり」+「て」.
7) 「ながす【流す】[4]흘리다. 이동시키다. 유배하다」의 未然形「ながさ」+「る[助動]수동」의 連用形「れ」+「たり[助動]완료・존속」.
8) すなはち→すなわち【即ち・則ち】[副]곧바로. 즉시. 그래서. 즉.

けるところに10)、しうとめ11)甯氏(ねいし)、道[みち]にして12)、やまひに、くるしめり13)。

⇨ 그래서 자기 노모와 아내를 데리고 가는 차에 시어머니인 영 씨가 길에서 병으로 괴로워했다.

❏ 劉氏(りうし)、すでに、これに、つかへて14)、やまひの、すミやかに15)、いへんことを、もとむ16)。

⇨ 유 씨는 이제 이를 받들어 병이 빨리 나을 것을 구한다.

❏ ミつから17)臂(ひぢ)をやぶりて18)、血(ち)をいだし19)、くすりに、ましへて、すすむるに20)、しうとめのわづらひ すミやかに、いへたり21)。

---

9) 「わが【我が・吾が】[連体]나의. 자신의」+「らうぼ→ろうぼ【老母】노모」+「ならびに【並びに】[接続]및」+「つま【妻】아내」.

10) 「うちつる[下2]→うちつれる【打ち連れる】[下1]데리고 가다」의 連用形「うちつれ」+「て」+「ゆく【行く】[4]가다」의 連用形「ゆき」+「け[助動]회상・과거」의 連体形「ける」+「ところ【所・処】곳. 바. 상황. 찰나」+「に[助詞]」.

11) しうとめ→しゅうとめ【姑】시어머니. 장모.

12) 「みち【道】길」+「に[助詞]」+「す[サ変]하다」의 連用形「し」+「て」. 「~にして」의 꼴로 현대일본어의「~で」와 같은 쓰임.

13) 「やまひ【病】병」+「に[助詞]」+「くるしむ【苦しむ】[4]괴로워하다」의 命令形「くるしめ」+「り[助動]완료・존속」.

14) 「すでに【既に・已に】[副]이미. 모두. 이제」+「これ【此・是】[代]이것. 이사람」+「に[助詞]」+「つかふ【仕ふ】[下2]윗사람 가까이에서 섬기다. 모시다」의 連用形「つかへ」+「て」.

15) 「やまひ【病】병」+「の[助詞]현대일본어〈が〉의 쓰임」+「すみやか【速やか】[形動ナリ]빠르다. 신속하다」의 連用形「すみやかに」.

16) 「いゆ[下2]→いえる【癒える】[下1]치유되다」의 未然形「いえ」(〈-へ〉는 정서법에 어긋남)+「む[助動]추량・의지」의 連体形「む」→「ん」+「こと【事】것. 일」+「を[助詞]」+「もとむ[下2]→もとめる【求める】[下1]찾다. 청하다. 요구하다」.

17) 「みづから→みずから【自ら】[名]자기 자신. 나. [副]스스로. 친히」. 「-つ」는 無濁点표기.

18) 「ひぢ→ひじ【肘・肱・臂】팔꿈치」+「を[助詞]」+「やぶる【破る】[4]부수다. 찢다. 상처내다」의 連用形「やぶり」+「て」.

19) 「ち【血】피」+「を[助詞]」+「いだす【出だす】[4]내다」의 連用形「いだし」.

20) 「くすり【薬】약」+「に[助詞]」+「まじふ[下2]→まじえる【交える】[下1]섞다」의 連用形「まじへ」(〈-し-〉는 無濁点표기)+「て」+「すすむ[下2]→すすめる【勧める・奨める・薦める】[下1]추천하다. 권하다」의 連体形「すすむる」+「に[助詞]~하니. ~하는데」.

⇨ 스스로 팔꿈치를 깨뜨려 피를 내서 약에 섞어서 권하니 시어머니의 고생이 이내 나았다.

❏ もとより[22]配所(はいしよ)[23]の和州(くわしう)まで、都[みやこ]より[24]ハ遙(はるか)に程[ほど]とをけれバ[25]、道(みち)の難所(なんじよ)[26]かず／＼にして[27]、馬人(むまひと)ともに、つかれたり[28]。
⇨ 애당초 유배지인 화주까지 도읍에서는 매우 멀기 때문에 도중에 험난한 곳이 수없이 많아서 말과 사람이 모두 지쳤다.

❏ まして老母(らうぼ)の事[こと]なれバ[29]、瓜洲(くわしう)と云[いう]ところまで行[ゆき]つきて[30]、又[また]、なやミ、いたハりけるを[31]、劉氏(りうし)なをも[32]、これを、うれへて[33]、先(さき)のごとくに[34]、ミつ

---

21) 「しうとめ【姑】시어머니」+「の[助詞]」+「わづらひ→わずらひ【煩】[名]고민. 걱정. 고생」+「すみやか【速やか】[形動ナリ]빠르다. 신속하다」의 連用形 「すみやかに」+「いゆ[下2]→いえる【癒える】[下1]치유되다」의 連用形 「いえ」('-へ'는 정서법에 어긋남)+「たり[助動]완료・존속」.

22) もとより【元より・固より・素より】[副]처음부터. 이전부터. 원래. 본래.

23) はいしよ【配所】유배지.

24) 「みやこ【都】도읍」+「より[助詞]~로부터」.

25) 「はるか【遥か・悠か】[形動ナリ]정도가 심한 모양」의 連用形 「はるかに」+「ほどとほし[形ク]→ほどとおい【程遠】[形]멀다」의 已然形 「ほどとほけれ」('-を-'는 정서법에 어긋남)+「ば[助詞]확정조건. 원인・이유」.

26) 「みち【道・路・途】길. 도중」+「の[助詞]」+「なんしょ(なんじょ)【難所・難処】험난한 장소. 위험한 장소」.

27) 「かずかず【数数】많음. 다양함」+「に[助詞]」+「す[サ変]하다」의 連用形 「し」+「て」. 「~にして」의 꼴로 현대일본어 「~で」와 같은 쓰임. ~해서. ~로.

28) 「むま【馬】말」+「ひと【人】사람」+「ともに【共に・倶に】함께. 동반하여. 동시에」+「つかる[下2]→つかれる【疲れる】[下1]지치다」의 連用形 「つかれ」+「たり[助動]완료・존속」.

29) 「まして【況して】[副]더군다나. 게다가」+「らうぼ→ろうぼ【老母】노모」+「の[助詞]」+「こと【事】것. 일」+「なり[助動]단정・지정」의 已然形 「なれ」+「ば[助詞]확정조건. 원인・이유」.

30) 「ゆきつく【行き着く】[4]목적지에 도착하다」의 連用形 「ゆきつき」+「て」.

31) 「なやむ【悩む】[4]괴로워하다. 아프다」의 連用形 「なやみ」+「いたはる[4]→いたわる【労る】고생하다. 병들다」의 連用形 「いたはり」+「けり[助動]회상・과거」의 連体形 「ける」+「を[助詞]~한 것을. ~하는데」.

32) なほも→なおも【猶も】변함없이. 그래도 아직. 「-を-」는 정서법에 어긋남.

から35)、身[み]より血(ち)をいたして36)、くすりに、まじへて、あたへけるに37)、

⇨ 하물며 노고의 일이고보니 과주라고 하는 곳까지 도달하여 다시 아파서 힘들었는데, 유 씨가 역시 이를 걱정하여 전과 같이 스스로 몸에서 피를 내서 약에 타서 주었더니.

❏ 心[こころ]ざし38)、ほねに、とをり39)、天[てん]たうのめぐみ40)、ふかきが故[ゆえ]に41)、しうとめの、やまひ、又[また]、もとのことく、いへたり42)。

⇨ 마음가짐| 뼛속에 사무쳐 하늘의 긍휼이 깊은 고로 시어머니의 병은 다시 처음처럼 나았다.

❏ やう＼／43)日[ひ]を重[かさ]ねて44)和州(くわしう)に行付[ゆきつき]

---

33) 「うれふ[下2]→うれえる【憂える・愁える・患える】[下1]한탄하다. 걱정하다」의 連用形 「うれへ」+「て」.

34) 「さき【先】 전. 이전」+「の[助詞]」+「ごとし【如し】[助動]~와 같다. ~와 닮았다」의 連用形 「ごとく」+「に[助詞]」.

35) 「みづから→みずから【自ら】[名]자기 자신. 나. [副]스스로. 친히」. 「-つ」는 無濁点표기.

36) 「み【身】 몸」+「より[助詞]~로부터」+「ち【血】피」+「を[助詞]」+「いだす【出だす】[4]내다」의 連用形 「いだし」('-た-'는 無濁点표기)+「て」.

37) 「くすり【薬】약」+「に[助詞]」+「まじふ[下2]→まじえる【交える】[下1]섞다」의 連用形 「まじへ」+「て」+「あたふ[下2]→あたえる【与える】[下1]수여하다」의 連用形 「あたへ」+「ける[助動회상・과거]」의 連体形 「ける」+「に[助詞]~하니. ~하는데」.

38) 「こころざし【志】 마음이 향하는 바. 의향. 뜻. 호의.

39) 「ほね【骨】 뼈」+「に[助詞]」+「とほる[4]→とおる【通る・徹る】[5]통과하다. 관통하다. 도달하다. 이르다」의 連用形 「とほり」('-を-'는 정서법에 어긋남).

40) 「てんたう→てんとう【天道】천지를 주재하는 신(神). 천제(天帝)」+「の[助詞]」+「めぐみ【恵み】[名]은혜. 자비. 긍휼」('-く'는 無濁点표기).

41) 「ふかし[形ク]→ふかい【深い】[形]깊다. 무겁다」의 連体形 「ふかき」+「が[助詞]」+「ゆゑ→ゆえ【故】~때문」+「に[助詞]('~がゆえに'의 형태로 '~이므로' '~인 고로').

42) 「もと【本・元】원래. 처음」+「の[助詞]」+「ごとし【如し】[助動]~와 같다」의 連用形 「ごとく」 ('こ-'는 無濁点표기)+「いゆ[下2]→いえる【癒える】[下1]치유되다」의 連用形 「いえ」('-へ'는 정서법에 어긋남)+「たり[助動완료・존속」.

43) 「ヨーヨー」로 읽는다. やうやう→ようよう【漸う】[副]점점. 겨우. 간신히.

44) 「ひ【日】날」+「を[助詞]」+「かさぬ[下2]→かさねる【重ねる】[下1]겹치다. 거듭하다」의 連用形 「かさね」+「て」.

て45)、いまだ、いくほどなく46)、韓太初(かんたいそ)、むなしく、なれり47)。

⇨ 마침내 여러 날을 거쳐 화주에 도착하여 아직 얼마 지나지 않아 한 태초가 운명했다.

❏ それより後[のち]48)ハ、妻(つま)の劉氏(りうし)ミづから49)、世[よ]をわたる50)、いとなミを、いたして51)、しうとめを、はごくミ、やしなふ事[こと]52)きハめて孝(かう)あり53)、ひとへに54)、わが、まことの母[はは]のことく、せり55)。

⇨ 그 후에는 아내인 유 씨가 스스로 생계를 꾸리는 일을 진력하여 시어머니를 보살피고 봉양하는 일에 더없이 효가 있고, 오로지 자기 진짜 어머니와 같이 했다.

❏ 又[また]、二年[にねん]をへて56)、しうとめ、風[かぜ]をうれへ57)、なやむ事[こと]はなハだし58)。

⇨ 다시 2년 지나 시어머니가 감기를 앓아 고생하는 것이 도를 넘는다.

---

45) 「ゆきつく【行き着く】[4]목적지에 도착하다」의 連用形「ゆきつき」+「て」.

46) 「いまだ【未だ】[副]아직」+「いくほど【幾程】어느 정도. 얼마나」+「なし【無し】[形ク]없다」의 連用形「なく」.

47) 「むなし[形シク→むない【空しい・虚しい】[形]덧없다. 무상하다. 죽었다」의 連用形「むなしく」+「なる【成る・為る】[4]되다」의 命令形「なれ」+「り[助動]완료・존속」.

48) 「それ【其・夫】[代]그. 그것」+「より[助詞]~로부터」+「のち【後】후」.

49) みづから→みずから【自ら】[名]자기 자신. 나. [副]스스로. 친히.

50) 「世(よ)を渡(わた)る」의 형태로「생계를 꾸리다. 살아가다」의 뜻.

51) 「いとなみ【営み】[名]일. 생업」+「を[助詞]」+「いたす【致す】[4]하다. 혼신을 다 바치다. 온힘을 쏟다」의 連用形「いたし」+「て」.

52) 「はごくむ【育む】[4]양육하다. 보살피다」의 連用形「はごくみ」+「やしなふ【養ふ】[4]양육하다. 부양하다」+「こと【事】것. 일」.

53) 「きはめて→きわめて【極めて】[副]더할 나위 없이. 몹시」+「かう→こう【孝】효」+「あり【有り】[ラ変]있다」의 連用形「あり」.

54) ひとへに→ひとえに【偏に】[副]오로지. 한결같이.

55) 「わが【我が・吾が】[連体]나의. 자신의」+「まこと【真・実・誠】[名]진짜」+「の[助詞]」+「はは【母】어머니」+「の[助詞]」+「ごとし【如し】[助動]~와 같다」의 連用形「ごとく」(「こ-」는 無濁点표기)+「す[サ変]하다」의 命令形「せ」+「り[助動]완료・존속」.

56) 「ふ[下2]→へる【経る・歴る】[下1]지나다. 경과하다」의 連用形「へ」+「て」.

57) 「かぜ【風】감기(〈風邪〉로도 씀)」+「を[助詞]」+「うれふ[下2]→うれえる【憂える・愁える・患える】[下1]한탄하다. 걱정하다. 아프다. 병들다」의 連用形「うれへ」.

❏ 折[おり]ふし59)、夏[なつ]の事[こと]にて60)、暑気(しよき)61)、又[また]、いふはかりなし62)。

⇨ 때마침 여름이라서 더위는 또한 말도 못한다.

❏ 劉氏(りうし)、日夜[にちや]かたハらに、つきそひて63)、蚋蚊(あぶが)64)をはらひ65)、くすりを、たてまつり66)、心[こころ]をつくして、つかへたり67)。

⇨ 유 씨는 밤낮으로 곁에 붙어서 돌보며, 파리와 모기를 몰아내고 약을 드려서 정성을 다하여 섬겼다.

❏ しうとめの身[み]より68)、肉(にく)たゞれて69)蛆(うぢ)を生[しょう]ず70)。

---

58) 「なやむ【悩む】[4]괴로워하다. 아프다」의 連体形「なやむ」+「こと【事】것. 일」+「はなはだし[形ク]→はなはだしい【甚だしい】[形]보통 정도를 넘다. 심하다」.

59) をりふし → おりふし【折節】[副]딱 그때. 때마침. 가끔.

60) 「なつ【夏】여름」+「こと【事】일」+「にて[助詞]현대일본어의 'で'와 같은 쓰임」.

61) しよき【暑気】여름의 더위.

62) 「いふばかりなし【言ふ許り無し】[形ク]형언할 수 없다」. 「-は-」는 無濁点表기.

63) 「にちや【日夜】낮과 밤. 종일」+「かたはら→かたわら【傍ら】옆」+「に[助詞]」+「つきそふ【付き添ふ】[4]환자나 아이 옆에 붙어서 돌보다」의 連用形「つきそひ」+「て」.

64) 「あぶ【虻・蝱】」는「파리」,「か【蚊】」는「모기」의 뜻이다.「蚋」는「ぶゆ」로 읽으며「파리맷과 곤충의 총칭」이다.「蚋蚊(あぶが)」는 일본 쪽 사전에는 등재되어 있지 않다. 그런데〈표준국어대사전〉에는「예문(蚋蚊)」은 없으나「문예(蚊蚋)」가 표제어로 있으며「세점박이질모기」로 풀이하고 있다. 참고로 일본 사전에는「蚊蚋」역시 등재되지 않았다. 한편〈한문본〉에는 이 부분이「驅蚊蠅」로 되어 있으며〈언해본〉에는「모기 늘이며」로 되어 있다.

65) 「はらふ[4] → はらう【払う・掃う】[5]치우다. 떨어뜨리다. 제거하다. 몰아내다」의 連用形.

66) 「くすり【薬】약」+「を[助詞]」+「たてまつる【奉る】[4]드리다. 바치다」의 連用形「たてまつり」.

67) 「こころ【心】마음. 정성」+「を[助詞]」+「つくす【尽くす】[4]노력하다. 힘쓰다」의 連用形「つくし」+「て」+「つかふ【仕ふ】[下2]윗사람 가까이에서 섬기다. 모시다」의 連用形「つかへ」+「たり[助動]완료・존속」.

68) 「み【身】몸」+「より[助詞]~로부터」.

69) 「にく【肉】살」+「ただる[下2] → ただれる【爛れる】[下1]피부나 살이 문드러지다」의 連用形「ただれ」+「て」.

⇨ 시어머니의 몸에서 살이 짓물러서 구더기를 만든다.

❏ 劉氏(りうし)これがために71)、蛆(うぢ)を、くちにいれて72)、かみころすに73)、かんおうするところ74)、其(その]蛆(うぢ)跡(あと]たえて75)、又[また]、二[ふた]たひ生[しょう]ぜず76)。
⇨ 유 씨는 이 때문에 구더기를 입에 넣고 씹어 죽이니 감응하는바 그 구더기가 자취를 감추고 또 두 번 다시 생기지 않는다.

❏ しかりと、いへども77)、やまひハ、いよ＼／78)日[ひ]に、したがふて79)、おもく、なれり80)。
⇨ 그렇다고는 해도 병은 더욱 날이 감에 따라 중하게 되었다.

❏ 劉氏(りうし)、ふかく、うれへ、かなしミて81)、天[てん]たうに、うつ

---

70) 「うじ【蛆】구더기」+「を[助詞]」+「しやうず[サ変]→しょうずる【生ずる】[サ変]나다. 자라다. 발생하다」의 終止形「しやうず」.

71) 「これ【此・是】[代]이것」+「が」+「ため」+「に」. 「ため【為】」는 助詞인「の」「が」또는 用言의 連体形에 접속하여 '이익' '이유' '목적'의 뜻. ~때문에. ~위해.

72) 「くち【口】입」+「に[助詞]」+「いる[下2]→いれる【入れる】[下1]넣다」의 連用形「いれ」+「て」.

73) 「かみころす【噛み殺す】[4]씹어서 죽이다」의 連体形「かみころす」+「に[助詞]~하니. ~하는데」.

74) 「かんおう(かんのう)【感応】감응(感應). 감통(感通). 감동하는 것」+「す[サ変]하다」의 連体形「する」+「ところ【所・処】곳. 상황」.

75) 「あと【跡】흔적」+「たゆ[下2]→たえる【絶える】[下1]끊어지다」의 連用形「たえ」+「て」.

76) 「ふたたび【二度・再び】두 번. 다시. 재차」+「しやうず[サ変]→【生ずる】[サ変]나다. 자라다. 발생하다」의 未然形「しやうぜ」+「ず[助動]부정」.

77) 「しかり【然り】[ラ変]그러하다」+「と[助詞]」+「いへども→いえども【雖も】[連語]~하지만. ~해도」.

78) 「やまひ【病】병」+「は[助詞]」+「いよいよ[副]더욱. 한층 더. 틀림없이」.

79) 「ひ【日】날」+「に[助詞]」+「したがふ[4]→したがう【従う・随う・順う】[5]따르다. 거스르지 않다. 맡기다」+「て」.

80) 「おもし【重し】[形ク]무겁다. 중하다」의 連用形「おもく」+「なる【成る・為る】[4]되다」의 命令形「なれ」+「り[助動]완료・존속」.

81) 「ふかし[形ク]→ふかい【深い】[形]깊다. 무겁다」의 連用形「ふかく」+「うれふ[下2]→うれえる【憂える・愁える・患える】[下1]한탄하다. 걱정하다」의 連用形「うれへ」+「かなしむ【悲しむ・哀しむ】[4]슬퍼하다. 가여워하다」의 連用形「かなしみ」+「て」.

たへ82)、神明(しんめい)にいのり83)、ミづから股(もゝ)の肉(にく)をきりて84)、粥(かゆ)にまじへて、すゝむるに85)、すこぶる、きどく有[あり]て86)、やまひ やうやく、ゆるやかなり87)、と、いへども88)、

⇨ 유 씨는 깊이 근심하고 슬퍼하여 하늘에 호소하고 천지신명에게 기도하며 스스로 넓적다리 살을 잘라 죽에 섞어서 권하니 대단한 효험이 있어서 병이 점차 완화된다 해도.

❏ かぎりある命[いのち]なれば89)、神明(しんめい)のちからも、をよばず90)、月[つき]をこえて91)、つゐに92)、むなしく、なれりけり93)。

⇨ 한도가 있는 목숨이라서 천지신명의 힘도 미치지 못하고, 달을 넘겨 마침내 운명했다.

---

82)「てんたう→てんとう【天道】천지를 주재하는 신(神). 천제(天帝)」또는 「てんだう→てんどう【天道】우주의 이치(조리)」(이 경우 無濁点표기)+「に[助詞]」+「うつたふ[下2]→うつたえる【訴える】[下1]호소하다. 소송하다. 사정을 아뢰다」의 連用形「うつたへ」.

83)「しんめい【神明】신. 천지신명」+「に[助詞]」+「いのる【祈る・祷る】[4]기도하다」의 連用形「いのり」.

84)「みづから→みずから【自ら】[名]자기 자신. [副]스스로」+「もも【股・腿】넓적다리」+「の[助詞]」+「にく【肉】살」+「を[助詞]」+「きる【切る・斬る】[4]자르다. 베다」의 連用形「きり」+「て」.

85)「かゆ【粥】죽」+「に[助詞]」+「まじふ[下2]→まじえる【交える】[下1]섞다」의 連用形「まじへ」+「て」+「すすむ[下2]→すすめる【勧める・奨める・薦める】[下1]추천하다. 권하다」의 連体形「すすむる」+「に[助詞]~하니. ~하는데」.

86)「すこぶる【頗る】[副]다소. 엄청나게. 상당히」+「きどく【奇特】흔치 않음. 장함. 영험」+「あり【有り】[ラ変]있다」의 連用形「あり」+「て」.

87)「やまひ【病】병」+「やうやく→ようやく【漸く】[副]점차. 차츰. 겨우」+「ゆるやか【緩やか】[形動ナリ]완만하다. 느슨하다」의 終止形「ゆるやかなり」.

88)いへども→いえども【雖も】[連語]~하지만. ~해도.

89)「かぎり【限り】[名]한도. 마지막」+「あり【有り】[ラ変]있다」의 連体形「ある」+「いのち【命】목숨」+「なり[助動단정・지정]」의 已然形「なれ」+「ば[助詞]확정조건. 원인・이유」.

90)「ちから【力】힘」+「も[助詞]」+「および【及ぶ】[4]다다르다. 미치다」의 未然形「およば」(を-'는 정서법에 어긋남)+「ず[助動부정]」의 連用形「ず」.

91)「つき【月】달」+「を[助詞]」+「こゆ[下2]→こえる【越える・超える】[下1]넘다. 경과하다」의 連用形「こえ」+「て」.

92) つひに→ついに【終に・遂に】[副]결국. 마침내. 「-ゐ」는 정서법에 어긋남.

93)「むなし【空し・虚し】[形シク]무상하다. 죽었다」의 連用形「むなしく」+「なる【成る・為る】[4]되다」의 命令形「なれ」+「り[助動]완료・존속」의 連用形「り」+「けり[助動]회상・과거」.

❏ 劉氏(りうし)、なげき悲(かな)しミて94)、水食(しゐしよく)95)さらに、くちにいらず96)。

⇨ 유 씨는 탄식하고 슬퍼하여 물과 음식을 전혀 입에 넣지 않는다.

❏ 家[いえ]のほとりに97)殯(かりも)がりして98)、かへつて99)韓太初(かんたいそ)が100)墓(はか)に、はうふらんとす101)。

⇨ 집 근처에 임시로 관을 안치하고 오히려 한 태초의 무덤에 묻으려 한다.

❏ なきさけぶこゑ102)、きく人[ひと]あはれを、もよほしけり103)。

⇨ 울부짖는 소리에 듣는 사람들이 동정심을 일으켰다.

❏ それより104)五年[ごねん]に、をよぶまで105)、猶[なお]106)しバらくも、わするゝ事[こと]なし107)。

---

94) 「なげく【嘆く・歎く】[4]한숨짓다. 슬퍼하다」의 連用形「なげき」+「かなしむ【悲しむ・哀しむ】[4]슬퍼하다. 가여워하다」의 連用形「かなしみ」+「て」.

95) 「水食」이 '물과 음식'의 뜻이라면 현재「すいじき」로 읽는다. 이를「すいしよく」로 읽는 것은 다른 뜻.

96) 「さらに【更に】[副]또한. 절대로. 전혀」+「くち【口】입」+「に[助詞]」+「いる【入る】[4]넣다」의 未然形「いら」+「ず[助動]부정」.

97) 「いへ→いえ【家】집」+「の[助詞]」+「ほとり【辺】옆. 근처」+「に[助詞]」.

98) 「かりもがり【殯】죽은 사람을 매장하기 전에 잠시 그 주검을 관에 넣어 안치하는 것. 초빈(草殯)」+「す[サ変]하다」의 連用形「し」+「て」.

99) かへつて→かえって【却って・反って】[副]오히려. 반대로.

100) 「が」는 현대일본어「の」의 쓰임.

101) 「はか【墓】무덤」+「に[助詞]」+「はうぶる→ほうぶる【葬る】[4]매장하다」의 未然形「はうぶら」('-ふ-'는 無濁点표기)+「む[助動]추량・의지」→「ん」+「と[助詞]」+「す[サ変]하다」.

102) 「なきさけぶ【泣き叫ぶ】[4]큰 소리로 울다. 울며 외치다」의 連体形「なきさけぶ」+「こゑ→こえ【声】목소리」.

103) 「きく【聞く・聴く】[4]듣다」의 連体形「きく」+「ひと【人】사람」+「あはれ【哀れ】[名]존귀함. 절절함. 가여움」+「を[助詞]」+「もよほす[4]→もよおす【催す】[5]불러일으키다」의 連用形「もよほし」+「けり[助動]회상・과거」.

104) 「それ【其・夫】[代]그. 그것」+「より[助詞]~로부터」.

105) 「およぶ【及ぶ】[4]다다르다. 미치다. 이르다」의 連体形「およぶ」('を-'는 정서법에 어긋남)+「まで【迄】[助詞]까지」.

106) なほ→なお【猶・尚】[副]원래대로. 여전히. 역시. 그래도. 재차. 점점.

⇨ 그 후로 5년에 이르기까지 여전히 잠시도 잊는 적이 없다.

❏ 国[くに]の守護(しゆご)108)、聞[きき]つたへて109)、大[おおい]に110)、あはれに思[おも]ひ111)、つぶさに112)、みかどに、そうもんしければ113)、太祖(たいそ)皇帝(くわうてい)、すなハち114)、御[お]つかひを給[たま]ハりて115)、劉氏(りうし)に衣(きぬ)一[ひと]重(かさ)ね116)、黄金(わうごん)二十[にじゆう]両[りょう]を、つかハし給[たま]ふ117)。

⇨ 지역 관리가 전해 듣고 크게 가엾게 생각하여 상세히 천자께 아뢰었더니 태조 황제가 곧 사자를 내리셔서 유 씨에게 옷 한 벌과 황금 20냥을 보내신다.

❏ 守護人(しゆごにん)やがて118)、韓太初(かんたいそ)が119)死骸(しがい)、ならびに老母(らうぼ)120)甯氏(ねいし)が121)かばねを送[おく]

---

107) 「しばらく【暫く・須臾】[副]잠시. 한동안」+「も[助詞]」+「わする[下2] → わすれる【忘れる】[下1]잊다」의 連体形「わするる」+「こと【事】일」+「なし【無し】[形ク]없다」.

108) 「くに【国】나라. 지역」+「の[助詞]」+「しゆご【守護】관직명」.

109) 「ききつたふ[下2] → ききつたえる【聞き伝える】[下1]남에게 전해 듣다」의 連用形「ききつたへ」+「て」.

110) 「おおいに【大いに】[副]매우. 몹시. 많이.

111) 「あはれ[形動ナリ] → あわれ【哀れ】[形動]감동스럽다. 감격스럽다. 불쌍하다. 가엾다」의 連用形「あはれに」+「おもふ【思ふ】[4]생각하다」의 連用形「おもひ」.

112) 「つぶさに【具に・悉に・備に】[副]완전히. 충분히. 상세히.

113) 「みかど【御門・帝】황제. 천자. 조정. 덴노(天皇)」+「に[助詞]」+「そうもん【奏聞】주문. 천자에게 주상(奏上)하는 것. 주달(奏達)」+「す[サ変]하다」의 連用形「し」+「けり[助動]회상・과거」의 已然形「けれ」+「ば[助詞]확정조건. 원인・이유」.

114) 「すなはち → すなわち【即ち・則ち】[副]곧바로. 즉시.

115) 「つかひ → つかい【使い・遣い】사자(使者)」+「を[助詞]」+「たまはる【賜る・給はる】[4]주시다. 하사하다」의 連用形「たまはり」+「て」.

116) 「きぬ【衣】옷」+「ひと【一】1」+「かさね【重・襲】[接尾]겹쳐진 것을 세는 단위. 겹. 채. 벌」.

117) 「つかはす[4] → つかわす【使わす・遣わす】[5]보내시다. 파견하시다」의 連用形「つかはし」+「たまふ【給ふ】[助動]존경」.

118) やがて【軈て】[副]곧. 그대로. 금세. 언젠가.

119) 「が」는 현대일본어「の」의 쓰임.

120) 「しがい【死骸・屍骸】사해. 시체」+「ならびに【並びに】[接続]및. ~와 ~」+「らうぼ → ろ

り122)、妻(つま)の劉氏(りうし)もろともに123)二[ふた]度(たび)124)都[みやこ]に、めしかへして125)、もとの家[いえ]126)に、すましめ127)、かバねをはうふり128)、あらためて129)、門(もん)をあらハし給[たま]ひけり130)。

⇨ 관리가 곧 한 태초의 주검과 노모 영 씨의 주검을 장송하고, 아내인 유 씨와 함께 재차 도읍으로 불러들여서 원래 살던 집에 살게 하고 주검을 장사 지내고 새로이 가문을 세상에 널리 드러내셨다.

❏ 是[これ]ひとへに131)、劉氏(りうし)、まことの道[どう]を、おこなひ132)、しうとめに、かう\/を、つくしたりし故[ゆえ]に133)、死(し)せる人[ひと]134)のかバねをだに135)、二[ふた]たび136)左遷(させん)の恥

うぼ【老母】노모.

121) 「が」는 현대일본어 「の」의 쓰임.
122) 「かばね【屍・尸】시체」+「を[助詞]」+「おくる【送る】보내다. 장송(葬送)하다」의 連用形 「おくり」.
123) もろとも【諸共】함께. 동시. 「もろともに」의 형태로 부사적으로 쓰이는 경우도 있다.
124) ふたたび【二度・再び】두 번. 다시. 재차.
125) 「みやこ【都】도읍」+「に[助詞]」+「めしかへす[4]→めしかえす【召し返す】[5]아랫사람을 다시 불러들이다」의 連用形 「めしかへし」+「て」.
126) 「もと【本・元】원래. 처음」+「の[助詞]」+「いへ→いえ【家】집」.
127) 「すむ【住む・棲む】[4]살다. 거주하다」의 未然形 「すま」+「しむ[助動사역. ~시키다」의 連用形 「しめ」.
128) 「かばね【屍・尸】시체」+「を[助詞]」+「はうぶる→ほうぶる【葬る】[4]매장하다」의 連用形 「はうぶり」('-ふ-'는 無濁点표기).
129) あらためて【改めて】[副]다른 기회에 다시. 새로이. 정식으로 제기하여.
130) 「もん【門】문. 가문」+「を[助詞]」+「あらはす[4]→あらわす【表す・現す・顕す・著す】[5]드러내다. 나타내다. 표현하다. 널리 세상에 알리다」의 連用形 「あらはし」+「たまふ【給ふ】[助動존경]」의 連用形 「たまひ」+「けり[助動]회상・과거」.
131) ひとへに→ひとえに【偏に】[副]오로지. 한결같이.
132) 「まこと【真・実・誠】[名]진짜. 진실. 진정. 성의」+「の[助詞]」+「どう【道】도. 도리」+「を[助詞]」+「おこなふ【行ふ】[4]행하다」의 連用形 「おこなひ」.
133) 「かうかう→こうこう【孝行】효행」+「を[助詞]」+「つくす【尽くす】[4]노력하다. 힘쓰다」의 連用形 「つくし」+「たり[助動]완료・존속」+「き[助動]회상・과거」의 連体形 「し」+「ゆゑ→ゆえ【故】~때문」+「に[助詞]」.

辱(ちぢよく)をすゝがしめ137)、ミづから138)も故郷[こきょう]に帰[かえ]りて、をとろへたる139)門[もん]を、おこしける140)、心[こころ]ざしのほとこそ141)有[あり]がたけれ142)。

⇨ 이는 오로지 유 씨가 진정한 도리를 행하고 시어머니에게 효행을 다했기 때문에 죽은 사람의 주검까지 다시 좌천의 치욕을 씻도록 하고 자신도 고향으로 돌아와서 몰락한 가문을 일으킨 마음가짐이야말로 존귀하다.

---

134) 「しす[サ変]→しする【死する】[サ変]죽다」의 連用形「しせ」+「り[助動완료·존속」의 連體形「る」+「ひと【人】사람」.

135) 「かばね【屍·尸】시체」+「を[助詞]」+「だに[助詞〜조차. ~까지. ~만이라도」.

136) ふたたび【二度·再び】두 번. 다시. 재차.

137) 「させん【左遷】좌천」(〈左迁〉은 사전에 등재되지 않음. 한자 사용상의 오류로 보임)+「の[助詞]」-「ちじょく【恥辱】치욕」('-ぢ-'는 미상)+「を[助詞]」+「すすぐ【濯ぐ】[4]씻다. 깨끗하게 하다」의 未然形「すすが」+「しむ[助動사역. ~시키다」의 連用形「しめ」.

138) みづから→みずから【自ら】[名]자기 자신. 나. [副]스스로. 친히.

139) 「おとろふ[下2]→おとろえる【衰える】약한 상태가 되다. 쇠약하다. 영락하다」의 連用形「おとろへ」('を-'는 정서법에 어긋남)+「たり[助動완료·존속」의 連體形「たる」.

140) 「もん【門】문. 가문」+「を[助詞]」+「おこす【起こす·興す】[4]일으키다. 번영시키다」의 連用形「おこゝ」+「けり[助動]회상·과거」의 連體形「ける」.

141) 「こころざし【志】마음이 향하는 바. 의향. 뜻」+「の[助詞]」+「ほど【程】시간·공간·사항의 정도. 모습」('-ど'는 無濁点표기)+「こそ[係助詞]뜻을 강하게 함(문말은 已然形)」.

142) 「ありがたし[形ク]→ありがたい【有り難い】[形]드물다. 훌륭하다. 존귀하다. 감사하다」의 已然形「ありがたけれ」(앞의 〈こそ〉에 호응).

32. 婁(ろう)伯(はく)捕(とる)ㇾ虎(とらを)
누백이 호랑이를 잡다

❑ 高麗国(かうらいこく)の崔婁伯(さいろうはく)ハ、水原(すいげん)の戸長(こちやう)[1]、尚翥(しやうしや)が子[こ]なり[2]、後[のち]に、翰林学士(かんりんがくじ)[3]に、いたる[4]。
　⇨ 고려국의 최 누백은 수원의 호장 상저의 자식이다. 후에 한림학사에 오른다.

❑ 初[はじ]め[5]、年[とし]いまた[6]十五[じゅうご]のとき、父[ちち]、猟(かり)[7]に出[で]て、虎(とら)のために[8]害(かい)せらる[9]。
　⇨ 애초 나이가 아직 열다섯일 때 아버지가 사냥하러 나가 호랑이로 인해 죽임을 당했다.

❑ 婁伯(ろうはく)、うれへなげく事[こと][10]、ハかりなし[11]。

---

1) 「戸長」에 대해서는 〈표준국어대사전〉에 「고을 구실아치의 우두머리. (고려) 성종 2년(983)에 당대등을 고친 것이다」라는 풀이가 있다. 한편 『広辞苑』의 설명은 다음과 같다. 「こちやう→こちょう【戸長】메이지(明治) 초기 정촌제(町村制) 시행 이전에 정촌(町村)에 두었던 자리. 행정사무를 관장함과 더불어 정촌(町村)의 대표를 한다는 성격도 가졌다. 1889년 폐지」. 아울러 〈한문본〉에서는 이 부분이 「水原戸長尚翥之子」와 같이 되어 있으며 〈언해본〉 역시 「戸長」으로 기술하고 있다.
2) 「が」助詞현대일본어〈の〉의 쓰임」+「こ【子】아이」+「なり[助動]단정・지정」.
3) 「翰林学士」는 현재 「かんりんがくし」로 읽으므로 「-じ」는 확인이 필요한 듯싶다.
4) いたる【至る・到る】[4]도달하다. 이르다.
5) はじめ【始・初】처음. 시작.
6) いまだ【未だ】[副]아직. 여전히. 「-た」는 無濁点표기.
7) かり【狩・猟】사냥. 수렵.
8) 「とら【虎】호랑이」+「の」+「ため」+「に」. 「ため【為】」는 助詞인 「の」「が」 또는 用言의 連体形에 접속하여 '이익' '이유' '목적'의 뜻. ~때문에. ~위해.
9) 「がいす[サ変]→がいする【害する】[サ変]해하다. 상처 입히다. 죽이다. 살해하다」의 未然形「がいせ」('か゛'는 無濁点표기)+「らる[助動]수동」.

➡ 누백이 근심하여 슬퍼하는 일이 한량없다.

❏ 母[はは]に、かたりて、いハく12)、「わか父[ちち]の敵(てき)13)ハ、虎(とら)なり14)、ねがハくは15)虎(とら)を、ころして16)、父[ちち]のいきどをり17)を散(さん)すべし18)。」と云[いう]。

➡ 어머니에게 말하여 이르길 "우리 아버지의 원수는 호랑이다. 바라기는 호랑이를 죽여 아버지의 분개를 갚아야겠다."라고 한다.

❏ 母[はは]、しきりに19)、とゞむれども20)、つゐに21)、きかず22)。

➡ 어머니가 거듭 가로막지만 끝내 듣지 않는다.

❏ 「われ、年[とし]いまだ23)、たらず、と、いへども24)、心[こころ]さし25)

---

10) 「うれふ[下2] → うれえる【憂える・愁える・患える】[下1]한탄하다. 걱정하다」의 連用形 「うれへ」+「なげく【嘆く・歎く】[4]한숨짓다. 탄식하다. 슬퍼하다. 절망하다. 애원하다. 호소하다」의 連体形 「なげく」+「こと【事】것. 일」.

11) はかりなし【計り無し】[形ク]헤아릴 수 없다. 매우 많다. 말로 다할 수 없다.

12) 「かたる【語る】[4]들려주다. 말하다」의 連用形 「かたり」+「て」+「いはく【曰く】말하길」.

13) 「わが【我が・吾が】[連体]나의. 자신의」('-が'는 無濁点표기)+「ちち【父】아버지」+「の[助詞]」+「てき【敵】적. 원수」.

14) 「とら【虎】호랑이」+「なり[助動]단정・지정」.

15) ねがはくは → ねがわくは【願わくは】[副]바라기는. 원하기는.

16) 「ころす【殺す】[4]죽이다」의 連用形 「ころし」+「て」.

17) いきどほり【憤り】[名]분노. 분개. 성냄. 노여움. 「-を-」는 정서법에 어긋남.

18) 「さんず[サ変] → さんずる【散ずる】[サ変]흩어지다. 사라지다. 갚다」의 終止形 「さんず」('-ず'는 無濁点표기)+「べし[助動]의무・당연・추량・가능 등」.

19) しきりに【頻りに】[副]계속해서. 심하게.

20) 「とどむ[下2] → とどめる【止める・留める・停める】[下1]가로막다. 제지하다」의 已然形 「とどむれ」+「ども[助詞]역접」.

21) つひに → つゐに【終に・遂に】[副]결국. 마침내. 「-ゐ」는 정서법에 어긋남.

22) 「きく【聞く・聴く】[4]듣다. 받아들이다」의 未然形 「きか」+「ず[助動]부정」.

23) 「われ【我・吾】[代]나. 저」+「とし【年・歳】나이」+「いまだ【未だ】[副]아직. 여전히」.

24) 「たる【足る】[4]족하다. 충분하다. 자격이 있다」의 未然形 「たら」+「ず[助動]부정」+「と[助詞]」+「いへども→いえども【雖も】[連語]~하지만. ~해도」.

25) こころざし【志】마음이 향하는 바. 의향. 뜻. 「-さ」는 無濁点표기.

ハ、さらに、うバふべからず26)。」と、いふて、斧(をの)を、になふて27)、山[やま]にいたり28)、虎(とら)のゆきがたを、たづぬるところに29)、虎(とら)すでに、食(しよく)にあきて30)、はらバひふしたり31)。

⇨ "나는 나이가 아직 차지 않았다 해도 마음가짐은 절대로 빼앗을 수 없을 것이다."라고 하고 도끼를 짊어지고 산에 이르러 호랑이의 행방을 찾는 차에 호랑이가 이미 먹을 것에 질려서 배를 깔고 누워있다.

❏ 婁伯(ろうはく)、これを見[み]て、大[おおい]によろこび32)、虎(とら)にむかひて、いはく33)、「汝(なんぢ)34)、わが父[ちち]を、くらひたり35)、わが父(ちゝ)の、かたき36)ハ、汝(なんぢ)なり37)、われ又[また]、かへつて38)、汝[なんじ]を、くらふべし39)。」と云[いう]。

---

26) 「さらに【更に】[副]또한. 절대로. 전혀」+「うばふ【奪ふ】[4]빼앗다」의 終止形「うばふ」+「べかり[助動]추량·가능 등」의 未然形「べから」+「ず[助動]부정」.

27) 「をの → おの【斧】도끼」+「を[助詞]」+「にはふ[4]→になう【担う·荷う】[5]짊어지다. 메다」+「て」.

28) 「やま【山】산」+「に[助詞]」+「いたる【至る·到る】[4]도착하다. 도달하다」의 連用形「いたり」.

29) 「ゆきがた【行き方】행방」+「を[助詞]」+「たづぬ[下2]→たずねる【尋ねる】[下1]찾다. 묻다」의 連体形「たづぬる」('-つ'는 無濁点표기)+「ところ【所·処】곳. 상황. 찰나」+「に[助詞]」.

30) 「すでに【既に·已に】[副]이미. 벌써. 모두. 이제」+「しょく【食】식사. 음식」+「に[助詞]」+「あく【飽く·厭く·倦く】[4]싫어지다. 질리다. 지긋지긋해하다」의 連用形「あき」+「て」.

31) 「はらばふ【腹這ふ】[4]배밀이하다. 배를 깔고 눕다」의 連用形「はらばひ」+「ふす【伏す·臥す】[4]눕다」의 連用形「ふし」+「たり[助動]완료·존속」.

32) 「おおいに【大いに】[副]매우. 몹시. 많이」+「よろこぶ【喜ぶ·悦ぶ】[4]기뻐하다」의 連用形「よろこび」.

33) 「むかふ[4]→むかう【向かう·対う】[5]향하다. 마주하다. 나아가다」의 連用形「むかひ」+「て」+「いはく【曰く】말하길」.

34) なんぢ→なんじ【汝·爾】[代]아랫사람을 가리키는 말.

35) 「わが【我が·吾が】[連体]나의. 자신의」+「ちち【父】아버지」+「を[助詞]」+「くらふ[4]→くらう【食らう】[5]'먹다'의 속된 표현」의 連用形「くらひ」+「たり[助動]완료·존속」.

36) かたき【敵】상대. 적. 원수.

37) 「なんぢ【汝·爾】[代]너」+「なり[助動]단정·지정」.

38) かへつて→かえって【却って·反って】[副]오히려. 반대로.

❏ 누백이 이들 보고 크게 기뻐하며 호랑이를 향해 이르길 "네가 우리 아버지를 잡아먹었다. 우리 아버지의 원수는 너다. 나는 또한 거꾸로 너를 잡아먹을 것이다." 라고 한다.

❏ 虎(とら)、是[これ]を聞[きき]て、尾(お)をふりて⁴⁰⁾、うつぶしに、ふしたり⁴¹⁾。

⇨ 호랑이가 이를 듣고 꼬리를 흔들며 엎드려 누웠다.

❏ ろうはく、つゐに⁴²⁾、斧(をの)をあけて⁴³⁾、とらを、ころし⁴⁴⁾、其[その]腹(はら)をさきて⁴⁵⁾、父[ちち]のかハね⁴⁶⁾の、くたけたる骨肉(こつにく)⁴⁷⁾を、とり出[だ]し⁴⁸⁾、うつハ物[もの]に、おさめ⁴⁹⁾、虎(とら)の肉(にく)を甕(もたひ)にいれ⁵⁰⁾、家[いえ]に帰[かえ]りて、

⇨ 누백이 마침내 도끼를 들어 호랑이를 죽이고 그 배를 갈라 아버지 주검의 산산조각난 뼈와 살을 끄집어내서 그릇에 담고 호랑이 고기를 항아리에 넣어 집에 돌아와서,

❏ 肉(にく)をバ⁵¹⁾川[かわ]の流[なが]れの底[そこ]に埋(うづ)ミて⁵²⁾、父ち

---

39) 「くらふ[4]→ぐらう【食らう】[5]'먹다'의 속된 표현」의 終止形 「くらふ」+「べし[助動]의무·당연·추량·가능 등」.

40) 「お【尾】꼬리」+「を[助詞]」+「ふる【振る·震る】[4]흔들다」의 連用形 「ふり」+「て」.

41) 「うつぶし【俯し】[名]엎드리는 것. 숙이는 것」+「に[助詞]」+「ふす【伏す·臥す】[4]눕다」의 連用形 「ふし」+「たり[助動]완료·존속」.

42) つひに→つゐに【終に·遂に】[副]결국. 마침내. '-ゐ'는 정서법에 어긋남.

43) 「をの→おの【斧】도끼」+「を[助詞]」+「あぐ[下2]→あげる【上げる】[下1]들다. 올리다」의 連用形 「あげ」('-け'는 無濁点표기)+「て」.

44) 「とら【虎】호랑이」+「を[助詞]」+「ころす【殺す】[4]죽이다」의 連用形 「ころし」.

45) 「その【其の】[連体]그」+「はら【腹】[배]」+「を[助詞]」+「さく【裂く·割く】[4]가르다」의 連用形 「さき」+「て」.

46) かばね【屍·尸】시체. 「-は-」는 無濁点표기.

47) 「くだく[下2]→くだける【砕ける·摧ける】[下1]깨지다. 부서지다」의 連用形 「くだけ」+「たり[助動]완료·존속」의 連体形 「たる」+「こつにく【骨肉】뼈와 살. 육체」.

48) 「とりだす【取り出す】[4]꺼내다」의 連用形.

49) 「うつはもの→うつわもの【器物】그릇. 용기」+「に[助詞]」+「をさむ[下2]→おさめる【納める·収める】[上1]수납하다. 담다」의 連用形 「をさめ」('お'는 歴史的仮名遣에 어긋남).

50) 「もたひ→もたい【甕·罋】물이나 술을 담는 그릇」+「に[助詞]」+「いる[下2]→いれる【入れる】[下1]넣다」의 連用形 「いれ」.

ち]のかバねをば53)、弘法山(ぐほうざん)といふ山[やま]の西[にし]に、さうれいして54)、墓(はか)のほとりに55)庵(いほ)りを、むすび56)、つかへまつる事[こと]57)なを58)生(いけ)るときのごとし59)。

⇨ 고기를 강물 바닥에 묻고 아버지의 주검을 홍법산이라 하는 산의 서쪽에 장례하고, 무덤가에 초막을 짓고 받들어 섬기는 것이 여전히 살아있을 때와 같다.

❏ ある日[ひ]、すこし、まとろミけるに60)、その父[ちち]、ゆめに、きたりて61)、詩(し)を詠(えい)して、いはく62)、「榛(しん)63)をひらきて64)孝子(かいし)の65)廬(りよ)66)にいたる67)。

---

51) 「をば」:(格助詞「を」에 係助詞「は」가 붙어 濁音化한 것) 'を'의 뜻을 강하게 함.

52) 「かは→かわ【川・河】강」+「の[助詞]」+「ながれ【流れ】[名]흐름」+「の[助詞]」+「そこ【底】바닥」+「に[助詞]」+「うづむ【埋む】[4]덮다. 파묻다」의 連用形「うづみ」+「て」.

53) 「ちち【父】아버지」+「の[助詞]」+「かばね【屍】시체」+「をば[助詞]~을(를)」.

54) 「さうれい→そうれい【葬礼】장례」+「す[サ変]하다」의 連用形「し」+「て」.

55) 「はか【墓】무덤. 묘」+「の[助詞]」+「ほとり【辺】옆. 근처」+「に[助詞]」.

56) 「いほり→いおり【庵・廬】풀이나 나무 따위로 만든 허름한 집. 오두막집」+「を[助詞]」+「むすぶ【結ぶ】[4]매다. 묶다. 잇다. 매듭을 짓다」의 連用形「むすび」.「いほりをむすぶ」는 '풀로 엮어 집을 짓다'의 뜻.

57) 「つかへまつる【仕へ奉る】[4](つかふ【仕ふ】[4]의 겸양어)삼가 섬기다」의 連体形「つかへまつる」+「こと【事】것. 일」.

58) 「なお【猶・尚】[副]아직. 역시. 그래도. 다시. 원래대로. 歴史的仮名遣로는「なほ」.

59) 「いく【生く】[4]살다. 생존하다」의 命令形「いけ」+「り[助動]완료・존속」의 連体形「る」+「とき【時】때」+「の[助詞]」+「ごとし【如し】[助動]~와 같다. ~와 닮았다」.

60) 「すこし【少し】[副]조금」+「まどろむ【微睡む】[4]깜빡 졸다」의 連用形「まどろみ」('-と-'는 無濁点表기)+「けり[助動]회상・과거」의 連体形「ける」+「に[助詞]~하니. ~하는데」.

61) 「ゆめ【夢】꿈」+「に[助詞]」+「きたる【来る】[4]오다」의 連用形「きたり」+「て」.

62) 「し【詩】시」+「を[助詞]」+「えいず[サ変]→えいずる【詠ずる】[サ変]읊다」의 連用形「えいじ」('-じ'는 無濁点表기)+「て」+「いはく【曰く】말하길」.

63) 「榛」은 일본어에서 음으로는「しん」훈으로는「はり」로 읽는다.「榛(はん)の木(き)」와 같은 쓰임이 있으며, 뜻은 우리 일한사전에서는 흔히「오리나무」로 풀이하나「개암나무」로 봐야겠다.

64) 「ひらく【開く】[4]열다. 열리다. 헤치다. 펼치다」의 連用形「ひらき」+「て」.

65) 「の」는 현대일본어「が」의 쓰임.

66) 「廬」는 일본어에서 음으로는「ろ」, 훈으로는「いお・いおり」로 읽는다.「いほり→いおり

⇨ 어느 날 조곤 깜빡 졸고 있는데 그 아버지가 꿈에 나타나서 시를 읊어 이르길 "개암나무 젖히고 효자가 초막에 이른다.

❏ 情(じゃう)おほく⁽⁶⁸⁾、かん涙(るい)きハまりなし⁽⁶⁹⁾。土(つち)ををふて⁽⁷⁰⁾日〻(ひゞ)⁽⁷¹⁾に塚(つか)の上[うえ]にくハふ⁽⁷²⁾音(こゑ)⁽⁷³⁾を明月(めいげつ)清風(せいふう)にしる⁽⁷⁴⁾。

⇨ 정이 많고 감격의 눈물이 끝이 없다. 흙을 짊어져서 날마다 무덤 위에 더하는 소리를 명월청풍으로 안다.

❏ 生(いき)てハ則(すな)ハち、やしなひ⁽⁷⁵⁾、死(し)してハ、すなハち守(まも)る⁽⁷⁶⁾。たれか謂(いふ)⁽⁷⁷⁾孝(かう)に死終(しじう)⁽⁷⁸⁾なしと⁽⁷⁹⁾。」かく

【庵・廬】풀이나 나무로 만든 허름한 집」과 같이 쓰인다. 이를 「りよ」로 읽은 것은 미상.

67) いたる【至る・到る】[4]도착하다. 도달하다.

68) 「じゃう→じょう【情】정」+「おほし【多し】[形ク]많다」의 連用形「おほく」.

69) 「かんるい【感涙】깊이 감동하여 흘리는 눈물. 감루」+「きはまり→きわまり【極まり・窮まり】[名]극한. 끝」+「なし【無し】[形ク]없다」.

70) 「つち【土】흙」+「を[助詞]」+「おふ[4]→おう【負う】[5]등에 지다」('を-'는 정서법에 어긋남)+「て」.

71) ひび【日日】매일.

72) 「つか【塚・冢】무덤. 묘」+「の[助詞]」+「うへ【上】위」+「に[助詞]」+「くわふ[下2]→くわえる【加える】[下1]겹쳐놓다. 더하다. 높이다. 베풀다」의 連體形「くはふる」('くはぶ'는 문법에 어긋남)+「音」.

73) 일본어에서는「音」은「おと・ね」,「声」은「こゑ→こえ」로 나누어 쓰므로「音」을 굳이「こゑ」로 읽은 것이 흥미롭다.

74) 「めいげつ【明月】맑게 갠 달. 명월」+「せいふう【清風】상쾌한 바람. 청풍」+「に[助詞]」+「しる【知る】[4]알다」.

75) 「いく【生く】[4]살다. 생존하다」의 連用形「いき」+「て」+「は[助詞]」+「すなはち→すなわち【即ち・則ち】[副]곧바로. 즉시. 즉」+「やしなふ【養ふ】[4]키우다. 부양하다」의 連用形「やしなひ」.

76) 「しす[サ変]→しする【死する】[サ変]죽다」의 連用形「しし」+「て」+「は[助詞]」+「すなはち【即ち・則ち】[副]곧바로. 즉시. 즉」+「まもる【守る】[4]지키다」.

77) 「たれ【誰】누구」+「か[係助詞]의문(이에 걸리는 술어에 의문의 뜻을 보탬)」+「いふ【言ふ・云ふ・謂ふ】[4]말하다」의 連體形「いふ」(앞선 係助詞〈か〉에 호응).

78) 「死終」은 일본이나 우리 사전 모두 등재되지 않은 말이다. 다만「しじう」를 실마리로 삼아 살펴보면「しじゅう【始終】처음과 끝. 내내. 결말. 장래」가 있어서 뜻이 통한다.

のことく⁸⁰⁾詠(えい)しをハりて⁸¹⁾、夢[ゆめ]ハ、やがて、さめにけり⁸²⁾。

⇨ 살아서는 곧 봉양하고 죽어서는 곧 지킨다. 누가 말하는가? 효에 죽어서 끝남이 없다고." 이와 같이 다 읊고 나서 꿈이 이내 깼다.

❏ 服(ふく)とけて後[のち]に⁸³⁾、とらの肉[にく]をとり出[だ]し⁸⁴⁾、ことごとく食[しょく]しけり⁸⁵⁾。

⇨ 상을 마친 후에 호랑이 고기를 꺼내 죄다 먹었다.

❏ かうかうの心[こころ]ざし⁸⁶⁾深ふかきに、よりて⁸⁷⁾、とし、いまだ、たらさるに⁸⁸⁾、たけき虎(とら)⁸⁹⁾を、手[て]づから、ころし⁹⁰⁾、虎(と

아울러 〈한문본〉에서도 이 부분이 「誰謂孝無始終」으로 되어 있어서 『假名草子集成』의 번각 과정에서의 오류로도 볼 수 있겠으나 미상. 또한 「死終」을 한자 그대로 '죽어서 끝남'으로 풀이할 경우 뜻이 통할 듯도 싶으나 역시 미상.

79) 「かう→こう【孝】효」+「に[助詞]」+「死終(しじう)」+「なし【無し】[形ク]없다」+「と[助詞] 인용. ~라고」.

80) 「かくのごとく【斯くの如く】이처럼. 이와 같은」.「-こ-」는 無濁点표기.

81) 「えいず[サ変]→えいずる【詠ずる】[サ変]읊다」의 連用形「えいじ」('-し'는 無濁点표기)+「をはる[4]→おわる【終わる】[5]끝나다」의 連用形「をはり」+「て」.

82) 「ゆめ【夢】꿈」+「は[助詞]」+「やがて【軈て】[副]곧. 그대로. 금세」+「さむ[下2]→さめる【覚める・醒める】[下1]깨다」의 連用形「さめ」+「ぬ[助動]완료・존속」의 連用形「に」+「けり[助動]회상・과거」.

83) 「ぶく【服】상복(喪服). 상중(喪中)」('ふ-'는 無濁点표기)+「とぐ[下2]→とげる【遂げる】[下1]완수하다. 성취시키다」의 連用形「とげ」('-げ'는 無濁点표기)+「て」+「のち【後】이후」. 다만 본문의「とけ」를「とく[下2]→とける【解ける】[下1]풀어지다. 역할이나 책임 따위가 제외되다」의 連用形으로 볼 수도 있겠다.

84) 「とりだす【取り出す】[4]꺼내다」의 連用形.

85) 「ことごとく【悉く・尽く】[副]남김없이. 모두」+「しょくす【食】[サ変]먹다」의 連用形「しょくし」+「けり[助動]회상・과거」.

86) 「かうかう→こうこう【孝行】효행」+「の[助詞]」+「こころざし【志】마음이 향하는 바. 의향. 뜻」.

87) 「ふかし【深し】[形ク]깊다」의 連体形「ふかき」+「に[助詞]」+「よる【因る・依る】[4]기인하다. 의거하다」의 連用形「より」+「て」.

88) 「とし【年・歳】나이」+「いまだ【未だ】[副]아직. 여전히」+「たる【足る】[4]족하다. 충분하다. 자격이 있다」의 未然形「たら」+「ざり[助動]부정」의 連体形「ざる」+「に[助詞]~하니. ~하는데」.

ら)も 孝心(かうしん)のまことに、おそれて91)、地[ち]にふしながら92)命(めい)を、おとしける93)。

⇨ 효행의 마음가짐이 깊음에 의해 나이가 아직 차지 않았는데 용맹한 호랑이를 손수 죽이고, 호랑이도 효심의 진정함에 두려워하여 땅에 엎드린 채로 목숨을 잃었다.

❏ ふしきなりける、ためしなり94)、と、きく人[ひと]ミな95)、かんじけり96)。

⇨ 기이한 증좌라면서 듣는 사람이 모두 감복했다.

---

89) 「たけし【猛し】[形ク]용맹하다」의 連体形「たけき」+「とら【虎】호랑이」.

90) 「てづから→てずから【手ずから】[副]직접 자신의 손으로. 스스로」+「ころす【殺す】[4] 죽이다」의 連用形「ころし」.

91) 「かうしん→こうしん【孝心】효심」+「の[助詞]」+「まこと【真・実・誠】[名]진짜. 진실. 진정. 성의」+「に[助詞]」+「おそる[下2]→おそれる【恐れる・畏れる・怖れる】[下1]무서워하다」의 連用形「おそれ」+「て」.

92) 「ち【地】땅」+「に[助詞]」+「ふす【伏す・臥す】[4]엎드리다. 눕다」의 連用形「ふし」+「ながら[助詞]앞선 상태가 이어지는 모습」.

93) 「めい【命】명. 목숨」+「を[助詞]」+「おとす【落とす・墜す・貶す】[4]떨어뜨리다. 죽이다」의 連用形「おとし」+「けり[助動]회상・과거」의 連体形「ける」(선행하는 係助詞가 없으므로 終止形이 와야 하는데 이런 경우를 이른바 <連体止め>라고 해서 여운을 드러내는 효과가 있다고 한다).

94) 「ふしぎ【不思議】[形動ナリ]기이하다. 불가사의하다」의 連用形「ふしぎなり」('-き-'는 無濁点표기)+「けり[助動]회상・과거」의 連体形「ける」+「ためし【例・様】[名]예. 전례. 증거」+「なり[助動]단정・지정」.

95) 「きく【聞く】[4]듣다」의 連体形「きく」+「ひと【人】사람」+「みな【皆】모두」.

96) 「かんず[サ変]→かんずる【感ずる】[サ変]①자극을 받다. 느끼다 ②마음에 생각하다 ③마음이 움직이다. 감동하다」의 連用形「かんじ」+「けり[助動]회상・과거」.

33. 自(じ)強(きやう)伏(ふす)ㄴ塚(つかに)
자강이 무덤에 엎드리다

❏ 金(きん)の自強(じきやう)[1]ハ、星州(せいじう)の人[ひと]なり[2]。
  ⇨ 김 자강은 성주의 사람이다.

❏ 年[とし]いまた[3]、いとけなくして[4]、父[ちち]を、うしなへり[5]。
  ⇨ 나이 아직 어려서 아버지를 잃었다.

❏ 母[はは]につかへて[6]、さらに[7]、すこしの事[こと]をも[8]、母[はは]の心[こころ]に、そむくことなく[9]、つねに[10]、その心[こころ]をなぐさめて[11]、よろこはしむ[12]。

---

1) 이제까지의 기술 방식에 따르면 이 부분은「금나라 자강」으로 해석해야겠지만 이는 료이(了意)가 잘못 파악한 것으로 봐야겠다.
2) 「ひと【人】사람」+「なり[助動단정·지정]」.
3) 「とし【年·歲】나이」+「いまだ【未だ】[副]아직. 여전히」('-だ'는 無濁点표기).
4) 「いとけなし[形ク]→いとけない【幼い·稚い】[形]나이 어리다. 철없다」의 連用形「いとけなく」+「して[助詞]連用形에 접속하여 '~인 상태로'의 뜻」.
5) 「うしなふ[4]→うしなう【失う】[5]잃다」의 命令形「うしなへ」+「り[助動완료·존속」.
6) 「つかふ【仕ふ】[下2]윗사람 가까이에서 섬기다. 모시다」의 連用形「つかへ」+「て」.
7) さらに【更に】[副]①또한. 거듭. 더욱 ②강한 부정. 절대로 ~가 아니다. 전혀 ~지 않다.
8) 「すこし【少し】[副]조금. 적은」+「の[助詞]」+「こと【事】것. 일」+「を[助詞]」+「も[助詞]」(〈~をも〉의 형태로 '~까지도'로 풀이됨).
9) 「こころ【心】마음. 뜻」+「に[助詞]」+「そむく【背く·叛く】[4]등지다. 위반하다」의 連體形「そむく」+「こと【事】것. 일」+「なし【無し】[形ク]없다」의 連用形「なく」.
10) つねに【常に】[副]항상. 늘. 언제나. 영구히. 변함없이.
11) 「なぐさむ[下2]→なぐさめる【慰める】[下1]위로하다. 달래다. 상대의 슬픔이나 고통을 가라앉히다」의 連用形「なぐさめ」('-ぐ-'는 無濁点표기)+「て」.
12) 「よろこぶ【喜ぶ·悅ぶ】[4]기뻐하다」의 未然形「よろこば」('-ば'는 無濁点표기)+「しむ[助動사역. ~시키다」.

⇨ 어머니를 섬기며 절대로 조그만 일까지도 어머니의 뜻에 어긋나는 적이 없고, 항상 그 뜻을 살피고 기쁘게 한다.

❏ 母[はは]、とし、すでに、きハまりて13)、むなしくなれり14)。

⇨ 어머니는 나이가 이미 다 하여 운명했다.

❏ 自強(じきやう)かなしミ、なげく事[こと]15)法(ほう)に過すぎ]たり16)。

⇨ 자강이 슬퍼하며 탄식하는 것이 도에 지나친다.

❏ はうふる時[とき]に、をよびて17)、さらに仏法(ぶつほう)のをきてに、よらず18)、もつハら19)儒教(じゆけう)の礼(れい)を、もちゆ20)。

⇨ 장사할 때에 이르러 전혀 불교의 법도에 의거하지 않고 오로지 유교의 예를 채용한다.

❏ すでに、はうふりて21)墓(はか)のほとり22)に、庵(いほ)りをむすび23)、

---

13) 「とし【年・歳】나이」+「すでに【既に・已に】[副]이미. 벌써」+「きはまる[4] → きわまる【極まる・窮まる】[5]한도에 도달하다」의 連用形「きはまり」+「て」.

14) 「むなし[形シク] → むなしい【空しい・虚しい】[形]덧없다. 무상하다. 죽었다」의 連用形「むなしく」+「なる【成る・為る】[4]되다」의 命令形「なれ」+「り[助動]완료・존속」.

15) 「かなしむ【悲しむ・哀しむ】[4]슬퍼하다. 가여워하다」의 連用形「かなしみ」+「なげく【嘆く・歎く】[4]한숨짓다. 슬퍼하다. 절망하다」의 連体形「なげく」+「こと【事】것. 일」.

16) 「はふ → ほう【法】보편적인 모습. 규정. 법도. 규범」+「に[助詞]」+「すぐ[上2] → すぎる【過ぎる】[上1]지나치다. 과하다」의 連用形「すぎ」+「たり[助動]완료・존속」.

17) 「はうぶる → ほうぶる【葬る】[4]매장하다」의 連体形「はうぶる」('-ふ-'는 無濁点表記)+「とき【時】때」+「に[助詞]~에」+「および【及ぶ】[4]어떤 때나 장소 등에 다다르다. 도달하다」의 連用形「および」(を-'는 정서법에 어긋남)+「て」.

18) 「さらに【更に】[副]또한. 절대로. 전혀」+「ぶつぽふ → ぶつぽう【仏法】부처의 교법. 불교. 불도」('-ほ-'는 無半濁点表記)+「の[助詞]」+「おきて【掟】규정. 법도」+「に[助詞]」+「よる【因る・曰る・拠る・依る】[4]의거하다. 근거하다」의 未然形「よら」+「ず[助動부정]」의 連用形「ず」.

19) もつぱら【専ら】[副]오로지. 오직. 「-は」는 無半濁点表記.

20) 「じゆけう → じゆきよう【儒教】유교」+「の[助詞]」+「れい【礼】예」+「を[助詞]」+「もちゐる[上1] → もちいる【用いる】[上1]채용하다. 사용하다」의 終止形「もちゐる」(본래는 〈持(も)ち率(ゐ)る〉에서 온 말로 예로부터 〈みちふ〉〈もちゆ〉 등과 같이 혼동이 있었다고 함).

21) 「すでに【既に・已に】[副]이미. 모두. 이제」+「はうぶる → ほうぶる【葬る】[4]매장하다」의 連用形「はうぶり」('-ふ-'는 無濁点表記)+「て」.

22) 「はか【墓】무덤. 묘」+「の[助詞]」+「ほとり【辺】옆. 근처」.

なげきを常(つね)として24)、三年[さんねん]ををくる25)服(ふく)のぞこりて後[のち]26)、又[また]、ちゝのために27)、いほりをさらず28)、かさねて29)三年[さんねん]を、すごさんとす30)。

⇨ 이제 장사 지내고 무덤가에 초막을 짓고 탄식을 일상으로 하여 3년을 보내는 상을 끝낸 후에, 다시 아버지를 위하여 초막을 떠나지 않고 또 3년을 지내려고 한다.

❏ 自強(じきやう)か31)妻(つま)の親類(しんるい)32)ことゞく、あつまりて33)、自強(じきやう)を家[いえ]に、かへらしめんかために34)、そのいほりに、火(ひ)をかけて35)焼(やき)はらひけり36)。

---

23) 「いほり→いおり【庵・廬】풀이나 나무 따위로 만든 허름한 집」+「を[助詞]」+「むすぶ【結ぶ】[4]매다. 묶다. 잇다」의 連用形「むすび」.「いほりをむすぶ」는 '풀로 엮어 집을 짓다'의 뜻.

24) 「なげき【嘆き・歎き】[名]탄식. 비탄. 탄원」+「を[助詞]」+「つね【常】[名]영구불변. 평소. 보통」+「として[助詞]①~라고 생각하여 ②~의 자격으로 ③~인 상태로 ④~로」.

25) 「さんねん【三年】3년」+「を[助詞]」+「おくる【送る】[4]보내다. 지내다」의 連体形「おくる」('を-'는 정서법에 어긋남).

26) 「ぶく【服】상복(喪服). 상중(喪中)」('ふ'는 無濁点표기)+「のぞこる【除こる】[4]제외되다. 빠지다」의 連用形「のぞこり」+「て」+「のち【後】이후」.

27) 「ちち【父】아버지」+「の」+「ため」+「に」.「ため【為】」는 助詞인「の」「が」또는 用言의 連体形에 접속하여 '이익' '이유' '목적'의 뜻. ~때문에. ~위해.

28) 「いほり→いおり【庵・廬】허름한 집」+「を[助詞]」+「さる【去る】[4]떠나다」의 未然形「さら」+「ず[助動]부정」.

29) かさねて【重ねて】[副]다시. 재차.

30) 「すごす【過ごす】[4]지내다」의 未然形「すごさ」+「む[助動]추량・의지」→「ん」+「と[助詞]」+「す[サ変]하다」.

31) 「が」의 無濁点표기로 보이며 현대일본어「の」의 쓰임.

32) しんるい【親類】친척. 친족.

33) 「ことごとく【悉く・尽く】[副]남김없이. 모두」+「あつまる【集まる】[4]모이다」의 連用形「あつまり」+「て」.

34) 「いへ→いえ【家】집」+「に[助詞]」+「かへる【4】→かえる【帰る・還る】[5]돌아오다」의 未然形「かへら」+「しむ[助動]사역. ~시키다」의 未然形「しめ」+「む[助動]추량・의지」의 連体形「む」→「ん」+「が」(が는 無濁点표기)+「ため【為】」+「に」(~がために : 목적. ~위해).

35) 「いほり→いおり【庵・廬】허름한 집」+「に[助詞]」+「ひ【火】불」+「を[助詞]」+「かく[下2]→かける【掛ける・懸ける】[下1]걸다. 놓다」의 連用形「かけ」+「て」.

36) 「やきはらふ[4]→やきはらう【焼き払う】[5]흔적이 남지 않을 때까지 태우다」의 連用形

⇨ 자강 아내의 친척이 모두 모여서 자강을 집으로 돌아오게 만들기 위하여 그 초막에 불을 놓아 죄다 불태워버렸다.

❑ 自強(じきやう)この火[ひ]を見[み]て、大[おほい]にかなしミ³⁷⁾、天[てん]によばひ³⁸⁾、地[ち]をたゝきて³⁹⁾、なく涙[なみだ]雨[あめ]のことし⁴⁰⁾。

⇨ 자강이 이 불을 보고 크게 슬퍼하여 하늘에 외치고 땅을 구르며 우는 눈물이 비와 같다.

❑ 人[ひと]ミな、手[て]をひゐて⁴¹⁾、家[いへ]にかへさん⁴²⁾、と、いざなひけれとも⁴³⁾、さらに、きかず⁴⁴⁾。

⇨ 사람들이 모두 손을 이끌어 집에 돌려보내려 권했지만 전혀 듣지 않는다.

❑ 塚(つか)のもとに、ひれふして⁴⁵⁾三日[みっか]まで、立[たち]あがらざりけり⁴⁶⁾。

「やきはらひ」+「けり[助動]회상・과거」.

37) 「おほに【大に】[副]매우. 몹시. 많이」+「かなしむ【悲しむ・哀しむ】[4]슬퍼하다」의 連用形「かなしみ」.

38) 「てん【天】하늘」+「に[助詞]」+「よばふ【呼ばふ・喚ばふ】[4]계속 부르다. 호소하다」의 連用形「よばひ」.

39) 「ち【地】땅」+「を[助詞]」+「たたく【叩く】[4]계속 두드리다」의 連用形「たたき」+「て」.

40) 「なく【泣く】[4]울다」의 連体形「なく」+「なみだ【涙】눈물」+「あめ【雨】비」+「の[助詞]」+「ごとし【如し】[助動]~와 같다. ~와 닮았다」('こ-'는 無濁点표기).

41) 「ひと【人】사람」+「みな【皆】모두」+「て【手】손」+「を[助詞]」+「ひゐて」.「ひゐて」는 두 가지 풀이가 가능할 듯싶다. 하나는「ひきゐる[上1]→ひきいる【率いる】[上1]데리고 가다. 동반하다」의 連用形「ひきゐ」에서「き」가 생략된 것으로 보는 것이고, 또 하나는「ひく【引く・曳く・牽く】[4]끌다」가「て」앞에서 音便이 발생한 것으로 보는 것이다. 다만 후자의 경우 본서에서는 전체적으로 音便을 표기상에서 확인할 수 없기 때문에 의문이 남는다.

42) 「かへす[4]→かえす【帰す】[5]돌려보내다」의 未然形「かへさ」+「む[助動]추량・의지」→「ん」.

43) 「いざなふ[4]→いざなう【誘う】[4]권유하다」의 連用形「いざなひ」+「けり[助動]회상・과거」의 已然形「けれ」+「ども[助詞]역접」('と-'는 無濁点표기).

44) 「さらに【更に】[副]또한. 절대로. 전혀」+「きく【聞く・聴く】[4]듣다. 받아들이다」의 未然形「きか」+「ず[助動]부정」.

45) 「つか【塚】무덤」+「の[助詞]」+「もと【下】아래」+「に[助詞]」+「ひれふす【平伏す】[4]바짝 엎드리다」의 連用形「ひれふし」+「て」.

⇨ 무덤 아래에 엎드려서 3일까지 일어서지 않았다.

❏ 妻(つま)の親類(しんるい)、この孝心(かうしん)の47)、まことにして48)、人[ひと]のために49)、心[こころ]をうつされざる事[こと]50)を、かんじて51)、すなハち52)、ために53)、又[また]、庵[いお]りをむすびて、あたへけれハ54)、重かさ]ねて55)、もとのことくに56)、父[ちち]の喪(も)に居(お)る事[こと]57)、又[また]、三年[さんねん]をへたりき58)。

⇨ 아내의 친척들은 이 효심이 진정으로, 남 때문에 뜻을 바꿔지지 않는 것을 감동하여 곧바로 그래서 또 초막을 지어 주었더니 다시 처음처럼 아버지의 거상을 하는 것이 또 3년을 지났다.

---

46) 「たちあがる【立ち上がる】[4]일어서다」의 未然形「たちあがら」+「ざり[助動]부정」의 連用形「ざり」+「けり[助動]회상·과거」.

47) 「の」는 현대일본어「が」의 쓰임.

48) 「まこと【真·実·誠】[名]진짜」+「に[助詞]」+「す[サ変]하다」의 連用形「し」+「て」.「~にして」의 꼴로 현대일본어「~で」와 같은 쓰임. ~해서. ~로.

49) 「ひと【人】사람. 남」+「の」+「ため」+「に」.「ため【為】」는 助詞인「の」「が」또는 用言의 連体形에 접속하여 '이익' '이유' '목적'의 뜻. ~때문에. ~위해.

50) 「こころ【心】마음. 뜻」+「を[助詞]」+「うつす【移す·遷す】[4]옮기다. 바꾸다」의 未然形「うつさ」+「る[助動]수동·가능·존경」의 未然形「れ」+「ざり[助動]부정」의 連体形「ざる」+「こと【事】것. 일.

51) 「かんず[サ変]→かんずる【感ずる】[サ変]①자극을 받다. 느끼다 ②마음에 생각하다 ③마음이 움직이다. 감동하다」의 連用形「かんじ」+「て」.

52) すなはち→すなわち【即ち·則ち】[副]곧바로. 즉시.

53) ために【為に】[接続]그 때문에. 고로. 그래서.

54) 「あたふ[下2]→あたえる【与える】[下1]수여하다」의 連用形「あたへ」+「けり[助動]회상·과거」의 已然形「けれ」+「ば[助詞]확정조건. 원인·이유」.

55) かさねて【重ねて】[副]다시. 재차.

56) 「もと【本·元】원래. 처음」+「の[助詞]」+「ごとし【如し】[助動]~와 같다」의 連用形「ごとく」(「こ·」는 無濁点표기)+「に[助詞]」.

57) 「も【喪】상」+「に[助詞]」+「をり【居り】[ラ変]한 곳에 머물다. 앉다. 거주하다」의 連体形「をる」(「お·」는 歴史的仮名遣에 어긋남)+「こと【事】것. 일.

58) 「さんねん【三年】3년」+「を[助詞]」+「ふ[下2]→へる【経る·歴る】[下1]경과하다. 시간을 보내다」의 連用形「へ」+「たり[助動]완료·존속」의 連用形「たり」+「き[助動]회상·과거」.

34. 石(せき)珎(ちん)断(たつ)レ指(ゆびを)
석진이 손가락을 자르다

❏ 俞石珎(ゆせきちん)ハ、高山縣(かうざんけん)と、いふところの代官(だいくわん)なりけり1)。
　⇨ 유 석진은 고산현이라 하는 곳의 대관이었다.

❏ 父[ちち]の名[な]ハ、天乙(てんいつ)とそいひける2)。
　⇨ 아버지의 이름은 천을이라 했다.

❏ しかるに3)、天[てん]乙(いつ)、あしき、やまひ有[あり]て4)、毎日[まいにち]に一[ひと]たび5)ハ、かならず、おこる6)。
　⇨ 그런데 천을이 나쁜 병이 있어서 매일 한 차례는 꼭 일어난다.

❏ その、おこるとき7)にハ、まなこ天[てん]に、さしあがり8)、手[て]あ

---

1) 「だいくわん→だいかん【代官】①정원(正員)을 대신하여 관직을 수행하는 자 ②에도(江戶)시대에는 막부(幕府)의 직할지를 지배한 지방관」+「なり[助動]단정·지정」의 連用形「なり」+「けり[助動]회상·과거」.

2) 「と[助詞]~라고」+「ぞ[係助詞]뜻을 강하게 함(문말은 連體形)」('ぞ'는 無濁点표기)+「いふ【言ふ·云ふ】[4]말하다」의 連用形「いひ」+「けり[助動]회상·과거」의 連體形「ける」(앞선〈ぞ〉에 호응).

3) しかるに【然るに】[接続]그런데. 하지만. 그건 그렇고.

4) 「あし【悪し】[形シク]나쁘다」의 連體形「あしき」+「やまひ【病】병」+「あり【有り】[ラ変]있다」의 連用形「あり」+「て」

5) 「ひと【一】하나」+「たび【度】번. 차례」.

6) 「かならず【必ず】[副]꼭. 반드시」+「おこる【起こる·興る】[4]일어나다. 생기다. 시작하다」.

7) 「その【其の】[連体]그」+「おこる【起こる·興る】[4]일어나다. 시작하다」의 連體形「おこる」+「とき【時】때」.

8) 「まなこ【眼】안구. 눈. 검은자위」+「てん【天】하늘」+「に[助詞]」+「さしあがる【差し上がる】[4]올라가다」의 連用形「さしあがり」.

し、ちゞまりて9)、ふるひわなゝき10)、息(いき)たえて11)、又[また]、しバらく、ありつゝ12)、やうやく、よみかへる13)。

⇨ 그것이 일어날 때에는 눈알이 하늘로 치켜 올라가고 손발이 오그라들며 몹시 떨고 숨이 끊어져서 또 한동안 있다가 마침내 되살아난다.

❏ かくのごとく14)、日[ひ]ごとに15)、おこりけるほどに16)、人[ひと]その有様ありさま]を、ミるに忍[しの]びず17)。

⇨ 이처럼 날마다 일어났기 때문에 사람들이 그 모습을 보기에 견디지 못한다.

❏ 石珎(せきちん)、昼夜(ちうや)ともに18)、父[ちち]のほとりに、つきそひて19)、天[てん]にあふぎ20)、地[ち]にうつたへて21)、なげきかなしみ22)、つかへ侍はべ]る事[こと]23)さらに24)、をこたるときなし25)。

⇨ 석진은 밤낮으로 아버지 곁에 붙어서 살피며 하늘을 우러르고 땅에 호소하여 탄식하

---

9) 「てあし【手足】손과 발」+「ちぢまる【縮まる】[4]오그라들다」의 連用形「ちぢまり」+「て」.

10) 「ふるふ【震ふ】[4]떨리다. 진동하다」의 連用形「ふりひ」+「わななく【戦慄く】[4]전율하다. 떨다」의 連用形「わななき」.

11) 「いき【息】숨」+「たゆ[下2]→たえる【絶える】[下1]끊어지다」의 連用形「たえ」+「て」.

12) 「しばらく【暫く・須臾】[副]잠시. 한동안. 오랜만」+「あり【有り】[ラ変]있다」의 連用形「あり」+「つつ[助詞]같은 동작의 반복. ~하면서」.

13) 「やうやく→ようやく【漸く】[副]점차. 차츰. 겨우. 이윽고. 마침내」+「よみがへる→よみがえる【蘇る・甦る】[4]되살아나다. 소생하다」('-か'는 無濁点표기).

14) かくのごとく【斯くの如く】이처럼. 이와 같은.

15) 「ひ【日】날」+「ごと【毎】[接尾]~마다」+「に[助詞]」.

16) 「おこる【起こる・興る】[4]일어나다. 시작하다」의 連用形「おこり」+「けり[助動]회상・과거」의 連体形「ける」+「ほどに【程に】①~하면. ~하는 사이에 ②원인・이유. ~이므로」.

17) 「ありさま【有様】모습. 모양」+「を[助詞]」+「みる【見る】[上1]보다」의 連体形「みる」+「に[助詞]~하니. ~하는데」+「しのぶ【忍ぶ】[上2]견디다. 참다」의 未然形「しのび」+「ず[助動]부정」.

18) 「ちうや→ちゅうや【昼夜】주야」+「ともに【共に・倶に】함께. 동시에. 모두」.

19) 「ちち【父】아버지」+「の[助詞]」+「ほとり【辺】옆. 근처」+「に[助詞]」+「つきそふ【付き添ふ】[4]환자나 아이 옆에 붙어서 돌보다」의 連用形「つきそひ」+「て」.

20) 「てん【天】하늘」+「に[助詞]」+「あふぐ[4]→あおぐ【仰ぐ】[5]우러러보다. 존경하다」의 連用形「あふぎ」.

21) 「ち【地】땅」+「に[助詞]」+「うつたふ[下2]→うったえる【訴える】[下1]호소하다. 소송하다. 사정을 아뢰다」의 連用形「うつたへ」+「て」.

고 슬퍼하며 받들어 올리는 일에 전혀 게을리 하는 때가 없다.

❏ ひろく人[ひと]に、たつねて[26]、くすりを、もとむる所[ところ]に[27]、ある人[ひと]をしへて、いはく[28]、「生(いき)たる人[ひと][29]のほねを、くたきて[30]、血(ち)にまじへて、のむときハ[31]、そのやまひ、かならず、いゆべし[32]。」と、かたりけり[33]。

⇨ 널리 사람들에게 물어서 약을 구하는 차에 어떤 사람이 가르쳐 이르길 "살아있는 사람의 뼈를 빻아서 피에 섞어서 마실 때는 그 병이 반드시 나을 것이다."라고 말했다.

❏ 石珎(せきちん)、心[こころ]に、おもひけるやうハ[34]、たれありて[35]、

---

22) 「なげく【嘆く・歎く】[4]한숨짓다. 슬퍼하다」의 連用形 「なげき」+「かなしむ【悲しむ・哀しむ】[4]슬퍼하다. 가여워하다」의 連用形 「かなしみ」.

23) 「つかふ【仕ふ】[下2]윗사람 가까이에서 섬기다. 모시다」의 連用形 「つかへ」+「侍(はべ)り[助動]격식・정중」의 連體形 「はべる」+「こと【事】것. 일」.

24) さらに【更に】[副]①또한. 거듭. 더욱 ②강한 부정. 절대로 ~가 아니다. 전혀 ~지 않다.

25) 「おこたる【怠る・惰る】[4]해야 할 일을 하지 않다. 게을리 하다」의 連體形 「おこたる」('を-'는 정서법에 어긋남)+「とき【時】때」+「なし【無し】[形ク]없다」.

26) 「ひろし【広し】[形ク]넓다」의 連用形 「ひろく」+「ひと【人】사람. 남」+「に[助詞]」+「たづぬ[下2]→たずねる【尋ねる】[下1]묻다. 질문하다」의 連用形 「たづね」('-づ-'는 無濁点표기)+「て」.

27) 「くすり【薬】약」+「を[助詞]」+「もとむ[下2]→もとめる【求める】[下1]찾다. 청하다. 요구하다」의 連體形 「もとむる」+「ところ【所・処】곳. 부분. 바」+「に[助詞]」.

28) 「ある【或る】[連体]어떤」+「ひと【人】사람」+「をしふ[下2]→おしえる【教える】[下1]가르치다. 알려주다」의 連用形 「をしへ」+「て」+「いはく【曰く】말하길」.

29) 「いく【生く】[4]살다. 생존하다」의 連用形 「いき」+「たり[助動]완료・존속」의 連體形 「たる」+「ひと【人】사람」.

30) 「ほね【骨】뼈」+「を[助詞]」+「くだく【砕く・摧く】[4]부수다. 빻다」의 連用形 「くだき」('-た-'는 無濁点표기)+「て」.

31) 「ち【血】피」+「に[助詞]」+「まじふ[下2]→まじえる【交える】[下1]섞다」의 連用形 「まじへ」+「て」+「のむ【飲む】[4]마시다」의 連體形 「のむ」+「とき【時】때」+「は[助詞]」.

32) 「その【其の】[連体]그」+「やまひ【病】병」+「かならず【必ず】[副]꼭. 반드시」+「いゆ[下2]→いえる【癒える】[下1]치유되다」의 終止形 「いゆ」+「べし[助動]의무・당연・추량・가능 등」.

33) 「かたる【語る】[4]들려주다. 말하다」의 連用形 「かたり」+「けり[助動]회상・과거」.

34) 「こころ【心】마음」+「に[助詞]」+「おもふ【思ふ】[4]생각하다」의 連用形 「おもひ」+「けり[助動]회상・과거」의 連體形 「ける」+「やう→よう【様】모습. 형상. 꼴. 이유. 방법」+「は

わが父[ちち]のために36)、生(いき)ながら37)骨(ほね)を、あたへて38)、このやまひを、いやすへき人[ひと]39)あらんや40)、

⇨ 석진이 속으로 생각했던 것은 누가 있어서 우리 아버지를 위해 산 채로 뼈를 건네주어 이 병을 고칠 수 있는 사람이 있겠는가?

❏ しかるに41)今[いま]、わか身[み]42)ハ、これ父母[ふぼ]に、うけたるところなり43)、敢(あへ)て、やぶりそこなハざる事[こと]44)ハ、ひとへに45)、是[これ]、孝(かう)の初[はじ]めたり46)、と、いへども47)、父[ちち]のやまひのために48)、我わが身[み]をやぶらんに、いたりて49)ハ、

[助詞]」.

35) 「たれ【誰】누구」+「あり【有り】[ラ変]있다」의 連用形「あり」+「て」.

36) 「わが【我が・吾が】[連体]나의. 자신의」+「ちち【父】아버지」+「の」+「ため」+「に」.「ため【為】」는 助詞인「の」「が」또는 用言의 連体形에 접속하여 '이익' 이유 '목적'의 뜻. ~때문에. ~위해.

37) 「いく【生く】[4]살다. 생존하다」의 連用形「いき」+「ながら【乍ら】[助詞]앞선 상태가 이어지는 모습」.

38) 「ほね【骨】뼈」+「を[助詞]」+「あたふ[下2]→あたえる【与える】[下1]수여하다」의 連用形「あたへ」+「て」.

39) 「この【此の】[連体]이」+「やまひ【病】병」+「を[助詞]」+「いやす【癒す】[4]고치다. 치료하다」의 終止形「いやす」+「べし[助動]의무・당연・추량・가능 등」의 連体形「べき」(「へ」는 無濁点표기)+「ひと【人】사람」.

40) 「あり【有り】[ラ変]있다」의 未然形「あら」+「む[助動]추량・의지」→「ん」+「や[係助詞]의문」.

41) しかるに【然るに】[接続]그런데. 하지만. 그건 그렇고.

42) 「わが【我が・吾が】[連体]나의」('-が'는 無濁点표기)+「み【身】몸」.

43) 「うく[下2]→うける【受ける】[下1]받다」의 連用形「うけ」+「たり[助動]완료・존속」의 連体形「たる」+「ところ【所・処】곳. 부분. 바」+「なり[助動]단정・지정」.

44) 「あへて→あえて【敢えて】[副]굳이. 감히. 조금도」+「やぶる【破る】[4]부수다」의 連用形「やぶり」+「そこなふ[4]→そこなう【損なう・害う】[5]해하다」의 未然形「そこなは」+「ざり[助動]부정」의 連体形「ざる」+「こと【事】것. 일」.

45) ひとへに→ひとえに【偏に】[副]오로지. 한결같이.

46) 「かう→こう【孝】효」+「の[助詞]」+「はじめ【初め】[名]처음. 시초」+「たり[助動](체언에 접속하여)단정・지정」.

47) いへども→いえども【雖も】[連語]~하지만. ~해도.

48) 「ちち【父】아버지」+「の[助詞]」+「やまひ【病】병」+「の[助詞]」+「ため【為】위해. 때문」

天[てん]たう50)、あに51)、これをもつて52)、不孝(ふかう)のものなり53)、と、し給[たま]ハんや54)、と、いふて55)、

⇨ 그런데 지금 내 몸은 이것이 부모에게 받은 것이다. 감히 망가뜨려 해하지 않는 것은 오직 이것이 효의 시작이라고 하지만 아버지의 병을 위해 내 몸을 망가뜨리고자 함에 이르러서는 하늘이 어찌 이로써 불효한 자라고 하시겠는가? 라고 하며.

❑ ミづから56)、ひだりの手[て]57)の無名指(むミやうし)をきりて58)、をしへのごとく59)、したゝめて60)、父[ちち]に、たてまつるに61)、そのやまひ、たちどころに62)、いへたり63)。

⇨ 스스로 왼손의 약지를 잘라 가르침대로 준비하여 아버지에게 바치니 그 병이 순식간

+「に[助詞]」.

49) 「わが【我が・吾が】[連体]나의」+「み【身】몸」+「を[助詞]」+「やぶる【破る】[4]부수다」의 未然形 「やぶら」+「む[助動]추량・의지」→「ん」+「に[助詞]」+「いたる【至る・到る】[4]도달하다」의 連用形 「いたり」+「て」.

50) 「てんたう→てんとう【天道】천지를 주재하는 신(神). 천제(天帝)」. 「てんだう→てんどう【天道】우주의 이치(조리)」로 볼 수도 있다(이 경우 無濁点표기).

51) あに【豈】[副]결코. 어찌. 어째서.

52) 「これ【此・是】[代]이것」+「を[助詞]」+「もつて【以て】수단・방법. ~에 의해. ~로써」.

53) 「ふかう→ふこう【不孝】불효」+「の[助詞]」+「もの【者】자」+「なり[助動]단정・지정」.

54) 「す[サ変]하다」의 連用形 「し」+「たまふ【給ふ】[助動]존경」의 未然形 「たまは」+「む[助動]추량・의지」→「ん」+「や[係助詞]의문」.

55) 「いふ【言ふ・云ふ】[4]말하다」+「て」. 「ユーテ」와 같이 읽는다.

56) みづから→みずから【自ら】[名]자기 자신. 나. [副]스스로. 친히.

57) 「ひだり【左】왼쪽」+「の[助詞]」+「て【手】손」.

58) 「むみやうし→むめいし【無名指】무명지」+「を」+「きる【切る・斬る】[4]자르다. 베다」의 連用形 「きり」+「て」.

59) 「をしへ【教へ】[名]가르침」+「の[助詞]」+「ごとし【如し】[助動]~와 같다」의 連用形 「ごとく」('こ-'는 無濁点표기).

60) 「したたむ[下2]→したためる【認める】처리하다. 갖추다. 준비하다」의 連用形 「したため」+「て」.

61) 「たてまつる【奉る】[4]드리다. 바치다」의 連体形 「たてまつる」+「に[助詞]~하니. ~하는데」.

62) たちどころに【立ち所に】[副]곧바로. 금세. 즉좌에.

63) 「いゆ[下2]→いえる【癒える】[下1]치유되다」의 連用形 「いえ」('-ヘ'는 정서법에 어긋남)+「たり[助動]완료・존속」.

에 나았다.

❑ 人[ひと]ミな、この事[こと]を聞[きき]つたへて⁽⁶⁴⁾、かう＼／の心[こころ]ざし⁽⁶⁵⁾、ふかき事[こと]⁽⁶⁶⁾を、かんじける、となり⁽⁶⁷⁾。

⇨ 사람들이 모두 이 일을 전해 듣고서 효행의 마음가짐이 깊은 것을 감복했다고 한다.

---

64) 「ききつたふ[下2]→ききつたえる【聞き伝える】[下1]남에게 전해 듣다」의 連用形 「ききつたへ」+「て」.

65) 「かうかう→こうこう【孝行】 효행」+「の[助詞]」+「こころざし【志】 의향. 뜻」.

66) 「ふかし[形ク]→ふかい【深い】[形]깊다. 무겁다」의 連体形 「ふかき」+「こと【事】 것. 일」.

67) 「かんず[サ変]→かんずる【感ずる】[サ変]느끼다. 감동하다」의 連用形 「かんじ」+「けり[助動]회상·과거」의 連体形 「ける」+「と[助詞]」+「なり[助動]단정·지정·전문(伝聞)」.

35. 殷(いん)保(ほう)感(かんず)ㇾ烏(からすを)
은보가 까마귀를 감복시키다

❏ 尹殷保(いんいんほう)ハ、金朝(きんてう)¹⁾のとき、知礼縣(ちれいけん)と云[いう]ところの人[ひと]なり²⁾。
   ⇨ 윤 은보는 금조 때 지례현이라고 하는 곳의 사람이다.

❏ 又[また]、このところに³⁾、徐隲(じよとう)といふ人[ひと]あり⁴⁾。
   ⇨ 또한 이곳에 서 척이라 하는 사람이 있다.

❏ これとゝもに⁵⁾、知宜州事(ちぎしうじ)張志道(ちやうしだう)といへる人[ひと]⁶⁾に、したかひて学[がく]文(もん)しけり⁷⁾。
   ⇨ 이와 함께 지의주사 장 지도라 하는 사람에 따라서 학문했다.

❏ あるとき⁸⁾、かの⁹⁾二人[ふたり]あひかたりて、いはく¹⁰⁾、「それ¹¹⁾人[ひ

---

1) 〈한문본〉에는「本國」의 이야기라는 기술이 있으며,「金朝」는 없는 내용이다.
2)「ひと【人】사람」+「なり[助動]단정・지정」.
3)「この【此の】[連体]이」+「ところ【所・処】곳. 부분」+「に[助詞]」.
4)「ひと【人】사람」+「あり【有り】[ラ変]있다」.
5)「これ【此・是】[代]이것」+「と[助詞]」+「ともに【共に・俱に】함께. 동시에. 모두」.
6)「いふ【言ふ・云ふ】[4]말하다」의 已然形「いへ」+「り[助動]완료・존속」의 連体形「る」+「ひと【人】사람」.
7)「したがふ[4]→したがう【從う・随う・順う】[5]따르다. 거스르지 않다. 맡기다」의 連用形「したがひ」+「て」+「がくもん【学問・学文】학문」+「す[サ変]하다」의 連用形「し」+「けり[助動]회상・과거」.
8)「ある【或る】[連体]어떤. 어느」+「とき【時】때」.
9) かの【彼の】[連体]저. 그.
10)「あふ【会ふ・逢ふ】[4]만나다」의 連用形「あひ」+「かたる【語る】[4]들려주다. 말하다」의 連用形「かたり」+「て」+「いはく【曰く】말하길」.
11) それ【其・夫】[感](한문의〈夫〉에 대한 訓読에서)격식을 차린 자세로 글을 시작할 때

と]ハ、三(ミつ)によりて12)生(しやう)をたもつ13)、いはゆる14)父母(ふぼ)と君[きみ]と師(し)となり15)。
⇨ 어느 날 그 두 사람이 만나 이야기해 이르길 "무릇 사람은 셋으로 인해 생을 유지한다. 이른바 부모와 임금과 스승이다.

❏ これに、つかへたてまつる事16)[こと]ハ、その道(ミち)、只(たゞ)ひとつなり17)。しかるに18)、いま、われらが師(し)の19)張志道(ちやうしだう)に、さらに20)一人[ひとり]の子(こ)なし21)、いざや22)、我[われ]ら二人[ふたり]、子(こ)と成[なり]て23)、つかへたてまつらん24)。」と云[いひ]て、
⇨ 이에 받들어 올리는 것은 그 길이 단 하나다. 그런데 지금 우리 스승인 장 지도에게 전혀 한 명의 자식이 없다. 자, 우리들 둘이 자식이 되어 받들어 올리자."라고 하여,

❏ めづらしき、さかな25)、折(をり)をえたる、くだもの26)などの、あると

쓰는 말.

12) 「みつ【三つ】세 개」+「に[助詞]」+「よる【因る・依る】[4]기인하다. 의거하다」의 連用形 「より」+「て」.

13) 「しやう→しょう【生】생」+「を[助詞]」+「たもつ【保つ】[4]유지하다. 지키다」.

14) いはゆる→いわゆる【所謂】[連体]세상이 말하는. 소위.

15) 「ふぼ【父母】부모」+「と[助詞]와」+「きみ・くん【君】주군」+「と[助詞]」+「し【師】스승」+「と[助詞]」+「なり[助動]단정・지정・전문」.

16) 「つかふ【仕ふ】[下2]윗사람 가까이에서 섬기다. 모시다」의 連用形 「つかへ」+「たてまつる[助動]겸양. ~해드리다. ~해 올리다」의 連体形 「たてまつる」+「こと【事】것. 일」.

17) 「ただ【只・唯】[副]단지. 오직」+「ひとつ【一つ】하나」+「なり[助動]단정・지정」.

18) しかるに【然るに】[接続]그런데. 하지만. 그건 그렇고.

19) 「いま【今】지금」+「われら【我等】[代]우리」+「が[助詞]현대일본어〈の〉의 쓰임」+「し【師】스승」+「の[助詞]~인」.

20) さらに【更に】[副]①또한. 거듭. 더욱 ②강한 부정. 절대로 ~가 아니다. 전혀 ~지 않다.

21) 「こ【子】아이. 자식」+「なし【無し】[形]없다」.

22) いざや[感動]상대에게 권유하거나 할 때 쓰는 말.

23) 「こ【子】아이. 자식」+「と[助詞]~이(가)」+「なる【成る・為る】[4]되다」의 連用形 「なり」+「て」.

24) 「つかふ【仕ふ】[下2]섬기다」의 連用形 「つかへ」+「たてまつる[助動]겸양」의 未然形 「たてまつら」+「む[助動]추량・의지」→「ん」.

25) 「めづらし[形シク]→めずらしい【珍しい】[形]흔치 않다」의 連体形 「めづらしき」+「さかな

き27)ハ、すなハち28)、をくりて奉[たてまつ]り29)、月[つき]ごと30)の、いはふべき日[ひ]31)にハ、食(しよく)を、とゝのへ32)、酒[さけ]をまうけて33)、ひたすら34)親(おや)に、つかふることくせり35)。

⇨ 진귀한 생선과 제철 맞은 과실 등이 있을 때는 곧 보내어 바치고 달마다 있는 기념할 날에는 음식을 차리고 술을 마련하여 오로지 부모에게 섬기는 것과 같이 했다.

❏ かくて36)、張志道(ちやうしだう)むなしく成[なり]にければ37)、二人[ふたり]ともに38)、悲[かな]しミなげきて39)、はうふりの礼(れい)40)を、と

【肴・魚】안주. 생선.

26) 「をり→おり【折】때. 계절」+「を[助詞]」+「う【得】[下2]얻다」의 連用形 「え」+「たり[助動]완료・존속」의 連体形 「たる」+「くだもの【果物】과실. 과자. 안주」.

27) 「など【等】등」+「の[助詞]현대일본어〈が〉의 쓰임」+「あり【有り】[ラ変]있다」의 連体形 「ある」+「とき【時】때」.

28) すなはち→すなわち【即ち・則ち】[副]곧바로. 즉시.

29) 「おくる【送る・贈る】[4]보내다」의 連用形 「おくり」('を-'는 정서법에 어긋남)+「て」+「たてまつる【奉る】[4]드리다. 바치다」의 連用形 「たてまつり」.

30) 「つき【月】달」+「ごと【毎】[接尾]매번. 그때마다」.

31) 「いはふ[4]→いわう【斎う・祝う】[5]제례(祭禮)를 하다. 축하하다」의 終止形 「いはふ」+「べし[助動]의무・당연・추량・가능 등」의 連体形 「べき」+「ひ【日】날」.

32) 「しよく【食】음식」+「を[助詞]」+「ととのふ[下2]→ととのえる【調える・整える・斉える】[下1]정돈하다. 갖추다. 준비하다」의 連用形 「ととのへ」.

33) 「さけ【酒】술」+「を[助詞]」+「まうく[下2]→もうける【設ける・儲ける】[下1]사전에 준비하다」의 連用形 「まうけ」+「て」.

34) ひたすら【頓・一向・只管】[副]오직. 오로지. 완전히.

35) 「おや【親】부모」+「に[助詞]」+「つかふ【仕ふ】[下2]윗사람 가까이에서 섬기다. 모시다」의 連体形 「つかふる」+「ごとし【如し】[助動]~와 같다」의 連用形 「ごとく」('こ-'는 無濁点표기)+「す[サ変]하다」의 命令形 「せ」+「り[助動]완료・존속」.

36) かくて【斯くて】[副・接続]이렇게 해서.

37) 「むなし[形シク]→むなしい【空しい・虚しい】[形]덧없다. 무상하다. 죽었다」의 連用形 「むなしく」+「なる【成る・為る】[4]되다」의 連用形 「なり」+「ぬ[助動]완료・존속」의 連用形 「に」+「けり[助動]회상・과거」의 已然形 「けれ」+「ば[助詞]확정조건. 원인・이유」.

38) 「ふたり【二人】두 사람」+「ともに【共に・倶に】함께. 동시에. 모두」.

39) 「かなしむ【悲しむ・哀しむ】[4]슬퍼하다. 가여워하다」의 連用形 「かなしみ」+「なげく【嘆く・歎く】[4]한숨짓다. 슬퍼하다」의 連用形 「なげき」+「て」.

40) 「はうぶる→ほうぶる【葬る】[4]매장하다」의 連用形(명사로 쓰임) 「はうぶり」('-ふ'는 無

りつくろひ41)、わが親[おや]に、むかひて42)、かたりて、いはく43)、

⇨ 이리하여 장 지도가 운명하고 말았기에 둘은 함께 슬퍼 탄식하며 장사의 예를 갖추고 자기 부모에게 향해 말하여 이르길,

❏ 「我[われ]らか師(し)の44)張志道(ちやうしだう)むなしく成[なり]給[たま]へり45)、すなハち46)墳(つか)をつくりて47)、其[その]あたりに庵(いほ)りを、むすび48)喪(も)に居(お)らん49)、と、おもひ侍[はべ]り50)。ねがハくは51)、ゆるし給[たま]へ52)。」と、のぞミけれバ53)、

⇨ "우리 스승인 장 지도가 돌아가셨습니다. 곧 무덤을 만들고 그 가까이에 초막을 짓고 거상하려고 생각합니다. 바라기는 허락해주십시오."라고 원했더니,

❏ 二人[ふたり]のものゝ親(おや)54)、その心[こころ]ざしのほどを55)、あは

濁点표기)+「の[助詞]」+「れい【礼】예」.

41) 「とりつくろふ【取り繕ふ】[4]차리다. 체재를 갖추다」의 連用形.
42) 「わが【我が・吾が】[連体]나의」+「おや【親】부모」+「に[助詞]」+「むかふ[4]→むかう【向かう・対う】[5]향하다. 마주하다」의 連用形「むかひ」+「て」.
43) 「かたる【語る】[4]들려주다. 말하다」의 連用形「かたり」+「て」+「いはく【曰く】말하길」.
44) 「われら【我等】[代]우리」+「が[助詞]현대일본어〈の〉의 쓰임」('が는 無濁点표기)+「し【師】스승」+「の[助詞]~인」.
45) 「むなし【空し・虚し】[形シク]죽었다」의 連用形「むなしく」+「なる【成る・為る】[4]되다」의 連用形「なり」+「たまふ【給ふ】[助動존경]의 命令形「たまへ」+「り[助動]완료・존속」.
46) すなはち→すなわち【即ち・則ち】[副]곧바로. 즉시. 그래서. 즉.
47) 「つか【塚・冢】무덤. 묘」(〈墳〉은 『広辞苑』에서는〈ふん〉으로만 읽음)+「を[助詞]」+「つくる【作る・造る】[4]만들다」의 連用形「つくり」+「て」.
48) 「その【其の】[連体]그」+「あたり【辺り】주변. 근처」+「に[助詞]」+「いほり→いおり【庵・廬】허름한 집」+「を[助詞]」+「むすぶ【結ぶ】[4]매다. 묶다. 잇다」의 連用形「むすび」.
49) 「も【喪】상」+「に[助詞]」+「をり【居り】[ラ変]한 곳에 머물다. 앉다. 거주하다」의 未然形「をら」('お'는 歴史的仮名遣에 어긋남)+「む[助動]추량・의지」→「ん」.
50) 「おもふ【思ふ】[4]생각하다」의 連用形「おもひ」+「侍(はべ)り[助動]격식・정중」.
51) ねがはくは→ねがわくは【願わくは】[副]바라기는. 원하기는.
52) 「ゆるす【許す】[4]허락하다」의 連用形「ゆるし」+「たまふ【給ふ】[助動존경]의 命令形「たまへ」.
53) 「のぞむ【望む】[4]바라다. 원하다」의 連用形「のぞみ」+「けり[助動]회상・과거」의 已然形「けれ」+「ば[助詞]확정조건. 원인・이유」.
54) 「ふたり【二人】두 사람」+「の[助詞]」+「もの【者】자」+「の[助詞]」+「おや【親】부모」.

れがりて56)、「心[こころ]に、まかせよ57)。」とて58)、ゆるしけり59)。

⇨ 두 사람의 부모가 그 마음가짐의 정도를 긍휼히 여겨 "뜻에 맡겨라." 하며 허락했다.

❑ 二人[ふたり]ながら60)喪礼(もれい)61)の獎束62)(しやうぞく)して63)、墓(はか)に行(ゆき)つゝ64)、庐(りよ)65)に宿(しゆく)して66)、ミづから飯(はん)を、かしき67)、そなへ68)をまうけて、つかへまつる事[こと]69)、をこたりなし70)。

⇨ 둘이서 상례의 복장을 갖추고 무덤에 가면서 초막에 머물며 스스로 밥을 짓고 음식

---

55) 「こころざし【志】마음이 향하는 바. 의향. 뜻」+「の[助詞]」+「ほど【程】정도」+「を[助詞]」.

56) 「あはれがる[4] → あわれがる【哀れがる】[5]감탄하다. 슬퍼하다. 동정하다」의 連用形「あはれがり」+「て」.

57) 「こころ【心】마음. 뜻」+「に[助詞]」+「まかす[下2] → まかせる【任せる・委せる】[下1]맡기다. 위임하다」의 命令形「まかせよ」.

58) とて[助詞]인용. ~라 해서. ~라는 것으로. ~라는 이름으로.

59) 「ゆるす【許す】[4]허락하다」의 連用形「ゆるし」+「けり[助動]회상・과거」.

60) 「ふたり【二人】두 사람」+「ながら【乍ら】[助詞]앞선 상태가 이어지는 모습. 모두」.

61) 「喪礼」는 「さうれい → そうれい」로 읽으며 뜻은 「상중(喪中)의 예법(禮法)」이다. 이를 「もれい」로 읽는 것은 특이한 경우다.

62) 「獎束」는 사전에 등재되지 않은 말이다. 대신 「しやうぞく → しょうぞく【裝束】몸치장하는 것. 옷을 입는 것」이 있다. 한자 사용상의 오류로 볼 수 있겠다.

63) 「す[サ変]하다」의 連用形「し」+「て」.

64) 「はか【墓】무덤. 묘」+「に[助詞]」+「ゆく【行く】[4]가다」의 連用形「ゆき」+「つつ[助詞]같은 동작의 반복. ~하면서」.

65) 〈한문본〉에는 「廬」가 쓰이고 있으며 이는 일본어로는 「ろ」로 읽으며 「いおり【庵・廬】허름한 집」의 쓰임이 있다. 한자로서는 「庐」와 「廬」는 같은 말이다.

66) 「しゆく【宿】머무는 것」+「す[サ変]하다」의 連用形「し」+「て」.

67) 「みづから → みずから【自ら】[副]스스로. 친히」+「はん【飯】밥」+「を[助詞]」+「かしぐ(かしく)【炊ぐ】[4]밥을 짓다. 취사(炊事)하다」의 連用形「かしき」.

68) 「そなへ【備・具・供】[名]공물. 준비하는 음식」+「を[助詞]」+「まうく[下2] → もうける【設ける・儲ける】[下1]사전에 준비하다」의 連用形「まうけ」+「て」.

69) 「つかへまつる【仕へ奉る】[4](つかふ【仕ふ】[4]의 겸양어)삼가 섬기다」의 連体形「つかへまつる」+「こと【事】것. 일」.

70) 「おこたり【怠り】[名]나태. 태만」('を-'는 정서법에 어긋남)+「なし【無し】[形ク]없다」.

을 마련하여 받드는 일에 게으름이 없다.

❏ しかるに71)、殷保(いんほう)が72)父[ちち]、やまひに、とりむすひ73)、すでに74)、あやうく侍[はべ]りければ75)、すなハち76)、師(し)の墓(はか)ところより77)帰[かえ]りて、薬[くすり]をたてまつり78)、やうじやうを、くハへ79)、昼夜(ちうや)80)さらに81)衣[きぬ]の紐(ひも)をも、とかずして82)、さま＼／療治(れうぢ)しけるほとに83)、父[ちち]のやまひ、すでに、いへたり84)。

⇨ 그런데 은보의 아버지가 병에 걸려서 이제 위독하므로 곧 스승의 무덤에서 돌아와서

---

71) しかるに【然るに】[接続]그런데. 하지만. 그건 그렇고.

72) 「が」는 현대일본어 「の」의 쓰임.

73) 「やまひ【病】병」+「に[助詞]」+「とりむすぶ【取り結ぶ】[4]맺다. 체결하다. 만들다. 싸움을 시작하다」의 連用形「とりむすび」.

74) すでに【既に·已に】[副]①이미. 벌써 ②모두. 남김없이 ③이제 ④틀림없이.

75) 「あやふし[形ク]→あやうい【危うい】[形]걱정이다. 위험하다」의 連用形「あやふく」('-う-'는 歷史的仮名遣에 어긋남)+「はべり【侍り】[ラ変]있습니다(정중)」의 連用形「はべり」+「けり[助動]회상·과거」의 已然形「けれ」+「ば[助詞]확정조건. 원인·이유」.

76) すなはち→すなわち【即ち·則ち】[副]곧바로. 즉시. 즉.

77) 「はかどころ【墓所】묘소」('-と-'는 無濁点표기)+「より[助詞]~로부터」.

78) 「くすり【薬】약」+「を[助詞]」+「たてまつる【奉る】[4]드리다. 바치다」의 連用形「たてまつり」.

79) 「やうじやう→ようじょう【養生】양생. 섭생. 보양」+「を[助詞]」+「くはふ[下2]→くわえる【加える】[下1]가하다. 주다. 베풀다」의 連用形「くはへ」.

80) ちうや→ちゅうや【昼夜】주야. 낮과 밤.

81) さらに【更に】[副]①또한. 거듭. 더욱 ②강한 부정. 절대로 ~가 아니다. 전혀 ~지 않다.

82) 「きぬ【衣】옷」+「の[助詞]」+「ひも【紐】끈」+「を[助詞]」+「も[助詞]」(〈をも〉는 ~까지도)+「とく【解く】[4]풀다」의 未然形「とか」+「ず[助動]부정」의 連用形「ず」+「して[助詞]連用形에 접속하여 '~인 상태로'의 뜻」.

83) 「さまざま【様々】여러 가지. 다양함(본래 形容動詞인데 부사적으로도 쓰임)」+「れうぢ→りょうじ【療治】치료」+「す[サ変]하다」의 連用形「し」+「けり[助動]회상·과거」의 連体形「ける」+「ほどに【程に】①~하면. ~하는 사이에 ②원인·이유. ~이므로」('-と-'는 無濁点표기).

84) 「やまひ【病】병」+「すでに【既に·已に】[副]이미. 벌써. 모두. 남김없이」+「いゆ[下2]→いえる【癒える】[下1]치유되다」의 連用形「いえ」('-へ'는 정서법에 어긋남)+「たり[助動]완료·존속」.

약을 올리고 보양을 보태며 밤낮으로 전혀 옷의 끈도 풀지 않고 가지가지 치료했더니 아버지의 병이 이제 나았다.

❏ それより85)、又[また]、墓(はか)に行[ゆき]て、一月[ひとつき]あまりを過[すご]しけるに86)、殷保(いんほう)、日夜[にちや]なげき87)、かなしミ啼(なき)さけぶこゑ、きくに88)、あはれぞ、もよほしける89)。

⇨ 그러고 나서 다시 무덤에 가서 한 달 남짓을 지냈는데 은보가 밤낮으로 탄식하며 슬퍼 울부짖는 목소리를 들으니 동정심을 불러일으켰다.

❏ すでに、はうふりて90)、ミづから墳(つか)をつき91)、庵[いお]りをむすびて92)、喪(も)に居(こ)す93)。

⇨ 이제 장사 지내고 자신이 무덤을 만들고 초막을 짓고 거상한다.

❏ ある日[ひ]の事[こと]なるに94)、俄(にハか)に95)、あらき風[かぜ]吹[ふき]

---

85)「それ【其·夫】[代]그. 그것」+「より[助詞]~로부터」.

86)「ひとつき【一月】한 달」+「あまり【余】여. 남짓」+「を[助詞]」+「すごす【過ごす】[4]지내다」의 連用形「すごし」+「けり[助動]회상·과거」의 連體形「ける」+「に[助詞]~하니. ~하는데」.

87)「にちや【日夜】낮과 밤. 종일」+「なげく【嘆く·歎く】[4]한숨짓다. 탄식하다. 슬퍼하다. 절망하다. 애원하다. 호소하다」의 連用形「なげき」.

88)「かなしむ【愛しむ·悲しむ·哀しむ】[4]슬퍼하다. 가여워하다」의 連用形「かなしみ」+「なく【泣く·啼く】[4]울다」의 連用形「なき」+「さけぶ【叫ぶ】[4]외치다」의 連體形「さけぶ」+「こゑ→こえ【声】목소리」+「きく【聞く·聽く】[4]듣다」의 連體形「きく」+「に[助詞]~하니. ~하는데」.

89)「あはれ【哀れ】[名]존귀함. 절절함. 가여움」+「ぞ[係助詞]뜻을 강하게 함(문말은 連體形)」+「もよほす[4]→もよおす【催す】[5]불러일으키다」의 連用形「もよほし」+「けり[助動]회상·과거」의 連體形「ける」(앞선〈ぞ〉에 호응).

90)「すでに【既に·已に】[副]이미. 모두. 이제」+「はうぶる→ほうぶる【葬る】[4]매장하다」의 連用形「はうぶり」('-ふ'는 無濁点표기)+「て」.

91)「みづから→みずから【自ら】[名]자기 자신. 나. [副]스스로. 친히」+「つか【塚·冢】무덤. 묘」(〈墳〉은 『広辞苑』에서는 〈ふん〉으로만 읽음)+「を[助詞]」+「つく【築く】[4]만들다. 쌓다」의 連用形「つき」.

92)「いほり→いおり【庵·廬】허름한 집」+「を[助詞]」+「むすぶ【結ぶ】[4]매다. 묶다. 잇다」의 連用形「むすび」.

93)「も【喪】상」+「に[助詞]」+「居」+「す[サ変]하다」.「居」는 주로「居る(いる·おる)」로 쓰며 音으로는「きょ」(漢音) 또는「こ」(呉音)로 읽는다.

て96)、つくえの上[うえ]に、をきたる97)香合(かうばこ)98)を、うしなへ
り99)。

⇨ 어느 날 일인데 느닷없이 거센 바람이 불어서 탁자 위에 놓아둔 향합을 잃어버렸다.

❑ いつちへ100)吹(ふき)とりて行(ゆき)ぬらんをも101)、しらず102)、又[ま
た]、たづぬへき、たよりもなし103)。

⇨ 어디로 날려가 버렸는지 조차도 모르고 또한 찾을 수 있는 방도도 없다.

❑ 数月(すげつ)ありて後[のち]104)、ひとつのからす、ありて105)、物[もの]
をふくみて、とびきたり106)、塚(つか)のまへなる107)、つくえのうへ

---

94) 「ある【或】[連体]어떤. 어느」+「ひ【日】날」+「の[助詞]」+「こと【事】일」+「なり[助動]단정・지정」의 連体形「なる」+「に[助詞]~이니. ~인데」.

95) 「にはか[形動ナリ]→にわか【俄】[形動]갑자기. 돌연」의 連用形「にはかに」.

96) 「あらし【荒】[形ク]거칠다. 거세다」의 連体形「あらき」+「かぜ【風】바람」+「ふく【吹く】[4]불다」의 連用形「ふき」+「て」.

97) 「つくえ【机・案】식탁. 책상」+「の[助詞]」+「うへ→うえ【上】위」+「に[助詞]」+「おく【置く・措く】[4]놓다. 두다」의 連用形「おき」('を-'는 정서법에 어긋남)+「たり[助動]완료・존속」의 連体形「たる」.

98) 「かうがふ→こうごう【香合・香盒】향료를 넣는 그릇」. 「かうばこ→こうばこ」는 「香箱」로 쓰며 「향(香)을 넣는 상자」의 뜻이다.

99) 「うしなふ[4]→うしなう【失う】[5]잃다」의 命令形「うしなへ」+「り[助動]완료・존속」.

100) 「いづち→いずち【何方】[代]어느 방향. 어느 쪽」('-つ'는 無濁点표기)+「へ[助詞]」.

101) 「ふく【吹く】[4]불다」+「とる【取る】[4]취하다. 빼앗다」의 連用形「とり」+「て」+「ゆく【行く】[4]가다」의 連用形「ゆき」+「ぬ[助動]완료・존속」의 終止形「ぬ」+「らむ[助動]추량」의 連体形「らむ」→「らん」+「を[助詞]」+「も[助詞]」(〈をも〉는 ~까지도. ~조차도).

102) 「しる【知る】[4]알다」의 未然形「しら」+「ず[助動]부정」의 連用形「ず」.

103) 「たづぬ[下2]→たずねる【尋ねる】[下1]찾다. 묻다」의 終止形「たづぬ」+「べし[助動]의무・당연・추량・가능 등」의 連体形「べき」('へ'는 無濁点표기)+「たより【便り・頼り】의지. 기회. 수단. 방편」+「も[助詞]」+「なし【無し】[形ク]없다」.

104) 「す【数】수. 여러」+「げつ【月】달」+「あり【有り】[ラ変]있다」의 連用形「あり」+「て」+「のち【後】이후」.

105) 「ひとつ【一つ】한 개」+「の[助詞]」+「からす【鳥】까마귀」+「あり【有り】[ラ変]있다」의 連用形「あり」+「て」.

106) 「もの【物】물건」+「を[助詞]」+「ふくむ【含む】[4]품다. 물다」의 連用形「ふくみ」+「て」+「とぶ【飛ぶ・跳ぶ】[4]날다」의 連用形「とび」+「きたる【来る】[4]오다」의 連用形「きたり」.

に、うちをきて108)、雲路(くもぢ)をさして109)、さりにけり110)。

⇨ 몇 달 지난 후에 한 마리 까마귀가 있는데 물건을 입에 물고 날아와서 무덤 앞에 있는 탁자 위에 내려놓고 하늘을 가리켜 떠나가 버렸다.

❏ 殷保(いんほう)、あやしく、おもひて111)、立[たち]よりつゝ112)、是[これ]をミれば113)、そのさき風[かぜ]のために114)、吹[ふき]とられて115)、うしなひける116)、かうばこなりけり117)。

⇨ 은보가 기이하게 생각하여 다가가서 이를 보니 그 전 바람 때문에 날아가 잃어버렸던 향합이었다.

❏ ふしぎなりける事[こと]共[ども]也[なり]118)。

---

107) 「つか【塚】 무덤」+「の[助詞]」+「まへ【前】 앞」+「なり :〈にあり[~에 있다]〉의 준말」의 連體形「なる(=にある)」.

108) 「つくえ【机・案】식탁. 책상」+「の[助詞]」+「うへ→うえ【上】위」+「に[助詞]」+「うちおく【打ち置く】[4]놓다. 두다」의 連用形「うちおき('-を-'는 정서법에 어긋남)+「て」.

109) 「くもぢ→くもじ【雲路】구름이 다니는 길. 하늘」+「を[助詞]」+「さす【差す・指す】[4]향하다. 가리키다」의 連用形「さし」+「て」.

110) 「さる【去る】[4]가다. 떠나다」의 連用形「さり」+「ぬ[助動]완료・존속」의 連用形「に」+「けり[助動]회상・과거」.

111) 「あやし【怪し】[形シク]드물다. 기묘하다. 괴이하다」의 連用形「あやしく」+「おもふ【思ふ】[4]생각하다」의 連用形「おもひ」+「て」.

112) 「たちよる【立ち寄る】[4]다가가다」의 連用形「たちより」+「つつ[助詞]같은 동작의 반복. ~하면서」.

113) 「これ【此・是】[代]이것」+「を[助詞]」+「みる【見る】[上1]보다」의 已然形「みれ」+「ば[助詞]확정조건. 원인・이유」.

114) 「その【其の】[連體]그」+「さき【先・前】앞. 전. 이전」+「かぜ【風】바람」+「の[助詞]」+「ため【為】위해. 때문」+「に[助詞]」.

115) 「ふく【吹く】[4]불다」의 連用形「ふき」+「とる【取る】[4]취하다. 빼앗다」의 未然形「とら」+「る[助動]수동」의 連用形「れ」+「て」.

116) 「うしなふ[4]→うしなう【失う】[5]잃다」의 連用形「うしなひ」+「けり[助動]회상・과거」의 連體形「ける」.

117) 「かうばこ→こうばこ【香箱】향(香)을 넣는 상자」+「なり[助動]단정・지정」의 連用形「なり」+「けり[助動]회상・과거」.

118) 「ふしぎ【不思議】[形動ナリ]기괴하다. 이상하다」의 連用形「ふしぎなり」+「けり[助動]회상・과거」의 連體形「ける」+「こと【事】것. 일」+「ども【共】[接尾]복수(複數)의 뜻을 보탬」+「なり[助動]단정・지정」.

⇨ 기이했던 일들이다.

❏ かくて[119]、師範(しはん)の[120]張志道(ちやうしだう)、むなしく成なり]てより[121]、三年[さんねん]の喪(も)すでに、をハりて、のちも[122]、なを忘(わす)るゝ事[こと]なく[123]、月[つき]ごと[124]の朔(ついたち)[125]十五[じゅうご]日[にち]にハ、身[み]をきよめ[126]、そなへものを、とゝのへて[127]、張氏(ちやうし)が[128]墓(はか)を、まつりけり[129]。

　⇨ 이렇게 해서 스승인 장 지도가 운명하고 나서 3년 상을 이제 마치고 후에도 여전히 잊는 적 없이 매달 초하루와 보름에는 몸을 정결히 하고 공물을 갖추어 장 씨의 무덤을 제사했다.

❏ 宣德(せんとく)[130]ミづのえねのとし[131]、帝(ミかど)[132]、二人[ふたり]

---

119) かくて【斯くて】[副・接続]이렇게 해서.
120) 「しはん【師範】 사범. 교수(敎授)하는 사람」+「の[助詞]~인」.
121) 「むなし【空しい・虚しい】[形シク]덧없다. 무상하다. 죽었다」의 連用形「むなしく」+「なる【成る・爲る】[4]되다」의 連用形「なり」+「て」+「より[助詞]~로부터. ~이후」.
122) 「も【喪】 상」+「すでに【既に・已に】[副]이미. 모두」+「をはる[4] → おわる【終わる】[5] 끝나다」의 連用形「をはり」+「て」+「のち【後】 후」+「も[助詞]」.
123) 「なお【猶・尚】[副]아직. 역시. 그래도」(歷史的仮名遣로는〈なほ〉)+「わする[下2] → わすれる【忘れる】[下1]잊다」의 連体形「わするる」+「こと【事】 것. 일」+「なし【無し】[形ク]없다」의 連用形「なく」.
124) 「つき【月】 달」+「ごと【毎】[接尾]매번. 그때마다」.
125) ついたち【朔日・朔・一日】 초하루.
126) 「み【身】 몸」+「を[助詞]」+「きよむ[下2] → きよめる【清める・浄める】[下1]깨끗하게 하다」의 連用形「きよめ」.
127) 「そなへもの → そなえもの【供え物】 신불(神佛)에 바치는 것. 공물」+「を[助詞]」+「ととのふ[下2] → ととのえる【調える・整える・斉える】[下1]정돈하다. 갖추다. 준비하다」의 連用形「ととのへ」+「て」.
128) 「が」는 현대일본어「の」의 쓰임.
129) 「まつる【祭る・祀る】[4]공물을 바치거나 해서 신령에 기원하다. 제사하다. 기도하다」의 連用形「まつり」+「けり[助動]회상・과거」.
130) せんとく【宣德】 명(明)나라 선종(宣宗) 시대의 연호(1426~1435).
131) 「みづのえ → みずのえ【壬】 십간(十干)의 아홉 번째」+「ね【子】 십이지(十二支)의 첫 번째」+「の[助詞]」+「とし【年】 년. 해」.
132) みかど【御門・帝】 황제. 천자. 조정. 덴노(天皇).

のものゝ事[こと]133)を聞[きこ]しめしをよびて134)、すなハち、めし出[いだ]し135)、二人[ふたり]ながらに136)禄(ろく)を給[たま]ハり137)、官(くわん)に拝(はい)して138)、門(もん)をあらハし給[たま]ひけり139)。

⇨ 선덕 임재(壬才)년 천제가 두 사람의 일을 들으심에 이르러 곧 불러내시어 두 사람 모두에게 녹을 내리시고 관에 임명하여 가문을 널리 알리셨다.

❏ 父母[ふぼ]に孝(かう)ある心[こころ]ざし140)、これをもつて141)師(し)につかへて142)、まことを、あらハし侍[は]べり143)、あに144)又[また]、君[きみ]に忠(ちう)なからんや145)、其[その]道[みち]ハ只[ただ]ひとつな

---

133) 「ふたり【二人】두 사람」+「の[助詞]」+「もの【者】자」+「の[助詞]」+「こと【事】일」.

134) 「きこしめす【聞し召す】[4]'듣다'의 존경어」의 連用形「きこしめし」+「およぶ【及ぶ】[4]도달하다. 다다르다」의 連用形「および」('を-'는 정서법에 어긋남)+「て」.

135) 「すなはち→すなわち【即ち·則ち】[副]곧바로. 즉시」+「めしいだす【召し出す】[4]아랫사람을 불러내다. 호출하다. 불러서 관직 따위를 수여하다」의 連用形「めしいだし」.

136) 「ふたり【二人】두 사람」+「ながら【乍ら】[助詞]」+「に[助詞]」(〈ながらに〉의 형태로 '~모두' '~인 채로' '~라고는 해도'의 뜻).

137) 「ろく【禄】녹. 봉급」+「を[助詞]」+「たまはる【賜る·給はる】[4]주시다. 하사하다」의 連用形「たまはり」.

138) 「くわん→かん【官】관. 관청. 관리」+「に[助詞]」+「はいす[サ変]→はいする【拝する】[サ変]절하다. 관(官)을 수여하다」의 連用形「はいし」+「て」.

139) 「もん【門】문. 가문」+「を[助詞]」+「あらはす[4]→あらわす【表す·現す·顕す·著す】[5]드러내다. 나타내다. 표현하다. 널리 세상에 알리다」의 連用形「あらはし」+「たまふ【給ふ】[助動]존경」의 連用形「たまひ」+「けり[助動]회상·과거」.

140) 「かう→こう【孝】효」+「あり【有り】[ラ変]있다」의 連体形「ある」+「こころざし【志】마음이 향하는 바. 의향. 뜻」.

141) 「これ【此·是】[代]이것」+「を[助詞]」+「もつて【以て】수단·방법. ~에 의해. ~로써」.

142) 「し【師】스승」+「に[助詞]」+「つかふ【仕ふ】[下2]섬기다」의 連用形「つかへ」+「て」.『假名草子集成』에는「つたへて」로 되어 있는데「た」에「ママ」가 붙어있어서 문맥에 맞춰「つかへて」로 바꾸어 풀이한다.

143) 「まこと【真·実·誠】[名]진짜. 진실. 성의」+「を[助詞]」+「あらはす[4]→あらわす【表す·現す·顕す·著す】[5]드러내다. 나타내다. 표현하다」의 連用形「あらはし」+「侍(はべ)り[助動]격식·정중」.

144) 「あに【豈】[副]결코. 어찌. 어째서.

145) 「きみ【君】주군. 임금」+「に[助詞]」+「ちゅう【忠】충」+「なし【無し】[形ク]없다」의 未然形「なから」+「む[助動]추량·의지」→「ん」+「や[係助詞]의문」.

り146)、と147)有[あり]がたかりし事[こと]共[ども]なり148)。

⇨ 부모에게 효가 있는 마음가짐, 이로써 스승을 받들고 진정함을 나타냈습니다. 어찌 또한 임금에게 충이 없겠는가. 그 길은 오직 하나다. 그래, 존귀했던 일들이다.

---

146) 「ただ【只・唯】[副]단지. 오직」+「ひとつ【一つ】하나」+「なり[助動]단정・지정」.

147) と[副]그렇다. 그처럼.

148) 「ありがたし[形ク] → ありがたい【有り難い】[形]드물다. 훌륭하다. 존귀하다. 감사하다」의 連用形 「ありがたかり」+「き[助動]회상・과거」의 連体形 「し」+「こと【事】일」+「ども【共】[接尾]복수(複數)의 뜻을 보탬」+「なり[助動]단정・지정」.

♣ 참고문헌

김정수 역주(2010), 『역주 삼강행실도』(세종대왕기념사업회)
成百曉(2013), 『개정증보판 懸吐完譯 論語集註』(傳統文化硏究會)
朝倉治彦編(1980), 『假名草子集成』第32卷(東京堂出版)
小学館国語辞典編集部(2003), 『日本国語大辞典』(小学館)
新村出編(2008), 『広辞苑』第六版(岩波書店)
山口明穂編(2001), 『日本語文法大辞典』(明治書院)

■ 저자 민병찬

인하대학교 일본언어문화학과 교수

■ 저서

『고지엔 제6판 일한사전』(제1-2권), 어문학사, 2012
『일본인의 국어인식과 神代文字』, 제이앤씨, 2012
『일본어 경어의 제문제』, 불이문화, 2006
『일본어 옛글 연구』, 불이문화, 2005
『일본어 수동문 용례 연구3』, 불이문화, 2005
『日本韻學과 韓語』, 불이문화』, 2004
『일본어고전문법개설』, 불이문화, 2003
『일본어수동문용례연구』, 불이문화, 2003
『現代日本語敬語の研究』, 不二文化社, 1999

■논문

『小公子』와 『쇼영웅(小英雄)』에 관한 일고찰 -언어연구 자료로서의 활용 가치를 중심으로-, 『일본학보』, 2018
『捷解新語』의 〈못 부정〉과 그 改修에 관한 일고찰, 『비교일본학』 40, 2017
가능표현의 일한번역에 관한 통시적 일고찰, 『일본학보』, 2016
『보감(寶鑑)』과 20세기 초 일한번역의 양상, 『비교일본학』 35, 2015
〈べし〉의 대역어 〈可하다〉에 대하여 -『조선총독부관보』를 중심으로-, 『비교일본학』 32, 2014
〈べし〉의 한국어 번역에 관한 일고찰 -〈べから-〉에 대한 대역어를 중심으로-, 『일본학보』, 2014
『朝鮮總督府官報』의 언어자료로서의 활용 가능성에 대하여-〈努む〉에 대한 대역어를 중심으로-, 『일본학보』, 2014
『日文譯法』의 일한번역 양상에 대하여, 『일본학보』, 2013
조선총독부관보의 '조선역문'에 대하여, 『일본학보』, 2012
헤본·브라운譯『馬可傳』에 있어서의「べし」에 대하여, 『일본학보』, 2012
伴信友와 神代文字: 平田篤胤와의 비교를 중심으로, 『일본학보』, 2012
落合直澄와 韓語 -『日本古代文字考』를 중심으로-, 『일본학보』, 2011

역주 **일본판 삼강행실도 I (효자)**
초판발행 2017년 12월 27일
저　　자 민병찬
발 행 인 권호순
발 행 처 시간의물레
주　　소 서울시 마포구 마포대로 4다길, 1층
전　　화 02-3273-3867
팩　　스 02-3273-3868
전자우편 timeofr@naver.com
홈페이지 http://www.mlretime.com
블 로 그 http://bolg.naver.com/mulretime
I S B N 978-89-6511-214-3 (93730)
정　　가 20,000원

ⓒ 2017 민병찬

* 잘못된 책은 바꾸어 드립니다.